田雪原・王国強 編　中国人口学会 著
法政大学大学院エイジング総合研究所 訳

豊かさと持続可能性への挑戦
中国の人的資源

法政大学出版局

《全面建設小康社会中的 人口与発展》
主編 田雪原 王国强 2004

All rights reserved.
Original Chinese edition published by China Population Publishing House.
Japanese translation rights arranged between China Population Publishing House and Hosei University Press.

推薦のことば

　中国は世界の5分の1の人口を擁する人口大国である。その中国の人口に現在着実に大きな変化がおこりつつある。本書は胡錦濤政権が発足したおりに，当時の中国人口がかかえる問題点と将来展望とを，中国人口学会の精鋭を結集してまとめられた書物の日本語訳である。

　本書刊行の意義は以下の点にあるだろう。第一に，そもそも人口学という学問領域が，人文・社会，自然科学などの幅広い分野をカバーしているだけに，本書で取り上げられているテーマも，少子高齢化などの狭義の人口現象にとどまらず，労働経済，民族問題，地域格差，社会保障，教育，衛生・医療，環境など実に幅広い問題に及んでいる。したがって人口学を学ぶ方にとどまらず，経済学，社会学，政治学，環境科学，医学・健康科学などの分野に関心をもつ方々にも是非とも本書を読んでいただきたいと考えている。言い換えれば，本書に対しては人口をキーワードとした一種の「現代中国事典」という評価を与えてよいだろう。

　第二に，すでに述べたように原著の執筆陣は，担当分野に関する現代中国におけるもっとも優れた学界および行政部門の専門家を網羅している。したがって，理論，実証，政策のバランスが図られている。編者のお一人の田雪原氏は中国の人口学の第一人者として日本でもその名は知れ渡っており，また他の執筆者には日本の大学で学び学位を取得された方もおられるので，日本の専門家の間でも馴染み深い方が少なくない（ちなみに私自身の古くからの友人もいる）。このような点からも本書の内容の質が保証されているといえるのではないだろうか。

　第三に原著からの翻訳，編集にあたって，小椋正立教授をはじめとして，法政大学大学院エイジング総合研究所スタッフが並々ならぬ努力を傾注され

たことを高く評価したい．同じ漢字文化圏でありながら，漢字の使い方には中国と日本で微妙な違いがあるが，訳語の選択に際しては細心の注意が払われている．各章ごとに詳しい訳注が付され，そこでは原著の誤記が正されたり，日本の読者にとって馴染みの薄い中国独自の制度の解説がなされたりしている．また書末に収められている菊池道樹教授執筆による本書の背景に関する解題は，本書に対する理解をさらに深めている．これらは読者にとって大きな「付加価値」で，本訳書の評価を一層高めるものとなるだろう．

　日本人にとって中国に対する思いは微妙なものがあろうが，その動向が日本の将来にとって大きな影響を与えることは否定できない．研究者や専門家にとどまらず，学生や一般社会人の方々で中国に関心を持たれる方々に是非とも本書を読んでいただくことを願っている．

牧野 文夫
(法政大学経済学部教授，中国経済学会理事)

はじめに

　本書は中国人口学会の2003年報告の日本語訳である。原題は『全面建設小康社会中的人口与発展』であるが，邦訳のタイトルは『中国の人的資源』とし，副題を「豊かさと持続可能性への挑戦」とした。ともするとわが国では人口という言葉がマイナスのイメージをもって受けとられがちであることや，原題にある「小康社会」は豊かな現代社会に向かうための踊り場であると考えられていること，さらに本書の随所に，資源制約や環境制約に対する強い警戒感がうかがわれることなどから，このタイトルを選んだ。

　この20年間，中国経済は計画出産政策（いわゆる一人っ子政策）や改革・開放体制の下で急成長し，現在では世界の工場と呼ばれるまでになった。この間に，中国が世界経済に与えたインパクトには計り知れないものがある。いまでは日本ばかりでなく，欧米のすべての先進国の市場には安価な中国製品が溢れている。そして中国の旺盛な需要は，石油や石炭などのエネルギー価格，鉄鋼価格，海運市況，重要な農産物価格などの高騰の一因となっている。こうしたなかで，急成長を続ける中国経済に対して，国際社会は，しだいに厳しい目を向けつつあるようにみえる。

　しかし，いまや中国は，ほとんどの先進国にとって，最大の輸出先ともなりつつある。本書が伝えるのは，数百万台の自動車が疾走する北京の巨大なハイウェーだけではなく，そのはるか向こうにあるものである。そこにいるのは，想像できないほどの数の，貧困のなかに暮らしている人たちであり，いまだに現代の科学技術の恩恵から切り離されながら，基本的な医療や教育を待っている人たちである。そしてまた計画出産政策とともに生き，老後の不安を募らせ始めた膨大な数の人たちである。本書の執筆者たちが，数十年後に迫っている超高齢化社会に対して，「未富先老」に対する強い危機意識

のもとに描いた発展戦略が本書である。

　そして，中国の人口政策が，内外で深刻化する環境汚染問題や，さまざまな資源制約などに対して，正面から向き合っていることに，むしろ安心される読者も多いのではないだろうか。私の専門の経済学の分野でも，本書のいたるところに，人口・労働経済学，開発経済学はもちろん，環境経済学，医療経済学，都市経済学，年金経済学，財政学，国際経済学など，多くの専門分野からの丁寧な議論が展開されており，中国の社会科学全般がすでに非常に高い水準にあることをうかがい知ることができる。また，このほかにも，いくつかの章に中国らしい大きなビジョンが提示されていることに感銘を受ける読者も多いのではないだろうか。

　この翻訳作業とその後の編集作業は，法政大学大学院エイジング総合研究所において,文部科学省の私立大学学術研究高度化推進事業(学術フロンティア)「人口高齢化に関する国際共同研究——日本・中国および韓国」の一環として行なわれたものである。この事業のために多額の研究資金を提供していただいた文部科学省および法政大学に対して，厚くお礼申し上げたい。

　私が本書に出あったのは2004年の春であった。拓殖大学の杜進教授とともに，表敬訪問に訪れた中国人口学会の会議室で，国家人口・計画出産委員会政策立法局局長の于学軍氏から，出版されたばかりの本書を手渡され，その内容を簡単に説明いただいた。私は，ほとんど即座に本書の日本語への翻訳を申し出て，彭珮雲会長から快諾していただいた。それから試行錯誤を重ねて翻訳者の選定を行ない，最終的には袁媛氏，王雪萍氏，祁景瀅氏のお三方にお願いして，最初の翻訳が完成したのは2年後であった。次にその原稿をエイジング総合研究所の安村美穂子氏が1年かけて書き直し，さらに最後の半年で研究所の長谷川啓介氏が，徹底的にデータの整合性と翻訳の一貫性をチェックした。私は翻訳後のすべての編集プロセスに関わり，最終的な決定をした。幸い，法政大学出版局から出版していただけることになり，担当された編集者の秋田公士氏・郷間雅俊氏には，本作りのプロらしいアドバイスをいただいた。本書が今日のような形で世に出ることができたのは，こ

れらの関係各位の並々ならぬご努力の結果であり,深く感謝したい。

　また幸いにも,法政大学経済学部の同僚の菊池道樹教授には長文の解題を執筆していただき,牧野文夫教授からは過分の推薦文をいただくことができた。この過程で,わが国の中国経済研究の重鎮のお二人に本書の最終稿のチェックまでしていただいたのは,感謝に堪えない。

　最後になったが,2008年5月12日に四川省で大地震があり,多くの方が犠牲になった。犠牲者の冥福をお祈りするとともに,破壊された地域が一日も早く活気をとりもどすように願ってやまない。

2008年5月29日

　　　　　　　　　　　　　　　法政大学大学院エイジング総合研究所
　　　　　　　　　　　　　　　　　　　　所長　小椋 正立

　　　　　　　　　　＊　　＊　　＊

　ここで本書の翻訳に際し施した処理について,かんたんに触れておきたい。翻訳にあたっては原則として原文をできるだけ尊重した。原文にはやや繰り返しが多いが,それもそのまま訳文に反映させた。もっとも,原文の段落が長すぎる場合は,読みやすさも考えて,意味を損なわないよう注意しながら,いくつかの段落に分割した。

　ただし,原文における明らかな間違いは本文中に修正を施し,各章末の＊で始まる訳注に原文の誤りとともに矛盾点を記した。また,文中の用語でとくに詳しい解説が必要なものにも訳注を加えた。用語説明で短いものは文中に〔　〕で組み込んだ。それに対し,(　)は原文にもともと存在したものである。また原書の注は脚注とした。

　文献表示の方式は,原文を尊重した。一部不備の点があっても原文のままとした。

表において，原文で小数点以下の位がそろっていない部分は，見やすくなるようにゼロを補った。また必要に応じて，表や文中で桁切りのカンマを加えた。

　登場する人名の漢字表記については，基本的に日本式に統一した。索引については，利便性を考え，日本語読みの読み方で並べた。

　その他個別の問題についてはすべて訳注に記したので，参照されたい。

目　次

推薦のことば　　　　　　　　　　　　　　　　　　　牧野文夫　　iii
はじめに　　　　　　　　　　　　　　　　　　　　　　　　　　　v

まえがき　　　　　　　　　　　　　　　　　　　　　　　　　　　1

第1章　発展観の転換 ……………………………………………… 3
　　　　　全面的な小康社会の建設における人口と発展の「指針」

1　発展観の転換と全面的な小康社会の建設　　3
　　第一の転換──発展の目的と目標
　　第二の転換──発展の原動力と手段
　　第三の転換──人と自然の調和
2　現在の人口情勢と人口問題　　14
3　人口発展戦略と全面的な小康人口の目標　　19

第2章　指標体系の評価 …………………………………………… 34
　　　　　全面的な小康社会の建設過程の把握

1　全面的な小康社会の建設における2020年主要指標の発展目標　　35
　　1　GDP（国内総生産）の成長率
　　2　人口総数と純増率
　　3　一人あたりGDP
　　4　都市化水準
　　5　第三次産業の就業者比率
　　6　公共教育支出がGDPに占める割合
　　7　大学生が学齢人口に占める割合
　　8　人口千人あたりの医者の数
　　9　平均寿命
　　10　都市住民一人あたりの可処分所得

        11　農民の平均純所得
        12　居住条件
        13　一人あたり生活用消費電力量
        14　エンゲル係数
        15　都市と農村の所得格差
        16　貧富の格差（ジニ係数）

  2　2020 年の小康生活の展望　49
        1　2020 年の都市住民の小康生活の展望
        2　2020 年の農村住民の小康生活の展望

  3　各省市区の全面的な小康社会建設目標の実現レベルに関する総合
    評価と分析　57
        1　小康と現代化目標の実現レベルの総合分析
        2　小康と現代化の第一発展段階過程における問題と対策

  4　全面的な小康社会を建設する際に直面する社会問題　65
        1　全面的な小康社会実現の鍵としての農村
        2　農村の発展格差拡大の原因
        3　農村の発展格差縮小に向けた対策
        4　全面的な小康社会の実現におけるその他の社会問題

第3章　人口変動の予測　97
人口と発展の基礎研究

1　まえがき　97

2　中国の将来人口発展の予測方法と関数の選択　98
        1　予測方法と基礎データ
        2　人口予測の高位・中位・低位推計

3　人口数の変化傾向と政策の選択　107
        1　人口数の変化傾向
        2　政策上の選択

4　将来の人口構造の変化傾向　117
        1　将来の出産水準の変化傾向
        2　将来人口の死亡率と平均寿命
        3　将来の人口年齢構造の変化傾向
        4　将来の労働力人口の変化傾向

5　結論　129

第4章　雇用開発の戦略 ……………………………………… 131
生産年齢人口の需要と供給

1　はじめに　131
2　生産年齢人口の変動と雇用情勢　133
　1　人口転換と労働力人口の変化
　2　現在の雇用情勢と問題点
3　都市部の雇用の現状と課題　140
　1　一般状況とその特徴
　2　直面している主な問題
4　雇用拡大の戦略　151
　1　人口転換の戦略的チャンスと適切な人口政策の調整
　2　雇用の拡大と積極的な雇用政策の実施
　3　人的資源の全面的な開発

第5章　人口移動のピーク ……………………………………… 165
都市化と人口移動

1　都市化の現状　165
　1　都市化の現状
　2　都市化研究の状況
　3　産業構造の現状
　4　人口の移動状況とその研究
2　人口移動と都市化にまつわる諸問題　182
　1　都市化の進展にともなう地域間不均衡
　2　工業化に対する都市化の立ち遅れ
　3　中国と韓国の比較からみた，中国の都市化と産業構造の特徴
　4　都市化の進展を阻害する主な要因
3　傾向と対策　199
　1　将来の都市化と人口移動の発展趨勢
　2　都市へ移動した農民を都市にとどまらせるための対策の検討

第6章　「シルバーの波」の衝撃 ……………………………… 216
人口高齢化の影響と健全な年金制度の設立

1　はじめに　216

2 中国の人口高齢化傾向の分析　218

3 中国の人口高齢化が経済発展に与える影響　224
    1 人口高齢化と生産
    2 人口高齢化と所得分配
    3 人口高齢化と交換
    4 人口高齢化と消費
    5 人口高齢化と高齢者の社会保障

4 中国の人口高齢化が経済発展にもたらす好機　234
    1 人口転換の過渡的な好機の意味
    2 「人口の好機」の国際比較
    3 「人口の好機」の重要性
    4 「人口の好機」に内包された矛盾

5 中国の人口高齢化への対策　245
    1 人口高齢化という課題に対応するための方途としての発展
    2 「人口配当」を受けとる前提としての人口の戦略的調整
    3 人口高齢化の危機を回避する条件としての年金制度の整備
    4 労働力人口と高齢者人口の両方を考慮した雇用制度
    5 租税政策の適切な調整
    6 秩序ある都市化の加速
    7 健全な公衆衛生システムの設立
    8 社会に向けた調和のとれた世代間関係の提唱
    9 家族による扶養機能の継続
    10 高齢者による自己扶養意識の強化

6 結論　261

第7章　潜在的な「性別危機」　265
男児の出生性比の上昇と対策の選択

1 出生性比の一般的な理論問題　266
    1 生物学的要因
    2 自然要素
    3 社会的・経済的要因

2 中国人口の性別構造の変化傾向と基本的特徴　269
    1 正常水準よりやや高い全人口性比
    2 年齢による人口性別構造の明らかな違い
    3 比較的顕著な人口性別構造の民族差
    4 人口性別構造における比較的大きな地域格差

3 中国における出生性比不均衡の基本的状況　275

1　持続的にやや高い出生性比
　　2　出産回数の増加にともなう出生性比の上昇
　　3　出生性比の不均衡現象の全体的な拡大
　　4　男女別人口総数の不均衡問題

4　出生性比不均衡の原因分析　　285
　　1　伝統的な出産文化の主導的作用
　　2　男児偏好の重要な技術的条件としての性別選択手段の利用しやすさ
　　3　出生性比上昇の決定的要因としての計画出産政策
　　4　出生性比上昇の社会的な環境としての出産管理の未整備

5　出生性比の深刻な不均衡による潜在的な危機　　300
　　1　婚姻市場に対する深刻な圧力と婚姻関係の不安定化
　　2　女性の地位向上や男女平等の実現への悪影響
　　3　「雇用の性別圧力」の出現
　　4　高齢者扶養の難度と複雑性の増大

6　出生性比の不均衡を解決するための対策の選択　　304
　　1　新たな出産文化の育成と積極的な女性の地位向上
　　2　出産行為の厳格な管理と妊娠経過の定期健診
　　3　出生性比上昇の温床である社会・経済基盤根絶に向けた社会・経済発展の加速
　　4　出生性比不均衡がもたらす結果と対策の徹底的な研究にもとづく，将来の被害防止

第8章　歴史的転機の到来　　312
　　　　少数民族人口と西部の大開発

1　少数民族の人口分布　　314

2　少数民族の人口変動　　316
　　1　人口規模と人口増加の変動
　　2　女性の出産水準
　　3　人口の性別年齢構造

3　少数民族人口の資質　　324
　　1　少数民族人口の健康的資質
　　2　少数民族人口の教養的資質

4　少数民族の発展と西部開発　　341
　　1　人口増加の抑制と人口・資源・環境の調和のとれた発展へ向けた現行計画出産政策の堅持
　　2　人口資質の向上と民族の進歩の実現
　　3　西部開発における辺境および人口の比較的少ない少数民族集住地区への優先的配慮

第9章 資質向上の重視 ……………………………………………………… 353
人口資質とリプロダクティブ・ヘルス

1 人口健康観の発展と健康資質の提起　353
  1 人口変遷過程における人口健康の向上傾向
  2 人口の健康と開発の進展と健康資質
2 中国における人口健康の基本的状況とその変化　360
  1 中国人口の疾病と死亡状況
  2 中国人のリプロダクティブ・ヘルスの状況
  3 高齢者の健康状態
3 中国の人口健康の発展傾向　377
  1 健康と開発の新たな枠組みの構築
  2 中国の健康研究の模索
  3 人口健康の制度的探索──公共衛生システムの再構築
  4 人口の健康活動の展開──リプロダクティブ・ヘルスの促進を例として

第10章 持続可能な発展の基本問題 ……………………………………… 412
人口・資源・環境

1 持続可能な発展の基本問題　412
2 現状と特徴　418
  1 人口の現状と特徴
  2 資源の現状と特徴
  3 環境の現状と特徴
3 発展趨勢と政策の選択　429
  1 背景──社会・経済発展による圧力
  2 将来の人口・資源・環境の発展趨勢
  3 マクロ発展戦略の政策的選択

第11章 拡大した格差の縮小 ……………………………………………… 456
都市部・農村部の人口問題と調和のとれた発展

1 都市部・農村部の格差と全面的な小康社会の実現　456
  1 中国の都市部・農村部格差の現状
  2 全面的な小康社会建設の鍵は農村部にある
2 小康を実現するための都市部・農村部住民の基本的条件の比較　464

1 住民所得水準の向上による,「絶対的貧困型」「温飽型」から「小康型」への変化
       2 消費構造の生存維持型から発展型への変化
       3 家庭用耐久消費財における「老四件」からさらに高度な現代的生活への転換
   3 都市部・農村部の調和のとれた全面的な小康社会建設の展望と対策　　467
       1 2020年の都市部・農村部の小康生活の展望
       2 都市部と農村部の均衡のとれた発展と全面的な小康社会建設のための対策

解　題　　　　　　　　　　　　　　　　　　　　　　菊池道樹　　481

索　引　　　　　　　　　　　　　　　　　　　　　　　　　　　493

中華人民共和国 略図

まえがき

中国共産党は第十六回代表大会で"全面的な小康社会[*1]の建設へ向け努力する"という目標を打ち出した。この目標を実現するため，中国人口学会は体系的に人口と発展の問題を研究するグループの組織を計画した。2003年，研究グループは30人あまりの学者を集め，本書『中国の人的資源──豊かさと持続可能性への挑戦〔原題：全面的な小康社会の建設における人口と発展〕』を執筆した。本書は人口学の視点から，最新のデータと資料，および統一的な人口予測を用い，人口と発展の11の重要なテーマについて述べている。それらは，理論と実践を結びつけ，"全面的で調和のとれた，持続的な科学的発展観"にもとづいて書かれたものである。一部の問題に関しては，著者たちの間に見解の相違がみられるが，この点は，今後のさらなる検討と研究にとって有意義であろう。編者の田雪原，王国強が本書全体にわたり編集と審査を行なった。執筆者の諸先生をはじめ，中国人口学会の事務局と中国人口出版社に深く感謝の意を表する次第である。

本書は11のテーマからなり，著作は分業で行なわれている。

第1章　発展観の転換──全面的な小康社会の建設における人口と発展の「指針」（田雪原）

第2章　指標体系の評価──全面的な小康社会の建設過程の把握（朱慶芳）

第3章　人口変動の予測──人口と発展の基礎研究（張為民，徐剛，于弘文，崔紅艶）

第4章　雇用開発の戦略──生産年齢人口の需要と供給（張車偉）

第5章　人口移動のピーク──都市化と人口移動（翟振武，時金芝，彭現

美,候佳偉)

第6章 「シルバーの波」の衝撃——人口高齢化の影響と健全な年金制度の設立(于学軍)

第7章 潜在的な「性別危機」——男児の出生性比の上昇と対策の選択(呂紅平,王金管,段世江,聶桔)

第8章 歴史的転機の到来——少数民族人口と西部の大開発(黄榮清)

第9章 資質向上の重視——人口資質とリプロダクティブ・ヘルス(鄭曉瑛,陳功,宋新明,龐麗華,陳佳鵬,紀穎,張蕾,張開寧,劉淵源)

第10章 持続可能な発展の基本問題——人口・資源・環境(周麗苹)

第11章 拡大した格差の縮小——都市部・農村部の人口問題と調和のとれた発展(王勝今,尹豪,景跃軍,朱慶芳)

訳注

*1 小康社会——衣食住を確保できる最低限度の生活レベル(温飽)と,豊かな生活(富裕)との間の段階を指し,まずまずの生活水準を意味する。改革開放が始まった1979年に鄧小平が提唱したのが始まり。2000年には全国平均で小康の初期段階に達し,全人口の4分の3が小康レベルにあるとしている。2002年の中国共産党第十六回全国代表大会(十六大)で江沢民総書記(当時)は,小康の初期段階が基本的に達成されたことを受けて2020年までに"全面的な小康社会を建設するために努力する"との目標を提示した。中国の生活水準は段階的に下から,貧困(自力生活困難)・温飽(最低限の暮らし)・小康(やや余裕のある暮らし)・富裕(余裕がある暮らし)・富有(裕福な暮らし)となっている。

第1章　発展観の転換

全面的な小康社会の建設における人口と発展の「指針」

　現在の中国は「水準の低い，部分的かつ不均衡な"小康"状態」であるため，21世紀初めの20年間でより水準の高い，全面的かつ均衡のとれた小康社会を建設し，「ポスト小康社会」段階へ移行させることは，近代化の過程のなかの大きなステップとなっている。この飛躍を実現させるには，まず発展観を転換させる必要がある。GDPの単純な増加のみを主な目標としてきたこれまでの伝統的な発展観から，全面的で調和的かつ持続可能な科学的発展観へと転換させるのである。この科学的発展観を「指針」とすることで，全面的な小康社会の建設における人口問題をより深く認識することができ，また今後20年間，さらにはその先の未来にわたる人口と発展目標，計画のあらまし，特徴を明確に描き出し，問題解決のための戦略，策略，相応の方針や政策立案につなげることができるのである。

1　発展観の転換と全面的な小康社会の建設

　発展観とは，発展についての認識や考え方，すなわち発展を捉える際の立場や態度である。このような立場，認識，見解，態度は，発展を誘導するための中枢であり，発展過程全体の「指針」となる。全面的な小康社会の建設との関連において，発展観の転換とは，具体的には以下の三つの転換を意味する。

第一の転換——発展の目的と目標

　社会発展の歴史をみると，いかなる時代の発展であっても，一定の目的があることがわかる。人や家畜を主な動力とし，手製工具を利用することが基

本的な特徴である農業社会においても，国家的，社会的観点からみると，国と国民の安泰，衣食の充足が，社会発展を追求する目標となっていた。個人や家族の観点からは，「30畝〔ムー：15分の1ヘクタール〕の土地に牛一頭，女房・子どもと暖かいオンドル」という言葉が，自然経済条件下にある一般的な農民の発展目標をありのままに描写している。

18世紀半ばの産業革命後，新興の資本家階級が追求したのは，資本の自己増殖，利潤の最大化である。国家はしだいに国内総生産（GDP）の増加に注目するようになった。この目標は，先進国によって実践され，かつ欧米の開発経済学に推されて，20世紀の社会・経済発展の主導理念となった。

近代以降になると，中国は半植民地化された半封建社会となったが，この時期にある目的を持った発展観があったとすれば，農業社会の発展観が主な目標になっていたといえる。農業社会の発展観が工業社会の発展観に転換したのは，1949年の中華人民共和国成立以降のことである。

中華人民共和国の成立後，まず三年間の国民経済回復と大規模な「第一次五ヵ年計画」が実施された。この時期に社会主義工業化の実現，および農業・手工業・資本主義商工業に対して社会主義的改造を行なうという「一化三改」の総合路線が採られ，経済建設を中心とする路線への移行が始まった。しかし，1957年には反右派キャンペーンで政治抗争が激化し，1958年の「大躍進」によって，正常な経済建設の秩序は混乱した。生産量増加が厳しく追求され，関連する評価指標のみが重要視されるようになったのである。「大躍進」では，鉄鋼，食糧といった農工業の主製品の生産量について，具体的な「躍進」基準が規定されたが，とりわけ鉄鋼は倍増生産が規定され，1957年の535万トンから1958年には1070万トンとなった。鉄鋼，食糧などの生産量を大幅に増加させられるかどうかが，「大躍進」の成功と失敗を評価する判断基準であった。その後，1978年の改革開放の直前まで，生産量の増加は社会・経済発展において追求される重要な目標でありつづけ，発展状況を判断する際の重要な，極論すれば唯一の基準となった。このため，中華人民共和国設立後30年間の発展観は，生産量追求の発展観といえる。

1980年代に入ると，「三歩走」[*1]発展戦略目標が打ち出され，2000年の農工業の総生産額（のちに国民総生産，国内総生産に変わる）を1980年の

4倍に，21世紀半ばには一般的な先進国の水準に達することが目標とされた。このように，改革開放後の発展の目的と目標は，過去のような生産量の追求から，生産額の成長へと転換していった。そして，中国が「三歩走」第二段階目の発展戦略目標の完成を目指し，経済建設が主な目標として強調されつづけている間に，いつのまにか「発展」は「経済成長」と同義となり，「経済成長」は「GDP 成長」と同義となった。鄧小平氏がいう「発展こそは道理である」は「経済成長こそ，GDP 成長こそが道理である」と同義とされたのである。

この結果，中国は GDP 成長によって発展状況を判断するという，伝統的な工業社会の発展観に陥った。改革開放から 20 年あまりにわたり，中国は世に公認される「発展の奇跡」を創出してきた。しかし，これについては冷静に捉え直す必要がある。これは伝統的工業社会の発展観を「指針」として導かれた「奇跡」であり，GDP の急速な成長は社会発展のその他の面の欠陥を覆い隠してしまっている。

こうした欠陥に対する認識とその変化には，時間とプロセスを要する。幸いなことに 1990 年代以降，こうした欠陥に対する認識が深まり，変革の機運が高まってきた。まず，中央政府は 1991 年から 1996 年にかけて，毎年の全国人民代表大会，および政治協商会議の両会議期間中に「計画出産活動座談会」を開催し，続く 1997 年から 1998 年には「計画出産および環境保護活動座談会」，1999 年以降は「人口・資源・環境活動座談会」を開催した。1994 年，中国政府は「中国 21 世紀行動計画――中国 21 世紀の人口・環境・発展白書」を公布し，1992 年の国連環境開発会議（地球サミット）での公約を果たした。中国はこうした実際の行動によって，世界で初めて 21 世紀行動計画（アジェンダ 21）を制定した国家となったのである。これは，われわれが GDP 成長を主とした伝統的発展観には一定の欠陥があることを認識した上で，持続可能な発展[*2]という概念を行動計画のなかに取り入れたもので，発展観転換の幕開けとなったことを示している。

21 世紀に入り，このような発展観の転換は本格的展開をみせている。共産党第十六回全国大会（十六大）では，発展の恩恵を十数億人という人口に及ぼし，さらに高水準で全面的な小康社会を建設するという発展目標を，「六

項目のさらなる進化（さらなる経済の発展，さらなる民主の健全化，さらなる科学教育の進歩，さらなる文化の繁栄，さらなる社会の調和，さらなる人民生活の豊かさ）」というかたちで明確に表わし，「物質文明，政治文明，精神文明，持続的な発展」という四つの側面から，「ポスト小康社会」建設のための具体的な目標およびその内容を明らかにした。この「六項目のさらなる進化」と「四つの側面」は，GDP成長のみを重要な目標としてきた伝統的な発展観を打ち破り，発展観を「人間本位」の新たなものへと昇華させるものである。

「人間本位」の発展観において，もっとも基本となる発展の目的とは，人間の全面的な発展需要を満たすことである。発展が人々の需要を満たすためのものであるのは至極当然である。しかし，GDP成長を主体とした伝統的工業社会の発展観は，かえってその実現を妨げている。その理由の一つは，立脚点，出発点が異なるためである。第二の理由は，GDP成長を主眼とする発展は，たとえ人々の発展需要の一部を満たすことはできても，需要のその他の面を満たすことは難しいどころか，それらを抑制してしまいかねないことである。人間の全面的な発展需要を満たすということは，人々の生理，心理，文化，交際などといった諸領域での発展需要を包括したものであり，「人間本位」を基礎とした発展観へと発展観を転換してはじめて可能になるのである。

十六大が提示した，全面的な小康社会の建設における「六項目の進化」，「四つの側面」および「三生（生産を発展させ，生活を豊かにし，生態を改善する）」というスローガンで表現される発展目標，さらには，中国共産党第十六期第三回全国会議（第十六回三中全会）で打ち出された，社会の脆弱な部分を強化し，社会全体の発展を実現することを旨とした「五つの統一計画」[*3]はすべて，発展の目的と，この目的を主体とする新たな発展観を明確に示したものである。これに呼応して「ポスト小康社会」の評価基準体系も，GDPを主体とする枠組みの限界を打ち破り，発展の目的が十分に反映される内容となった。

このような考え方にもとづき，本書では全面的な小康社会について，大まかな指標体系と詳細な指標体系の二つを提示している。大まかな指標とは，

GDP成長率，人口純増加率，一人あたりGDP，都市化率，第三次産業従事者比率，GDPに占める公共教育支出の割合，学齢人口に占める大学在学者数の割合，人口1000人あたりの医者の数，平均寿命，都市部居住者一人あたりの可処分所得，農民の平均純所得，居住条件，一人あたりの生活電気使用量，エンゲル係数，都市と農村の所得格差，貧富の差の16項目である。GDPは16項目の指標のなかで，もっとも基礎的な性格と機能を備えているが，半分以上の指標はGDP関連指標ではなく，全面的，調和的，持続可能な発展を示す指標の範疇にあり，発展目的の全体を反映した内容となっている。

また，詳細な指標は30項目に増え，都市・農村住民の物質生活面の指標だけでなく，政治的生活や精神的生活にかかわる指標も加わっており，人々の全面的な発展需要を満たすという趣旨が表われている。しかも，このことは各項の判断指標のウエイトの設定においても表われており，GDPと非GDP指標のウエイトをできるだけ合理的なものにし，科学的発展観の内包を反映したものとなっている。指標内に，男女平等面の内容も加えるべきだという意見もあり，これは現在の出生性比不均衡の是正に対して特別な意義を持つ。したがってこの意見は重視すべきではあるが，科学的な比較を行なうために必要な，数量化できる指標がないため，本書では触れていない。

第二の転換——発展の原動力と手段

GDP成長を主な目的，目標とした伝統的発展段階では，外延的拡大再生産方式（規模の拡大）が成長の主な手段とされ，設備投資の増加がその重要な原動力となった。中国の1986〜1990年におけるGDPの年平均成長率は7.9%，設備投資の年平均成長率は12.2%であった。1991〜1995年では，年平均成長率がそれぞれ12.0%，34.7%，1996〜2001年では8.1%および10.9%であった[1]。総体的にみると，GDPの成長は非常に速く，比較的安定しているという特徴を持つ。設備投資の成長は起伏がかなり大きいが，継続して10%以上を維持しており，明らかにGDPより一歩抜きん出ている。

---

1) 『中国統計年鑑2002』中国統計出版社，2002年，p.23.

このことから，この20年あまりの中国経済の高度成長は，主に設備投資の拡大に牽引されていることがわかる。しかし，まさにこれが原因で，経済発展の内部構造が非合理的なものとなり，相対的に利益が上がらず，社会発展が不均衡になるといった問題が生じたのである。これらの問題を解決するには，発展の原動力と手段について，革命的な改革を進める必要がある。つまり以前は，投資によって産出される資本増加が主な原動力であり，量的な〔外延的〕拡大再生産が主な手段であったが，今後は人的資本を主な原動力とし，付加価値を追求する，質的な〔内包的〕拡大再生産を主な手段とする組み合わせに転換させる必要があるのである。

社会の総資本とは自然資本，産出（生産）資本，人的資本，社会資本によって構成されるが，「四大資本」に対する依存の程度は歴史の発展段階によって大きく異なる。農業および農業以前の発展段階にある社会では主に自然資本に依存し，伝統工業社会では主に産出資本に，現代（ポスト工業化）社会は主に人的資本および人的資本に関連する社会資本に依存している。

人的資本とは，人の知識，技能，経験，健康が有する価値の総体を指す。第二次世界大戦後，マイクロエレクトロニクス技術を先駆けとして，新エネルギー，新素材宇宙飛行技術，海洋技術，生物工学などの新技術革命が起こり，その後，生命科学が主導的な学術分野となり，遺伝子工学，クローン技術，ナノテクノロジーなどを代表とする新たな段階に発展している。情報化，経済のグローバル化はとどまることを知らず，知識集約型経済の急激な発展は，競争の主体を変化させ，競争とは主に人材の競争，人的資本の競争となった。

これらを背景として，全面的な小康社会の建設という目標を掲げる中国は，現代化建設の重要な段階に入っている。人口資質の向上を第一優先課題とし，人口数の優位性を人的資本の優位性に転化させることに努め，人的資本の優位性を発展の優位性に転換するチャンスを逃すことなく，全面的な小康社会の建設のために新たな発展の動力を提供しなければならない。過去半世紀あまり，中国の人口資質はめざましい進歩を遂げ，現在，新生児死亡率は国際的にもかなりの低水準にまで下がり，平均寿命は71歳と高水準になっている。人口の文化・教育資質も大幅に向上した。こうして，人口を発展動力に

転化させるための基礎は固まっている。ただし，現在の中国の人口の身体的資質，文化教育資質の総体的な水準はまだあまり高くなく，世界の高水準国家と比較するとかなり劣っている。しかし，基礎はできており，人口資質や科学教育の振興という発展戦略も確立しており，人的資本の大幅な向上にも希望がもてる。

現在の問題は，絶え間なく増加する人的資本に対する市場の需要に応え，人的資本蓄積のために十分な条件を提供することである。これは経済・社会発展の総資本のなかで，人的資本が占める割合を向上させつづけねばならないことを意味している。現状と照らし合わせて特筆すべき点は，経済発展のために構造を改善し，利益を高めなければならないということである。「構造の改善」と「利益の向上」は，十六大で示された"2020年のGDPを2000年の4倍にする"という目標の前提条件として打ち出されたものであり，大きな取り組み課題となっている。

「構造の改善」とは，主に国民経済の三種の産業部門間と産業部門内の構造の改善を指している。2002年の中国の第一次，第二次，第三次産業の生産額比は15.4：51.1：33.5であり，経済発展水準と産業構造変動の一般的な法則に照らし合わせてみると，第一次，第二次産業の占める割合が目立って高く，第三次産業の割合はかなり低い。各産業部門の生産額比とあわせて，産業別就業者数をみると，各産業部門の就業構造比は50.0：21.4：28.6で，立ち遅れはいっそう鮮明となり，第一次産業の就業比率がひときわ高く，第三次産業の就業割合は著しく低い。

では，都市と農村の人口構造を比較するとどうであろうか？ 状況はさらに深刻で，2002年の都市と農村の人口比は39.09：60.91である[2]。このような都市と農村の人口構造は，各産業部門の就業構造より遅れをとっており，各産業部門の就業構造は各産業部門の生産額構成よりも遅れており，全体的に調和がとれていない状況となっている。

ではこの状況をどのように改善したらよいのだろうか？ もっとも有効な手段は，人口資質を高め，各産業部門，とくに農業部門の技術構造と労働生

---

[2] 『中国統計年鑑2003』中国統計出版社，2003年，p.34, 97.

産性を向上させ，農業労働力を都市の商工業労働力へ転換し，都市化を加速させることである。この他に，各産業部門内部における構造調整にも留意する必要がある。現在，農業に直接従事する人口と労働力は過剰となっている。農業分野内部の構造調整は，主に栽培業に従事する過剰労働力を林業，牧畜業，漁業へ転換させるというかたちで調整されており，労働力が狭義の農業栽培業から広義の農業へと広がるように進められている。このような調整の目的は，農業栽培業の労働力過剰と耕地不足の矛盾を緩和し，農民，農業，農村という「三農問題」を根本的に解決することにある。

　GDPに占める割合がもっとも大きい第二次産業の内部比率を調整することも，重視するに値する。過去の計画経済体制と重工業の発展を優先させるという政策指導の下で，「重重（工業）軽軽（工業）」〔重工業を重んじ，軽工業を軽んずる〕という非合理な工業構造が形成された。改革開放後，大きく様変わりしたとはいえ，東北などでは重工業地帯の技術の老朽化，設備や汚染の深刻化といった問題が山積みとなっており，早急な解決が必要となっている。東北などの古い工業地帯を振興させる戦略には，工業の内部構造の調整も含まれる。総体的にいえば，いかにして伝統工業を現代化させ，いかにして情報化によって工業化を促進させるかということであり，各産業部門内部における構造調整は非常に重要な役割を担っている。

　「効率の追求」とは，最小限のコストで最大限の生産を獲得することである。GDP成長を重要な目標とし，設備投資増加を主な手段とし，量的拡大再生産を主体とする伝統的な発展観には，二つのはっきりとした特徴がある。一つは経済的効率が低いことで，高コスト，高消耗，低産出，低効率というかたちで現われる。もう一つは，社会的効率の損失という代償を軽視して，経済的効率を追求するという点である。「ポスト小康社会」建設のうえでは，"省資源，高効率"，並びに"経済的効率と社会的効率，環境効率の一体化"という新たな発展観を確立しなければならない。

　第一次産業農業部門の効率を向上させるためには，"大半の人が食べるのに困らない"という現状をさらに改善しなければならない。そのためには，農業労働力の都市への移転を加速させ，農村にとどまる人々にはさらに多くの自然資源を保有させ，農村の人的資本と自然資本，生産資本，社会資本の

合理的な配置を実現させる必要がある。そうしてはじめて，農業の労働生産性と，農民の所得を大幅に向上させることが可能となる。

第二次産業の工業部門では，構造を改善し，情報化による工業化の促進により徐々に科学技術力の蓄積が可能になるのであり，これによって資源の浪費と環境汚染を抑制し，人的資源を十分に発揮できる集約化した発展の道を歩むことが可能となる。国民経済の効率を向上させられるかどうかは，最終的には人的資本の累積と増加，全民族の健康，科学，文化，思想，道徳的資質の向上にかかっている。この多方面にわたる人口資質の向上とは，経済発展をその基礎とするだけでなく，社会の全面的な発展によっても決まるため，新たな社会発展観を打ち立てる必要がある。

2003年春，中国の一部の地域で「重症急性呼吸器症候群（SARS）」が流行し，中国の感染症予防，公共衛生への不十分な投資，非衛生的な環境などといった弱点が白日の下にさらされた。経済的効率の面から単純に述べると，公共衛生への不十分な投資によって節約された費用よりも，はるかに膨大な損失を招く結果となり，これによる教訓は非常に深刻なものであった。科学，文化，教育，衛生，体育，コミュニティ育成などといった公共事業への投資が積極的に行なわれ，財政支出の一部を占めていることは，経済建設の投資に影響を及ぼす。実際にこうした財政支出によって，全面的な発展に向けた各方面の需要が満たされ，人口の資質が絶え間なく向上し，最終的には全面的な小康社会の建設を推進する力となるのである。「効率の向上」は経済的領域に限定すべきではなく，教育と科学事業を大いに強化し，先進的な文化を発展させ，精神文明を確立するといった全面的な社会発展に力を注ぐべきである。それが同時に発展の原動力となり，その効率をさらに向上させる効果を持つ。われわれは物質文明の確立において，その効率を高める動力と方法を模索するだけでなく，政治文明，精神文明の確立においても同様に模索し，「三つの文明」の確立を加速させ，効率を求めていかなければならない。

第三の転換——人と自然の調和

十六大は，「持続可能な発展能力の絶え間ない強化」を全面的な小康社会建設のための四項目の努力目標の一つとし，「生態環境を改善し，資源利用

効率を向上させ，人と自然の調和を促進し，社会全体が生産発展，豊かな生活，生態の良好を実現できるような，文明発展路線を歩むことを推進する」と具体的に示した。このような「三生（生産，生活，生態の三つの生）」の調和と「五つの統一計画」の下での全面的な発展とは，調和のとれた経済発展観を確立させること以外に，経済発展自体の集約性と経済・社会発展の調和を達成することも含んでいる。全面的な社会発展観とは，現在の社会発展面で滞っている部分を克服するだけでなく，人口・資源・環境の調和を目的とし，人と自然を調和させる発展観を打ち立てるということである。われわれは調和のとれた経済発展と，社会の全体的な発展の必要性を強く訴える。その最終的な目的は，人口・資源・環境問題の解決のために，この三者間の調和と人と自然の調和を促進することなのである。

　持続可能な発展における人口・資源・環境の関係は，以下のように示すことができる。発展を資源という視点からみると，持続可能な発展に含まれるすべての発展は，最終的には資源の物質への変換として捉えることができる。自然資源の物質への変換，社会資源の物質への変換，さらに多いのは自然資源と社会資源とを結びつけた物質への変換である。したがって資源の物質への変換がなければ発展はなく，資源は持続可能な発展の起点であり条件なのである。

　つぎに，人口は総体的にみて，持続可能な発展の要となる。人類が参与しない自然資源の物質への変換は，自然進化である。人類が参与し，人類の目的にもとづいた物質への変換が行なわれてはじめて，われわれが述べるところの発展と言うことができる。発展が持続可能かどうかは，人口の数，質，構造を含む人口変動と密接に関係している。人口の生産活動と社会活動を通じて，つまり経済発展と社会発展が資源と環境を変化させて，ある時代の発展観と発展モデルが形成される。

　最後に，環境は持続可能な発展の終着点であり目標である。人口の急速な膨張と，物質への変換手段の増強，とりわけ工業化への飛躍的な進展が招いた環境破壊にともない，人々は自らの伝統的な発展方式を省みざるをえなくなった。このような発展はどのような結果をもたらし，発展の目的と目標とはいったい何であるのか，と。1970年代以降，一連の国際環境会議において，

環境と持続可能な発展についての問題提起と討論が率先して行なわれ，環境問題は持続可能な発展の議論における「焦点」となった。環境とは発展方式の違いがもたらした結果に対して警報機の役割を果たし，持続可能な発展の目標とは「人々の生存と全面的な発展に有利な環境を創ること」であるという結論に達したのである。

このような分析にもとづくと，人口・資源・環境の持続的な発展とは，最終的には人と自然が調和し，人口変動と発展が，資源や環境と互いに調和すること，つまり全面的な小康社会建設における「生産発展建設」，「豊かな生活」，「良好な生態」という「三生」の文明発展目標を実現させることであるといえる。したがって，まず人口変動と発展を資源の開発・利用と調和のとれた状態にしなければならない。人口増加が資源の消費を増加させることは一目瞭然である。しかし人口変動が資源の消費に及ぼす作用は，これとは別の側面も持つ。つまり，「加重反応」[*4]を有するということである。人々の生活水準向上に対する欲望は限りなく，この欲望を充足させるために発展が加速し，そのためにさらに多くの資源，とくに自然資源を採取しなければならないというプロセスが進行してきた。

しかし，われわれは現実と向き合い，21世紀初めの20年間でこの方向性を転換させ，発展を加速させると同時に資源の消費は最小限に抑え，資源の利用効率向上に重点を置き，資源節約型の発展路線を進まなければならない。とくに，資源を節約，集約化させた産業構造を確立する必要がある。これは，

- 水・土地・生物資源などを節約，集約化させる農業産業構造
- 水・エネルギー・鉱物資源などを節約，総合利用する工業構造
- リサイクルと非リサイクル資源を節約，集約化させる国民経済第一次〜第三次産業の経営構造・消費構造・技術構造・都市農村構造・貿易構造および社会構造

の確立を包括するものであり，資源利用効率の最大化と社会・経済発展の結合によって達成できるものである。

つぎに，人口変動と発展は，環境保護と連係させて考える必要がある。自然界の生物間，生物と環境間の相互依存関係をみると，一定の情報伝達，エ

ネルギー交換，物質循環によって形成された特定の生態系を通じて，相対的に安定した生物圏が構築されており，切り離すことのできない生物連鎖を構成している。現在の生物連鎖破壊の脅威は，主に人類によってもたらされており，人口の膨張と，人類の自然界に対する限りない追求が原因であることを警告している。このため，人口と環境の持続的な発展を維持するためには，明確な環境人口観を打ち立て，環境および関係するすべての分野に配慮した適正人口を維持すべきである。適正人口の研究を通じて，いままで以上に経済発展と資源の総量に着目し，各種の数量化分析方法によってもっとも適正な人口数を算出するのである。環境の持続的発展を第一に考慮し，異なる人口規模が環境にどのような効果をもたらすのか，生態系破壊につながるか否か，生態系の均衡にとって有利か否かということについて考慮すべきである。中国の実情をみると，全面的な小康社会を建設するなかで人口と環境がともに持続的発展をするためには，基本的に人口数を大幅に抑制し，人口資質を向上させ，人口構造を調整することが求められている。とくに重視すべき点は，人口資質の向上であり，これには当然のことながら「人類と自然の関係を正確に把握し，自然界における人類の位置をきちんと見定め，最終的に人と自然を調和させるべきである」といった環境意識の向上も含まれる。

2　現在の人口情勢と人口問題

全面的で調和のとれた持続可能な科学的発展観にもとづいて，全面的な小康社会の建設に向けて，人口問題を観察・分析するためには，現在の人口情勢と未来の動向を明確にする必要がある。人口情勢と人口問題を論ずる際には，おのずと人口の数・質・構造という三つの基本的な側面が含まれてくる。しかもこの三つの側面には，必ず相互の関連性と制約が存在している。このような関連性と制約とは順次的なものであり，少なくとも直接的なものと間接的なものとの二つに分類される。

たとえば出生，死亡，人口移動という自然変動について述べると，直接的な関連性および制約は，主に当該人口年齢・性別自然構造上に表われ，これは本書の重要な点でもある。間接的な関連性および制約とは，主に当該人口

の資質，都市と農村の人口，職業，地域といった構成面に表われ，本書ではこれらについては全面的な言及はしていない。人口資質についてみてみると，学術界では人口資質について，身体的資質，文化・教育的資質，思想道徳的資質という三つの要素を含む「三要素」論，あるいは前項の二つのみを含む「二要素」論の議論がある。しかし「三要素」論，「二要素」論のいずれにおいても，人口の文化・教育的資質がもっとも重要な資質とされており，これが現代化建設の基礎であることは疑いようもない。

　ここ半世紀あまり，中国における人口の文化教育的資質はめざましく進歩しており，これは誰の目にも明らかである。第五回全国人口センサス〔中国の国勢調査〕を例にとると，これは平均教育年数を示す「文化・教育資質指数」[3]に表われており，その変動の状況は，1953年に1.98，1964年に2.25，1982年に4.21，1990年に5.18，2000年に6.81となっている。なかでも改革開放以降の伸びはもっとも速く，1982年と2000年を比較すると，61.76％向上している。しかしもともとの数値があまりにも低いため，現在でも先進国との差がかけ離れているばかりか，いくつかの発展途上国にも追いついておらず，人口の文化・教育的資質を向上させることは容易ではない。

　また，将来の突発的な疾病の流行や伝染に対処するために，そして，国際社会の新生児の健康や人口の健康に対する関心の高まりとその発展状況に適応するために，本書では出生・生育の健康問題についても重点的に論じ，近年の中国における新生児の健康と公衆衛生の経験・教訓をまとめた。その他の人口資質についてはあまり触れていない。このように本書は，人口・資源・環境の持続可能な発展，都市と農村の発展の調和，西部開発と少数民族の人口などをテーマとした科学的発展観を提示し，多岐にわたる人口発展のなかで，こうしたテーマの位置と役割を明確にし，「五つの統一計画」という調和のとれた持続的な発展の促進を目指している。

　しかし，これからの人口と発展という研究テーマのなかで，もっとも重視するに値するものは，変動のなかにある人口の情勢と今後の発展情勢である。これは，全面的な小康社会の建設にあたって，人口学の視点から人口と発展

---

[3]『田雪原文集』中国経済出版社，1991年版，p.214参照。

の基礎を観察するということである。読者がすべての章をマクロの視点から理解できるようにするため，本章では各章に対して整合性を提供することを念頭においている。論理的に考えると，程度の違いこそあるものの「人口の五大ピーク」が予想したよりも早く到来することが予測され，これを当面の人口情勢と人口問題を分析する際の鍵として以下で述べていく。

　前倒しで到来する「人口の五大ピーク」とは，第一に，人口再生産モデルが根本的に転換し，人口総数が最多となるピークが予想よりも早くやってくるということである。人口学では，ある国家や地域の人口増加の潜在エネルギー（Population momentum：人口モメンタム，人口増加の慣性）[*5]について評価する際には，主に当該国家や地域の人口を，年齢構造にもとづいて若年型（成長型），成年型（安定型），老年型（減少型）という三類型に区分する。中国ではこの30年間，出生率が低下しつづけ，出生人口は3億人前後減少しており，世界人口が50億に達するのを2年，60億になるのを3年遅らせた。それだけでなく，人口年齢構造が根本的に変化し，若年型から成年型へ，成年型から老年型へ転換したことによって，人口増加の慣性は大幅に低下した。1970年と2000年を比較すると，全国の0～14歳の年少人口は39.7％から22.9％に低下，15～64歳の成年人口は56.0％から70.1％に上昇，65歳以上の高齢者人口の割合は4.3％から7.0％に上昇した。人口の年齢中央値は19.7歳から30.0歳に上昇し，人口年齢構造がすでに老年型に差し掛かっていることを示している。合計特殊出生率（TFR）は6.0から1.8前後に低下し，人口増加の慣性はかなり削減された[4]。

　本書内で用いられている人口予測は，編集委員会の規定により，すべて国家統計局の張為民などが担当した報告のなかの二つのデータを用いているが，

4）本書における全国人口とは，とくに脚注のないものについては大陸の31省，自治区，直轄市人口を指しており，台湾，香港，マカオ特別行政区の人口は含まない。出典：国家統計局編『中国統計年鑑2001』中国統計出版社，2001年，p.95。また本書における合計特殊出生率（TFR）は国連の『人口学辞典』の定義にもとづいている。まず，ある年における15歳から49歳の出産可能年齢の女性について，年齢階級別に一人あたりの平均出生率を算出。つぎに，この15歳から49歳の間の各年齢の平均出生率を合計したものが合計特殊出生率である。これは一人の女性が一生の間に産む子どもの数と解釈されている。

その中位推計結果によると，2032年に全国人口が14.47億に達し，ゼロ増加が実現する。これは国内外で過去に予測されたピーク人口より，かなり減少しており，到達時期も大幅に前倒しとなっている。たとえば，国連の1998年の中位推計では2040年の総人口が15.04億であり，その後さらに数年間増加して，はじめてゼロ増加になるとされている。人口総数の差は0.6億，期間も10年あまりの差があった[5]。

第二に，労働力人口の増加が緩慢になり，10数年後にピークに達するということである。1980年代初めは，15〜64歳の労働力人口（生産年齢人口）が急激に増加し，労働力は空前の急増期を迎えた。生産年齢人口の絶対数は，1980年の6.44億人から，2000年には8.67億人，2014年にはピークの9.97億人に増加することが予測されている。その後は減少に転じ，2030年には9.81億人，2050年には8.44億人に減少し，今世紀初めの水準より低くなる。生産年齢人口の割合は，1980年の64.47％，2000年の68.70％から，2009年に72.46％とピークに達し，それぞれ7.99％ポイント，3.76％ポイント上昇する。その後は下降に転じ，2020年には69.50％に低下し，2000年の水準近くになる。2030年には67.81％に低下し，これは90年代初期の水準に相当する。2050年には61.04％にまで低下し，1960，70年代の水準と同じになる。中位推計の生産年齢人口および総人口年齢構造の変動予測は，図1-1が示すとおりである。

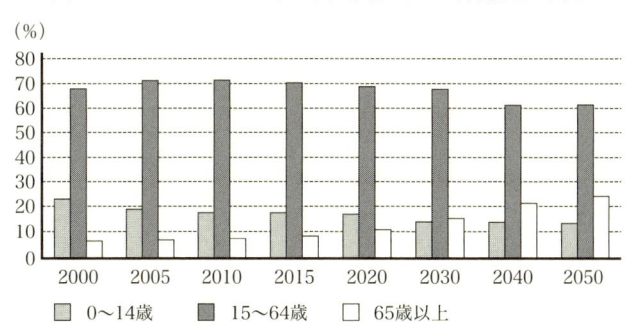

図1-1　2000〜2050年　中位推計の人口年齢構造の変動

---

5) United Nations, *World Population Prospects, The 1998 Revision,* New York, 2000 参照。

第三に，高齢者人口の急速な増加により，今後半世紀以内に人口高齢化はピークを迎える。現在，高齢者の線引きについてはいくつかあるが，発展途上国の多くは60歳以上を高齢者人口とし，先進国の多くは65歳以上としている。寿命が伸び続け，社会・経済も進歩しつづけていくという発展観測にたち，われわれは65歳以上を基準として採用した。予測では，中国の高齢者人口は2000年の0.87億人から，2010年には1.13億人，2020年には1.70億人，2030年には2.40億人，2050年には3.36億人に増加する。2000年からの増加率はそれぞれ，29.89％，95.40％，175.86％，286.21％と，増加速度は速い。人口変動全体と比較すると，2000～2030年で高齢者人口の平均増加率は3.44％，全人口はわずか0.44％となっており，高齢者人口の増加率は3％ポイントも高い。2030～2050年でみると，高齢者人口の平均増加率は1.70％，全人口は0.23％となっており，高齢者人口が1.47％ポイント*6高い。高齢者人口と全人口の増加速度のこのような差は，高齢者人口比率の上昇につながる。図1-1の人口年齢構造の変動予測は，65歳以上の高齢者人口比率が2000年の7.00％から，2005年には7.69％，2010年には8.30％，2020年には11.92％，2050年にはピークの24.28％に上昇することを示している。この水準と先進国の25.9％とを比較すると1.62％ポイントの差があるが，世界全体の15.9％，発展途上国の14.3％という水準と比較すると，8.38％ポイント，9.98％ポイント高く，世界全体でみるとかなり高水準に位置し，発展途上国では最高水準に位置する。

　第四に，人口移動*7が止まらず，現在ピークに達する勢いであるということである。改革開放の初期，全国の移動人口は200～300万人であった。2000年の全国人口センサスでは，現住地と戸籍登記地が一致していない移動人口は1億4439万人であったが，そのなかで"都市内で現住所と本籍地が異なる"世帯*8の人口が2707万人であり，それを差し引いた残りの1億1732万人が，省を越えたあるいは省内で移動した人口ということになる。そのうち，都市に流入した移動人口は78.6％，農村に流入した人口は21.4％で，農村から都市への流入が人口移動の主力となっていることがわかる[6]。都市化の加速にともない，今世紀初めの10年には移動人口の増加

がピークに達するであろう。都市人口の割合が50％以上になる2010年に，農業の余剰労働力の移転を主体とする移動人口はピークに達し，その後は下降傾向となると予測される。

　第五に，出生性比は上昇を続け，現在，新たなピークに達している。出生性比とは一定期間（一般的には一年間）に生まれた新生児の男女比である。女児を100とした際の男児の数で表わされ，正常値は103～107である。1980年代以降，中国の出生性比は上昇しつづけ，1990年代の上昇は顕著であった。2000年の第五回全国人口センサスによって提供されたデータにもとづくと，1990～2000年の各年の出生性比はおおよそ111，114，115，115，117，118，119，120，122，123，118である[7]。また，国家統計局の2002年全国人口サンプル調査のデータによると，2001年の出生性比は123.6で，統計調査の最高値を記録した。2002年には119.9に下がったが，依然としてかなりの高水準である[8]。現在の120前後という出生性比は，世界的にもかなり高水準に属しており，五大ピークのなかで最初にピークを迎えることになる。

3　人口発展戦略と全面的な小康人口の目標

　現在の人口情勢と，これから訪れる「人口の五大ピーク」に向き合うためには，全面的な小康社会建設のなかで人口問題を議論し，それを解決する方法として全面的，調和的，持続的という科学的発展観をつねに持ち，明確な人口の発展戦略を立てなければならない。

　中国の人口の発展戦略について，学術界は早くも20年前に人口抑制，人口の資質向上，人口構造の調整の必要性を訴え，「抑制」「向上」「調整」を一体化させ，数の抑制に重点を置いた人口の発展戦略が実施されてきた。こ

---

6) 国務院人口調査事務室・国家統計局人口と社会科技統計司編『中国2000年人口普査資料』中国統計出版社，2002年版，p.726のデータより計算。
7) 同上，p.570.
8) 国家統計局人口と社会科技統計司編『中国人口統計年鑑2003』中国統計出版社，2003年，p.4.

の戦略は人口増加の抑制を主眼としており，人口数の抑制がもたらした人口の資質向上と構造の調整は，当時の実情に合ったものであった。

　1983年，国は正式に計画出産を基本的な国策として確立し（計画出産政策），人口抑制，人口の資質向上を基本的な内容とした。その後，つぎつぎと人口の高齢化，移動人口，労働就業，出生性比といった諸問題が取り入れられ，基本的な国策は充実してきた。しかし何よりも，計画出産政策という基本国策の実施により，人口数の抑制問題，なかでも最重要な人口増加の抑制が解決された。もともと構想の目標は，第一に，できるだけ早く高い出生率を低下させることであり，これは1990年代中頃に基本的に実現された。第二に，低出生水準を安定させることであり，これは未達成ではあるが，出生率が低下してからすでに10年が経過しており，最初の糸口を探り当てたといえる。第三に，最終的には適正人口の実現を目標としている。この適正人口という目標は，あらゆる面での"適正"を表わしている。すなわち，適正な人口数，高い人口資質，合理的な人口構造である。「人口資質」とは人口の身体的資質，文化・教育的資質，そして思想道徳の質などを包括するもので，その向上は永遠のテーマであり，これを放棄しては完全な人口の発展戦略とはいえない。

　「人口そのものの変動」について述べると，これは人口発展戦略上，もっとも関心が注がれる対象であり，人口変動と人口構造の変動にはつねに内在的関連性と相互関係が存在している。実際に，上述した「人口の五大ピーク」の間には，ある一定の内在的関連性と相互関係が存在している。人口要素のなかには，他の人口要素に同調して変動するものがある。たとえば総人口は労働力人口，高齢者人口の絶対数と同調して変動する。逆に，互いに異なる方向に変動する人口要素もある。たとえば総人口と高齢化，出生性比の変動である。さらには，必然的な増減関係にはないが，影響を及ぼす重要な要素として，他の要素に一定の不確定性を増加させるようなものもある。たとえば，現在，ピーク状態に位置する大量の移動人口がそれにあたる。将来の人口発展戦略を定めるにあたっては，人口発展の全局面を見据え，人口変動の効果および人口と発展の効果の最大化を追求し，人口と発展の総合利益の最大化を目標に据える必要がある。この目標の達成を目指し，上述した，今後

到来する「人口の五大ピーク」間の関連性と相互作用，そして人口と経済，社会発展間の関連利益の最大化を具体的に分析・判断することが，人口の発展戦略制定の基本的な立脚点と出発点になる。

　この目標の達成のために具体的に求められることは，第一に，人口の変動，すなわち人口の数・質・構造の変動を可能な限り合理化し，一つの側面における過度な変動が他の側面に損害を与えないよう，人口変動と発展の一般的原則に一致させることであり，第二に，人口の変動と発展が，経済や社会の発展を損なうことなく，資源や環境をも含んだ，総合的に調和がとれた持続的な発展に有益であるようにしなければならない。これらは人口と発展の総合利益の最大化に有利か不利かを判断するもっとも重要な基準である。

　この「人口と発展の総合利益の最大化」とは，人口発展戦略を定める際の出発点であり，それを実施する際の根本的な目的であり，終着点でもある。実際に，現在までの人口発展戦略の制定には，上述した「人口の五大ピーク」間の関連性と相互作用に十分な注意を払ってきたために，いくつかの人口要素の「異常ピーク」が，将来の人口変動と発展に対し不可逆的な状況をもたらし，経済・社会発展に対し取り返しのつかないダメージを与えることを未然に防止してきた。上述したように，本書で用いられている国家統計局提供の人口予測では，人口変動は高位，中位，低位推計の三段階に分けられ，その状況は図1-2のようになる。

　では，図1-2の高位，中位，低位という三段階の人口推計のうち，どの予

図1-2　2000～2050年　高位，中位，低位推計の人口予測

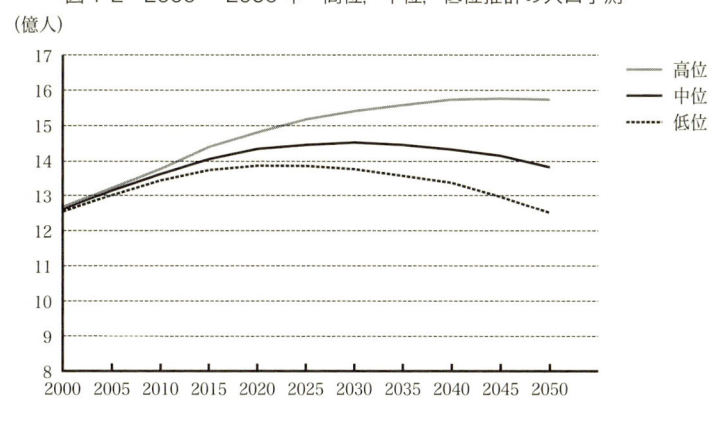

測を人口戦略の目標として採用すべきであろうか。

　まずは高位推計についてみてみる。高位推計と中位推計を比較すると，65歳以上の高齢者が総人口に占める割合（高齢者人口比率）は，2010年には高位は中位より0.09％ポイント低く，2020年では0.39％ポイント，2050年では2.87％ポイント低くなっている。これに対応して，本書で推計された労働力人口（男16～59歳，女16～54歳）をみると，2010年の高位，中位推計は等しくなっているが，2020年の高位は中位より123万人多く，2050年では9732万人多くなっている。総人口の変動状況はどうだろうか。2010年の高位は中位より1500万人多く，2020年では4800万人，2050年には1.85億人以上の差が出る可能性がある。したがって高位と中位を比較すると，「人口高齢化の状況は，高位は中位よりその程度がやや軽く，その差は2020年以降になると開きが出てくるが，明確な差が出るのは今世紀半ばとなる」。「労働力人口については，2020年まではその増加に限りがあるため，高位と中位の"人口ボーナス"[*9]の差はさほど大きくならず，今世紀半ばなってこの差が明確になってくる」。「ただし，これら二つの指標の変動は人口総数の差を代価として現われるため，2020年頃には高位は中位と比較して総人口が約5000万人多くなり，今世紀半ばには2億人近く多くなると予測されている」。これは世界の5分の1の人口を有し，人口総数がすでに過剰となっている発展途上国にとっては到底受容できないため，高位推計は人口戦略の目標として採用しないのが妥当である。

　つぎに，低位推計はどうだろうか。中位推計と比較すると2010年の人口総数は2000万人，2020年には4400万人，2050年には1.39億人少なくなっている。これに対応して，労働力人口は2010年には差がなく，2020年には4400万人，2050年には8200万人少なくなっている。高齢者人口比率は，2010年には低位は中位より0.13％ポイント高くなり，2020年には0.38％ポイント，2050年には2.71％ポイント高くなる。したがって，低位を中位と比較すると，「総人口と労働力人口の増加を抑制するには有効だが，高齢者人口比率の上昇も加速され，高齢化率も高くなる」ということになる。それでは，この二つのポイントのいずれが重要であり，人口の発展戦略としてはどちらを選択するのが妥当であるのか。要点は低位推計における人口総数

の減少と，人口構造の変化とのあいだの利害得失をどう判断するかである。もっとも重要なことは，低位推計における人口の年齢性別構造が，将来の人口と発展のうえで受け入れられるのかどうか，人口と発展の総合利益の最大化という準則に合致するかどうかということである。

　とくに考慮すべきは以下の点である。第一は，人口の高齢化と社会・経済発展における利益の最大化という問題である。低位推計によると，21世紀前半，65歳以上の高齢者人口比率は年平均0.40％で上昇する。前半25年は年平均0.28％，後半25年は年平均0.51％で上昇し，その速度がかなり速いということがわかる。世界全体の高齢者人口比率と比較すると，2020年には3.14％ポイント，2050年には11.9％ポイントそれぞれ高くなり，その差は非常に大きい。とくに2045年には25.42％まで上昇し，同年の先進国の25.3％より0.12％ポイント高くなると予測されている。その後も先進国以上の水準が続くということは，中国にとって受け入れがたい予測である。現在，中国は一人あたりのGDPが1000ドル以下という状況で老年型年齢構造に突入しつつあるのである。

　2020年には全面的な小康社会の建設が完成すると仮定しても，一人あたりGDPは3000ドル前後，2050年には「三歩走」の三段階戦略目標が実現できると仮定しても，中程度の先進国並みの水準にとどまり，中国は半世紀以内に「豊かになる前に老いる」という矛盾した状態に直面することになる。高齢者の社会保障は高齢化の進展により，長期にわたって滞るだろう。今後，高齢者の社会保障を充実させなければならない状況で，先進国よりも「過度な高齢化」が予測される低位推計を人口戦略の目標として選択したとなれば，許容できないほどの社会的圧力と負担がもたらされ，人口変動の社会利益の最大化という準則を守ることはできないだろう。

　第二は，労働力人口の変動による社会・経済利益の最大化という問題である。中国は1980年代から，労働力人口の高い比率が続くなかで，扶養される高齢者と子どもの人口比率は低くなりはじめ，従属人口比率が比較的低くなるという，人口年齢構造変動の「黄金時代」となった。この状況は20年経った現在まで続いており，われわれはなお「人口ボーナス」を享受することができるが，「黄金時代」がもたらす「人口ボーナス」は必ず終息する。

労働力人口の点から低位推計についてみてみると，まず，「人口ボーナス」を享受できる状態は強弩之末〔力強く放たれた矢の最後＝勢い衰えたものの末路〕であり，その「利率」はすでに低くなってきていることが注目に値する。推計をみると，2003年の15〜64歳の労働力人口比率は70％前後であり，2010年前後には低位，中位推計ともにピークを迎えるが，その値は72〜73％と大差はなく，そのため従属人口比率の低下も限られている。2010年以降になると労働力人口比率は下降に転じ，2050年には61〜62％まで低下する。この時点でも，二つの推計の労働力人口の差は大きくはないが，従属人口比率の上昇速度とその幅には大きな差が生まれる。この差は主に推計から予測される労働力人口の絶対数の変動によって生まれ，2020年の差は484万人，2030年の差は3008万人，2050年にはその差が8231万人となり，累進式に増大していくと予測されている。現在の中国では，労働力の供給過剰が主な就業問題として挙げられており，労働力不足という問題は今後も長期にわたって発生しないと考えられている。この点だけみると低位推計が有利であると判断される。しかし低位推計では，経済発展と豊富な労働力人口による「黄金時代」の終焉にともなって，安価な労働力という状況も失われていくことになる。これは，競争と急速な経済成長に対して過去にない負の影響を及ぼし，労働力構造の欠点を発生させる可能性がある。したがって，労働力人口比率の低下を少しでも緩和させられる中位推計のほうが，人口と発展の総合利益の向上には有利となる。

　さらに，労働力人口の相対的な高齢化が挙げられる。二つの推計を比較すると，低位推計の労働力人口のほうが高齢化速度がわずかに速く，その水準も高い。労働力人口の相対的な高齢化は人的資本の活力を低下させるため，経済発展と技術進歩に影響を及ぼす。したがって，労働力人口の変動による社会・経済利益の最大化という立場から考えると，今後の人口発展戦略では，出生率を大幅に低下させ続ける低位推計を選択するのではなく，基本的に現在の水準で安定させる中位推計を選択することが求められる。労働力人口を必要とされるだけ補充し，中国の人的資源の豊かさと労働力の安価を延長させることがもっとも重要である。それによって必要な人的資本の活力を維持し，社会・経済の発展において，その速度・健康・調和の維持を促進すべき

である。この目的に到達するためには，上述の低位推計は時宜にかなわず，採用すべきではない。

　第三に，出生性比の上昇と社会・経済発展の利益最大化という問題である。1980年代以降，出生性比は上昇しつづける傾向にあり，これはすでに述べたとおりである。国家統計局の2002年全国人口変動サンプル調査の資料によると，全国の0～19歳人口では男性が女性より2377万人多かった[9]。すなわち今後20年間に，新たに結婚・出産・育児の適齢期に入る人口をみると，男性が女性より毎年平均120万人前後多くなるのである。このため，男女の人数差がもたらす圧力が，婚姻およびそれに関連する教育，就業などといった各領域で深刻になる。性比がもたらす圧力は，とくに婚姻の面で重大な問題となり，社会の安定と精神文明の建設にとって非常に大きな衝撃となるため，現在，早急に解決して「緊急ブレーキ」をかけなければならない段階に来ている。

　中国は歴史的にみても性別の偏好が非常に強い国であるが，中華人民共和国成立後は大々的に男女平等問題の解決を図ってきたことにより，出生性比もしだいに下がり，1970年代には国際的に認められる正常値に近づいていた。ではなぜ，その後またこのような上昇に転じたのであろうか。党と政府は依然として男女平等を唱え，行政，法律，経済といった様々な手段を投じて出生性比の上昇抑制に努めてきたが，それほどの効果は上がらなかった。その主な原因は，有効な対策に欠けるためである。出生性比の上昇を招いている主な原因に対する有効な施策がいまだにないのである。

　2000年の全国人口センサスのデータによると，1999年11月1日から2000年10月1日までに出生した新生児のうち，第一子の性比は107.1で，正常値の上限ぎりぎりであった。第二子は151.9，第三子は160.3，第四子は161.4，第五子以上になると148.8まで上昇し，正常値よりはるかに高くなる[10]。本来，人間の生物要素にもとづくと，第一子，第二子，それ以上と，出産が多ければ多いほど男女比の差は小さくなり，一般的には出生性比は低下していく。中国では，これに反して，第二子，第三子以上の出生性

---

9) 前掲『中国人口統計年鑑2003』，p.4のデータより計算。
10) 前掲『中国2000年人口普査資料』，pp.1681-1683.

比の方が高いことは注目に値する。現在，都市の合計特殊出生率は1.36，農村は2.06であり，農村の第二子以上の出生性比が「異常な高さ」となっていることが，出生性比の上昇をもたらしている主な原因である。

　それでは，農村ではどのような状況下であれば，第二子以上の子どもを出産することが認められているのであろうか。関連する法律・法規によると，産む子どもの数は各省，自治区，直轄市の人民代表大会あるいは常務委員会で決められているが，一般に農村では，男子を出産したらそれ以上の出産は認められず，女子だけの世帯はもう一人出産することが認められるという規制が行なわれている。これによって，農村でも男子一人っ子の家族もあるが，じつはこうした家族の割合は低い。なぜならば，一人目が女子の世帯はもう一人の出産が可能であるため，多くの農家では，労働力不足を補うためだけではなく，家業を継ぎ，代々血統を継ぐという観点から，「もう一人出産」するためにあらゆる手段を講じ，二人目に男子を出産することで，「一男一女一輪の花」「息子と娘の両方を持つ」という念願を実現する。これは科学技術が高度に進歩した今日では少しも難しいことではない。

　こうした規制政策によって，都市では自然な男児一人の計画出産がとくによく選択され，農村では客観的には人為的な男女選択を行なって，「合法的」な衣の下で，密かに男子を望む人為的な男女選択が行なわれている。したがって，農村の出生性比の上昇を有効に抑制し，人口と社会の調和発展の利益を上げるためには，社会の安定と政治文明，精神文明の建設を促進し，性別選択が行なわれるような出産政策の抜け道を根本的に穴埋めすると同時に，出生率を継続的に低下させるような低位推計プランを放棄する必要がある。

　上述の高，中，低という三つの推計の比較分析から得た結論は，
- 高位推計は有効に人口抑制ができないため，人口戦略の目標にはできない
- 低位推計は，人口の年齢構造，性別構造の合理化には不利であり，人口と発展における総合利益の最大化という準則にそぐわないため，人口の発展戦略の目標にすべきではない

ということである。比較すると，中位推計は高位推計の年齢構造・性別構造

の合理性，および低位推計の人口抑制の有効性という長所の両方を兼ね備えている。また，高位推計の人口数増加抑制の不十分さ，低位推計の人口年齢性別構造の非合理性といった欠点を基本的に克服している。これは，中国の当面の人口動態と将来の「人口の五大ピーク」の到来に対応でき，人口変動効果や人口と発展における総合利益の最大化という理想にも近く，現実的に実行可能なプランであるという要求を満たしている。したがって，全面的な小康社会の建設をめざす20年とその後の期間の人口発展戦略は，中位推計を基礎として立てるべきである。

この人口発展戦略は，人口抑制，人口資質の向上，人口構造の調整を継続し，「抑制」「向上」「調整」を相互に結びつけて実行し，人口と発展における総合利益の最大化を主な目標とするものであると説明することができる。人口資質の向上についてことさら述べる必要はないが，科学教育の振興は基本国策の一つであり，大々的な発展教育や全民族の文化・教育資質の向上以外にあえて付言するとすれば，人口の健康資質の向上に十分な努力が必要ということである。2003年春，中国の一部地域で「重症急性呼吸器症候群（SARS）」の流行を経験したことで，21世紀の人口の健康に対する認識が高まる結果となった。この点から考えても人口資質の向上は健康を基礎としなければならない。

人口変動と発展について述べると，この戦略の鍵となるのは「抑制」と「調整」のあいだの調和とバランスである。人口と発展における総合利益の最大化の追求のために，現在提起されている「数によって構造を転換させる」という方策は時宜にかなっており必要である。人口が過剰な中国では，大々的な人口数増加抑制戦略は，過去，現在，未来にかかわらず，人口発展戦略の「主旋律」である。

現在の問題は，この「主旋律」が30年後に響き，その他の人口局面，とりわけ人口の年齢構造・性別構造において問題を発生させるということである。われわれの前には超えることのできない「黄色い線」が引かれているのである。われわれの役割は，人口抑制という列車を「安全路線」内で静かに運行させ，「停止線を越える」ことや「脱線」をさせないようにすることである。「停止線を越える」ことや「脱線」をしたくなければ，人口抑制の「ス

ピード」を緩め,「数によって構造を転換させる」という策略を実施する必要がある。

上述の中位および低位の二つの推計を具体的にみてみると,2020年の中位推計は低位推計より人口総数が0.44億人,2050年には1.39億人多いが,それと引き換えに,人口の年齢構造・性別構造を相対的に合理化させている。人口・経済・社会の発展の許容範囲内に高齢化を抑制させ,終始先進国以下の水準を維持し,2020年には先進国と比べて7.3%ポイント,2050年のピーク時点でも1.6%ポイントの差を維持できる。労働力人口の絶対数と割合の上下は比較的安定し,「人口ボーナス」と労働力の安価という長所を一定期間延長できる。労働力人口の相対的な高齢化を緩和し,人的資本の一定の活力を維持できる。中位推計の安定した低出生水準とは,低位推計のように低下しつづける出生率ではないため,出生率の低下がもたらす出生性比の圧力を軽減させることができる。したがって,出生性比の不均衡を是正するのにも有利である。

以上から,人口数抑制効果を一定割合で犠牲とし,その代価として得られる人口構造の合理化効果や人口変動と発展の最大利益は,利益最大化という原則に合致しているだけでなく,人口変動と発展の原則そのものが求めるものでもある。したがって,全面的な小康社会の建設における人口変動と発展の基本図は表1-1[*10]のようになる。

上述の人口抑制と人口構造の合理化,人口と発展利益の最大化を原則とする人口発展戦略,全面的な小康社会の建設という目標に向けた政策は,結局

表1-1

		2000年	2010年	2020年	2050年
総人口	(億)	12.67	13.57	14.29	13.83
0〜14歳	(%)	22.89	19.28	18.59	14.68
15〜64歳	(%)	70.15	72.41	69.50	61.04
65歳以上	(%)	6.96	8.30	11.92	24.28
平均寿命	(歳)	71.40	73.10	74.80	—
都市人口の割合	(%)	36.22	50.00	60.00	—
人口の文化・教育資質指数	(年/人)	6.81	8.01	9.21	—
一人あたりGDP	(元/人)	7,056	13,205	25,132	—

出生率と出産政策を選択した上で実施されるものであるといえる。「人口の五大ピーク」の到来を前に，われわれは安定した低出生水準に，いくぶん調整を加えるという改革路線を提案する。すなわち，まずは現在の低出生水準を継続して安定させることである。

ここ30年，中国は大々的な人口抑制で世間の注目を集める成果を上げ，人口増加の潜在エネルギー（人口モメンタム）は大幅に弱まっている。しかし弱まることは消失と同じではなく，ゼロ成長の実現にはさらに30年前後の努力が必要である。われわれはこの「人口革命」を最後までやり通さなければならない。もし途中で放棄したら，この30年の努力がすべて無駄になるとまではいわないが，少なくともその効果は半減し，人口ゼロ成長の実現は先の見えないものとなる。このため計画出産政策という基本国策は継続して行なう必要があり，国が現在公布している関連法律と法規，主に「中華人民共和国憲法」の関連条項，「中華人民共和国，人口と計画生育法」や「中共中央国務院，計画出産政策の推進と低出生率の安定維持に関する決定」などを徹底的に執行しなければならない。これは，政策の相対的な安定性の維持に有利だけでなく，出生率の大きな波動を防ぐことにもなる。さらに法律の権威と政策の連続性を維持する手助けにもなり，人心を安定させる効果もある。

そして，出生率と出産政策を安定させた上で，微調整を行なう必要がある。都市では，現在一人っ子の率が非常に高いが，家族における非合理な「逆ピラミッド」型の年齢構造の発生を避けるため，双方ともに一人っ子の者同士が結婚した場合は子どもを二人出産することが許されている。したがって，客観的には都市の出生率はある程度上昇することが予想される。

さらに今世紀初頭の20年間は，中国は都市化の加速と「農民から非農民へと転換する」人口の大量増加のピークを迎える。数億にのぼる「農民労働者」[*11]が都市に移動して商工業に就き，しだいに都市人口へと転換する。これは都市の計画出産にとってかなりの衝撃となる。また，そのなかには都市に入り込んで摘発から逃れている計画出産政策の違反者も含まれる。現在，都市においては，出生率と計画出産政策は安定しており，この前提は維持する必要があるが，この二つの要因を総合的に考慮すると，今後は適度な調整

が必要となる。とくに，全面的な小康社会が建設される今世紀初頭の20年ではなおさらである。農村では，実際の出生率が都市と比べてかなり高いことを考えると，出生率を上昇させるべきではなく，農村の経済，文化の発展と人々の出産意向の転換にともなって，わずかな調整を行なって2.0前後の微調整を維持することしかできない。

　上述の「安定した低出生水準＋出生率調整」という改革について，具体的な出産政策の選択としては以下のようなものが考えられる。第一の選択肢は，全国を都市と農村に分けず，双方ともに一人っ子同士が結婚した場合には子ども二人の出産を許可するというものである。これは現在，すぐに実施可能である。現在，既婚の出産育児適齢期にある一人っ子の女性は23％前後で，主に都市に分布している。都市ではすでに，夫婦ともに一人っ子の場合は子ども二人の出産を許可する政策が実施されているが，出生率の上昇はきわめて限られた範囲内である。また，農村では一人っ子の割合が少ないため，その出生率に及ぼす影響はわずかなものとなる。

　第二の選択肢は，農村では一方が一人っ子の場合，子ども二人の出産を許可するというものであり，これも現在実施可能である。都市では数年後に緩和し，たとえば2010年以降に実施するというのが適当であろう。これは，「農村にとっては，農村の一人っ子の数と割合が少ないため，その出生率に及ぼす影響はわずかなものとなる」。「都市にとっては，都市の一人っ子の率が高いことにより，一方だけが一人っ子という夫婦の割合は高くなく，その出生率は大幅には上昇しない。とくに2010年まで見合わせると30歳以下の出産育児適齢期の女性がさらに少なくなる」ということである。出生率に与える影響が大きくないとはいえ，夫婦のうちどちらかが一人っ子の場合に二人の子どもを出産できるという政策を実施することは，子どもが一人しかいない両親の介護問題の解決や，家族の人口年齢構造の変化にとって現実的な，他に取って替えることのできないほどの意義がある。

　第三の選択肢は，農村で性別を区別することなく，誰でも子どもを二人出産できるようにするというものである。その条件として，人数が少ない少数民族を除き，三人以上の出産については等しく禁止する。前に述べたが，現在全国の農村における実際の合計特殊出生率は2.0前後で，三人以上の出産

を禁止すれば,出生水準はほぼ現状を維持することができるため,「限三保二」〔子どもの数,三人は制限し,二人は保護する〕は,農村の出生率を大幅に上げることはない。

　指摘しなければならない点は,上述の「安定した低出生水準＋出生率調整」の改革プランは,現行の出産政策の規定からいえば,都市と農村においてある程度上昇調整するというかたちになっていることである。しかし詳しく分析するとやはり,基本的に安定した現在の低出生水準という条件下での適度な調整である。人口発展戦略と歴史の延長線上からみると,このような調整はきまぐれ的なものではなく,人口増加抑制という基本政策の継続上にある。1980年に,早くも中央政府の人口問題座談会が計画出産政策を打ち出した際に,会議は中央政府が作成した報告ファイルに対し,出産を子ども一人に限定する期間について,どのくらいの期間が適当なのかということを具体的に分析し論証を行なった。一組の夫婦が子ども一人を出産することは一時しのぎの措置ではなく,また永久的な措置でもなく,一代の出生率を効果的に抑制するための一定の歴史的時期の一政策であり,一代後の出産政策は徐々に,適度に調整されるべきだと述べている。同年9月に発表された「中共中央,中国の人口増加抑制問題に関する共産党員,共青〔共産主義青年団〕団員全体の公開宣言」で,この一代の出生率抑制という思想が明確に述べられている。23年が過ぎた現在では,計画出産政策の「一代」はまさに完成直前である。将来の「人口の五大ピーク」の到来に直面し,人口発展戦略や出生率と出産政策の安定と調整にとって,現行制度が適当であるかどうかを検討するのにふさわしい時期である。それが必要であることは言うまでもない。

参考文献

[1]『中共中央　国務院関於加強人口与計画生育工作穏定低生育水平的決定』中国人口出版社,2000年
[2] 国務院新聞事務室「中国21世紀人口与発展」『人民日報』,2000年12月20日
[3]『中華人民共和国国民経済和社会発展第十個五年計画綱要』人民出版社,2001年
[4] 彭珮雲編集主幹『中国計画生育全書』中国人口出版社,1997年
[5] 張維慶・孫文盛・解振華編集主幹『人口,資源,環境与可持続発展幹部読本』浙江

人民出版社，2004 年
- [6] 田雪原編集主幹『人口，経済，社会可持続発展』中国経済出版社，2003 年
- [7] 国土資源部規画司『鉱産資源規画研究』地質出版社，2001 年
- [8] 劉江編集主幹『中国資源利用戦略研究』中国農業出版社，2002 年
- [9] 霍明遠・張増順主編『中国的自然資源』高等教育出版社，2001 年
- [10] 国家環境保護局編『中国環境保護 21 世紀議程』中国環境科学出版社，1995 年
- [11] 国家環境保護総局政策法規司編『中国環保法規与世貿組織規則』光明日報出版社，2002 年
- [12] 弗里徳約夫・南森研究所（挪威）編，中国国家環境保護総局国際合作司訳『緑色全球年鑑』（2001／2002）中国環境科学出版社，2002 年
- [13] United Nations, *World Population Prospects, The 2002 Revision,* New York, 2003.
- [14] United Nations, *Population, Environment and Development,* New York, 1994.
- [15] Nafis Sadik, *6 Billion, A Time for Choices,* UNFPA, 1999.
- [16] United Nations, *National Population Policies 2001,* New York, 2002.

訳注

- *1　三歩走——三段階の発展戦略と呼ばれるもの。第一段階：1980 ～ 90 年に GNP の倍増を実現する。第二段階：1990 ～ 2000 年にさらにその倍増を実現し，国民生活の安定を目指す。第三段階：その後 21 世紀中葉までにさらなる富裕化を進め，中国全土において中等先進国並みの GNP 水準を実現する。
- *2　持続可能な発展——いくつかの訳語がある用語だが（日本の行政は「持続可能な開発」を基本的に採用している），本書では全体の趣旨と中国語の原語を尊重して「持続可能な発展」と訳した。一部，文脈に応じて「持続可能な開発」と訳したところもある。
- *3　五つの統一計画—— a) 地域発展の統一計画，b) 都市農村発展の統一計画，c) 経済発展の統一計画，d) 人と自然の協調発展の統一計画，e) 国内発展と対外開放の統一計画。
- *4　加重反応——人口増加と資源の消耗は，比例してその規模が単純拡大するのではなく，人口増加量以上に資源の消耗が激化していくという性質。
- *5　人口モメンタム（Demographic Momentum, Population Momentum, 人口の惰性，人口増加の慣性）——出生率が変化し，人口置換水準（第 3 章訳注 * 3 参照）にまで低下したとしても，総人口規模は拡大を続けること。第 3 章第 3 節「2　政策上の選択」（109-117 ページ）も参照。
- *6　原文は「1.93」となっているが，文意からすると「1.47」が正しいものと考えて，訂正した。
- *7　人口移動——原書では絶えず移動しつづけるとの意味から「人口流動」と記載されているが，日本語では「移動」をあてた。
- *8　都市内で現住所と本籍地が異なる人口——第 5 章第 1 節 4「①移動人口の規模」（176 ページ）の説明を参照。

*9　原書では，人口配当，人口ボーナス，人口学的ボーナス，人口好機と同じ内容を指す異なる用語が登場するが，本書では基本的に人口ボーナスを訳語として採用した。ただし，第6章を中心に「人口の好機」と訳したところもある。内容については，第6章第4節「1　人口転換の過渡的な好機の意味」(234-237ページ) の説明を参照。

*10　原書には表のタイトルがないため，表番号を付け加えた。

*11　原語は「農民工」。しかし，第5章 (198ページ) にあるように，「農民工」には差別的な意味も含まれるため，「農民労働者」という訳語をあてた。

第2章 指標体系の評価

全面的な小康社会の建設過程の把握

　中国共産党第十六回全国代表大会（十六大）は，三段階戦略目標である「新三歩走」の具体的な計画を提示した。2020年には全面的な小康社会の建設を完成させ，社会主義現代化建設の新たな段階を加速的に推進しなければならない。小康と現代化とは動態的な発展過程であり，その基本的な内容は，科学技術の進歩を先導に，経済と社会の調和的発展と人口資質や生活の質の絶え間ない向上により，だれもが豊かになるという路線を歩むことである。現代化とは，伝統的な農業社会から工業社会へと発展し，しだいに知識化社会へと転換していく過程である。小康は，現代化の前段階であり，現代化への「かけ橋」として，現代化を実現するための起点でもある。

　小康社会とは各種指標によって定量化が可能であり，その指標の予測を通じて小康社会の目標の前途を明確にすることができる。われわれは十六大が提示した"さらに高水準の小康社会"という要求にもとづいて，「さらなる経済発展，健全な民主化，科学教育の進歩，文化の繁栄，社会の調和，人民生活の豊かさ」を追求する。まずは，新三歩の二歩目にあたる2020年について，16項目の主要指標を用いて予測した。経済・社会発展には不確定要素が多く予測が難しいため，長期目標については大まかな予測しかできない。しかし，この予測は，中国の経済，社会，生活の質，所得の差といった主要な側面を通じて小康社会発展の基本的な見通しを示している。今後新たな状況が発生すれば，それに応じて修正を加えることになる。また，2020年の予測とあわせて，新三歩の一歩目にあたる2010年についても30項目の主要指標を用いて詳細に予測し，社会構造，経済と科学教育，人口資質，生活の質と環境保護，法律，治安という五つの分野について系統的な分析を行なった。これは毎年の目標水準と実際到達水準とを比較することで小康目標の達

成度を算出しており，各地域における達成度の評価および分析を行なうことを可能にしている。

以上のような"大まかな指標と詳細指標"という二つの指標体系を確定する際には，原則として小康社会と現代化の基本的内容にもとづく指標を選定した。アメリカの社会学者エンゲルスが提唱した十項目の現代化指標を参考にした上で，中国の実情にもとづいて確定したものである。これは，小康社会と現代化建設の諸側面を全体的に反映したものとなっている。とくに人間本位の全面的発展や人口の増加との密接な関係が反映されている。二つの指標体系のうち，約3分の2の指標は人口と労働力に関連している。小康目標の確定については，5〜10年間の発展速度の予測を根拠に，中所得国家の発展水準を参考にして設定した。2010年の小康社会についての指標体系と重要性は，経験にもとづいて選定し，同時に30名以上の専門家の意見も求めて確定したものである。

小康生活の将来を予測するために，2020年の都市と農村の状況を展望し，最終的に全面的な小康社会の建設が直面する社会問題の分析と，その解決へ向けての提案を行なった。中国の都市と農村の格差はかなり大きいため，都市と農村それぞれについて小康目標と指標体系の予測および評価を行なっている。この点に関しては，本書の第11章を参照していただきたい。

以下では小康社会の指標体系について，四つの側面（2020年の発展目標・2020年小康生活の展望・2002年地域別小康目標の達成度合い・小康社会の建設が直面する社会問題）から，それぞれ述べていく。

1　全面的な小康社会の建設における2020年主要指標の発展目標

われわれは16項目の主要指標について，近年の発展速度にもとづき，また中所得国家の発展水準を参考にしつつ，中国の国情に合わせて比較的現実に則した2020年の発展目標を定め〔表2-1（48ページ）参照〕，各地が小康目標を制定する際の参考とした。16項目の主要指標の発展目標およびその推計の根拠と状況は以下のとおりである。

1　GDP（国内総生産）の成長率

　GDPの成長率は、ある国家や地域における経済・社会発展の総量を反映した総合的指標であり、第一次、第二次、第三次という三種の産業部門の成長値を包括したものである。また、人口一人あたりのGDPを用いることで、社会全体の産出利益を総合的にみることができる。発展目標を確立する上では、まずGDPの成長率と人口の増加率の目標を定めなければならない。

　中国では、長期にわたって束縛されていた生産力が改革開放によって解放され、24年間（1978～2002年）、GDPは平均9.4％成長した。ただし、1998～2002年の五年間の平均は7.6％と逓減傾向をみせており、1978年以来の、経済の高投資・高生産という高度成長期はすでに過去のものとなったといえる。改革開放の初期は、郷鎮企業[*1]の発展が高度成長の推進力となったが、郷鎮企業の発展は非常に盲目的なものであった。1990年代に入ると産業構造の調整と国営企業改革の進行にともなって市場の需要も変化し、郷鎮企業の生産額と成長率は逓減傾向となり、わずかな水分を絞り出すようにして数字上の増加を保っていた。しかし、1980年代および90年代初めの過大投資と過当競争は、常軌を逸するほど激化したために、資本が必要以上に蓄積され、一連の低効率問題がしだいに露呈しはじめたのである。無益な資本と大量の在庫品の重圧は、企業の利潤率を低下させ、経済成長率の低下傾向を招く長期的要因となった。

　国外の発展傾向をみると、高所得国家のGNP（国民総生産）の1950、60年代の成長率は、アメリカが3.1％、イギリスが2.7％であったが、1980年代の高所得国家の平均成長率は2.3％に、1990年代中頃には1.9％に低下し、1990年代末期には1.6％まで下がった。速度がもっとも速い日本は、高度経済成長期の1960年代には平均成長率は11％であったが、1970年代には4.9％まで低下し、ここ数年は経済が衰退しマイナス成長となっている。統計の技術的要素からみると、基数となる絶対額が大きくなるほど、高度成長を維持する難度はますます高くなり、速度は遅くなるのだが、設定された目標をみると成長率1％あたりの絶対額は増加している。たとえば、2002年のGDP成長率は8.5％、成長率1％あたりの絶対額は1048億元であったが、2020年の成長率1％あたりの絶対額は3700億元であり、

平均成長率は前者より後者のほうがいささか低くなるが，絶対額は2.5倍に増加する。

こうした国内外の成長状況に関する分析にもとづいて，今後の二つの発展段階については高低二つの成長率で推計を行なった。GDPの年成長率の低位ラインを2010年まで7％，2020年までは6.5％とすると，2010年のGDPの絶対額は18.00兆元，2020年は33.80兆元となる。高位ラインの年成長率を7.6％（〜2010年），7.0％（〜2020年）とすると，2010年のGDPの絶対額は18.83兆元，2020年には37.00兆元となる。

2　人口総数と純増率

人口は，経済・社会発展に密接な関係があり，小康や現代化水準の実現と人口増加には負の相関がある。すなわち，小康と現代化水準が高くなるほど，人口増加率は低くなり，反対の場合は高くなるのである。つまり人口増加率は小康と現代化水準を反映するのである。中国は人口大国で，2002年末には12.85億人に達しているが，1970年代以降，大々的に行なわれた人口増加抑制の成果が顕著に現われ，出生数は約3億人あまり減少した。中国の人口増加率は世界各国のなかで低ランクにあり，たとえば，中国の1990〜2000年の年平均増加率は1.0％であり，世界平均の1.4％より低く，低所得国家の2.0％，中所得国家の1.2％という水準よりも低い。ただし，高所得国家の0.7％よりは高くなっている。しかし現在の中国は，増加率は低いが，依然として増加量は多いという矛盾を抱えており，2002年の純増加率は0.65％まで低下したものの，増加1％あたりの絶対量は1285万人で，新たに増えた人口による消費量の増加は487億元に達し，これは新たに増加した消費総量の18％に相当する。

人口は現代化指標の分母であり，過度な増加は現代化目標の実現に影響を及ぼす。小康と現代化の早期実現のためには，あと20年は人口増加を抑制しつづけなければならない。予測によると，2005〜2020年は新たな出産ブーム期である。全国の移動人口は1.2億人を超え，計画出産と人口管理に困難をもたらしている。今後，出産率を低位で安定させるという任務はかなり困難になるだろう。重要な点は，農村や高増加率地域において，計画出産

政策の実施を通じて，目標にしたがって増加率を低下させ，人口数の抑制，人口資質の向上，人口構造の調整という三つを結合させた人口発展戦略を実施することである。

国家統計局人口局の専門家の予測によると，中位推計では2010年に13.57億人に達し，年平均増加率は0.7%であるが，2020年には14.29億人に増えるものの，年平均増加率は0.5%に低下する。2050年には13.83億人に抑制され，48年間の増加率は0.15%となる。高位推計によると2050年の人口は15.86億人，低位推計では12.44億人であり，どの推計でも50年後にはゼロ成長を実現することが可能となる。専門家の予測によると，全世界の総人口は2010年の70.3億人から，2050年には98.3億人に増えるが，中国が世界人口に占める割合は19.3%から14.1%まで低下する。

3　一人あたりGDP

GDPと人口から計算すると，2010年の一人あたりGDPは1万3040～1万3640元，2020年では2万2840～2万5000元となる[*2]。これを為替レート1:8.28でドル換算すると，GDPが低位ラインの場合，2002，2010，2020年はそれぞれ988，1600，2856ドルとなり，高位ラインの場合は2010，2020年はそれぞれ1676，3127ドルとなる。したがって高位ラインの場合は，もとの目標水準である3000ドルや現在の中所得国家の平均水準2590ドルを超えることになる。しかし政府の公式換算率1:8.28を用いてドル換算すると，実際の購買力水準を縮小させてしまうため，国際比較する際には購買力平価（PPP）を用いて換算すべきである[*3]。われわれは世界銀行が発表している『世界開発報告』で算出されている中国のPPPは実際よりも偏高していると考えており，これ〔1ドル＝2.23元〕を用いると，為替レートを用いてGDPを換算した場合と比べ，3.7倍にもなってしまう。それに代わり，中所得国家の平均である1.9倍〔1ドル＝4.35元〕（現在は2倍）という数値を用いて換算すると，高位ラインの場合2010年と2020年はそれぞれ3350ドル，6250ドルとなり，目標である3000ドルの2倍超という数値になる。また，現在の中所得国家の平均水準を超えており，2020年における中程度の先進国の水準も超える可能性がある。

4　都市化水準

　これは小康と現代化実現において重要な指標である。中国は農業大国であり，現在農業人口は全人口の3分の2を占めている。しかし，農業発展は工業発展と比較して遅れている。農村労働力の都市への移転には依然として多くの制約があるため，現在の中国の都市化水準は世界の平均水準よりはるかに遅れをとっている。『世界開発報告』の統計によると，2000年の世界の平均都市化水準は47％に達し，中程度の先進国は50％，高所得国家は79％であった。それに対し中国は，2002年にはわずか39.1％で，中程度の先進国より11％ポイントも低い。農村から外部への移動人口は1.2億人を超えているが，その一部は農繁期には農業に従事し，農閑期は都市で働くため流動性が高く，都市人口に含まれない。相当数の農村労働力は都市に長期滞在しているにもかかわらず都市人口には算入されていない。したがって，中国政府が公表している都市人口の割合はかなり低く，推定では約10％前後低い。人口の専門家が，人口学，経済学，社会学など多方面から考慮して推測したところ，2010年には都市人口の割合は50％となり，年増加率は3.1％に，2020年には都市人口割合は60％に達し，年増加率は1.9％となり，中所得国家の水準に近づく。この都市化を実現する過程では，大都市の規模を制限し，中程度の都市を適度に発展させ，小都市を積極的に発展させることで，農村の余剰労働力を合理的に移転させるべきだが，2億人の余剰労働力をすべて都市に移転させるのは不可能であるため，広義の農業（林牧漁業）や郷鎮企業，および第三次産業へ分散させる必要がある。そうすることによって，おそらく2020年には都市化水準60％を達成することが可能となる。

5　第三次産業の就業者比率

　これも小康と現代化過程を反映する重要な指標である。現代化水準が比較的低い国家は，第一次，第二次産業の割合がやや高く，社会労働生産性はやや低い。工業化・知識化社会に入ると，技術革命にともなって労働生産性が上がり，第一次，第二次産業部門で節約された労働力が第三次産業へと移転し，第三次産業の就業者数と生産額の割合が上昇する。これは各国の現代化過程における発展の原則である。世界銀行の『世界開発報告』の統計データ

によると，2000年の世界の第三次産業就業者の平均比率はすでに31%に達しており，中所得国家では54%，高所得国家では70%に達している。中国は改革開放以降，第三次産業の成長は速くなったとはいえ，2002年になってもわずか28.6%で，低所得国家の平均水準よりも低い。

その主な原因は，余剰労働力の移転が滞っているためである。中国では，第一次産業の割合が50%と比較的高く，第二次産業は21.4%である。現在，2億人以上いる第一次産業の余剰労働力を早急に移転させる必要がある。また，第二次産業も余剰労働力が2〜3000万人あり，ここ数年の累計一時解雇数は2600万人あまり，そのうち1700万人あまりは再就職できたが，現在でも1000万人以上の一時解雇者と失業者がいて，早急な移転を要する。技術革命にともない，今後さらに多くの余剰労働力増加が見込まれており，その移転が重要となる。

当面の問題は，農業労働力の移転に，なお多くの障害があることである。戸籍問題，都市基盤の容量，就業場所の不足などの諸問題が，大量の余剰労働力の都市部の第三次産業への移転を阻んでいる。その活路は，農村と小都市や郷鎮企業の第三次産業へ分散させることである。都市の余剰労働力は従来の第三次産業へ移転する他に，新興の第三次産業である金融，保険，旅行，コンサルティング，科学技術サービスといった人員供給が不足している業界や，コミュニティ・サービス，家政サービスといった需要が高い業界へ移転を促す必要がある。これらの業界は，伝統的観念の影響を受けて，「人はいるがやる事がない，やる事はあるが人がいない」という現象が起きてしまっている。その他，民間企業・個人企業の発展も，資金の受取や用地の面で制約を受けている。このため第一次，第二次産業の余剰労働力の第三次産業への効率よい移転には，政府と各管理部門が政策，資金，税制面で先導，支援する必要がある。

統計によると，改革開放の24年間とその後の12年間は，第三次産業就業者比率の年平均増加率は均しく3.6%となっているが，今後数十年にわたってこの速度を保つことは不可能である。今後はおそらく低下し，二つの発展段階別にみると平均増加率は3.6%および3.0%となり，2010年には第三次産業就業者の割合は38%に，2020年には51%になり，中所得国家

の54%という平均水準に近くなる。

6　公共教育支出がGDPに占める割合

　この指標の向上は，小康と現代化を実現させる重要な手段である。とくに，工業化社会から知識社会に入るためにはなおさらである。重要な点は，技術の進歩にあわせて人口資質を大幅に向上させることであり，そのためには教育への投資を増やすことが先決である。世界銀行『世界開発報告』の1996年統計によると，GDPに占める公共教育支出の割合は，世界平均4.8%，中所得国家は平均5.1%，高所得国家は5.4%で，そのうち，デンマーク，カナダ，スウェーデンはすでに8%以上に達しており，アメリカは7.4%，低所得国家も3.9%に達している。

　筆者の理解によると，UNESCO年鑑では，各国の公共教育支出とは均しく政府の支出によるもので，私的資金調達による教育支出は含んでいない。比較すると，中国の予算内の教育支出の割合は，2001年はわずか2.7%で，1985年の2.8%より0.1%ポイント少なくなっている。過去10年の教育発展要綱（1990～2000年）が目標として提示した4%と比較しても1.3%ポイントもの差があり，世界各国の平均水準よりも低い。予算外の国家財政教育支出を含めても，わずか2.9%である。世界各国の教育支出は現代化にともなって上昇傾向にあり，教育支出の世界平均割合は，ここ10年で0.8%ポイント上昇している。日本では一人あたりGDPが1000ドルの時点でも教育支出は5%を上回っていた。教育への投資を重視したため，わずか20年で現代化国家の水準に達し，世界大国の一つになったのである。

　中国の教育支出の低水準は，小康と現代化の過程に影響を及ぼしたばかりか，家計からの教育費への支出を増加させている。このような状況は経済建設と全面的な小康社会の建設の需要に適応していない。この主な原因は，経済重視，知力軽視の投資観念がいまだ根本的に転換していないことにある。政府と各管理部門は観念を転換し，教育への支出を重視しなければならない。まずは第一段階の10年以内に教育発展要綱の定めた4%という目標を達成し，次の10年でさらに4.5%に上げる必要がある。これでも依然として現在の中所得国家平均水準の5.1%には達しないが，5%に到達するようさら

に努力すべきである。

7 大学生が学齢人口に占める割合

　この指標は上述した指標と密接な関係がある。中国は教育に対する支出が比較的低く，人口母集団が膨大であるため，世界銀行の『世界開発報告』をみると，2000年はわずか7.2％だったものが，2001年は7.8％になり，2002年には9.2％（社会人大学は除く）まで到達したものの，依然として世界の平均水準19％よりはるかに低い水準である。世界の平均水準のうち，中所得国家は19％，高所得国家は60％である。アメリカは1960年には32％，1976年には56％，1997年には81％に達し，37年間の増加率は2.5％であった。日本は1960年の9.5％から1997年の43％に上昇しており，37年間の増加率は4.2％である。ここ7年の世界発展をみると，中所得国家は1990年の16％から19.3％に上がっており，年増加率は2.7％である。中国において，今後の教育に対する支出が上述の目標を達成することができれば，大学生の学齢人口に占める割合も相応して上がり，今後の二つの発展段階の増加率はそれぞれ6.3％と4.9％となり，2010年の大学生の割合は15％に，2020年には22％に達し，現在の中所得国家の25％と比べると依然として差はあるものの，その差は縮まるであろう。

8 人口千人あたりの医者の数

　これは，住民の衛生資源の占有状況を示し，住民の生活の質と健康水準を反映する重要な指標でもある。この指標を国際比較すると，中国の水準は低くはなく，2002年には1.4人と，1999年の世界平均1.4人，中所得国家の1.7人，高所得国家の2.9人と比較しても大きな差はない。主な原因は，統計基準が異なっていることで，中国では医者の数に歯科医や中級医師[*4]も含まれているが，外国では含まれておらず，医者はみな大学卒業資格のある医師である。中国の現状をみると，中級医師は医者の総数の22％を占め，歯科医を加えると24％を占める。彼らは人口が非常に多い地域，とくに農村において大きな役割を担っており，除外すべきではない。現在，中国の医療問題には政府の支出不足という矛盾があるが，なかでも主な矛盾は都市・

農村間,あるいは地域間の非合理な配置である。たとえば,ここ10年,全国の衛生支出のうち,農村に支出された割合は1991年の20％から2000年の10％に低下している。都市における人口千人あたりの医者の数は2.32人,農村ではわずか1.17人で,その差はほぼ2倍である。農村の医者・医薬品不足という状況は根本的な改革をみていないため,今後は農村の医療条件を大いに改善しなければならない。全国千人あたりの医者の数は1990年代の1.54人から2001年には1.65人に増加したが,2002年には逆に1.44人に下がり,下降傾向をみせた。今後の二つの発展段階の増加率は,それぞれ4.5％,2.3％となり,千人あたりの医者の数は2010年には2.0人,2020年には2.5人となり,現在の中所得国家の1.7人という平均水準を超えるであろう。

9　平均寿命

　小康と現代化の最終目標は生活の質を向上させることである。平均寿命は生活の質を示す総合指標であり,生活水準,健康水準,精神生活の改善状況を包括している。この指標の上昇には限度があり,一般的に70歳以上になると上昇速度が緩やかになる。中国では建国直前の35歳から1957年には57歳に上がり,年平均上昇率は5％となり,1981年には68歳で年平均上昇率は0.7％,2000年の第五回全国人口センサスでは71.4歳で,上昇率は0.3％に低下した。今後の上昇率はさらに緩やかになるであろう。中国と外国を比較するとその差は大きくなく,2000年の世界平均は66歳,中所得国家は70歳,高所得国家は78歳である。国家統計局人口局の予測によると,中国の今後の二つの発展段階の上昇率は,それぞれ0.3％,0.2％となり,平均寿命は2010年には73.1歳,2020年には74.8歳となり,現在の高所得国家の水準に近づく。

10　都市住民一人あたりの可処分所得

　2002年には7703元となり,改革開放以来24年間の平均増加率は6.7％である。とくにここ12年で増加が速くなり,年7.5％の割合で増えている。1996～2002年までの7年間の平均増加率は7.2％で,今後の二つの発展

時期ではそれぞれ7.0％，6.0％の割合で増加する見込みである。この増加率は完全に達成できるもので，2010年には1万3200元，2020年には2万3600元に達し，人々の平均月収は2000元近くなる。これは，一人あたりGDPの94％，96％に相当する水準であり，収入は生産水準をわずかに下回る程度である。

11　農民の平均純所得

　2002年には2476元で，改革開放以来24年間では7.2％の増加率である。段階的にみると，1979～1985年の7年間の成長がもっとも速く，年平均は15.2％で，1985年以降の17年間は年平均4.0％であった。1997年以降は3.9％に下がり，その増加幅は同時期の都市住民の所得増加率8.6％より4.7％ポイント低い。今後，農業構造の調整や農民負担の適切な軽減を強化し，手を尽くして農民の所得を増やすことができれば，この先，最初の10年で5.6％の増加率となり，2010年には3830元を達成，次の10年で都市住民の収入と同程度に発展し，年増加率は6％となり，2020年には農民の純所得を6860元に到達させられるかもしれない。しかし，この目標を達成するのはかなり難しい。

12　居住条件

　居住条件の改善は，都市と農村における住民生活の質の向上という重要な側面であり，小康生活を実現させる重要な目標でもある。近年，建設部は2020年までに「一世帯に一軒，一人あたり一部屋，機能的で整った設備」を実現させるという小康社会の住居基準を示した。この基準にもとづいて建築面積を換算すると，2LDKで約80～110平方メートルとなり，都市では一世帯3人として計算すると，一人あたりの建築面積は約25～35平方メートルとなる。2002年の実際の一人あたり面積は22.8平方メートルであった。2020年は高位ラインの一人あたり35平方メートルという計算にもとづくと，18年で54％の増加となり，年平均増加率は2.4％と，ここ5年間の5％という増加率より低くなる。この目標は実現可能なものであり，今後，新築住宅や危険家屋の改築が増加し，都市住宅の一戸建て率，住宅の質，居住環

境は年々向上していくであろう。

　農民の一人あたりの平均居住面積は，2002年にはすでに26.5平方メートルに達しており，一世帯あたり4.4人で計算すると，平均117平方メートルとなる。ここ5年間の一人あたり平均居住面積の増加率は3.3％で，今後3.5％および2.5％ずつ増加すると，2010年には35平方メートル，2020年には45平方メートルとなる。核家族化して一世帯あたり4人になったとして計算すると，平均180平方メートルに達する。農村の居住環境について重要な点は住宅の質を向上させることであり，2001年の住宅面積のうち木造と鉄筋コンクリートの割合は80.5％であり，2020年には90％以上に増やすことが求められている。

13　一人あたり生活用消費電力量

　これは，都市住民・農村住民の家電製品普及率を反映し，生活の現代化を示す指標である。2001年の一人あたりの電力消費量はわずか145キロワット時であり，かなりの低水準であった。現在，世界の先進国の平均は1000キロワット時以上，中所得国家でも数百キロワット時である。中国は，最近になって電力工業の発展が速くなり，住民の生活用電気に対する需要も高まっており，ここ5年の一人あたり生活用消費電気量の増加率は9.2％となっている。今後9年の増加率は9.6％，その後の10年は8％で上昇し，2020年には一人あたり生活用消費電気量は712キロワット時に達し，中所得国家の水準に達する可能性がある。

14　エンゲル係数

　これは，生活の質を測る重要な指標である。国連食糧農業機関（FAO）が示した1980年代のエンゲル係数の定義では，50〜60％の場合は「温飽型（やっと生活ができる）」，40〜50％は「小康型（ややゆとりのある生活）」，20〜40％は「富裕型（ゆとりのある生活）」とされている。2002年，中国の都市と農村の平均は43％で，そのうち都市は37.7％，農村は46.2％で，ともにややゆとりのある生活に属している。これは水準としては低く，今後20年以内に30％前後に下げることが求められており，それには農村では

38％に，都市では25％に下げる必要がある。都市と農村の所得水準について目標を達成することができれば，エンゲル係数の全国平均についても目標達成が可能となる。

15　都市と農村の所得格差

第10，11項目の都市と農村の所得水準から計算すると，所得格差は2002年の3.1倍から，2010年には3.4倍に拡大する。ただし，2020年には都市と農村の所得が同等に発展するようになるため，その差がさらに拡大することはない。しかし，1985年に1.9倍の格差であったものが2010年にはさらに1.5倍分拡大し，3.4倍となるといっても，これは現実的な比較とはいえない。実際の状況をみると，農民がいまだに基本的に享受できていない各種の社会福祉サービスを都市住民は享受していることが勘案されていないうえ，各種の割り増し負担や翌年の生産費用も控除されていない。このため実質的には都市と農村の格差は5～6倍であり，国家統計局副局長も「現在，都市と農村の実質的な格差は6倍である」とみている。今後20年以内に，三農問題に対する有効な支援政策を打ち出し，農民の所得増加を都市住民より促進させることができれば，この差は縮まる可能性がある。しかし，現実的には都市の労働生産性が農村より高いため，必然的に都市住民の所得増加は農民の所得増加より速くなっている。したがって，この差を縮めることは非常に困難であり，むしろ拡大の一途を辿っている。十六大の報告では，「工業・農業の格差，都市・農村の格差，地域格差拡大という傾向を徐々に方向転換させる」というさらに高水準の小康目標が提示された。2020年になってもなお，都市と農村の差がこれほどまでに大きければ，全面的な小康社会の建設を実現するという目標は妨げられることになる。これは，難題の一つであり，関連部門が重視して適切な政策と措置を講じ，都市と農村の所得格差を有効に縮小させるべきである。

16　貧富の格差（ジニ係数）

この指標は小康と現代化の過程における配分が，公平か否かを反映する重要な指標である。ジニ係数とは，所得分配の不平等さを測る指標であり，係

数の範囲は0から1で，係数の値が0に近いほど格差が少なく，1に近いほど格差が大きいことを意味する。0のときには完全な「平等」，つまりみんなが同じ所得を得ている状態を示し，一般的に0.40以上は格差が大きいことを示す。分配の不平等による貧富の差が大きくなりすぎた場合，社会の安定に影響が生じる。世帯調査のデータを用いて所得階級に応じて全体を5分割し，ローレンツ曲線を描いて算出する。改革開放以前の中国は，平等主義の配分方法を採り，生産力の発展に影響を与えた。改革開放後は，効率を優先し，公平に配慮はしたものの，一部の人が優先的に豊かになることを奨励したため，平等主義は打撃を受けた。生産力の発展は促進されたが，同時に負の影響ももたらされたのである。

世界銀行『世界開発報告』の中国のジニ係数によると，1980年の0.33から1988年には0.38に拡大し，現在は0.458まで拡大している。ある地域では0.46を超えており，配分は不平等の域に達している。そのうえ，貧富の差は拡大傾向を呈しており，多くの社会問題を引き起こしている。都市と農村にはすでに相当数の貧困層が存在しており，社会問題も少なくない。各国の状況をみると，高所得国家のジニ係数は発展途上国より低く，『世界開発報告』の1982年から1997年の調整データによると，アメリカは0.40，イタリア，イギリス，フランスは0.32前後，ドイツは0.28となっている。中所得国家は一般的にかなり高く，タイは0.46，ロシアとマレーシアは0.48，ホンジュラスは0.54，チリとジンバブエは0.57，南アフリカ共和国は0.59，ブラジルは0.60，シエラレオネは0.63である。中国のジニ係数は先進国より高く，発展途上国よりは低い。先進国は現代化の過程のなかで，社会福祉政策と富裕層に対する所得税の累進課税といった税制などの措置をとり，ジニ係数を低下させた。たとえば1970年代と1990年代を比較すると，スウェーデンの上位20％高所得者と下位20％低所得者の格差は5.6倍から3.6倍に低下しており，イタリア，フランス，オーストリアの三国では格差が1970年代の7～9倍から5～6倍に低下した。

中国の状況をみると，完全平等線から大きく離れてはいないため，今後，福祉政策と税制の面で調節することができれば，ジニ係数は少しずつ低下してゆく可能性がある。2010年まではおおよそ現在の水準を維持して0.45

表 2-1　全面的な小康社会建設における 2020 年主要指標の発展目標

指　　標	2002 年実際	2010 年第一段階発展目標	2020 年第二段階発展目標	年平均増加率（%） 2002～2010 年 8 年	2010～2020 年 10 年	2002～2020 年 18 年
1.GDP（兆元）　低位ライン	10.48	18.00	33.80	7.0	6.5	6.7
高位ライン		18.83	37.00	7.6	7.0	7.3
2. 人口総数　　　　（億人）	12.85	13.57	14.29	0.7	0.5	0.6
3. 一人あたり GDP　　（元）	8,184	13,265～13,876	23,650～25,900	6.2～6.8	6.0～6.4	6.1～6.6
1：8.28 ドル換算	988	1,600～1,676	2,856～3,127			
4. 都市人口が総人口に占める割合（%）	39.1	50	60	3.1	1.9	2.4
5. 第三次産業の就業者比率（%）	28.6	38	51	3.6	3.0	3.3
6. 教育支出が GDP に占める割合（%）	2.7	4.0	4.5	5.1	1.2	2.9
7. 大学生が学齢人口に占める割合（%）	9.2	15	22	6.3	4.9	5.0
8. 人口千人あたりの医者の数（人）	1.4	2.0	2.5	4.5	2.3	3.3
9. 平均寿命　　　　（歳）	71.6	73.1	74.8	0.3	0.2	0.2
10. 都市住民の可処分所得（元）	7,703	13,200	23,600	7.0	6.0	6.4
11. 農民の平均純所得　（元）	2,476	3,830	6,860	5.6	6.0	5.8
12. 一人あたり平均住宅面積（平米）						
都市の一人あたり建築面積	22.8	26.0	30	1.7	1.4	1.5
農村の一人あたり居住面積	26.5	32.0	37	2.4	1.5	1.9
13. 一人あたり平均生活電気使用量（キロワット時）	145	330	712	9.6	8.0	8.8
14. エンゲル係数　　（%）	43	33	30	3.4	1.1	2.0
15. 都市と農村の所得格差（倍）	3.1：1	3.4：1	3.4：1	−1.1	0	−0.5
16. 貧富の格差　（ジニ係数）	0.458	0.45	0.40	0.2	1.2	0.7

注：本表 2002 年のデータは『2003 年中国統計年鑑』より抜粋。2010，2020 年の目標は近年の発展速度と中所得国家の状況を参考に算出したものである。
　　第 6, 13 項目の指標は 2001 年のデータである。第 2, 9 項目は国家統計局人口局の統計および予測で，16 項目は世界銀行の世界発展報告の数値である。

前後を保ち，2020年にはわずかに下降するだろう。しかし，農民の生活について目にみえた改善がおこらず，都市と農村の住民の所得格差がさらに拡大し，低所得者の所得水準を向上させるような有効な措置もとられず，また税収政策などのマクロ経済政策の実施や社会保障制度の改善を進めなかった場合，ジニ係数はさらに拡大する可能性がある。

2010年と2020年の主な指標の発展目標は表2-1[*5]のとおりである。

2　2020年の小康生活の展望

この先20年の小康生活とはどのような状況なのであろうか。所得と消費の水準はどのくらいであろうか。精神生活と物質生活はどのように変化するのであろうか。これらはみな，都市と農村の住民が関心を寄せる問題である。2020年の小康生活や生活の質を描くために，われわれは都市と農村の生活水準や生活の質について予備的な予測を行なった。

1　2020年の都市住民の小康生活の展望

二つの面からおおよその予測をする。第一は社会構造からの予測である。国外の歴史的経験が証明しているように，現代社会の階層構成は中間層が大きく，両端の層が小さくなる樽型〔オリーブ型〕であり，中所得階層が大多数を占めている。こうした階層構造の下では，比較的高い税収入を確保できるだけでなく，住民所得の極端な格差を防止できるため，社会安定にも有利である。中国の現在の社会構造は，高・中所得階層の割合が小さく，中所得者層の下位層と低所得層の割合が大きい「ピラミッド型」で，両極が分化する傾向にあり，社会安定には不利である。小康目標のためには，中所得者の割合を上昇させ，現代的社会構造へ転換させることが必要である。国家統計局都市調査グループの世帯調査によると，現在，中所得階層に属する世帯はわずか18％で，一人あたりの平均年収は0.8〜1万元である。国際的に比較すると，この割合は低いといわざるをえず，所得水準も中所得階層のなかでは低い次元にとどまっている。では，中所得者がどれくらいの割合になれば合理的構造といえるのか？　国外の状況をみると，先進諸国は一般的に

40％以上に達しており，米国は70％に達している。アルゼンチン，ブラジルなどの発展途上国もすでに35％程度に達している。

中国の今後20年の全面的な小康社会の建設の過程で，中所得者層を年1％ずつ増加させることができれば，20年後には38％に達するだろう。これは全国で，約2.5億人以上の就業者が中所得者層入りを果たすことを意味する。20年後の中所得者の個人年収水準はおおよそ5〜8万元になり，ドル換算で6千〜1万ドル前後に相当する。個人金融資産は30万元以上となり，エンゲル係数は25％前後まで低下するであろう。その時点での都市住民の一人あたり可処分所得は2〜3万元あまりとなり，これは現在の社会構造より合理的である。この目標を達成するには，社会制度と社会政策の刷新を進める必要があり，安定，調和，弱者保護，低所得者の所得水準の向上という原則を守らなければならない。

中所得層が拡大すれば，生活の質は明らかに向上する。たとえば，食の面では安全性が追求され，健康志向が高まるようになる。衣服の面では，質と品位が求められる。物品面においては，現代的な高級家電製品や家具が基本的に揃っていく。住居は広く住み心地がよく，部屋の設備も整い，一人あたりの建築面積は30平方メートル以上となる。交通・移動の面では依然として公共交通が主となっており，約3分の1の世帯が小型乗用車を所有している。電話や携帯電話が基本的に普及する。精神生活は多様化し，余暇を過ごす上で国内外の旅行は主流となり，健康維持活動や芸術鑑賞，様々な球技なども日常的な娯楽文化となり，自身の文化資質の向上と子どもの才能を伸ばすための教育費は欠くことのできない支出となるだろう。生活消費構造のなかで文化，娯楽，教育費用が占める支出割合は現在の2倍前後に増え，現在の"生存需要"から"享受・発展の需要"に転換してゆく。

では，どのような人々が中所得層を構成し，率先して富裕型の所得水準に達していくのであろうか。現在の人気職種，各業種の景気状況と所得水準から判断すると，おおむね以下のような職種であると考えられる。

- 科学技術研究者，科学技術起業家
- 金融，IT，不動産などの人気業界，あるいは好業績企業の管理職
- 弁護士，作家など自由業者，あるいは技術者，会計士，建築士，その他

高級技術者
- 党政府機関および学術団体の中高層管理職
- 外資系企業および外資企業専門のサービス提供機関の中高層管理職
- 個人経営起業家，経営状況が良好な個人経営者
- 俳優やスポーツ選手

　地域ごとに分けると，上海，北京，広州，深圳など，経済発展が比較的速い大都市における中所得者層の所得水準の成長が速い。こうした地域の今日の姿は，全国の小中都市における明日の姿であり，率先して小康・現代化に入っているのである。たとえば，上海市長は，「今後5年間で一人あたりGDPは7500ドルを達成し，中所得世帯の消費能力は10万元に達し，マンションや乗用車の購入などが主な消費目標となり，30％の家庭が自動車を所有し，市民のネットショッピングが実現し，海外旅行なども普及するようになる」と述べた。北京では2002年3月の調査結果で明らかなように，都市住民の資産総額は一世帯あたり47.5万元（そのうち金融資産は13.2万元）で，全国平均である22.8万元の2.1倍以上であり，上位20％高所得世帯はすでに102万元に達している。首位を占めるのは個人経営企業の経営者や自営業者の家庭で，世帯あたりの平均資産は330万元に達する。

　第二の予測方法は，国家統計局の都市調査グループによる2002年の世帯調査にもとづいたもので，この調査データの上位10％高所得世帯の所得水準を，2020年に達成しなければならない小康生活目標と仮定し，現在の高所得世帯の消費構造をみることで2020年の小康生活を展望するものである。2002年における10％高所得世帯の一人あたり可処分所得は1万8996元で，一世帯あたり3人とすると，世帯あたりの可処分所得は5.7万元である。われわれの2020年の予測によると，一人あたり可処分所得は2万3600元であり，高所得世帯を平均の2.5倍として計算すると，10％高所得世帯は5.19万元で，約5万元前後となる。これは上述の中所得世帯平均の推定の低位ライン（5万元）と基本的に一致する。

　高所得世帯の食品消費をみると，2002年の豚肉，牛肉，羊肉，鶏卵，魚介類の年間消費量は一人あたり平均67.4キロで，下位10％低所得世帯の消費量37.2キロと比較して81％多くなっている。乳製品と飲料の消費量もか

なり高く、栄養構成を重視し、自然食品や保健機能食品を追求する傾向がみられた。

耐久消費財については、高所得世帯にはカラーテレビ、冷蔵庫はすでに普及し、新型モデルへと買い替えられ、高性能なものとなっている。100世帯あたりの平均パソコン保有台数は54台、ビデオカメラ7台、カメラ80台、エアコン128台、電気炊飯器132台、シャワー93台、携帯電話128台、健康器具12台、ピアノ4.6台、自家用車4.2台で、低所得世帯の普及率の数倍である。一人あたりの平均年収が10万元以上の世帯のうち、乗用車を購入する割合はすでに51％に達し、6～8万元の世帯の自家用車所有率は14％、5.5～6万元の世帯で11％を占め、都市における平均自家用車購入世帯の3％より高くなっている。

住居面については、「小康か小康でないかの鍵は住居である」といわれるが、国務院建設部は、小康社会の住宅について次のような基準を提示した。"2020年までに、住居は生存需要を満たすことから快適さを実現する方向へ機能転換し、「機能的で設備を完備している住宅を、一世帯あたり一軒、一人あたり一部屋配分」できるようにする"というものである。調査によると、2002年、2DK以上の住宅が都市住宅全体の73％を占めており、2020年までに、都市では2DK、3DK住宅を基本的に普及させることが求められている。また、一人あたりの住宅建築面積は、2002年の22平方メートルから2020年には30平方メートル以上に増加させることが求められ、これは18年間で年平均1.5％ずつ増えれば達成可能な目標である。現在、高所得世帯は平均より高価・上質な住居を保有し、内装にも凝り、食堂、客間、書斎といった独立した機能の生活空間を有し、一部の高所得世帯は住居を2軒所有している。都市調査グループの調査によれば、現在大都市住民のなかで二つの物件を所有している世帯がすでに8.7％に達しており、三件以上所有している者も含めると約10％に達するという。この割合は2020年には20％前後に達する見込みであり、一部の高所得世帯は、優雅な環境で空気が澄んだ、レジャー用の別荘まで所有するようになるだろう。

サービス消費や無形消費の面は、都市高所得世帯の支出の比較的高い割合を占めている。2002年の消費支出で娯楽・教育・文化・サービスは16.5％

を占め，交通通信は 13.3%，医療保健は 7.2%，この三つを合わせて 37% を占めている。これは低所得世帯の同 13.3%，6.6%，6.9%，合計 26.8% より 10% ポイントほど高い。高所得世帯の一人あたり平均支出は 4813 元で，低所得世帯と比べて 6.5 倍となっている。いずれにしても，所得水準の向上にともなって，娯楽・教育・文化サービスの消費は急速に拡大し，2020 年には総支出の 40% 以上を占める見通しである。

休暇旅行は，高所得世帯の精神生活と生活の質を向上させる重要な面である。2002 年全国国内旅行者数はすでに 8.8 億人に達しており，都市住民は 3.85 億人，旅行支出は 2848 億元，一人あたりの平均旅行支出は 740 元である。また，海外旅行者は 1008 万人に達している。ここ 4 年間の国内旅行者のべ人数，旅行収入は，毎年それぞれ約 18%，13% ずつ増加している。2020 年までに国内旅行者はのべ 25 億人，海外旅行者はのべ 3000 万人あまりに達し，旅行支出は生活消費の 7% 前後を占めるようになると予測される。

個人金融資産は住民の豊かさを測る重要な指標であり，預金，各種有価証券，現金などが含まれる。20 年にわたる急速な経済発展にともなって，住民所得は向上し，2002 年 3 月現在，都市部世帯が保有している金融資産は平均 8 万元に達している。しかし，金融資産は都市部世帯のなかでも非常に不均衡である。資産額に応じて五段階に分けた場合，上位 20% 高所得世帯が金融資産総額の 66.4% を占めており，下位 20% 低所得世帯総額 1.3% と比較して 50 倍高くなっている。所得水準に応じて段階的に分けると，世帯平均年収が 10 万元以上の世帯の保有金融資産は平均 93.5 万元に達し，年収 1 万元以下の世帯の 2.2 万元と比較して 42 倍にもなる。業種別では，株式会社の責任者が最高で，世帯保有金融資産は平均 69 万元に達し，次いで個人経営企業主の 62 万元，芸術家の 40 万元，証券・銀行業務従事者の 24 万元となっている。2020 年にはこのような高所得世帯および高所得業種の金融資産は 2 倍あるいはそれ以上にも増え，百万，千万，億元長者がつぎつぎと出現するようになるであろう。

2　2020年の農村住民の小康生活の展望

　中国の農村経済の発展はきわめて不均衡である。東部沿海地域は自然条件に恵まれ，商品経済が発達し，都市の拡散能力が強いために最初に豊かになったが，西部辺境地域は劣悪な自然条件，貧弱な経済基礎といった様々な原因によって発展が相対的に遅れており，そのため東部と西部の生活水準の格差はかなり大きい。国家統計局が2002年，6.7万の農村世帯を対象に実施した調査によると，農民一人あたり純所得について，所得水準に応じて五段階に分けると，上位20％高所得世帯の平均純所得は5896元で，下位20％低所得世帯の平均純所得857元[*6]の6.9倍にも達していた。もし2020年に農村世帯平均純所得5896元に達するのであれば，年増加率は5％となり，この数字は，さきに予測した2020年には6860元に達し，増加率が5.8％になるという数値に比較的近くなる。詳しくは表2-2を参照のこと。

表2-2

一人あたり純所得に応じた段階分け（5段階）	2000年	2002年	低所得世帯を100とした場合の指数	
			2000年	2002年
平均	2,253元	2,476元		
低所得世帯	802元	857元	100	100
中の下所得世帯	1,440元	1,548元	178	181
中所得世帯	2,004元	2,164元	250	253
中の上所得世帯	2,767元	3,030元	345	354
高所得世帯	5,190元	5,896元	647	688

　訳注（1）この表は，原書においては数値の配置に混乱が見られたため，翻訳の際に修正した。
　　　（2）同じ内容の表が第11章（表11-9）に再掲されている。

　地域別にみると，2002年東部地域の上海，北京の一人あたり純所得はそれぞれ6224元および5398元に達し，浙江省は4940元，天津市は4279元，江蘇省と広東省は3900元以上となっており，いずれも11年間平均11～14％の高増加率を維持してきた。一方，西部地域のチベット，貴州省，陝西省，甘粛省の一人あたり純所得はわずか1400～1600元にとどまっている。詳しくは表2-3を参照。

　以上二つの表のデータによると，高所得世帯や高所得地域の所得水準は平均して5000元以上であり，各省市では4000～6000元前後であることが

表 2-3

高所得地域	2002 年	対 1991 年比（%）	11 年間の年平均増加率（%）
上海	6,224 元	312	10.9
北京	5,398 元	361	12.4
浙江	4,940 元	405	13.6
天津	4,279 元	365	12.5
江蘇	3,980 元	433	14.3
広東	3,912 元	338	11.7
低所得地域	2002 年	対 1991 年比（%）	11 年間の年平均増加率（%）
甘粛	1,590 元	359	12.3
陝西	1,596 元	300	10.5
貴州	1,490 元	317	11.1
チベット	1,462 元	207	6.8

訳注：同じ内容の表が第 11 章（表 11-10）に再掲されている（ただし、「広東」はない）。

わかる。この所得水準は 2020 年の小康目標である農民一人あたりの平均純所得 6860 元より低くなっている。現在の農村世帯調査のなかには、所得水準にもとづいて五分割された農民の生活状況データが存在しないため、高所得地域の生活状況を手がかりに分析を行なった。つまり、今日の高所得地域における生活水準を、2020 年に向けた中西部地域の発展目標とし、その間に東部地域がさらに発展することによって、2020 年全国農村部の一人あたり平均所得が 6860 元に達することが可能になるということである。

現在の高所得地域の生活状況を簡単に分析すると次のようになる。

(1) 高所得地域のエンゲル係数は低く、サービス消費の割合が高い

消費支出全体に占める食品支出の割合をエンゲル係数と呼ぶが、一般的にはこれが 50%[*7] 以下の場合、小康水準（ややゆとりのある水準）であるといわれている。2002 年北京、上海のエンゲル係数はすでに 34～35% まで低下しており、浙江省、江蘇省は 40% 前後、甘粛省は 46%、貴州省とチベットはそれぞれ 58%、64% であった。食品支出割合の相対的な低下により、衣、住、物、および非商品であるサービス消費支出の割合が上昇している。高所得地域では医療保健、交通通信、文化・教養・娯楽、およびサービス支出の

割合がすでに30%程度に達しており，低所得地域よりも高い。

(2) 高所得地域の一人あたり食品消費量と家電製品の保有量がかなり多い

2002年の世帯調査結果によると，一人あたりの肉類，鶏卵，水産類の年平均消費量は，上海が最高で52キロに達し，次いで浙江が49キロ，広東45キロ，北京，天津，江蘇が30～32キロとなっており，低所得地域の2～3倍という水準であった。高所得地域では家電製品も基本的に普及しており，都市部の平均水準に接近，もしくは超過しているものもあり，種類も豊富で性能も良い。たとえば100世帯ごとのカラーテレビ保有台数は，上海，北京ではすでに100台を超え，他の各省でも92%以上に達しているが，低所得地域ではわずか50%前後である。電話の普及率も高所得地域では70～100%に達しているが，低所得地域ではわずか10～30%程度で，たとえば陝西省，甘粛省の場合それぞれ36%，28%にとどまっている。

(3) 高所得地域の住居は質が高く面積も広い

質が高く，広々とした住居は農民が追求する重要な目標であり，小康生活の重要な指標でもある。一人あたりの居住面積は上海近郊ではすでに57平方メートルに達し，浙江は49平方メートル，江蘇，北京は35平方メートルおよび32平方メートルで，低所得地域の20平方メートル前後と比較して約2倍の広さとなっている。高所得地域の住宅は建造費が高く，鉄筋コンクリートもしくはレンガ構造がすでに95～99%を占めており，そのほとんどが二階建て以上のビルである。しかも設備と機能が揃い，内装もしっかりしている。とりわけ富裕世帯の居住条件は都市部の平均水準を超えている。

(4) 高所得地域の家庭は比較的人数が少なく，扶養負担も軽く，文化資質が
　　比較的高い

この優位点も豊かになる重要な要素である。たとえば，一世帯あたり人数の全国平均は3.8人だが，北京ではわずか2.8人，その他の各省市は3人前後であり，低所得地域の4.2人より約1人少なくなっている。労働力一人

あたりの扶養人口は平均で，上海で1.4人，浙江では1.7人で，低所得地域の2.2人より0.5人少ない。労働力人口の教育水準の差も大きく，高所得地域では中学以上の教育水準が労働力100人あたり40〜60人を占めており，低所得地域と比較して2倍以上となっている。

2020年，中西部低所得地域が東部高所得地域の現在の消費水準と消費構造に到達する一方，高所得地域がさらに向上できれば，全国の農村部は全体として小康生活水準に達することができよう。

3　各省市区の全面的な小康社会建設目標の実現レベルに関する総合評価と分析

この指標体系は，"第一段階（2010年）の発展目標"に対する各地域別2002年の達成度を算出することによって，目標実現レベルを総合的に評価，分析するためものである。小康目標の内容にもとづいて，経済・社会発展，知識化と科学技術の刷新，生活の質と環境保護，法制といった角度から，30項目の重要な指標を選択して指標体系を構築し，これを五つの分野（①社会構造指数　②経済・科学技術発展指数　③人口資質　④生活の質と環境保護　⑤法制と治安）に分割した（表2-4参照）。これらは，とくに人間本位の全面的な発展状況を映し出すものであり，これによって小康社会と現代化建設の諸側面を総合的に概観することができる。指標体系の科学性と実用性を強化するため，30名以上の専門家の意見を幅広く求め，指標体系と判断基準を確定した。2002年の統計データは主に『2003年中国統計年鑑』と各委員会の収集したデータにもとづいており，発展目標は近年の発展速度と中等先進国の水準を参考に算出したものである。

中国における地域経済の発展はきわめて不均衡であるため，定められた目標は発達地域にとっては比較的低く，中西部地域にとっては高くなっている。しかし同一の目標を用いて判断するからこそ比較性があり，比較から当該地域の進歩と格差をみることができ，当該地域がどの発展段階にあるのかを理解することができる。総合評価のなかで先頭に位置する地域はすでに基本的に小康目標を実現しており，現代化の目標に向かって突き進むことができる

が，後方に位置する地域は弱い部分に対して真正面から取り組み有力な措置を採用して，全面的な小康目標を実現させるための努力をしなければならない。

以下は2002年の各省市区における全面的な小康社会の建設目標の実現レベルについての総合評価と分析である。

1　小康と現代化目標の実現レベルの総合分析

30項目の指標計算によって算出された総合指数は70.1％で，2002年にはすでに3分の2以上達成しているということになる。五つの分野別にみると，社会構造の実現は80.1％，経済・科学技術は65.2％，人口資質は73.8％，生活の質は66.0％，法制と治安は65.5％である（表2-4参照）。

地域別でみると，2002年の実現レベルの総合指数が74％以上となっているのは，北京，上海，天津，広東，浙江，江蘇，遼寧，福建，黒龍江，山東の10省である。74～62％実現となっている省（区，市）は，吉林，湖北，陝西，重慶，山西，河北，新疆，海南，内モンゴル，湖南である。62～53％実現となっている省（区）は，青海，寧夏，四川，甘粛，江西，広西，安徽，雲南，河南，貴州，チベットである（表2-5参照）。

各分野の分析
(1)　社会構造

この指標の良質化とは，小康と現代化の基礎と前提条件を整えることである。第三次産業就業者比率など五項目の指標によって構成され，社会化，都市化，非農村化，外向型経済[*8]と教育への支出の状況を反映している。2002年全国平均の社会構造達成度は80.1％で，達成度が比較的高いのは北京，上海，天津，広東，遼寧，江蘇，吉林，福建，浙江の9省市で148～78％[*9]，達成度が60％に達していないのは，安徽，湖南，雲南，河南の各省[*10]である。

主要指標についてみると，「第三次産業就業者比率」は2002年全国平均28.6％であり，小康社会として求められる実現目標の38％に対し，75.3％の達成度となっている。比率がもっとも高い地域である北京，上海，天津

三市の60〜41％を除外すると，割合が30％以上の地域は遼寧，吉林，湖北，広東，江西，浙江，重慶，新疆，海南，江蘇，陝西の11省（区，市）のみである。割合が比較的低いのは河南と雲南で，20％に満たない。「都市人口の割合」は都市化の水準を反映しており，2002年にはすでに39.1％に達している。この指標のみでは地域別に比較できないため，非農業人口比率を用いると，その割合は全国27.9％で，目標40％のうちすでに70％を実現している。上海，北京，天津の割合は76〜59％に達している。47〜44％の遼寧，黒龍江，吉林省も目標を超えており，広東，新疆，江蘇省（区）も35％以上である。四川，貴州，雲南，チベット省（区）は都市化水準が低く，20％に満たない。「政府予算において教育支出がGDPに占める割合」は2001年予算のわずか2.7％で，目標である4％に対し67.5％の達成度である。割合がもっとも高いのは北京，チベットで平均6.9％，その他目標を超えているのは西北の5省区と雲南省，貴州省で3.9〜4.6％である。割合が比較的低い省は山東，江蘇，浙江，湖北，河北，遼寧で1.6〜1.9％である。

(2) 経済・科学技術発展

これは，小康と現代化における経済的基盤と知識刷新を実現する手段である。一人あたりGDPなど七項目の指標によって構成され，総合経済の投資産出，就業率，知識イノベーション投資，発明創造能力などを表わしている。これらの指標の発展速度は速く，定められた目標が相対的に高いため，2002年の達成度は比較的低く，わずか65.2％である。達成度が高いのはすべて東部地域で，北京，上海，天津，浙江，広東，江蘇，福建，遼寧省（市）で270〜76％である。40％以下は貴州省，四川省，江西省である。

主要指標についてみてみる。「一人あたりGDP」は経済・社会発展の総合的な成果であり，2010年の目標は1万3265元で，2002年にはすでに8184元を実現しており，61.7％の達成度である。最高は上海で3.34万元に達しており，北京，天津はそれぞれ2.29万元，2.04万元と，2010年の基準を超えて2020年の小康目標に近づいている。その他1万元以上の地域は，浙江省1.68万元，広東省1.50万元，江蘇省1.44万元，福建省1.36

万元，遼寧省1.30万元，山東省1.16万元，黒龍江省1.02万元である。5千元に達していないのは貴州省と甘粛省で，貴州省はわずか3104元である。「研究開発費がGDPに占める割合」は，2002年全国平均1.2％で，目標1.5％の約80％を達成している。割合が最高なのは北京市で6.8％に達している。陝西省は3.0％で，他に基準を超えているのは上海市の2.0％，天津市の1.5％である。広東，遼寧，吉林，江蘇，湖北省が1.3～1.0％であることを除くと，その他の地域は1％に達しておらず，海南省，四川省，新疆ウイグル自治区はわずか0.2％である。「一万人あたり専売特許の受理件数」は2002年平均1.6件で，目標の3.5件のうち45.7％を達成している。最高は上海市の12.3件で，北京市9.9件，天津市5.3件，広東省4.4件，浙江省3.7件と比較的高く，0.4件に達していないのは貴州，甘粛，青海，チベット省（区）である。

(3) 人口資質

文化・科学技術の資質の高低は，目標の実現を左右する。これは人口自然増加率，専門技術者数など六項目の指標によって構成される。2002年全国平均では73.8％達成している。上海，北京，天津は基準を大きく超えて133％以上である。他に，100％以上に達しているのは遼寧，吉林，江蘇，湖北省であり，60％に達していないのは雲南，貴州，チベット省（区）である。

主要指標をみると，「従業員一万人あたり専門技術者数」は平均2926人で，目標の4500人のうち65.0％達成している。最高は広西チワン族自治区で3533人に達しており，その他3000人以上なのは雲南，青海，北京，湖南，四川，貴州，河北，江西，浙江，陝西，山東，吉林，重慶の各省（市）である。比較的低いのは，海南省，黒龍江省，湖北省で2300人あまりである。「専門学校以上の教育水準人口が6歳以上の人口に占める割合」の平均は4.7％で，目標の7％のうち67.1％を達成しているにすぎない。北京市は最高の20.5％に達し，上海市は15.1％，天津市は10.6％である。その他5％以上の地域は新疆，吉林，浙江，寧夏，山東，遼寧，内モンゴル，広東の各省（区）であり，割合が低いのは雲南省の2％およびチベット自治区のわずか0.8％

である。

(4) 生活の質と環境保護

これは生活の現代化と電化状況を反映しており，都市と農村の住民所得，エンゲル係数など八項目の指標によって構成される。2002年全国平均で66.0％達成している。生活の質が比較的高いのは沿海地域で，上海，北京の両市が100％以上に達している。その他80％以上の地域は，浙江，天津，広東，福建，江蘇省（市）で，西部地域は比較的低く，甘粛，青海，貴州，チベット省（区）は50％以下である。

主要指標をみると，「都市住民一人あたり可処分所得」は7703元で，目標に対し58.4％達成している。最高は上海市の1.33万元で，北京市は1.25万元，浙江は1.17万元，広東省は1.11万元となっている。最低は貴州省で5944元である。「農民一人あたり純所得」は2476元で，目標に対し64.6％達成している。上海，北京はもっとも高く6224元，5398元に達しており，浙江，天津，江蘇，広東省（市）は4840〜3912元である。西部地域は比較的低く，2100〜1400元である。「エンゲル係数」は消費構成の良質化を反映した指標であり，一般的には40〜50％が小康型（ややゆとりのある生活）と考えられており，40％以下になると富裕型（ゆとりのある生活）である。2002年，都市では37.7％，農村は46.2％，都市と農村の平均は42.9％となっており，全国平均水準は依然として小康型である。全国平均水準の目標は33％であるため，現在はその76.9％を達成したことになる[*11]。もっとも低いのは北京市の34％で，他に40％以下のところは陝西，上海，天津，河北，山東，内モンゴル，黒龍江，山西省（区，市），50％以上はチベット，海南，貴州，雲南省（区）である。「工業廃水処理率」の全国平均は88.3％で，目標95％のうち92.9％達成している。廃水処理率が95％以上なのは天津，北京，浙江，山東，江蘇，安徽，福建の七省（市）で，比較低いのはチベット，寧夏，貴州省（区）である。

(5) 法制と治安

これは現代化建設を安定させるための要となる指標であり，刑事事件，治

安事件,弁護士数,交通事故死亡率の四項目の指標によって構成される。2002年の達成割合は全国平均で65.5％であり,達成水準が100％以上となっているのは北京,海南,山西省(市)である。発達地域は比較的低く,浙江,広東,福建省は60％に達していない。また,河南省と新疆ウイグル自治区も60％に達していない。

　主要指標をみると,「一万人あたり刑事事件発生率」は全国平均33.8件で,目標の22件のうちすでに65.1％を達成している[*12]。発生率が20件以下と低く,達成度が高いのは海南,河北,山西,雲南,チベット省(区)である。逆に,発生率が高いのは上海,浙江,広東,河南,北京省(市)で50件以上である。「一万人あたり弁護士数」は平均0.8人で,目標1.1人の72.7％を達成している。最高は北京市の5.7人,上海市3.2人,天津市1.7人で,その他,1人以上なのは広東,遼寧,浙江省である。最低は貴州省とチベット自治区でわずか0.3人,0.2人である。

2　小康と現代化の第一発展段階過程における問題と対策

(1) 地域格差は拡大傾向にある

　小康と現代化水準(達成度)について東中西部で比較すると,東部12地域の平均は94％,中部9地域は65％,西部10地域は61％で,東部,中部,西部の比は1:0.69:0.65であり,西部は東部より35％低くなっている。小康と現代化水準は上位10省市のうち9箇所が東部地域であり(表2-5参照。黒龍江省は中部地域に属する),下位10省区のうち広西チワン族自治区以外はすべて中西部地域である。五つの分野のなかで「経済・科学技術発展指数」の地域差がもっとも大きく,北京市と貴州の差は約8倍である。「一人あたりGDP」のみをみると,その差はさらに大きく,拡大傾向にある。東部は1万3316元,西部は5388元で,東部は西部の2.47倍であり,1991年の1.86倍からさらに0.61倍分拡大している。たとえば,最高の上海市と最低の貴州を比較すると,その差は12.9倍[*13]で,11年前の7.3倍から5.6倍分拡大している。省間で比較すると,浙江と貴州省は,11年前の2.7倍から5.3倍になり,2.6倍分拡大している。科学教育関連指標の差も大きく,「一人あたりの公的な教育支出」は,東部地域では大都市を除く

沿海各省は 200 〜 300 元，中西部地域は 100 元あまりである。

　こうしたデータをみると，地域間で，元来の経済的基礎や保有していた人的資源，自然条件に格差があり，その他様々な要因も加わって，東部において現代化の実現が優先されたことがわかる。こうした格差は長期にわたって存在するが，格差は拡大させるべきではなく，しだいに縮小してこそ全国的な現代化を実現することができる。今後10年間で中西部の小康と現代化建設に力を注がなければならない。発達地域は資金，技術，人材などの面から中西部の開発を支援し，資源を共有し，相互補完し，中西部地域もその土地の事情に適した措置をとり，特徴や優位点を最大限に発揮し，東部地域の現代化管理水準，解放的思想，飛躍的発展から学び，第一発展段階において，できる限りこの格差を縮める努力をしなければならない。

(2) 経済と科学技術発展水準が相対的に低い

　「一人あたり GDP」について，2002年はドル換算で988ドルであったが，年6.2％の成長率（GDP7.0％，人口純増0.7％）との予測によって，2010年の目標でも〔表2-4参照〕，わずか1600ドルとなっており，2002年時点では目標の約62％しか達成できていない。2020年の小康社会3000ドルという目標から計算すると，わずか33％しか達成できていないことになる。2020年までに世界の中等先進国の水準に到達することは基本的に可能だが，その発展水準は相対的に低く，その根本的な原因は，国外と比較する際にレート比較ができないという要素を除くと（購買力平価を用いた比較は可能），中国の人口規模の大きさ，社会労働生産性の低さ，科学教育水準の低さにある。

　「予算内の教育支出が GDP に占める割合」は，2001年予算でわずか2.7％，2010年の目標は10年の教育発展綱要によって年4％と設定されており，この低い基準で計算してもわずか67.5％しか達成できておらず，10年以内にこの目標を実現することはかなり難しい。世界各国との格差は大きく，世界平均水準は5％前後，中所得国家の平均は5.1％，低所得国家でも3.9％に達している。中国における「2001年予算における一人あたり公共教育支出」はわずか203元，ドル換算では25ドルであり，アメリカの1430ドルのわ

ずか1.7%である。

「専門学校以上の教育水準人口が6歳以上の人口に占める割合」はわずか4.7%で，高い資質を持つ人材が乏しく，知識イノベーションへの投資割合も非常に低い。このため，必然的に発明創造力も低く，専売特許の申請も少ない。経済成長のなかで科学技術発展による成長の割合は低く，これらは小康と現代化の実現過程に影響を及ぼす重要な要素である。各国の現代化の経験が十分証明しているように，現代化建設を加速させるには，教育と科学技術への投資を重視しなければならない。経済を重んじ，社会を軽んじるという観念を根本的に転換させるには，今後10年で「公共教育支出がGDPに占める割合」を4%に到達させ，知識イノベーションへの投資割合を1.5%にする必要がある。

(3) 第三次産業比率と都市化の停滞

改革開放以降，この二つの指標の発展は非常に速かったが，現在の水準は低く，小康目標と現代化の要求にはほど遠い。世界と比較するとその差は歴然である。中国の「第三次産業就業者比率」はわずか28.6%で，世界平均の31%，中所得国家の54%より低い。現在，中国では第一次，第二次産業に大量の余剰労働力があり，農村では2億人あまり，都市の第二次産業では2千万人あまりを削減する必要がある。累計失業者数は1千万人以上いるにもかかわらず，現在，新興の第三次産業は人員不足となっている。コミュニティ・サービスも1千万にのぼる労働力を必要としており，この矛盾の解決には関連部門の有力な措置を要する。余剰労働力と都市の失業者を第三次産業へ移転させ，資金面および税制面での支援を行なうことで，2010年までに目標の38%を達成することは可能である。

都市化も世界水準からかなり遅れており，2002年は39.1%で世界平均水準の47%より17%低く，中所得国家の50%より22%低い。都市化の進展を加速するには，農民が都市へ移転する際の様々な制限や障害（政策や戸籍制度など）を緩和する必要があり，そうすることで2010年に50%という水準に到達することも可能になる。

(4) 地域経済と社会発展の調和がとれていない

　総合指数の実現度が上位10位の東部地域は、一から四の分野については比較的調和がとれているが、それらの分野と分野五の「法制・治安」が相反する傾向にある。浙江、広東、福建は前者は上位4位〜8位だが、後者は下から5位以内であり、天津、遼寧もそれ以下に位置している。刑事事件、治安事件、交通事故死亡率は、上海、北京、天津、浙江、広東では比較的高く、中西部では一般的に低い。この他、広東、福建の人口資質は相対的に低く、経済・社会発展と比べて調和がとれていない。遼寧、吉林、黒龍江の生活の質はかなり低く、これは実質失業率の高さと密接な関係がある。実質失業率が8〜9％前後と比較的高い地域は湖南、青海、湖北、四川、江西、甘粛の各省で、生活の質の向上に深刻な影響を及ぼしている。

(5) 人口増加抑制という基本的な国策をおろそかにしてはならない

　2002年、人口の自然増加率は6.45‰〔パーミル：千分率〕で、すでに目標5.6‰の86.8％を達成している。上海市はすでにマイナス成長を実現しており、北京、天津、遼寧、江蘇、湖北、黒龍江の省（市）は平均で1〜3‰である。しかし、チベット、青海、雲南、新疆、寧夏、貴州の6省区の増加率は12〜11‰に達しており、海南省、江西省、広東省も9‰前後の高さである。人口は各指標の分母であり、30項目の指標体系のうち20項目以上が人口と関連がある。もし抑制を強化しなければ、自然許容量を超えてしまい、小康と現代化目標の実現や生活の質の向上に影響を及ぼす。このため、発達地域や少数民族地域を問わず人口の過度な増加を抑制し、抑制が順調な地域はそれを安定させて増加を防止し、人口を自然の許容範囲内に抑制すべきである。

4　全面的な小康社会を建設する際に直面する社会問題

　小康社会は動態的な発展過程である。伝統的な農業社会から工業社会、そして知識社会へと変化する過程であり、温飽型から小康社会、現代化社会へとしだいに転換する過程である。今後20年間で社会構造は大きく変化する

表 2-4　2002 年の全国における小康社会の全面的な実現指標体系と実現レベル

指標	ウェート	小康社会目標（2010 年）	2002 年の実現値	小康社会目標に対する達成度(%)
総合指数	100			70.1
一　社会構造指数	20			80.1
1．第三次産業就業者比率 　　　産業構造の近代化	5	38%	28.6%	75.3
2．総人口に占める都市人口の割合 　　　都市化	5	50%	39.1%	78.2
3．非農業生産の増加値が GDP の増加値に占める割合（非農業値割合） 　　　産業構造の非農業化	4	90%	84.6%	94.0
4．輸出額が GDP に占める割合 　　　対外依存度	3	30%	25.7%	85.6
5．教育支出が GDP に占める割合（予算内） 　　　政府の教育投資	3	4.0%	2.7%	67.5
二　経済・科学技術発展指数	24			65.2
6．一人あたり GDP 　　　総合経済社会産出率	6	13,265 元 (1,600 ドル)	8,184 元 (988 ドル)	61.7
7．一人あたり社会固定資産投資額 　　　投資水準	3	5,340 元	3,397 元	63.6
8．工業企業総資産貢献率 　　　工業投資産出率	3	13%	9.45%	72.7
9．都市の実質失業率（逆指数） 　　　都市の就業状況	3	4.0%	6.0%	66.7
10．研究開発費（R&D）が GDP に占める割合 　　　知識イノベーションへの投資	3	1.5%	1.2%	81.9
11．一人あたり公教育支出（予算内） 　　　知識刷新	3	300 元	203 元	67.7
12．一万人ごとの専売特許受理件数 　　　発明創造力	3	3.5 件	1.6 件	45.7
三　人口資質	18			73.8
13．人口自然増加率（逆指数） 　　　人口抑制と自然許容量	3	5.6‰	6.45‰	86.8
14．従業員一万人あたり専門技術者数 　　　知識化，科学技術化	3	4,500 人	2,926 人	65.0
15．一万人あたり大学生数 　　　知識化	3	130 人	70.3 人	54.1
16．専門学校以上の教育水準人口が 6 歳以上の人口に占める割合 　　　知識化	3	7%	4.7%	67.1
17．一万人あたり医者の数 　　　医療資源占有率	3	20 人	14.4 人	72.0
18．平均寿命 　　　生活の質の高さ	3	73 歳	71.4 歳	97.8

指　標	ウェート	小康社会目標(2010年)	2002年の実現値	小康社会目標に対する達成度(%)
四　生活の質と環境保護	25			66.0
19. 都市住民一人あたり可処分所得 　　都市住民の所得水準	4	13,200元	7,703元	58.4
20. 農民一人あたり純所得 　　農民の所得水準	4	3,830元	2,476元	64.6
21. エンゲル係数（都市・農村平均） 　　逆指数 　　消費構造の現代化	3	33%	42.9%	76.9
22. 一人あたり生活電気使用量 　　家電の現代化	3	320KWH (キロワット時)	144.6	45.2
23. 百世帯あたり電話所有 　　情報化	3	80台	47.1台	58.9
24. 百世帯あたりコンピュータ所有（都市） 　　情報化	2	30台	20.6台	68.7
25. 工業廃水処理率 　　環境保護水準	3	95%	88.3%	92.9
26. 農村の飲料水自給人口が農村人口に占める割合 　　農村環境保護	3	85%	56.6%	66.6
五　法制と治安	13			65.5
27. 一万人あたり刑事事件発生率（逆指数） 　　治安と法制化	4	22件	33.8件	65.1
28. 一万人あたり治安事件検挙率 　　治安と法制化	3	20件	40.6件	49.3
29. 一万人あたり弁護士数 　　法制化	3	1.1人	0.80人	72.7
30. 10万人あたり交通事故死者数（逆指数） 　　交通秩序	3	6.4人	8.5人	75.3

出所：『2003年中国統計年鑑』および関連部門によって収集整理されたものより抜粋

注：5, 11, 22項の指標は2001年の数値、18項は2000年人口センサスの数値である。第9項は登録失業と国有企業の一時帰休者（「下崗」）を含む。

　　総合指数と各項目の指数には，加重総合指数計算法を用いた。逆指数とは目標値を実現値で除して求めたものが用いられている（以下の各表も同様）。その他の指数は実現値を目標値で除して求めたものである。

表 2-5　2002 年各省市区における全面的な小康社会実現の指標体系の総合指数順位

順位	地域	総合指数	社会構造	経済・科学教育	人口資質	生活の質環境保護	法制と治安
	全国	70.1	80.1	65.2	73.8	66.0	65.5
1	北京	175.3	147.9	269.5	208.5	117.3	109.3
2	上海	152.5	135.1	211.7	195.9	118.3	75.6
3	天津	110.5	118.2	125.6	132.8	93.0	73.5
4	広東	90.2	114.6	103.9	69.0	90.0	57.0
5	浙江	88.2	79.7	104.9	91.5	94.5	53.9
6	江蘇	84.9	83.1	85.2	102.8	81.3	68.9
7	遼寧	84.6	90.5	76.1	121.7	70.5	67.2
8	福建	76.3	82.4	78.7	70.8	84.0	55.4
9	黒龍江	74.5	77.8	65.7	99.0	64.7	70.3
10	山東	74.0	68.2	75.0	82.5	72.5	72.3
11	吉林	73.5	83.2	63.4	102.7	59.7	63.3
12	湖北	70.8	68.5	54.1	100.9	59.6	84.7
13	陝西	70.3	71.8	65.8	87.5	54.1	83.6
14	重慶	68.0	65.7	48.6	82.3	64.3	94.7
15	山西	67.8	72.1	45.8	75.5	62.5	101.1
16	河北	67.7	58.5	54.7	78.4	69.2	87.8
17	新疆	66.7	78.5	60.0	83.6	56.5	57.2
18	海南	66.4	65.4	55.5	61.6	60.5	106.3
19	内モンゴル	66.3	72.2	50.3	89.1	50.8	84.9
20	湖南	61.8	57.3	44.8	76.9	58.2	86.0
21	青海	61.6	74.9	49.9	63.4	49.4	83.8
22	寧夏	60.2	75.0	51.2	69.5	50.0	60.6
23	四川	59.8	59.9	39.6	78.4	53.7	82.7
24	甘粛	59.7	66.4	41.5	65.1	49.6	95.0
25	江西	57.5	65.0	39.9	62.9	52.5	80.6
26	広西	57.4	60.7	41.2	64.9	60.7	65.0
27	安徽	56.7	58.8	46.3	63.7	53.8	68.3
28	雲南	55.3	58.1	52.0	55.6	50.2	66.4
29	河南	54.8	51.4	45.0	67.4	57.5	55.5
30	貴州	52.7	60.0	33.9	56.1	43.7	88.7
31	チベット	52.5	69.7	53.2	52.2	30.6	69.5

注：本表は各省市の 30 項目の指標データにもとづく総合指数を用いて算出したものである。

表2-6-1 2002年各省市区の小康建設の主要指標

地域	第三次産業就業者比率(%)	非農業*値割合(%)	公共教育支出がGDPに占める割合(%)	一人あたりGDP(元)	研究開発支出がGDPに占める割合(%)	一万人あたり専売特許受理件数(件)	人口自然増加率(‰)
2010年目標	38.0	90.0	4.0	13,265	1.5	3.5	5.60
全国	28.6	84.6	2.7	8,184	1.2	1.6	6.45
北京	60.7	96.9	6.9	22,899	6.8	9.9	0.90
天津	41.3	95.9	2.5	20,399	1.5	5.3	1.45
河北	25.1	84.4	1.8	9,115	0.5	0.8	5.28
山西	28.7	90.2	3.2	6,145	0.7	0.5	6.72
内モンゴル	28.8	78.4	3.0	7,293	0.3	0.5	3.68
遼寧	37.9	89.2	1.9	13,000	1.3	2.3	1.34
吉林	34.6	80.1	3.1	8,334	1.2	1.3	3.19
黒龍江	29.3	88.5	2.1	10,184	0.6	1.2	2.54
上海	47.5	98.4	2.6	33,398	2.0	12.3	−0.54
江蘇	30.0	89.5	1.8	14,430	1.1	1.8	2.18
浙江	32.9	91.1	1.9	16,838	0.7	3.7	3.79
安徽	25.6	78.4	2.4	5,636	0.7	0.4	6.03
福建	29.2	85.8	2.1	13,559	0.5	1.9	5.78
江西	33.1	78.1	2.4	5,829	0.5	0.5	8.72
山東	25.0	86.8	1.6	11,645	0.8	1.4	4.55
河南	19.6	79.2	2.0	6,436	0.5	0.5	6.03
湖北	34.5	85.8	1.9	8,318	1.0	0.8	2.21
湖南	25.9	80.5	2.0	6,565	0.6	0.7	4.86
広東	33.7	91.2	2.1	15,049	1.3	4.4	8.21
広西	28.6	75.7	3.0	5,110	0.2	0.4	7.00
海南	30.3	62.1	2.5	7,556	0.2	0.7	9.48
重慶	30.6	84.0	2.7	6,355	0.6	1.0	3.28
四川	27.3	78.9	2.6	5,632	0.2	0.7	3.89
貴州	25.2	76.3	4.1	3,104	0.5	0.3	10.75
雲南	17.9	78.9	4.3	5,179	0.4	0.4	10.6
チベット	24.2	75.4	6.9	6,091	0.3	0.1	12.76
陝西	30.0	85.1	4.1	5,553	3.0	0.7	4.12
甘粛	27.1	81.5	4.1	4,495	0.9	0.3	6.71
青海	29.8	86.8	4.3	6,485	0.6	0.3	11.7
寧夏	25.2	84.0	4.6	5,802	0.6	0.9	11.56
新疆	30.5	80.9	3.9	8,454	0.2	0.7	10.87

＊「表2-4」(一)の3を参照。

表 2-6-2　2002 年各省市区の小康建設の主要指標

地域	職員一万人あたり専門技術者（人）	専門学校以上が6歳以上人口に占める割合（%）	一万人あたり医者（人）	平均寿命（歳）	都市住民の一人あたり可処分所得（元）	農民の一人あたり純所得（元）	エンゲル係数（%）	一万人あたり弁護士（人）
2010年目標	4,500	7.0	20.0	73.0	13,200	3,830	33.0	1.10
全国	2,926	4.7	14.4	71.4	7,703	2,476	42.9	0.80
北京	3,328	20.5	33.2	76.1	12,464	5,398	34.0	5.71
天津	2,695	10.6	26.5	74.9	9,338	4,279	37.3	1.70
河北	3,230	4.7	14.4	72.5	6,680	2,685	37.6	0.62
山西	2,591	4.6	19.9	71.7	6,234	2,150	39.4	0.94
内モンゴル	2,919	5.6	20.6	69.9	6,051	2,086	38.8	0.73
遼寧	2,787	5.5	21.4	73.3	6,525	2,751	42.6	1.03
吉林	3,037	6.5	21.0	73.1	6,260	2,301	41.1	0.75
黒龍江	2,361	4.9	16.9	72.4	6,101	2,405	39.2	0.81
上海	2,749	15.1	26.9	78.1	13,250	6,224	36.9	3.15
江蘇	2,792	3.8	13.9	73.9	8,178	3,980	40.1	0.79
浙江	3,180	5.8	16.1	74.7	11,716	4,840	40.5	1.03
安徽	2,938	2.6	9.7	71.9	6,032	2,118	45.8	0.41
福建	2,709	4.2	12.9	72.6	9,089	3,539	44.9	0.81
江西	3,223	2.9	11.4	69.0	6,336	2,306	46.4	0.47
山東	3,052	5.7	14.4	73.9	7,614	2,948	39.0	0.72
河南	2,771	3.6	10.6	71.5	6,245	2,216	42.4	0.51
湖北	2,305	3.9	14.5	71.1	6,789	2,444	45.0	0.53
湖南	3,304	4.3	13.1	70.7	6,959	2,398	45.9	0.68
広東	2,681	5.2	13.1	73.3	11,137	3,912	44.1	1.14
広西	3,533	3.5	10.7	71.3	7,315	2,013	47.5	0.46
海南	2,353	3.6	14.8	72.9	6,823	2,423	53.5	0.78
重慶	3,022	3.3	12.2	71.7	7,238	2,098	48.9	0.98
四川	3,263	3.7	13.4	71.2	6,611	2,108	48.4	0.62
貴州	3,252	3.5	9.5	66.0	5,944	1,490	50.6	0.29
雲南	3,498	2.0	11.9	65.5	7,241	1,609	50.3	0.56
チベット	2,838	0.8	16.5	64.4	8,079	1,462	54.8	0.22
陝西	3,098	4.0	16.2	70.1	6,331	1,596	36.4	0.70
甘粛	2,750	3.1	13.4	67.5	6,151	1,590	41.9	0.50
青海	3,341	3.2	18.0	66.0	6,171	1,668	43.6	0.72
寧夏	2,970	5.7	17.1	70.2	6,067	1,917	40.8	0.99
新疆	2,864	9.9	19.9	67.4	6,900	1,863	43.1	0.96

出所：『2003年中国統計年鑑』および関連部門によって収集整理されたものより抜粋
本表15項目の指標は30項目の指標から選んだものである。教育支出は2001年予算内の数値、平均寿命は2000年全国人口センサスのデータによる

ため，社会関係の調整のため，所得階層の違いに応じて利益を再分配する必要性が高まるだろう。発展途上国にとって，工業化の過程を加速させるためには，先進国が歩んできた長い現代化の過程を濃縮させ，短縮せざるをえなかった。しかし，これは様々な矛盾や衝突を悪化させた。また体制転換の過程においても，旧体制はすでに機能せず，新体制はいまだに不完全なものであるため，一部の領域では無秩序状態を呈し，社会矛盾と衝突をさらに激化させたのである。

中国において転換期に現われた社会矛盾と衝突は，あるものは発展途上国に共通してみられるものであり，またあるものは中国の社会・経済条件に特有の社会問題である。われわれは，出現する可能性がある社会問題を事前に予測し重視する必要があり，それに対して様々な有効な措置と対策を採用し，社会政策を適宜調整し，小康と現代化過程に影響を及ぼす社会的障害と問題を最低限度に抑制する必要がある。そうすることで，経済社会は安定した発展を遂げ，全面的な小康社会を実現し，良好な社会環境を創造することができるのである。以下では，全面的な小康社会の建設過程の中にすでに現われている，もしくは今後現われるであろう社会問題とその対策について簡単に分析をしておく。

1　全面的な小康社会実現の鍵としての農村

中国の経済発展は都市・農村間，地域間においてきわめて不均衡であり，都市・農村間に非常に大きな格差がある"二元構造"が存在している。"三農問題"は農村の社会・経済の安定と発展を長期にわたって阻んでいるが，現在なお，その農村人口は全人口の3分の2を占めている。農村が小康を実現してこそ，全面的な小康社会を実現したことになる。したがって，小康を実現する鍵は農村にあることを十分に認識しなければならない。現実に向き合い，難点を克服してこそ，全国的な小康化という目標を順調に実現することができるのである。農村が現在，直面している発展の難点は主に以下の点である。

(1) 農民一人あたり純所得増加率の停滞

改革開放から24年，農民の一人あたり純所得は1978年の134元から2002年の2476元へと向上した。比較可能価格にもとづいて計算[*14]すると，物価上昇の影響を取り除いた実質で純所得年平均7.2％上昇している。上昇速度は比較的速いが，段階別にみてみると，上昇速度がもっとも早い時期は1979～1985年であり，年平均上昇率は15.2％であった。1985年以後の17年は速度が落ちており，年平均上昇率は4.0％となっている。とくに1997年以後は，上げ幅が年々低下し，1997～2002年は，それぞれ4.6％，4.3％，3.8％，2.1％，4.2％，4.8％となっており，年平均上昇率は3.8％にまで低下した。1985年以降17年間の上昇率と，それ以前7年間の上昇率の差は4倍にもなっており，これほどの大きな差は注視する必要がある。予測によれば，今後20年の年平均上昇率が5.5～6.0％に達すれば，2020年には農民一人あたり純所得は6860元をなんとか達成することが可能となるが，これは今後20年の成長率をここ17年間よりも1.5～2.0％ポイント上昇させる必要があることを意味する。この目標に達するのは非常に困難であり，さらなる努力を要する。

(2) 都市・農村間の所得格差の拡大傾向

農民一人あたり純所得の成長が，都市住民の所得成長よりも遅いため，都市・農村の所得格差は拡大傾向にある。都市住民一人あたり可処分所得は，農民一人あたり純所得の数倍となっている。1978年には2.57倍，1985年には1.86倍に縮小したが，1991年にはまた2.4倍に拡大し，以後，年々拡大を続け，2001年には2.90倍，2002年には3.11倍となっている。2002年と1978年を比較すると0.54倍分，1985年と比べると1.25倍分拡大したことになる。上述したのは名目上の格差にすぎず，農民は基本的に社会福祉サービスを享受していない一方，都市住民は毎年一人あたり約3000元あまりの様々な福祉サービスや手当てを享受しているため，この要素を考慮すると，実際の都市・農村間の格差は5～6倍になる。ILO (International Labour Organi-zation) の36カ国の統計資料にもとづくと，大多数の国家で都市・農村間の所得格差は1.6倍以下である。十六大の報告

は，さらに高水準の小康目標を達成するためには，「農業差別，農村差別そして地域格差拡大の傾向を転換することが必要である」と指摘している。予測によると，今後20年，たとえ農民一人あたり純所得が毎年5.5〜6％ずつ上昇したとしても，都市住民の所得は6.4％で成長し，都市・農村間の所得格差はなお3.4倍にまで拡大する。したがって，農村に対して何らかの特別な救済措置や社会保障措置を実施しなければ，実際の所得格差は縮小することなく，やはり6倍前後となるのである。2020年になっても，もし都市・農村間の格差がこれほど大きければ，全面的な小康目標の実現にまで影響を及ぼすだろう。関連部門はこの難題を重視し，対策をとらなければならない。

(3) 農村における貧困人口，温飽人口の割合がかなり高い

ここ数年，"八七"貧困救済計画[*15]によって，農村の貧困人口は1993年の8000万人から2000年には5030万人へと減少し，2001年にはさらに2900万人になり，農村人口に占める割合は10％から3.6％に低下した。しかし，国家統計局農村調査グループのサンプル調査によると，2002年に農民一人あたり純所得が800元以下の農家は，いまだに全農家の7％を占める（これについては，各種所得水準の計算によると，実質的には一人あたり所得は553元（月収46元）にすぎず，温飽状態を保つことしかできない）。そのうち，600元以下（実質398元，月収33元）が3.4％を占める。この比率から計算すると，貧困人口は2700万人となる。また，800元以下が7.0％を占めるという計算にもとづくと，貧困人口・温飽人口合わせて5500万人あまりとなる。

さらに，一人あたり純所得800〜1000元にまで拡大すると，これが全農家の5％を占めるため，1000元以下の農家は合計で全農家の12％を占めることになる。一人あたり純所得が1000元の場合の実質所得を798元とすると，月収は67元となるが，この所得水準は，やはりやや低いものである。したがって，1000元以下が12％を占めるという計算にもとづくと，農村の実質的な貧困・温飽人口は約9300万人となる。そのうち，3000万前後の貧困人口は劣悪な自然条件，痩せた土地，生態が悪化した地域に居住しており，貧困から抜け出すのは非常に困難である。自然災害は貧困の主な原因の

一つとなっている。近年，農村の水害・干害が頻繁に発生し，平均して毎年3000万ヘクタールあまりの土地が被害を被っている。1980～90年代の2000万ヘクタールあまりと比較すると500～1000万ヘクタール増加しているにもかかわらず，農村の救済活動費が財政支出に占める割合は低下傾向にある。

(4) 農村の地域格差と貧富の差は拡大傾向にある

国家統計局農村調査グループが行なった農村の世帯調査によると，農民一人あたり純所得は，東部沿海地域のほうが中西部地域と比較して明らかに上昇している。たとえば浙江省と甘粛省を比較すると，1991年には2.71倍，2002年には3.11倍に拡大している。また東部，中部，西部を比較すると，1993年の比率は1：0.66：0.54であったが，2001年には1：0.61：0.46と拡大している。貧富の差については，所得階層に応じて五段階に分けると，2002年の上位20％高所得者一人あたりの純所得は5896元であり，下位20％低所得者の857元と比較して約6.9倍となっている。1978年の2.9倍と比較すると格差は4倍分も拡大している。

(5) 農民の購買力・消費水準はともに低い

2002年，総人口の61％を占める農村人口の，消耗品売上総額に占める消費割合は37％にすぎず，1985年の56％から19％ポイントも低下している。それに対し，全人口の39％でしかない都市住民の売上総額の割合は63％を占めている。2002年の都市住民の平均小売金額は5271元と，農民の平均小売金額1903元の2.8倍である。生活の質を反映するエンゲル係数をみると，2002年には都市で37.7％に低下したが，農村では46.2％と高い。農民の購買力の低下は，消費需要をかなり制限し，農村の家庭用電化製品の普及率は都市と比較して15年分もの開きがある。

(6) 農民の文化資質，科学技術資質は比較的低い

2000年の第五回全国人口センサスの統計によると，農村人口のうち，中学校以上の教育水準が占める割合は39.1％にすぎず，都市人口の65.4％に

はほど遠い。小学校レベルが42.8%を占めており，15歳以上の非識字率は8.3%になる。都市ではそれぞれ23.8%，4.0%である。農業労働力100人あたりの教育水準は，中学校以上が59.6%，小学校レベルが32.2%，非識字者は8.1%を占める。農村の科学技術人員はとくに不足している。中華人民共和国成立以来，国家が育成した中高級農林技術者は累計で260万人[*16]に達するが，都市と農村の格差が大きく所得も低いなど農村の生活条件が悪いことから，大部分は転職するか，都市にとどまってしまう。農林業および農業に従事する農林技術人員はわずか73.8万人であり，そのうち，農業の第一線に身を置く農業技術人員はさらに少ない。平均すると1万人の農業労働力に対して20人しかおらず，1万人の労働者が2900人あまりの専門技術人員を有することと比べると，その違いは歴然である。農村の文化・科学技術資質の低下は，農業新技術の普及応用や労働生産性の向上に影響を及ぼす。

(7) 農村の社会保障水準は低い

関連する統計資料によると，近年来，農村の社会保障支出（優待救済，年金，医療保険，福祉サービスなどを含む）は毎年400億元あまりしかなく，そのうち，3分の2は郷鎮企業と農民個人の自己支出であり，農民の自己保障が基本となっている。社会保障を享受する就業人員から計算すると，農村の社会保障普及率は3%にすぎず，都市と農村の社会保障普及率の比は22：1となっている。都市・農村の一人あたり社会保障額の比は24：1である。年金についてみると，すでに6000万人近くの農民が保険に加入しているが，効果は悪く，ごく一部の沿海地域で108万人の高齢者が年金を受給できるだけで，しかも，一人あたりの平均受給金額は481元しかない。農村ではまだ"五保戸"[*17]の3分の1が扶養を受けることができないでいる。貧困救済においても，民政部の統計によると，2002年，農村部で最低生活保障を受けたのは404万人にすぎず，最低生活保障対象人数の25%でしかない。それに対し都市では基本的な保障がすでに行きわたっている。2002年，都市の最低生活保障を受けた人は2054万人に達し，中央・地方による財務支出のうち，最低生活保障資金は112.6億元，一人あたり平均548元にのぼる。

医療の面では、農民には医療保険はなく、基本的に自費である。所得が低いため、一般的には高い医療費を負担することはできない。衛生部のサンプル調査によると、貧困地域における罹病者の未受診率は72%、入院すべきなのに入院していない人の割合は89%に達し、病気によって貧困に陥ったり、貧困に戻った率は50%に達する。

(8) 農村の生態環境は悪化傾向にあり、汚染は深刻である

8億人の農民が農村にとどまっていることにより、土地資源、エネルギー資源の涸渇と人口増加による矛盾が悪化し、森林破壊も深刻化している。中国の森林被覆面積は13.9%であり、一人あたりわずか0.11ヘクタールしかない。これは世界第119位であり、一人あたりの森林蓄積量が世界最低の国の一つとなっている。一人あたりの草地面積はわずか0.33ヘクタールしかなく、乱墾と過度な放牧によって、90%の草地がすでに退化したか現在退化しつつある。植生の破壊は生態系のバランスを破壊し、様々な自然災害を招く。また一方で、設備が古く、汚染が深刻な化学工場や製紙などの業種を、都市から郷鎮企業に移転させたため、「三廃」と呼ばれる三つの公害源(廃ガス、廃水、廃棄物)が農村に拡散する結果となった。煤煙が主な原因である大気汚染により、酸性雨の被害を受ける面積は国土面積の30%を占めており、主要流域の水質汚染も深刻である。中国の一人あたり耕地面積は0.11ヘクタールだが、その5分の1の耕地が汚染による被害を受けている。今後も比較的長期にわたり、農村の生態自然環境は高汚染、低抑制という状況が続き、農村経済の発展形勢は厳しい状況になることを大量のデータが示している。

2 農村の発展格差拡大の原因

農村経済と農民所得の成長が緩慢である主な原因として、自然条件が劣悪で、災害が多発するという客観的原因の他に、政策や都市・農村間の利益分配などの面において、いまだに不合理かつ不公平な部分が存在することが挙げられる。われわれは体制面での原因を究明し、改革の中に活路を見出し、都市・農村間の格差の根源を深く分析しなければならない。

(1) 農業に対する過少投資

　国家財政のなかで、農業に用いられる資金（農業支援および農林灌漑事業費、基盤整備支出、科学技術三項——新製品試作・中間テスト・重要科学技術事業——費用、農村救済費用などを含む）が財政総支出に占める割合は低下しており、1978年には13.5%（151億元）を占めていたのが、1995年には8.4%（575億元）、2001年には7.7%（1457億元）となっている。国家基本建設投資のなかで農林・牧畜・漁業に用いられる割合も、1978年の3.6%と比較すると、1995年には1.0%、2002年は3.3%と低下している。改革開放以後20余年、農産物・副産物の買い上げ価格は低く、農村工業品の価格は高いため、「はさみ状価格差」と呼ばれる不合理な価格格差が存在し、農民はいまだに年平均約1000億元にのぼる負担を強いられている。

　さらに近年になって、農業に対し各種の税負担が強いられ、これが年平均400億元あまりにのぼっている。農業からの税収は2001年には482億元で財政収入の3.1%であったが、2002年には718億元となり、財政収入に占める割合は3.8%に上昇した。都市・農村住民の税負担は、一人平均農民は225元（そのうち直接税は90元）、都市住民は37元となっている。ある専門家の指摘によると、中国は農民から農業税を徴収するという、世界であまり例をみない国家の一つなのである。

　現在、先進国では農業に対して均しく保護政策を採っている。たとえば、アメリカの財政収入のうち、農業を収入源とするものは4%にすぎないが、農業への財政補助は9%にもなる。ドイツでは、農業税は財政収入の1.7%だが、農業支出は7%となっている。ここ5年、中国の財政支出において政策的補助に当てられたのは700〜1000億元、年平均768億元に達しているが、これらは主に赤字企業や都市住民の食糧・綿油・肉・野菜といった副食品の補助に用いられている。上述の点は、都市・農村間で存在する利益面の矛盾を拡大するものである。

(2) 緩慢な農村労働力の都市移転

　改革開放以来の過去数十年で、都市化の停滞状態はすでに転換し、発展は比較的速く、都市人口が総人口に占める割合は1978年の17.9%から2002

年の39.1％へと21％ポイント向上した。しかし，国際的に比較すると，中国の都市化水準は世界水準からはるかに遅れており，2000年には世界の平均値47％より8％ポイント，中等所得国家の50％より11％ポイント低かった。中国の都市人口をみる際に重要な点は，行政区分の変更によって建設された小都市であるため，小規模・低効率で，人を集める吸収能力も低く，農村の余剰労働力を受け入れる余地が少ないことである。

統計資料によると，2002年農村の就労人口は4.85億人，そのうち，農村で非農業職に従事するものは1.66億人であり，いまだに3.2億人が農林業，牧畜業，漁業に従事している。農民が多すぎるために，農業の労働生産性はきわめて低く，それが農民の所得が低下する根本的な原因の一つとなっている。現在，それぞれの労働力が引き受けている耕地面積から計算すると，必要な労働力は1.5億人にすぎず，移転が必要となる余剰労働力は1.8〜2億人に達する。すなわち，5人に2人は失業者だということになる。調査によると，農村就業者の約20％を占める1億人前後が都市でアルバイトをしている。これは余剰労働力の半数であり，さらに1億人の余剰労働力が移転を待っている状態である。客観的にみて，農民が都市で働くのは都市の第三次産業を発展させ，都市住民の生活の質を高めるために必要であり，反対に農業を救うための現実的な道程でもあり，都市・農村の双方に対して重大な意義を持つ。

具体的にその意義とは，第一に農民の所得向上面である。2002年の農民純所得のうち，給与所得は一人あたり840元であり，純所得の34％を占めた。調査によると，2002年の農民の出稼ぎ総所得は5278億元，そのうち実家に持ち帰られた所得は3274億元，労働力一人あたりの所得は約5600元に達した。四川省と安徽省の農民の出稼ぎ所得は，本省の地方財政収入の金額に近づいている。第二に，彼らは都市の第三次産業に対して大きく貢献しており，都市の住民が望まない汚く，疲れ，苦しく，危険な労働を担っている。第三に，都市の現代文明，管理経験を学び，都市の情報を得ることができる。第四に，消費を増加させ，内需を拡大させることができる。農民の移転にはこうした意義があるにもかかわらず，戸籍制度が招いた都市・農村間の「溝」がいまだ完全には消えていないため，農民の社会的地位は変わらず，出稼ぎ

農民の社会的地位や所得は低い。その給与のうち数千億元がいまだに支払われておらず，都市住民と同等の待遇も享受できないなど，様々な面に多くの困難と差別が存在している。なかには，都市が出稼ぎ農民に各種の税負担を課し，その金額が数百元から数千元に達した市もある。

(3) 肥大化した郷鎮機構とその深刻な負債問題

1980年代中期以降から，県郷機構が膨張し，財政によって扶養される人員が過剰となり，郷鎮幹部も倍増したことにより，県郷財政の扶養能力を大幅に超え，農民に深刻な負担を強いることになった。たとえば，江西省西泰和県の2000年の財政扶養人員は1万3676人で，ここ6年の年平均増加率は4.9％であり，県総人口の2.7％を占める。郷レベル幹部の増加はさらに速い。たとえば，ある郷鎮財務・税務局では過去の3人から100人あまりにまで増加している。この他にも，農村の郷一級において分税制*18が実施されて以後，郷の財政負債が累積していることも挙げられる。農業部が1998年に10の省区に対して行なった調査によると，郷レベルの平均負債額は400万元で，村レベルの平均負債額は20万元となっている。負債の要因は多岐にわたっているが，本来は中央政府が負担すべき郷政府の日常費用や公務員給与を郷政府が負担していることなどが原因となっている。基礎教育，郷村道路建設，計画出産，特別扶養などの費用も農民からの資金調達によってまかなわれており，農民にとって多大な負担となっている。

(4) 農村の教育・衛生支出の不足と都市・農村間の不合理な配分

全国予算のうち，教育支出がGDPに占める割合は，長期にわたって2％前後で推移しているが，農村に対する教育支出はさらに少なく，相当の部分を農民自身が負担している。2000年の統計によると，農村の郷・村，両レベルで農民が負担している統括学校運営費は142億元に達し，農村全体の所得の13％を占めている。それにもかかわらず，郷レベルの財政赤字のため，つねに教師の給与が未払いとなる状況が発生している。中央政府予算内の公共教育支出から，農村の中学校・小学校に支出される経費は非常に少なくなっており，2001年の教育部の統計によると，農村の在校生の平均費用は，中

学生が 464 元，小学生が 494 元であり，都市の中学生と小学生の平均教育費である 1838 元，1894 元の 25%，26% にすぎない。授業料と雑費が高く，教師の質が低下しているために，農村の就学年齢児童の入学率は 90% しかない。満 5 年間学び終える割合は 60% あまりにすぎず，〔中学に入学した生徒が〕9 年制義務教育を修了する率は 87% である[*19]。小学校を卒業した生徒の進学率は 91% だが，中学校を卒業した生徒の進学率はわずか 26% で，ともに都市の進学率より大幅に低い。

　農村の医療支出は少なく，医師や医薬品の不足状況はいまだに根本的な解決をみていない。衛生部衛生研究所の統計によると，1991～2000 年に政府が支出した衛生資金の年平均成長率は 4.5% となっており，同時期の GDP 成長率 10.1% と比較して成長が遅い。政府が支出した全衛生費に占める農村衛生費の割合は，1991 年の 20% から 2000 年には 10% へ低下しており，そのうち，農村衛生費専用とされる金額は 1.3% で，一人あたりの衛生事業費は 12 元にすぎない。逆に，農民個人が負担する費用は 80% から 90% に上昇している。結果として，農民一人あたりの衛生費支出（個人支出を含む）は 224 元しかなく，これは都市の衛生費支出の 29% にしか相当しない。また農村の医療施設は少なく，医療資源の 80% が都市に集中しており，いまだに 10% の農村が医療機関を持たないのである。

3　農村の発展格差縮小に向けた対策

　共産党十六大の報告において，全面的な小康社会の建設という目的が提起された際，「工業・農業の格差，都市・農村の格差，地域格差拡大という傾向を徐々に方向転換させる」ことが必要とされた。

　「都市・農村の経済社会の発展を統一的に計画し，農業を現代化させ，農村経済を発展させ，農民の所得を増加させることは，全面的な小康社会建設の重大な役割である」，また「農村の余剰労働力の非農業産業や都市への移転は，工業化と現代化の必然的な傾向である」と指摘した。

　十六大報告の精神と，本書の農村経済の現状と原因に関する分析をみると，長期にわたる都市偏重政策が様々な面において深刻な結果をもたらし，国民経済の発展と社会の安定に大きな影響を及ぼしていることが，深刻な「三農

問題」を通じて示されている。どのように農村の立ち遅れを改善し，都市・農村間の格差を縮小し，二元構造を打破するかが，「三農問題」を解決する鍵となっている。その対策は以下のとおりである。

(1) 真剣に農民の所得を向上させるためには，「三農問題」の解決に重きを置き，今後 20 年間の農民一人あたり純所得の年平均増加率を 6％前後に保たなければならない

まず，制度上，国家，集団，個人の利益関係を整えることで，根本的に農民の負担を軽減しなければならない。農村において「費改税」[*20] を全面的に実施すれば，それによって負担を約 30～50％軽減させることができる。2002 年，全国の一部の地域を税改革実験地点として，税の低減を実施したところ，農民の負担は約 300 億元軽減された。この改革措置が全国規模で実施された場合，巨額の財政赤字が生じることが考えられるが，その分は国家財政支出で補填すべきである。この措置は農民所得増加のかなり決定的な要因になりうる。それと同時に，郷政府の機能転換を早め，郷鎮機構の簡素化と余剰人員の削減を促し，行政管理費支出を大幅に減らさなければならない。そのほか，農業増産を促進し，市場の需要にもとづいて産業構造を調整しなければならない。すなわち資源の合理的配置を実現し，比較優位性のある地域と産業を育成し，農業産品を大量生産型から高品質型，高付加価値型へと転換させるように手を尽くさなければならない。

(2) 政府の農業投資の増加と農業保護制度の必要性

農業は自然条件の影響を大きく受ける弱い産業であるため，農業に対する保護制度を採用することは非常に重要である。世界貿易機関が規則として定める保護政策を十分に利用し，政府の農業に対する投資を増加させ，農業支援や農業に対する各支出が財政支出に占める割合を（1990，1998 年に達した）10％以下にしないように努める。今後，年を経るごとにしだいに 10％以上に向上させ，農業科学技術開発，耕地の基盤整備，農業生態環境の管理，農業情報システムの構築などへの投資を増やし，農業の安定発展のために良好な外部環境を創るべきである。

(3) 農村教育，科学技術，衛生への投資を増やし，農民の文化・科学技術資質を向上させる

　農村教育経費の政府負担比率を全国水準と同等にするためには，基礎教育にかかる費用を農民が負担している状況をしだいに転換させ，9年制義務教育を確実に実施する必要がある。農村に支出する教育費の割合の向上，成人非識字率の低下，9年制義務教育修了率の向上などを不変の目標とし，これらの指標について常に監視・測定すべきである。農民の科学技術資質を向上させるには，農民に対して実用性の高い職業技術訓練を実施し，市場経済意識と情報化知識についての教育を強化し，農民が市場需要に応じて生産構造を変化・調節する能力を向上させることが必要である。衛生事業に対する支出増加のためには，個人，集団，政府といった多方面からの出資を用いる。これによって大きな病に対して統一して対応できる新型の協同医療制度を作り上げ，疾病による農民の経済負担を軽減し，農民の健康水準を向上させることができる。

(4)「農民労働者」[*21]の待遇改善と，農民を都市から締め出す戸籍制度の改革・撤廃

　各級部門は農民労働者が都市に果たしている貢献をはっきりと認識すべきであり，都市も農民労働者に良好な労働・生活環境を提供し，サービス業務を行なうべきである。たとえば，農民労働者のために労働市場を開設し，就業情報サービスを提供して就業ルートを広げ，就業訓練と指導を強化する。法的援助，労働の安全，子どもの教育，計画出産，生活居住などの面においてはサービスと援助を進める。また，農民労働者からの不合理な費用徴収はやめるべきである。農村は，農民が都市に出稼ぎに行った後も安定した保護を進め，承包地[*22]を保全し，出稼ぎ農民の心配を少なくする努力をすべきである。現行の戸籍制度は都市・農村間の人口移動を阻害し，市場経済発展の需要にも適合していないため，都市の情況に応じて改革を進めるべきである。

表 2-7 都市化，農民生活，および都市・農村間格差などに関する主な指標

指標	単位	1978年	1985年	1990年	2001年	2002年
都市人口が総人口に占める割合	(%)	17.9	23.9	26.5	37.7	39.1
農村人口	(億人)	7.90	8.08	8.41	7.96	7.82
農村就業人口	(億人)	3.06	3.71	4.20	4.82	4.85
その内農林業・牧畜業・漁業に携わる人口	(億人)	2.75	3.04	3.33	3.25	3.20
非農業就業人口	(億人)	0.31	0.67	0.87	1.57	1.65
非農業就業人口比率	(%)	10.1	18.1	20.7	32.6	34.0
農民一人あたり純所得	(元)	134	398	686	2,366	2,476
その内800元以下の農民世帯の割合	(%)	—	95.0	69.8	7.7	7.0
600元以下の農民世帯の割合	(%)	—	87.0	49.0	3.9	3.4
都市・農村間の所得格差（農民の純所得を1とする）	(倍)	2.57	1.86	2.20	2.90	3.11
エンゲル係数　都市	(%)	56.6 (81年)	52.3	54.3	37.9	37.7
農村	(%)	67.7	57.7	58.8	47.7	46.2
消費財売り上げ総額に占める都市の割合	(%)	48.0	43.5	46.9	62.6	63.3
村の割合	(%)	52.0	56.5	53.1	37.4	36.7
国家財政から農業に投資される支出	(億元)	151	154	308	1457	—
財政支出に占める割合	(%)	13.5	7.7	10.0	7.7	—
農業に対する各税徴収額	(億元)	28.4	42.1	87.9	481.7	717.9
財政収入に占める割合	(%)	2.5	2.1	3.1	2.9	3.8

出所：『2003年中国統計年鑑』などの資料を整理
訳注：この表の一部抜粋が第11章（表11-5）に再掲されている。

4　全面的な小康社会の実現におけるその他の社会問題

(1) 各種所得格差が拡大傾向にある

　所得格差の拡大は，発展途上国が現代化過程においてぶつかる共通の社会問題である。サイモン・クズネッツの統計分析によると，低所得段階では，所得は比較的均等であるが，経済が「離陸」段階に入り，一人あたりGDPが1000ドルに達すると所得格差は拡大し，高所得水準に入ると所得格差は再び縮小する。中国では改革開放前は長期にわたって，分配による平等主義を実施し，所得格差は均等化していた。しかし，1978年以後になると競争

メカニズムが導入される一方，体制転換の過程のなかで所得分配制度はいまだに不完全であり，様々な格差は一様に拡大傾向をみせている。

　第一に，貧富の差の拡大である。貧富の差は都市・農村間の所得格差と密接な関係があり，こちらも拡大傾向にある。世界銀行の『世界開発報告』によると，調整後の中国のジニ係数は0.415である。国内の専門家の計算によると2000年は0.458で，1988年の0.382と比べると0.076拡大しており，ここ2年はさらに拡大している。一般的に0.30を超えると分配不平等の範疇に入ると考えられる。また，国家統計局都市調査グループの調査にもとづくと，2002年の上位10％高所得世帯と下位10％低所得世帯との格差は7.9倍であり，1992年と比べるとその差は4.6倍分拡大している。農村の高所得世帯と低所得世帯の格差は9.3倍となっており，1990年の6.7倍と比べてその差は2.6倍分拡大している。都市の下位10％低所得世帯の毎月の所得はわずか199元で，高所得世帯の13％でしかない。大きな貧富の格差によって，裕福な者は過度の貯蓄を行ない，貧困者は緊縮消費となり，消費意欲の抑制を招いている。高所得者は一般の商品に対してはすべて充足しており，高級品にしか需要がなく，余った購買力は貯蓄や投資として金融資産に転化している。推定によると，金融資産や貯蓄の60〜80％は上位20％高所得者が占めている。残る80％の中低所得者は消費に大きな需要を持っているものの，購買力を持たない。

　第二に，地域間格差の拡大である。ここ数年，西部開発に多大な力を注いでいるが，東部と西部の格差はいまだ拡大傾向をみせている。たとえば，一人あたりGDPの東部と西部の比率は，1991年の1.86倍から，2000年の2.33倍，2002年の2.47倍へと拡大している。省間の格差はさらに大きい。たとえば，浙江省と貴州省を比較すると，11年前の2.7倍から2002年には5.3倍に拡大している。都市住民の一人あたり可処分所得をみると，2002年に広東で1.1万，浙江省では1.2万元に達したが，貴州はわずか5944元であり，その差は2倍近い。2002年の農民の一人あたり純所得を比較すると浙江省は貴州省の3.32倍にもなり，その差は1991年より0.73倍分拡大している。

　第三に業種間の所得格差の拡大である。2002年の各業種の平均給与を例

とすると,最高は科学研究と総合技術サービスで2.01万元に達し,金融保険業は1.91万元だった。業種区分を細分化してみてみると,航空運輸業が最高で,3.06万元に達した。最低の農・林・牧畜・漁業はわずかに6398元で,最高であった科学研究と最低であった農業の給与格差は3.2倍であり,1978年の1.3倍と比べるとその差は1.9倍分拡大している。もし,業種をさらに細分化させて平均給与を比較すると,あるいは高所得業種のボーナスと業務外給与を含めて計算すると,業種間格差はさらに大きくなる。

　以上,数種にわたる所得格差は相互に交錯しており,これらはすべて,分配の不平等によってもたらされたものである。たとえば,制度の不備,就業機会の不均等,マクロ経済政策が高所得グループや一部の独占的経営を営む業種に有利であることなどが原因となっている。また,再分配方法が不完全であり,税制による調節機能が効果的に利用されていないことも挙げられる。さらには,非合法的な収入によって莫大な利益を上げているものもある。

　所得格差の拡大は,消費に影響を及ぼすばかりか,民衆の不満を引き起こし,労働の積極性や社会の安定性にまで影響を及ぼす。消費や社会の安定を促すために,一方では所得分配面の効率を優先させ,同時に公平さも重視しなければならない。各種分配政策を実行する必要があり,マクロ経済政策を制定,公布する際には,様々な所得グループに及ぼす影響を考慮し,分配中の公平さを堅持し,低所得グループに有利にしなければならない。さらに,個人所得税の徴収や,価格統制を利用して[*23]高額な所得を得ている少数の独占業者からの税金の徴収,さらには違法所得の取り締まりを通じて所得格差の拡大を防止することが必要である。また,貧困に真摯に向き合い,弱小グループを助け,小都市と農村における最低生活保障による救済を拡大させ,積極的な措置を執り,一時解雇職員の再就職問題を解決し,低所得者の所得水準を向上させるべきである。現在,低所得グループに属する主な人々は,都市の一時解雇労働者,引退した肉体労働者,未発展地域の小中学校教師と末端幹部であり,彼らの所得向上は消費需要を拡大させる重要な要素でもある。農村においては,産業構造の調整によって所得効果を向上させる必要があり,需要と供給に応じて農業から非農業への移転を加速させ,農業の基盤を整備し,消費環境を改善させ,農村の税金・費用改革を全面的に実施し,

農民の負担を軽減させ,所得水準の向上を加速させることである。

(2) 都市・農村の貧困人口と生活が困難な人々の割合はいまだにかなり大きい

国家統計局農村調査グループの2002年の世帯調査によると,農民一人あたり純所得が800元以下(実質的な平均所得はわずか553元,月収46元である)の農家が全農家に占める割合は7.0%で,こうした家族は温飽状態を維持することしかできない。そのうち,600元以下(実質所得400元,月収33元)は3.4%を占める。上記の割合にもとづいて推定すると,農村の温飽人口と貧困人口は,合わせて5500万人となる。もし1000元以下(実質所得798元,月収66元)まで拡大すると,総農家の12%を占めることとなり,この所得水準・割合から農村の温飽人口・貧困人口を計算すると9300万人あまりとなる。

それでは,都市の生活困難人口はどれほどなのか。筆者は数年前,都市調査グループの世帯調査や扶養人口を含む一時解雇労働者・失業人員などのデータにもとづいて算出し,その人口は3000万人で,都市人口の6.5%を占めると推定した。ここ3年,おおよそこの水準を保っている。民政部の統計によれば,2002年に都市で最低生活保障を受けた人数は2054万人に達し,2003年9月には2183万人に増加した。しかし,最低生活保障は当該地域の財政状況の影響を受けるため,実際には完全実施されていないので,最低生活保障受給者から貧困人口を推定すると,貧困人口は実際よりも少なくなってしまう。アジア開発銀行が支出標準に照らして算出した中国都市の貧困人口は3700万人となっている。目下,われわれは3000万人という人口に照らして計算するのが妥当だと考える。都市・農村の低所得の生活困難人数は合計約1億人で,全国総人口の8%前後を占める。

貧困問題の解決は長期的課題である。都市では,社会の安定のために,生活保護の必要な人々にできるだけ対処し尽力するという「応保尽保」政策を継続し,最低生活保障の必要な人口を適宜・適切に把握し,現代的な情報ネットワーク体系を構築する必要がある。各級政府の財政体系においては,最低生活保障資金の専用口座を設け,中央や省の市県が合理的に分担して最低生活保障資金をプールし,資金が一定水準を維持するように努め,資金の流れ

を透明化し，管理・監督体系を完成させるべきである。都市の貧困を解決する根本的な措置は，就業促進部署を開設し，一時解雇労働者の職業訓練を行ない，再就職を促進させることである。農村では，貧困人口の割合が大きいため，まずは様々な措置を講じて農民の所得を向上させるべきである。最低所得世帯については，各級政府にすべてを委ねることはできないが，条件を備えた地域では，最低生活保障を実施し，最低生活保障の割合を拡大させるべきである。農民は疾病が原因で貧困に陥るケースが多いため，個人，集団，政府など多方面からの資金収集によって，できるかぎり早く新型の農村協同医療体制を確立すべきである。これによって，その重い経済負担を軽減させることができる。上記のような対策によって，都市・農村の貧困人口を2020年には4％以下に低下させるように努める。

(3) 都市の就業圧力は依然として大きく，実質失業率も低下していない

　国家統計局中国経済景気月刊統計によると，2002年末，全国都市の企業就業人員のうち，実際に職場を持って働いている労働者は1億558万人で，前年より234万人減少した。そのうち，国有企業の労働者は6924万人で，前年同期より485万人減少した。労働・社会保障部の統計によると，1998〜2002年6月の，全国の国有企業一時解雇労働者〔一時帰休者〕[*24]の累計は2600万人あまりで，そのうち1700万人あまりの再就職は実現したが，いまだに900万人あまりが一時帰休の状態で職の分配を待っている。2002年末，全国の都市における登記失業者数は770万人で，登記失業率は4.0％だった。これに国有企業一時帰休労働者410万人を加えると，実際の失業率は6％となる。もしさらに非国有企業の一時解雇労働者を加えると，失業者と一時解雇労働者の数は計1420万人あまりとなり，実質失業率は7％前後となる。

　注目すべき点は，新たに増加した労働力，失業者，一時解雇労働者，農村の余剰労働力が都市に集中し「飯茶碗」の取り合いをしているため，就業矛盾はさらに厳しい状況にあることである。労働部門の専門家の予測によれば，2003年の労働力の需要総数は1066万人だが，供給側をみると，前年から繰越の一時解雇労働者1420万人，農業から非農業へと移転した者が300

万人，労働力の自然増加が625万人であり，三者を合計した供給労働力は2345万人に達し，供給が需要より1279万人多く，供給と需要の比は2.2：1となっている。また，労働・社会保障部が89の都市に対して行なった調査によると，都市の労働力供給と需要の比は1.28：1であり，失業者は求職者の58％を占める。さらに国家統計局の調査にもとづくと，1年以上失業している者の割合は1998年の43％から51％にまで上昇しており，これらの人々は年齢が高く，技能レベルや文化水準は比較的低く，再就職能力が弱い。このほか，高学歴人員が一時的に失業する割合も上昇傾向をみせている。

失業率が低下しないことは，社会の安定に影響を及ぼすばかりか，消費にも影響を及ぼす。都市の一時解雇労働者と失業者は，低所得グループに占める割合がもっとも大きいため，購買力は低い。したがって内需拡大政策については，これらのグループの所得水準を十分に考慮しなければならない。しかし，彼らに対し，社会的扶養を実施することは根本的な解決にはならない。根本的な解決策とは，あらゆる手段を講じて就職場所を増加させ，失業・一時解雇人員を政策的に保護し，社会全体の就業観の転換を促し，弾力性を持って多様な就業形態を推進することで，労働者自らの求職や創業を奨励し，彼らが基本的な生活保障を得られるようにすることである。

(4) 社会開発投資の割合は低下傾向にあり，経済発展との不調和をみせている

社会開発投資は不足しており，経済建設と適応していない。社会開発投資が基本建設投資に占める割合は，国家の科学技術，教育，文化，衛生，社会福祉サービス事業の重要度を総合的に反映するものであるが，ここ10年で低下傾向を呈している。国家統計局の資料にもとづくと，1978年にはわずか4.3％だったが，改革開放以後，大幅な向上をみせ，1981～1990年の10年間における社会投資の割合は10％に達した。しかし，1991～1998年にはまた7％前後にまで低下した。その後2002年には9.3％に再上昇したが，投資額は1643億元，一人平均128元にすぎず，社会発展投資比率の低下は，社会事業の健全な発展に影響を及ぼしている。基本建設総投資のうち，91％の投資が経済建設に用いられており，経済建設と社会開発投資

の割合は11：1となっている。しかし、経済建設には、盲目的な建設、重複建設が存在しているため、投資効果は低く、その状況は根本的には改善されていない。

社会開発総支出（文化、教育、科学技術、衛生、福利に関する事業費と基本建設投資）がGDPに占める割合は低く、80年代には5％以上に達していたが、2002年にあってもこの水準を維持するにとどまり、その総額は5996億元、GDPの5.7％であり、一人あたりわずか468元である。以下では教育と衛生事業に重きをおいて分析していく。

予算内の教育支出は、2001年には2582億元で、GDPに占める割合はわずか2.7％と、1985年の2.8％という水準より下がっている。改革開放後24年間の累計平均は2％である。2001年の予算外国家財政による教育支出を含めたとしても3057億元で、GDPの2.9％を占めるにすぎず、1991年の水準に相当する。これは、教育支出の増加がGDPの成長よりも緩慢であることを示している。国際的に比較すると、中国の公共教育支出がGDPに占める割合は、120カ国の平均である5％より2.3％ポイント低くなっている。2002年の大学進学率はわずか9.2％で、世界平均の19％という水準より低く、一人あたり教育支出は25ドルで、アメリカの1430ドルのわずか1.7％である。教育支出の不足は、教育事業の発展と教育の質の向上に影響を及ぼすばかりか、学校から家庭に対するむやみな費用請求を招き、低所得世帯に耐え難い負担をかけることになる。現在の大学進学率の低さと、GDPに占める教育支出の低比率は、小康と現代化建設の要求に応じるものではなく、2000年には教育支出がGDPの4％を占めるべきだとする、教育発展綱要が提起した要求とは3分の2の開きがある。

公共衛生費の支出も不足しており、衛生事業費と衛生基本建設投資がGDPに占める割合は長期にわたって0.4～0.5％で低迷しており、ここ数年は、さらに低下傾向を呈している。2001年には496億元と、GDPの0.52％を占めるにすぎず、70年代、80年代の0.7～0.8％という割合より低い。医療資源が深刻に不足している状況下で、資源分配はかなり不公平であり、80％の資源が都市に集中している。3分の2が大病院に集中しており、郷鎮衛生院は経費不足によって通常の3分の1しか機能しておらず、農村協

同医療はすでに名目だけのものとなっている。農民は受診が難しく，疾病になっても放置するケースも多く，貧困状態に陥ったり，貧困状態に戻る者のうち，病気が原因の者は全体の50％に達する。

　小康と現代化建設を加速させるためには，今後，社会発展投資の強化と教育支出の比率向上を実現させなければならない。科学技術，教育，文化，衛生を発展させることは，経済発展と生活の質を向上させる前提である。経済発展の推進には，科学技術の刷新が必須であり，科学技術の進歩は総合国力を増強する決定的な要素である。したがって，人的資源を大いに開発し，教育事業の発展を加速させるべきである。教育を国家の基礎建設として重点目標に掲げるためには，法的なうしろ盾を持って断固とした目標を規定し，「十五」計画期間（第十次五カ年計画期間：2001～2005年）内で建議し，社会発展投資が基礎建設投資に占める割合を現在の7～9％という状態から10％以上に回復させ，予算内の教育支出がGDPに占める割合を現在の2％前後から，10年前に提起された教育発展綱要の目標である4％以上にまで向上させるべきである。

(5) 社会の不安定要素は上昇傾向にある

　社会安定と経済が調和のとれた発展をしているかどうかを判断するために，筆者は社会秩序と社会安定に関する11の主要指標と，25の経済指標を選択して指標体系を構築した。算出した総合指標を比較してみると，社会秩序と安定に関するマイナス指標は過去と比べてかなり上昇している。そこで，計算によってそのマイナスの寄与度を示した。

　社会秩序は，1万人あたりの警察数，刑事事件・経済事件（汚職・賄賂など）の発生率，治安事件の発生率，交通事故・火災事故による死亡率の六つの指標によって構成されている。社会秩序指数は1979～2001年の23年間，年平均で0.9％マイナス成長している。1万人あたりの警察数は1978年の6.5人から2001年の10.4人に増えており，年平均2.2％増加している。しかし，社会治安の調整能力は強化されたものの，いまだに様々な事件の発生率上昇傾向は抑制できずにいる。たとえば，1万人あたりの刑事事件の発生率は，1978年の5.5件から2001年には35.1件に上昇しており，年平均7.7％

のマイナス寄与となっている。また，10万人あたりの汚職・賄賂などの発生率は，3.5件から7.7件へと上昇しており，年平均で3.4％のマイナス成長であった。1万人あたりの治安事件の発生率は，9.9件から38.2件へと増加しており，年平均3.4％のマイナスの寄与であった。交通事故死亡者数は2001年に10.6万人に達し，10万人ごとの交通事故死亡率は1979年の2.9人から8.3人に増加し，年平均4.5％のマイナス寄与となっている。ただし，火災事故による死亡率だけは低下している。注意すべき点は，刑事事件や汚職事件の中で，大規模事件と重大事件の割合が上昇していることである。各級の役人の汚職率は上昇し，汚職金額もますます巨額になっている上，90年代に入ってからは上昇傾向をみせており，1997～2002年の検察・監察機関による検挙数は86.2万件，判決が下された事件は84.3万件，処分を受けた人は84.6万人，党を除籍され刑事的追求を受けたのは37.8万人に達し，うち県級幹部は2.9万人，庁局級は2422人，省部級は98人であった。ここ11年間の社会秩序指数は年平均2.4％のマイナス成長となっており，23年間の平均マイナス成長率0.9％と比べて1.5％ポイント，その速度が加速している。

　社会安定指数は，インフレ率，失業率，社会保障普及率，貧困人口の割合，貧富の差など五つの指数によって構成されており，23年間（1978～2001年）の社会安定指数の増減は相殺されて年平均で1.1％のマイナス寄与となっている。重要な点は，インフレ率（各地域の消費価格指数）が1988年，1989年，1993～1995年に高くなったため，その後1997年のデフレにより少しは相殺されたものの，いまだに物価が1978年より4.5倍高いことである。つまり，1978年の100元は，2001年には22.4元の価値しか持たず，貨幣価値が78％も下落した。これによる年平均マイナス成長率は6.3％である。

　都市の登記失業率は1978年の5.3％から2001の3.6％に低下しているが，国有企業の一時帰休職員が2001年末には700万人あまりにのぼっており，これに登記失業者数を加えると，実質的な失業率は約6.4％となり，1978年の5.3％に比べ1.1％ポイント上昇，年平均マイナス成長率は0.8％となる。社会保障普及率は，2001年には30％前後で，1978年に比べて拡大しているが，社会保険基金の深刻な資金不足によって保障機能は非常に脆弱であり，

多くの労働者が医療保険と失業保険を受給できていない。国家統計局の1999年の調査によれば，都市住民の年金，医療，失業保険への加入率はわずかに37～12％である。推定によると，すでに社会保険に加入した人々のなかで，実際の社会保障受給率はわずか60％程度で，残る40％の労働者と退職者は生活に安定感を欠いている。

　1978年と比較すると，改善された部分もあることは事実であるが，以上のように，社会保障には多くの問題が存在している。これと関連するのが貧富の差が日増しに拡大していることである。所得階級に応じて全体を5分割して計算すると，全国の都市・農村で平均格差は1978年の2.7倍から7.6倍にまで拡大しており，なかでも都市における貧富の差はすでに8.5倍まで拡大している。貧困人口の割合をみると，農村貧困人口の減少によって全体的な貧困率は低下しているが，都市の一時解雇労働者と失業者の増加によって，2001年には都市の貧困人口は約3000万人に達し，都市の貧困率は6％前後にまで上昇した。今後数年を考えると，実質的な失業率や貧富の差は上昇傾向にあり，社会保障機能は依然として脆弱であるという重大な状況が予測される。これは，社会安定指数の成長に影響を及ぼす。ここ11年の社会安定指数は年3.4％のマイナス成長率となっており，23年(1978～2001年)のマイナス1.1％と比較すると，その低下速度は2.3％ポイントも増加している。

　社会安定と社会秩序は密接な関係にある。もし社会の不安定要素が増えれば，刑事事件，治安事件も増加するといったように，社会秩序に直接的な影響を与える。23年間(1978～2001年)，この2項目の指数はともにマイナス成長を示しており，これは総合指数の成長にも影響を与えている。たとえば，23年間(1978～2001年)の，社会・経済25項目指標の総合指数の年平均成長率は5.5％であるが，もしこれに社会秩序，社会安定の11の指標を含めて総合的に計算すると，総合指数を1.2％ポイント低下させ，年平均成長率はわずか4.3％となり，その影響度は22％である。ここ11年(1991～2001)の2項目を含まない年平均成長率は5.7％で，2項目を含むと，総合指数を1.9％ポイント低下させ，年平均成長率は3.8％となり，その影響度は33％である。これは転換期の社会における不安定要素が，社会・

経済全体の調和発展に直接影響を及ぼし，発展を遅らせていることを表わしている。

社会の安定は小康を実現する前提条件であるため，今後は各部門が社会矛盾を解決する能力と力を増強しなければならない。具体的には以下の点が挙げられる。

- 腐敗を正し，制度的・立法的に監督機能を強化して腐敗の根絶を進める
- 社会の民主化を加速させ，法体系，公正な司法，公平な競争を確立する
- できるだけ迅速に報道法を制定して腐敗に対する公開世論の監督機能と確固たる制度を構築する
- 腐敗政治を正し，役人の道徳意識，職業態度を改める
- 投書・陳情処理業務や官・民をつなぐルートを改善する
- 社会治安の総合整備を強化し，「法治国家」という方針を貫く
- 各社会・経済活動において，「従うことのできる法があり，法には必ず従わなければならず，法は厳格に運用しなければならず，違法行為は必ず追求されなければならない」という原則を徹底し，法制整備の歩みを加速させる
- 法律の基礎知識を普及させ，国民に「法は守るべき」と自覚させる
- 公安司法部門は，法の運用水準を向上させる
- 社会的な力を発揮し，住民の手で治安を維持する力を向上させる
- 法を厳格に運用し，警察や裁判官の腐敗問題に対し決然と対処する

訳注

* 1　郷鎮企業――農村地域に立地し，末端行政組織（郷・鎮・村）や農民が所有・経営する企業の総称。郷鎮企業は，1970年代末からの改革開放後，豊かな生活を求める農民の巨大なエネルギーを解き放ち，農村余剰労働力を生産的に雇用して農家所得の持続的上昇をもたらす原動力となった。またそれは，市場動向に敏感に反応する中小規模ベンチャー企業として，市場経済化を促進する担い手ともなっている（天児慧他偏『岩波現代中国事典』岩波書店，1999年，p.306）。
* 2　表2-1の数値と若干異なるが，原文のまま記した。
* 3　購買力平価（PPP）を用いて換算――一般に，各国の一人あたりGDPを国際比較するためには，（対米ドル）名目為替レートを使って米ドル換算した額を用いる。かつて経済学では自由な為替レートはそれぞれの通貨の購買力の比率によって決ま

ると考えられていた。しかし途上国の為替レートには強い規制が加えられているほか、先進国の為替レートも、国際的な資金移動の影響を強く受け、資金が流入する国の通貨は購買力に比べて過大評価され、流出する国の通貨は購買力に比べて過小評価されていることが知られている。このため名目為替レートを用いて得られた米ドル表示の各国の一人あたりGDPの額が真の購買力（実質的な生活水準）を反映している保証はあまりない。これに代わって、それぞれの国で1ドルと同じ財・サービスの購買力を持った通貨量（購買力平価、PPP）を調べ、為替レートの代わりにその量を用いてドル換算することが考えられる。このPPPベースの為替レートを使えば、各国の実質所得水準をより正確に比較することができると考えられる。

* 4　中国では次のような医師のレベルがあり、肩書きや資格が決められている。
　　1）初級医師（入院医師）　学部を卒業して1年後に職業医師免許試験（日本では医師国家試験）に合格した医師
　　2）中級医師（主治医師）　初級医師として5年間勤務後、全国衛生中級技術試験に合格した医師
　　3）副高級医師（副主任級）　中級医師として5年間勤務後、論文試験および高級医師試験に合格し、衛生局、上級機関の審査を経て昇格が認められた医師の資格
　　4）正高級医師（主任級）　副高級医師として5年間勤務後、昇格が認められた医師の資格
　　5）教授・副教授　教育機関を持っている医療機関でのみ与えられる。1年間の講義数、論文数、指導学生数などによって決まる。

* 5　原書では、本章のはじめの三つの表と最後の表にはタイトルがないため、表番号を付加した。それにともない、原書の表2-1〜表2-3は、本訳書では表2-4〜表2-5となっている。また、本訳書表2-1の「指標」において、原書では「8. 平均寿命」「9. 人口千人あたりの医者の数」となっているが、本文の記述順にしたがって、順序を入れ替えた。

* 6　原文では「859元」となっているが、同じ内容が記述されている本章74ページや表2-2では「857元」となっているので、修正した。

* 7　原文では「40%」となっているが、「50%」の誤記として修正した。本章45ページ（61ページにも同様の記述がある）に記載されている国連食糧農業機関（FAO）の基準も参照。

* 8　外向型経済——外向型経済の定義として、中国では「外向型経済とは、国際市場を目標とし、対外貿易を主導的力として、輸出産品の生産を優先的に発展させ、国際的労務協力を行なうのみならず、積極的に国外の先進的設備、資金、資源および科学技術と経済管理の経験を利用して、生産構造と技術構造、組織的経済活動と経済運営を調整し、経済的活力を強化することによって全体的な経済の持続的発展をもたらすことである」（林嗣明主編『外向型経済統計』中国統計出版社、1989年）とされている（長谷川貴弘「中国対外開放政策研究——開放政策が始められた背景とその理論的考察」（東北学院大学大学院『経済研究年誌第25号』2003年, p.54）。

* 9　表2-5によれば、「新彊」が78.5でこの範囲に入るが、文中に列挙されている中

に「新疆」は含まれていない。
* 10 　表 2-5 によれば「河北」58.5,「四川」59.9 だが列挙されていない。反対に「安徽」は 58.8 だが文中に取り上げられている。
* 11 　原文ではこれを逆指数計算と呼んでおり，目標数値を実現数値で除して求めた数値である。
* 12 　原文では「全国平均 41 件」「目標 21 件」となっているが，表 2-4 に照らして修正した。
* 13 　表 2-6-1 によれば，上海は，3 万 3398，貴州は 3104 なので計算すると 10.8 倍が正しいことになる。
* 14 　比較可能価格にもとづいた計算（calculate at comparable price）——中国語では「可比価格（計算）」。「可比価格」とは，経済集計量の異時点間の変化を計算する場合に価格変動による要因を除去するために利用される価格である。可比価格による経済集計量の計算には，(1) 生産物の産出量にその生産物の特定年度の固定価格をかける方法，(2)（産出物の）時価評価のデータを適切な価格指数でデフレートする方法，の二つの方法がある（中華人民共和国国家統計局編『中国統計年鑑 2004』中国統計出版社，2004 年 9 月，47 項および 49 項より）。
* 15 　"八七"貧困救済計画——「国家八七扶貧攻堅計画」の略で，1994～2000 年の 7 年間に，労働・物資・資金の集中動員により，全国農村 8000 万人の貧困人口の「温飽」問題を基本的に解決するというもの。
* 16 　第 11 章（462 ページ）に同じ内容の文章があるが，そこでは「中高級農林技術者」は「累計 247 万人」とされている。この段落の以下の数字も異なっている（「73.8 万人」「20 人」「2900 人」が第 11 章では「76.8 万人」「21 人」「2800 人」となっている）。
* 17 　五保戸——農村における生活保護世帯。「衣・食・燃料・葬式・子どもの教育」の五つが保障される。
* 18 　分税制——財政請負制度の下で失われた中央政府の財政機能を回復するために 1994 年に導入された財政改革。税金を中央の取り分である国税，地方の取り分である地方税，中央と地方がシェアする共有税に区分し，それまで地方政府の税収であった増値税（付加価値税）を共有税とし，税率を 17％，中央の取り分を 75％，地方の取り分を 25％ とした。改革開放後の財政請負制度（1984 年から）においては，地方分権のため，地方は集めた税収の約三割を国に納め，残りを自主財源とすることができた。しかも地方政府は一方で減税しながら，他方で様々な名目の費用の徴収を行なったため，中央政府の税収は落ち込み，再分配機能を失ったまま，豊かな地域と貧しい地域間の財政・経済格差は一方的に拡大した。分税制は，まず中央と地方の行政権限を明確にし，それぞれ固有の財源を付与することで，地方分権と中央政府の機能回復を目指したものである。
* 19 　原文には「中学に入学した生徒が」という言葉はないが，前後の関係から，中学に入学した 91％ の生徒の 87％ が 9 年間の義務教育を終了するという意味と判断し，挿入した。

＊20　費改税──中国では郷・鎮といった農村の行政機関が，農民に対して様々な名目の費用（中国語で総称して「費」）を負担させており，農民が貧困状態に陥る原因ともなっている。費用徴収の根拠や公平性，透明性などが明確に維持されていないことも問題であり，これを打開するため，政府は費用の徴収を課税方法に改めることで税制への一元化を図り，農民負担の軽減を図る改革を進めている。これを費改税と呼ぶ。
＊21　第1章訳注＊11参照。
＊22　承包制（農家経営承包制と承包地）──承包とは広義の請負を意味する。本書における「承包」はすべて農家の"世帯生産請負責任制"を意味するため，正式には「家庭联产承包责任制」と表記される。1970年代末に農村の改革開放政策として開始された制度で，農家単位で生産を行ない，国や集団への供出分を上納すれば，残りはすべて農家の取り分となる。また，有償で請負に出され，生産が行なわれる土地を承包地という。
＊23　原語は「价格杠杆调节」。直訳すれば「価格梃子調節」。
＊24　第4章137ページの記述を参照。

第3章　人口変動の予測

人口と発展の基礎研究

1　まえがき

　現在，中国は13億人近い人口を有し，世界でもっとも人口が多い国家である。歴史人口学の研究によると，中国が世界一の人口大国であるという歴史は長く，1798年にはすでに2.9億人に達し，当時の世界総人口の約3分の2を占めていた。

　20世紀は，中国の人口が急速に増加した世紀であったといえる。1900年の総人口は4億人近くで，1911年にはまだ3.9億人だったが，1936年に5.2億人に達し，1949年の中華人民共和国設立時には約5.4億人であった。20世紀前半50年の人口増加数は1.4億人，増加率は年平均0.7％で，この時期，人口は増加しているとはいえ，戦争，自然災害および高死亡率の影響により，人口の増加速度はまだ比較的緩かったといえる。しかし，中華人民共和国設立後，中国は人口増加の高潮期を迎える。総人口は50年代初頭の5.5億人から，2000年には12.7億人に増加し，50年間で2倍以上に膨れ上がった。この期間の年平均増加率は1.7％であり，20世紀前半と比較すれば，後半50年に人口増加速度が速くなったのは明らかである。しかし他方で，出生率は1950年の37‰から2000年の14‰に低下しており，自然増加率は20‰から7‰へ低下している。つまり，中国にとってこの50年間は人口急増の期間ではあったが，計画出産政策という国家の基本政策が成功を収め，20世紀末には人口の増加は明らかに減速し，人口の増加速度が高速から低速へと転換したのである。現在の人口自然増加率(0.7％)は，世界平均(1.3％)やアジア平均（1.4％），発展途上国平均（1.6％）の水準より低く，「低出生，

低死亡，低増加」という人口発展段階に入ったといえる。

ただし，出生率は過去半世紀で半分以下に低下したとはいえ，出産可能年齢の女性の規模は拡大しつづけている。そのため，1950年は2000万人強であった新生児の数は，その後，増加率の上昇と低下というプロセスはあったが，2000年になっても2000万人近くのままである。この半世紀，年出生数は基本的に2000万人前後を保っており，この出生人口の推移をみると，中国の人口増加の慣性は強いことがわかる。そのため，人口増加の潜在力は依然大きく，油断することはできない。

毎年の人口純増加数をみると，1950年の1000万人強から年々増加し，60，70年代には1600万人前後となっているが，この半世紀の人口自然増加率の低下を受けて，20世紀末には1000万人前後に戻っている。最近二回の人口センサス（1990年，2000年）の結果を比較してみると，この間（10年4カ月）全体で人口総数は1億3215万人増加し，増加率は11.66％であった。年平均にすると，増加数は1279万人，増加率は1.07％である。

1950年代から現在に至るまで，中国は出産奨励と出産制限という正反対の人口政策を経験した。人口増加の圧力は20世紀末に和らいだとはいえ，根本的にはいまだ解決しておらず，今後も長い期間にわたって人口増加圧力は続くであろう。これはわれわれにとって負担となる「歴史的遺産」である。20世紀後半は人口転換[*1]にともなう増加であったものが，21世紀前半には人口慣性による増加へと変わっていくであろう。

2　中国の将来人口発展の予測方法と関数の選択

21世紀における中国の人口発展趨勢を客観的かつ正確に描くために，われわれは2000年人口センサスのデータを利用し，今後50年間の人口数と人口構造の発展およびその趨勢を予測した。

1　予測方法と基礎データ

人口数は，出生，死亡，移動という三つの要因によって変化する。したがって，人口数の予測とは，実質的には出生，死亡，移動に関する予測なのであ

る。われわれが採用した人口予測の基本方法は，人口年齢移算法である。すなわち，現在 n 歳の人口数からその後 1 年間の死亡数と純転出数を差し引いたものを，翌年の n＋1 歳の人口数とする方法である。この方法は，ある年の男女別人口年齢構造を基準として，出生人口，死亡人口および移動人口を分けて予測するため，実際の人口発展状況により即した人口予測を行なうことができ，その予測結果は，分析や応用の価値が高いとされている。

全国的に見れば国際的人口移動の数は少ないため，国際間の人口移動という要因は予測から除外した。したがって，以下で述べる 21 世紀における中国の人口推移は，主として現在の年齢構造，出生，死亡という要因の変化によって推計されたものである。

人口予測の基礎データである 2000 年の人口センサスには以下のようなデータが含まれている。

- 2000 年，全国男女別人口年齢構造
- 2000 年，全国出産可能年齢女性の年齢別出産数および出産パターン
- 2000 年，全国男女別，年齢別の死亡数および死亡パターン

しかし 2000 年人口センサスは市場経済という条件下で行なった初めての大規模調査であり，調査活動はかつてなく難しく，調査データの質量両面において大きな問題点が残っている。2000 年人口センサスの漏れ率は 1.81％であり，0〜9 歳の年齢グループの漏れ率がとくに深刻であった。また，調査データから直接計算した女性の出生率と粗死亡率[*2]は，実際と比較してやや低いと思われる。このため，人口予測に用いる年齢構造，出生，死亡などの基礎データについて，われわれは事前に修正を加えた。

(1) 年齢構造

2000 年の人口センサスの対象となる直接登録された総人口は 12 億 4261 万人であった。調査公報公布時の 12 億 6583 万人と比べると，250 万人の現役軍人を除いても 2072 万人足りない。つまり，直接登録人口には 2072 万人の漏れがある。これを修正するため，2000 年人口センサスで実際登録された 11 月 1 日時点の 12 億 4261 万人の年齢構造について，各年齢人口の総和が 12 億 6583 万人となるように調整を行なった。さらに，国家統計

局が毎年年末にその年の総人口を公表しているが，2000年末の総人口は12億6747万人であったため，この数値を男女別，年齢別に推計したうえで年齢構造を調整し，最終的にこの12億6747万人の男女別人口年齢構造を推計基準年のデータとした。この年齢構造は，中国の半世紀にわたる人口発展の歴史的経緯を基本的に反映したものと思われる。

詳細な資料が存在する1953年の第一回全国人口センサスでは，中国の人口は典型的な若年型年齢構造であったが，2000年の第五回全国人口センサスまで回を重ねるごとに，老年型初期の年齢構造へと変化してきた。これまでの調査の年齢構造は，明らかに中国の人口変化の過程を記録している。

(2) 出生率

中国の現在の出生率は，世界やアジア，発展途上国の平均水準と比べて明らかに低く，先進国の水準に近づいている。合計特殊出生率をみてみると，1950年には一人の女性が一生のうちに平均6人の子どもを出産していたが，現在は，典型的な低出産水準となり，人口置換水準[*3]以下まで低下している。国際的に比較してみると，中国の現在の出生率はすでに先進国に近づいているといえる。2000年，世界全体の平均合計特殊出生率は2.8で，先進国は1.6，発展途上国は3.2，アジアは2.7，中国は1.8である。中国が低出生率国の仲間入りをしたのは，1990年代初頭である。中華人民共和国の設立以来，中国の出生率は一連の大きな転変を経験している。1949〜1969年の20年間では，「大躍進」とそれがもたらした3年間の災害期の出生率の急減時期を除き，合計特殊出生率は平均6という高い水準を維持していた。1969〜1977年にかけて出生率が急速に低下し，合計特殊出生率は6から3以下となった。1977〜1991年には出生率は2〜3で推移してきた。当時は，社会・経済の発展度合いが比較的低く，人々の出産観と政府が推し進めた計画出産政策との衝突が大きく，出生率の推移には多少の波があった。1991〜1999年，合計特殊出生率は安定的に低下し，人口置換水準以下に落ち着いた。置換水準以下の出生率が一定期間持続すると，人口増加に実質的な影響を与え，いずれは人口増加から人口減少に転換する。

2000年の人口センサスから直接計算した合計特殊出生率は1.22であっ

たが，これは中国の出生率を正確に反映したものとはいえず，出産人数について申告漏れがあったように思われる。それでは，現在の中国の合計特殊出生率はいったい，いくつなのだろうか？

まず，ここ数年の小学校入学者数をみると，2000年の人口センサス時の0〜9歳の報告漏れが推測できる。これによって，合計特殊出生率を調整することも可能になる。ここ数年の一連の人口についての調査の結果が示しているように，出生数，とくに二人目以上の子どもについての報告漏れが著しく多くなっている。われわれは近年の小学校入学者数を用い，今回の調査の低年齢人口と比較して（表3-1参照），0〜9歳の報告漏れを推計してみた。

小学校入学者数と低年齢児の数には密接な関係がある。推計は以下のことを仮定した。

①就学年齢児童の入学率を100％とする。
②全国の小学校就学年齢は6歳に統一されているとする（単年で見る場合不合理ではあるが，連続数年の状況を考慮すればこの仮定は合理的であろう）
③調査はそれぞれ11月1日（人口センサス）と9月1日（教育センサス）の二つの時点であるが，この差による各年齢人口数の差異については計算を省略する

2000年の調査時に4歳人口からその後2年間の死亡者数を差し引くと，2002年の小学校入学者数が得られ，5歳人口からその後1年間の死亡者数を差し引くと，2001年の小学校入学者数が得られ，6歳人口は，2000年の小学校入学者数になる。7歳人口に，それまで1年間の死亡者数を加えると，1999年の小学校入学者数となる……といった具合に推測すると，1997〜2002年の毎年の推計小学校入学者数がわかる（表3-1中，人口センサスの結果から推計した人数）。

表3-1を見ると，実際の入学者数は調査から推計した人数より多いことがわかる。6年間の累計では1996万人多くなっている。入学率が100％に達することは非常に難しいため，通常であれば，実際の入学者数は，推計された入学児童数よりわずかに少ないはずである。ところが，推計数に比べて，実際の入学児童数のほうが毎年多かったというのは，明らかに合理的でない。

教育統計上，小学校入学者数が重複計上されている可能性は排除できないが，6年間の累積人数が1996万人というのは考えられない数値である。そこで，われわれは，今回の人口センサスで4～9歳人口について約1996万人の報告漏れがあったと理解することとした。

表3-1 人口センサスの登記人数とそれに対応する年度の入学者数の比較（単位：万人）

2000年度調査		入学者数		人口センサスの結果から推定した就学年齢に達する児童の人数	実際入学者数と推定した入学者数との差
年令	人数	年度	実際の入学者数		
4	1,522	2002	1,953	1,519	434
5	1,693	2001	1,944	1,692	252
6	1,647	2000	1,946	1,647	299
7	1,791	1999	2,030	1,793	237
8	1,875	1998	2,201	1,878	323
9	2,008	1997	2,462	2,012	450
合計	10,537	—	12,536	10,540	1,996

出所：各年の『中国教育事業発展概況』，中華人民共和国教育部発展企画省，より作成

以上の分析によると，4～9歳という年齢層だけでも1996万人の報告漏れがあり，調査に登録されたこの年齢層の人数の18.94％を占める。もし0～3歳の人口もこの比率で漏れていたと仮定すれば，その数は1018万人となる。両者を合計すれば，今回調査の0～9歳の報告漏れ人口は3014万人程度となる。

なぜ0～9歳人口の報告漏れがこれほどまでに多いのか？　第一に，人々は計画出産政策違反に対する懲罰を避けるために，子どもの数を正直に報告しないからである。第二に，一部の地方政府が調査前から，人口センサスがこの10年来の計画出産政策実施成果を検証するためのものであると誤認していたからである。10年来の計画出産政策と関係がある出生数はすでに政府官僚に認定されており，それによってすでに官僚の表彰を受けた場合もある。もし調査結果の子どもの数が，いままでに報告した出生数よりも多ければ，いままでの功績が疑われ，批判を受けるのではないかと心配したのであ

る。第三に，子どもを連れて出稼ぎに出ている人々と，計画出産政策の管理を避けて移動する人々の子どもの数は，正確に登記することが非常に難しいためである。

近年の小学校入学者数との比較を通じて，今回調査の0～9歳人口の平均報告漏れ率は18.94%であることがわかった。これによって，出生人口の報告漏れ率が計算でき，2000年の合計特殊出生率は1.63まで上方に修正することができる。

つぎに，1990年人口センサス時点での0～9歳人口の報告漏れを推計し，0～9歳の各年齢人口の報告漏れのパターンを見てみた。かりに2000年0歳人口の報告漏れ率が1990年のそれと同じであるとすれば，2000年0歳人口のデータを修正することができ，これによって，2000年の合計特殊出生率を推計することが可能となる。

表3-2は，2000年の人口センサスの10～19歳人口が正確であると仮定し，これを利用して1990年0～9歳低年齢人口の報告漏れ状況を推計した

表3-2　2000年人口センサスと1990年人口センサスの対応する年齢の人口比較

(単位：万人，%)

	2000年 人口センサス			1990年 人口センサス		2000年センサスにより推定した1990年の相応する年齢人口数	推定した人数と1990年登記人数との差	1990年の報告漏れ率
年齢	実際登記	調査時点による4カ月調整	年齢	実際登記				
10	2,621	2,586	0	2,322		2,640	318	13.68
11	2,514	2,495	1	2,333		2,521	188	8.07
12	2,458	2,515	2	2,418		2,535	117	4.84
13	2,628	2,526	3	2,429		2,542	113	4.65
14	2,319	2,227	4	2,141		2,241	100	4.65
15	2,043	2,039	5	1,998		2,051	53	2.63
16	2,031	2,023	6	1,906		2,035	129	6.76
17	2,007	2,109	7	2,020		2,121	101	5.00
18	2,312	2,193	8	2,202		2,206	4	0.18
19	1,952	1,929	9	1,809		1,941	132	7.30
累計	22,885	22,642	累計	21,578		22,832	1254	5.81

ものである。これを見ると，年齢が低ければ低いほど報告漏れの可能性が高くなることがわかる。1990年0歳人口の報告漏れ率は13.68％となり，0～9歳の平均漏れ率5.81％の2倍以上であった。もしこの数字を用いて2000年0歳人口の報告漏れ率を調整すると，2000年の合計特殊出生率は2.0に達する。

したがって，1.63という数値は2000年合計特殊出生率の推計下限であり，上限は2を超えないため，実際水準は1.8程度と推定できよう。

(3) 死亡水準

死亡者数の多少と死亡率の水準は，社会・経済発展と緊密な関係がある。健康状態や寿命に影響を及ぼす要因は多岐にわたり，人々の居住条件，生活環境，社会環境，医療保険などが含まれる。衛生条件の改善，流行病や感染症の撲滅，社会・経済の発展，一人あたり所得の上昇などは，死亡率を低下させ平均寿命を上昇させると考えられる。

1990年代における中国の死亡率の変化状況を見ると，粗死亡率は低下の傾向を示している。1990年の死亡率は6.67‰であったが，2000年には6.45‰であり，0.2‰ポイント低下した。年齢構造の影響を除外するため，1990年の人口年齢構造を用いて1990年以降の人口死亡率を標準化してみたところ，標準化された死亡率は明らかに低下傾向を示しており，1990年の6.67‰から2000年には5.21‰へと1.46‰ポイント低下した。

2000年人口センサス時に実際に記録された粗死亡率は5.92‰であり，

表3-3 人口死亡率と標準化死亡率の比較（単位：‰）

年	該当する年の死亡率	標準化死亡率
1990	6.67	6.67
1994	6.49	6.17
1995	6.57	5.84
1996	6.56	5.58
1997	6.51	5.59
1998	6.50	5.42
1999	6.46	5.20
2000	6.45	5.21

90年代以来の粗死亡率と比較するとやや低かった。この差を生み出す主な原因は，死亡数の記録漏れである。このため，死亡データについても修正を行なった。

データを修正して計算すると，中国の国民の平均寿命はすでに71.40歳に達し，男性は69.63歳，女性が73.33歳である。1990年と比較すると，平均寿命は2.8歳上昇したことになる。そのうち，男性は2.79歳，女性は2.86歳上昇しており，人口発展の法則に合致する。

将来人口について予測を行なうために，生命表中の平均余命と生存数にもとづき将来の死亡数を予測してみた。これにより，異なる時期の生存率と平均余命の変化が得られる。

2　人口予測の高位・中位・低位推計

将来の人口変化に影響を与える様々な要因は実際にはわからないため，現在の人口状況から未来を予測しなければならない。すなわち，考えられる主要な要因について仮定を立て，将来の人口を予測する方法である。仮定が異なれば，予測方式も異なり，予測結果に影響する。当然これらの仮定は，予測期間中に戦争や大きな自然災害などが発生しないとしている。もし戦争や不測な災害が発生するとすれば，死亡，出生，国内外への人口移動の変化を通じて，人口推移に大きな影響を与え，予測結果の精度に影響を与えるからである。

将来人口の発展傾向を予測する際に，合計特殊出生率について三つの数値を設けて推計を行なった。また，三種の推計には死亡率（生存率）の仮定は同一のものを用い，国際的人口移動は考慮から除外した。その結果，高位，中位，低位の三種の推計を導き出した。

高位推計は，合計特殊出生率を人口置換水準である2.14とした。すなわち一人の女性が一生のあいだに産む子どもの数は二人よりやや多いことになる。中位推計は，合計特殊出生率を1.8とし，一人の女性が産む子どもの数は二人より少ない。低位推計は，現在の計画出産政策に照らして，合計特殊出生率を1.55とし，一人の女性が産む子どもの数は1.5人あまりである。

中国の出生率に影響を及ぼすもっとも重要な要因は政策的要因と社会・経

済的要因の二つである。将来の出生率を把握するためには，両者をそれぞれ考慮する必要がある。過去20年間，中国の出生率の低下は，計画出産政策の効果が非常に大きく，社会と経済の発展をともない，人々の出産意向や生活様式などが変化したことも寄与している。しかし，出生率が50年代の6から90年代後期の1.8前後まで大きく低下したのは，政府の計画出産政策の強力な遂行によるところがきわめて大きいであろう。

　予測で低位推計として選択した合計特殊出生率1.55とは，現在の計画出産政策下のいわゆる「政策許容出生率」を考慮したものである。

　予測で中位推計として選択した合計特殊出生率1.8とは，中国の現在の出生率が維持されることを仮定している。これを選択した理由は，まず，すでに実現した，人口置換水準より低い1.8という合計特殊出生率を今後も維持させることが，中国にとって非常に重要だと考えたからである。これは中国の一世代の人々が，努力と犠牲を払って勝ち得た成果ともいえる。そして，今後は社会と経済の発展にともなって，出生率をさらに低下させる要因と，元の水準に戻ろうとする要因が同時に存在するように思われるが，総合的に考えると，現状を維持する可能性がもっとも大きいといえるからでもある。

　出生率を上昇させる要因は確実に存在している。たとえば現行の計画出産政策をみると，都市部では夫婦ともに一人っ子である場合，二人目の子どもを産むことが認められているが，80年代以降に生まれた一人っ子たちが，そろそろ出産適齢期に入るため，都市部の出生率は上昇することが予想される。ある学者の研究によれば，夫婦とも一人っ子のカップルに第二子の出産を容認すれば，合計特殊出生率は2前後に上昇する。また少数民族の人口増加は，合計特殊出生率を上昇させることとなろう。

　他方，出生率を低下させる要因も存在している。人々の出産意向の変化にともなって出産行動も変わっていくであろう。しかも，この変化が出生率の低下に与える影響はますます大きくなる。人々の出産願望についてみると，すすんで一人っ子を望む人もしだいに多くなってきてはいるが，子ども二人を望む人のほうが圧倒的に多い。経済発展にともなって，子ども三人を望む人はしだいに少なくなってきている。

　したがって全体的にみると，将来の計画出産政策と社会と経済の発展は，

ともに中国の出生率に影響を及ぼすが，出生率を左右する諸要因を総合的に考慮すると，将来の合計特殊出生率は 1.8 を維持する可能性が非常に高いといえよう。

言うまでもなく，1.8 という合計特殊出生率を維持し，現在の低出生水準を安定させる最良の方策は，計画出産政策の実施を継続することと，出産意向の変化を促進することである。これは実現する可能性が高いシナリオであり，中国の発展にとって，もっとも有利な方策でもあろう。

予測で高位推計として選択した合計特殊出生率 2.14 とは，中国の人口増加が人口置換水準を維持するということを仮定している。もし計画出産政策が緩和され，人々の出産意向をうまく転換させることができなかった場合，この仮定が現実となる可能性がある。

死亡率については，予測期間中に戦争や大きな自然災害が発生せず，あるいは難病が発生し，その治癒方法が発見できないといったことがなければ，ある一定の低水準に低下した後，比較的安定するはずである。したがって，出生率と出生数について異なる仮定を採用したのに対し，死亡率については各種の推計で同じ仮定を用いている。死亡率の推計に用いた参照パラメータは平均寿命である。各国の人口転換の経験によると，平均寿命が違えば，その上昇率も異なる。平均寿命は一定の水準に達するとその上昇率が逓減する傾向にある。国連が推奨する平均寿命の上昇に関する経験的データによると，平均寿命 67.5〜70.0 歳時では，五年ごとに男性は 0.75 歳，女性は 1.8 歳ずつ上昇するが，70.0〜72.5 歳になると，男女は五年ごとにそれぞれ 0.45 歳，1.40 歳上昇し，72.5〜75.0 歳になると，男女は五年ごとにそれぞれ 0.20 歳，1.00 歳上昇する。この平均寿命の上昇幅によると，今世紀半ばには，中国の人口の平均寿命は先進国の水準に達する見込みである。

3 人口数の変化傾向と政策の選択

1 人口数の変化傾向
(1) 21 世紀最初の 20 年間の人口発展傾向

低位推計では，将来 20 年間の年平均出生率は 12‰ を超えず，人口自然

増加率は年平均5‰以内に抑えられる。2020年には1.52‰まで低下し，2020年の全国総人口は13.85億人となる。

中位推計では，年平均出生率は14‰を超えず，人口自然増加率は年平均6‰以内に抑えられる。2020年には2.97‰まで低下し，2020年の全国総人口は14.29億人となる。

高位推計では，年平均出生率は16‰を超えず，人口自然増加率は年平均10‰以内に抑えられ，2020年には4.85‰まで低下する。2020年の全国総人口は14.77億人となり[*4]，15億人に近い。

表3-4　2000～2020年，総人口増加傾向（単位：億人，‰）

年	高位推計		中位推計		低位推計	
	総人口	自然増加率	総人口	自然増加率	総人口	自然増加率
2001	12.76	6.92	12.76	6.92	12.76	6.92
2002	12.85	6.45	12.85	6.45	12.85	6.45
2003	12.94	7.59	12.94	7.27	12.91	5.36
2004	13.04	7.64	13.03	7.01	12.98	5.15
2005	13.14	7.74	13.12	6.80	13.05	4.96
2006	13.25	7.94	13.21	6.70	13.11	4.88
2007	13.36	8.22	13.30	6.67	13.17	4.85
2008	13.47	8.57	13.38	6.71	13.24	4.89
2009	13.59	9.00	13.48	6.81	13.30	4.97
2010	13.72	9.45	13.57	6.93	13.37	5.08
2011	13.85	9.44	13.66	6.92	13.44	5.07
2012	13.98	9.32	13.76	6.83	13.51	4.99
2013	14.11	8.94	13.85	6.51	13.57	4.71
2014	14.23	8.43	13.93	6.09	13.63	4.33
2015	14.34	7.78	14.01	5.52	13.68	3.83
2016	14.44	7.09	14.08	4.93	13.73	3.30
2017	14.54	6.49	14.14	4.42	13.77	2.84
2018	14.62	5.90	14.20	3.89	13.80	2.36
2019	14.70	5.31	14.24	3.37	13.82	1.88
2020	14.77	4.85	14.29	2.97	13.85	1.52

表3-4に示されているように，高位，中位，低位，どの推計を見ても今後20年間の人口数量は増加傾向にあるが，その増加速度は緩やかになっている。最初の10年間では，人口増加率の下降幅が比較的小さく，その後の

10年間でしだいに大きくなっている。これまでの人口センサスの結果を見ると，1964～1982年の人口総数の年平均増加率は2.09％であり，1982～1990年では1.48％，1990～2000年では1.07％であった。人口予測を見ると，2000～2020年の人口総数の年平均増加率は0.4～0.8％に低下すると見込まれる（高位0.8％，中位0.6％，低位0.4％）。

(2) 21世紀最初の50年間の人口発展傾向

推計では高位，中位，低位いずれにしても，中国の将来人口は今世紀前半期にピークを迎え，ゼロ増加を実現する。ピーク時の人口総数はそれぞれ，15.75億人，14.47億人，13.87億人である。ピークに達した後，中国の人口は緩やかに低下しはじめ，今世紀半ばの2050年には低位推計の総人口は12.5億人前後に落ち着き，中位では14億人以内に抑えられ，高位では15.7億人前後とまだ高い水準にある。

表3-5　2005～2050年総人口増加傾向（単位：億人）

年	2005	2010	2015	2020	2030	2040	2050
高位推計	13.14	13.72	14.34	14.77	15.26	15.70	15.68
中位推計	13.12	13.57	14.01	14.29	14.47	14.38	13.83
低位推計	13.05	13.37	13.68	13.85	13.78	13.32	12.44

2　政策上の選択

中国の将来人口予測によると，高位推計では2044年に総人口がピークに達し，15.75億人となる見込みであり，ゼロ成長を実現するのに44年かかる。中位推計では2032年に総人口がピークに達し，総人口は14.47億人となる見込みである。ゼロ成長の実現には約32年かかる。低位推計では2023年に総人口がピークに達し，総人口は13.87億人となる見込みである。ゼロ成長の実現には約23年かかる。

現在，中国の出生率は人口置換水準を下回っている。それにもかかわらず，なぜゼロ成長を実現するのに30年，40年もの時間がかかるのであろうか。高位，中位，低位推計をみてみると，合計特殊出生率が人口置換水準もしくはそれ以下となっても，人口年齢構造の慣性の影響によって，総人口はすぐ

にゼロ成長になるとは限らない。一部の先進国では合計特殊出生率が人口置換水準に達した後，すぐにゼロ成長を実現したが，これは，その国の過去の人口発展過程で比較的緩やかな人口増加状態を維持してきたためである。しかし，20世紀後半の50年間，中国の人口増加は著しく不安定で，出産のピークが何度も出現していた。そのため，その慣性の作用を受けて，合計特殊出生率が人口置換水準以下となった後もゼロ成長を実現するためには何十年もの時間が必要となるのである。

表3-6 人口予測，高・中・低位推計の人口ピーク値とその実現時間

	総人口（億）	年	経過年数（2000年起算）
高位推計	15.75	2044	44
中位推計	14.47	2032	32
低位推計	13.87	2023	23

以上三つの推計から，どの推計によっても中国の人口総数は今後20年間にわたって増加傾向にあることがわかる。しかしそれぞれの推計では2023年，2032年，2044年以降になると[*5]，人口総数は緩やかに減少しはじめる。このような状況の下で，中国の人口政策の選択は，人口規模と人口構造，社会と経済の状況，資源と環境といった多くの要因を総合的に考慮し，科学的，合理的に人口規模をコントロールし，安定した低出産政策を実施することが最良の選択となろう。

表3-7，3-8，3-9が示しているように，三つの推計の人口総数は低位推計がもっとも少なく，中位がその次で，高位がもっとも多い。高位推計ではピークの人口が中位推計のそれと比べて1.28億人[*6]多く，低位推計のそれと比べると1.88億人[*7]多い。中位推計は低位推計と比べて0.6億人多い。

人口高齢化と社会負担状況をみてみよう。高齢者人口比率（65歳以上の高齢者人口が総人口に占める割合。以下同様）については，低位推計は中位推計よりも高く，中位推計は高位推計よりも高い。総従属人口指数[*8]については，高位推計は中位推計よりも高く，中位推計は低位推計よりも高い。高齢者人口のみの従属人口指数をみると，低位推計がわずかに高いといえるが，これは低位推計の総人口増加が中・高位推計より少ないためである。総

表 3-7 中・高・低位推計，高齢者人口と総従属人口状況の比較

年	総人口（億人）			高齢者人口比率			総従属人口指数		
	低位推計	中位推計	高位推計	低位推計	中位推計	高位推計	低位推計	中位推計	高位推計
2001	12.76	12.76	12.76	7.12	7.12	7.12	44.09	44.09	44.09
2002	12.85	12.85	12.85	7.28	7.28	7.28	42.50	42.50	42.50
2003	12.91	12.94	12.94	7.47	7.45	7.45	41.13	41.40	41.45
2004	12.98	13.03	13.04	7.56	7.53	7.52	39.54	40.07	40.20
2005	13.05	13.12	13.14	7.74	7.69	7.68	38.03	38.81	39.07
2006	13.11	13.21	13.25	7.88	7.83	7.80	37.39	38.41	38.85
2007	13.17	13.30	13.36	8.01	7.94	7.90	36.92	38.19	38.84
2008	13.24	13.38	13.47	8.12	8.03	7.98	36.51	38.02	38.93
2009	13.30	13.48	13.59	8.27	8.16	8.09	36.24	38.01	39.22
2010	13.37	13.57	13.72	8.43	8.30	8.21	36.07	38.09	39.66
2011	13.44	13.66	13.85	8.62	8.48	8.36	36.02	38.30	40.22
2012	13.51	13.76	13.98	8.86	8.69	8.55	36.09	38.62	40.90
2013	13.57	13.85	14.11	9.10	8.92	8.75	36.25	39.03	41.66
2014	13.63	13.93	14.23	9.45	9.24	9.05	36.70	39.74	42.71
2015	13.68	14.01	14.34	9.83	9.60	9.38	37.26	40.55	43.87
2016	13.73	14.08	14.44	10.18	9.93	9.68	37.49	41.02	44.66
2017	13.77	14.14	14.54	10.70	10.42	10.13	38.14	41.91	45.87
2018	13.80	14.20	14.62	11.17	10.86	10.54	38.83	42.48	46.69
2019	13.82	14.24	14.70	11.74	11.39	11.04	39.67	43.21	47.61
2020	13.85	14.29	14.77	12.30	11.92	11.53	40.48	43.89	48.41
2025	13.87	14.42	15.04	14.13	13.59	13.03	41.81	44.51	48.49
2030	13.78	14.47	15.26	17.42	16.59	15.73	45.24	47.46	50.51
2035	13.60	14.46	15.50	21.41	20.13	18.78	52.00	54.15	57.13
2040	13.32	14.38	15.70	24.31	22.53	20.64	58.32	60.45	63.86
2045	12.93	14.15	15.75	25.42	23.22	20.87	60.84	62.24	65.58
2050	12.44	13.83	15.68	26.99	24.28	21.41	64.07	63.81	65.60

従属人口指数を見ると，高位推計は終始，中・低位推計より高くなっている。これは，高位推計での出生人口が比較的多く，0～14歳年少人口の従属人口指数が高いからである。どの推計をとっても，中国は今世紀中に高齢化国家の仲間入りをし，中国は大規模な高齢者人口に直面することになる。しか

表3-8 中・高・低位推計，従属人口指数の比較

年	年少従属人口指数			老年従属人口指数		
	低位推計	中位推計	高位推計	低位推計	中位推計	高位推計
2001	33.83	33.83	33.83	10.25	10.25	10.25
2002	32.12	32.12	32.12	10.38	10.38	10.38
2003	30.60	30.87	30.91	10.54	10.54	10.54
2004	29.00	29.53	29.66	10.54	10.54	10.54
2005	27.35	28.13	28.39	10.68	10.68	10.68
2006	26.56	27.58	28.02	10.83	10.83	10.83
2007	25.95	27.22	27.87	10.97	10.97	10.97
2008	25.43	26.94	27.85	11.08	11.08	11.08
2009	24.97	26.74	27.95	11.27	11.27	11.27
2010	24.61	26.63	28.19	11.47	11.47	11.47
2011	24.30	26.58	28.50	11.72	11.72	11.72
2012	24.04	26.57	28.84	12.05	12.05	12.05
2013	23.85	26.64	29.26	12.40	12.40	12.40
2014	23.78	26.82	29.79	12.91	12.91	12.91
2015	23.77	27.06	30.37	13.50	13.50	13.50
2016	23.49	27.02	30.66	14.00	14.00	14.00
2017	23.36	27.13	31.09	14.78	14.78	14.78
2018	23.32	27.01	31.23	15.51	15.47	15.47
2019	23.28	26.90	31.31	16.39	16.31	16.29
2020	23.20	26.74	31.30	17.28	17.15	17.11
2025	21.77	24.86	29.14	20.04	19.65	19.35
2030	19.94	23.00	26.84	25.30	24.46	23.67
2035	19.46	23.12	27.61	32.55	31.03	29.51
2040	19.82	24.30	30.04	38.49	36.16	33.82
2045	19.96	24.58	31.03	40.88	37.67	34.55
2050	19.78	24.04	30.14	44.29	39.77	35.46

し，高齢化の程度の差は，20年後にしだいに現われてくる。2020年の高齢者人口比率は，中位推計は高位推計と比べて0.39％ポイント高く，低位推計と比べて0.38％ポイント低い。2050年の高齢者人口比率は，中位推計は高位推計と比べて2.87％ポイント高く，低位推計と比べて2.71％ポイント

表 3-9 中・高・低位推計，労働力人口の比較（単位：万人）

年	16 歳以上人口			男性 16〜59 歳，女性 16〜54 歳人口		
	低位推計	中位推計	高位推計	低位推計	中位推計	高位推計
2001	95,337	95,337	95,337	79,756	79,756	79,756
2002	96,867	96,867	96,867	80,877	80,877	80,877
2003	98,689	98,689	98,689	82,297	82,297	82,297
2004	100,321	100,321	100,321	83,421	83,421	83,421
2005	101,988	101,988	101,988	84,545	84,545	84,545
2006	103,747	103,747	103,747	85,746	85,746	85,746
2007	104,876	104,876	104,876	86,163	86,163	86,163
2008	105,870	105,870	105,870	86,475	86,475	86,475
2009	106,810	106,810	106,810	86,581	86,581	86,581
2010	107,724	107,724	107,724	86,657	86,657	86,657
2011	108,585	108,585	108,585	86,781	86,781	86,781
2012	109,424	109,424	109,424	86,698	86,698	86,698
2013	110,227	110,227	110,227	86,722	86,722	86,722
2014	110,951	110,951	110,951	86,785	86,785	86,785
2015	111,563	111,563	111,563	86,670	86,670	86,670
2016	112,087	112,087	112,087	86,695	86,695	86,695
2017	112,759	112,759	112,759	86,365	86,365	86,365
2018	113,306	113,306	113,306	85,692	85,692	85,692
2019	113,709	113,952	113,993	85,264	85,506	85,548
2020	114,094	114,578	114,701	84,736	85,220	85,343
2025	115,782	117,493	118,666	80,467	82,178	83,350
2030	117,297	120,305	123,244	76,386	79,394	82,333
2035	117,229	121,396	125,916	73,058	77,225	81,746
2040	115,375	120,582	126,492	69,549	74,757	80,666
2045	112,144	118,677	126,152	64,143	70,676	78,151
2050	108,286	116,516	126,249	59,082	67,313	77,045

低い。

　労働力の状況をみてみよう。中国の労働力人口の規模はきわめて大きい。今世紀最初の 20 年の労働力人口増加の主な要因は，現在の低年齢人口が労働力人口になることである。今後 20 年間の出生率の低下は労働力人口に直

接影響を及ぼさない。20年以降になると，三つの推計の労働力人口に差が出はじめ，2020年中位推計の労働力人口（男性16〜59歳，女性16〜54歳）は8.52億人に達する。低位推計より484万人多くなり，高位推計より123万人少なくなる。しかし，2050年の中位推計の労働力人口は6.7億人になり，高位推計より1億人少なく，低位推計より0.8億人多くなる。

三つの推計の主な結果の比較からわかることは，今世紀最初の20年間は，出生率の調整によって，人口増加，人口高齢化，就業圧力を回避することはできないということである。これは過去における中国の人口発展の歴史的事情によるものである。しかし2020年以降は，出生率の違いによって，中国の人口総数のピークおよびその到達時間，人口高齢化の程度，労働力人口の数量が異なってくる。人口政策を策定・企画する際には，これらの事実を考慮しなければならないであろう。

(1) 低位推計の実現は非常に難しい

過去において中国の出生率が低下したのは，主として有効な計画出産政策を実施してきたからである。人々の出産意向は社会・経済の発展にともなって多少変化したが，出生率の低下を促進する上で主導的な役割を果たしたとはいえない。したがって，全体的にみると，人々の出産意向と計画出産政策の要求には一定の隔たりがある。この隔たりは，将来，経済成長にともない人々の生活様式が変化していくにつれてしだいに小さくなるが，しばらくは存続しつづけるし，1.55という合計特殊出生率の実現は困難であろう。中国における人口政策の実施は地域間で不均衡であるため，とくに中西部の貧困地域では，出生率は比較的高くなっている。一部の地域では，産めば産むほど貧困になり，貧しければ貧しいほど産むという悪循環から脱却できずにいる。出生率を政策範囲内に維持するためには引き続き出生率を低下させる必要があるが，人々の出産意向がいまだ根本的には変化していないという状況下で，これを実現するのは非常に難しい。

その一方で，都市部の一人っ子が相次いで出産適齢期に入り，子ども二人を出産することが政策的に容認されている。また，少数民族に対する人口政策は比較的寛容であり，その比重はしだいに拡大している。したがって，現

在の人口政策が変わらないという条件下では,将来,中国の出生率は現在の政策許容出生率と比べて高くなる可能性がある。

(2) 高位推計では人口規模が過大となり社会・経済発展に不利である

人口の母数が多いというのは,中国が長期にわたって直面してきた主な問題である。過去13年において,中国の経済は年平均9.3％の成長を持続させ,経済発展が世界でもっとも速い国家となり,人々の生活水準は基本的に小康状態を実現した。2002年の国内総生産は10兆元を超え,経済規模は世界第6位となった。人口増加を効果的に抑制し,人口資質を絶えず向上させてきたことは,このような好調な経済成長に寄与している。しかし同時に考えなければならないことは,中国の人口状況と経済発展の要請とのあいだには,依然として一定の隔たりが存在するということである。人口母数が大きいために,2002年の中国の一人あたりGDPは8184人民元しかなく,世界で90位以下となっている。また,人口と資源・環境の矛盾は依然として激しく,持続的発展を実現させるためには難しい課題を克服しなければならない。現在の経済状況をみると,2000年から2020年までに国民所得の4倍増という目標が実現できるであろう。しかし,高位推計によれば人口が14.77億人と15億人に近い。こうなれば,一人あたりGDPの増加に不利であり,全面的な小康社会の実現という目標の実現にも影響を及ぼす可能性がある。そればかりでなく,人口が「雪だるま式」に増加し,人口と資源・環境との矛盾がいっそう悪化するに違いない。

(3) 中位推計は将来人口の発展に関する比較的望ましい戦略的選択である

中位推計では現在の低出生率水準を持続させ,合計特殊出生率を1990年代末の1.8前後の水準に抑えている。これは中国にとって以下のような理由で,比較的望ましい戦略的選択といえる。

まず,中国の現在の人口抑制政策は,30年あまりの大変な努力によって,一世代の女性と国民が多大な貢献と犠牲を払った上に確立したものといえる。人口抑制政策が実施されなかったとすれば,出生数は実際より3億人も多くなっていたはずである。30年あまりの人口抑制政策は,経済・社

会の発展および人々の生活水準の向上に無視できない貢献をしてきた。実践を通じて証明されているように，計画出産政策は中国の基本的な国情に適合するものであり，すでに多くの幹部と民衆に受け入れられている。

1.8という合計特殊出生率の水準を維持するという選択は，政策の継続性と安定性を維持することにもつながる。全面的な小康社会を建設するという目標の実現は，安定的発展を基礎としており，それには安定した社会環境，良好な経済環境と国際環境が必要である。政策面の変更は社会の不安定化をもたらす可能性がある。いかなる政策的調整であっても，十分な検証と綿密な思考を必要とし，計画出産政策の調整もこの原則を遵守しなければならない。

1980年代中期，われわれは計画出産政策の調整を行なったことがある。すなわち，農村部で夫婦一組に子一人を提唱しながらも，二人目出産の条件を緩和し，計画外出産を厳格に禁止し，とくに第三子の出産を禁止したのである。これは，当時「小さな穴を開けて，大きな口を塞ぐ」と呼ばれる出産政策であった。しかし，民衆は計画出産政策の調整を誤解し，1986～87年に急いで子どもを産むという現象が起きた。「小さな穴」を開けっぱなしにしておいたら，「大きな穴」を塞げなかったばかりか，その穴がますます大きくなるという結果になったのである。このため，1980年代後半の出生率が再上昇し，新たな出産ピークが出現した。これは，民衆が政策の調整が再び行なわれることを心配して，急いで子どもを産もうとした行動から起こったことである。

1989年の中央政治局常務委員会において，計画出産政策が検討され，「計画出産政策は安定させるべきである。政策の揺れは多産と早産を引き起こすおそれがある。したがって，出産制限のいっそうの緩和，あるいはいっそうの引き締めはともに望ましくない。目下強調すべきは，現行政策を真摯に執行し，現行政策を改変することはないという点である」という結論に達した。このような深刻な教訓は，今後の計画出産政策に最良の警告を示している。したがって，現在の計画出産政策を維持し，低出生率を安定させることが，中国の将来人口の安定的な発展と，人口目標の実現に非常に有利なのである。

また，中位推計の選択は，人口年齢構造の面でも相対的に優れている。高

齢化という観点からみると，中位推計は低位推計と比べて高齢化のペースが遅くなる。周知のとおり，中国の人口高齢化は，経済発展がまだ不十分な状況下で始まり，高齢化の速度も比較的速い。低位推計と比べると，中位推計の高齢化のほうが緩やかである。高齢化のペースが遅いということは，社会・経済の発展に有利であり，高齢者人口の社会保障と社会負担の問題を解決するための貴重な時間と発展の空間を提供することとなる。

　従属人口指数をみてみると，高位推計の従属人口比率は，中位推計のそれよりも高い。この主な要因は，高位推計の出生人口が比較的多く，年少者の従属人口比率が比較的高いからである。中国の 0 〜 14 歳の人口総数は比較的多く，従属人口のなかに占める比重も比較的大きい。中，高位推計を比較すると，高出生率は必然的に年少人口を増加させ，従属人口比率を上昇させる。また，出生率の安定を維持し，出生人口の安定的増加を維持することは，出生率の変化によって引き起こされる出生数の波動を避けることにもつながる。幼児や青少年人口の数量の波動は，教育資源の浪費や不足を引き起こし，さらに年を経ると，就業者数の過剰ないし不足状態を引き起こし，社会と経済の発展に不利な影響を及ぼすおそれがあろう。

4　将来の人口構造の変化傾向

　上記の理由により，われわれは中位推計を中国の人口政策の戦略的選択とする。現在の低出生率が持続するという前提の下，中位推計は中国の今後の人口発展において現われてくるいくつかの新しい特徴を示している。中国の将来の人口発展の特徴とその構造的変化を理解することは，社会発展計画を策定するにあたって重要な根拠を提供することとなろう。

1　将来の出産水準の変化傾向

（1）出産可能年齢（15 〜 49 歳）の女性の数

　1990 年代以降，中国の出生率は著しく低下し，合計特殊出生率は人口置換水準以下に低下した。中国はすでに低出生水準国の仲間入りをしたのである。しかし，人口増加率は依然として比較的高い水準を維持している。その

主な原因は，人口母数が大きく，人口増加が一定の慣性を持っているからである。

中位推計によると，今後20年間，15〜49歳の出産可能年齢の女性数は比較的多い。2001〜2011年[*9]にかけて，出産可能年齢の女性数は増加傾向にあり，2011年にピークに達し，3.73億人となる。2012年以降は緩やかに減少し，その総数は3億人を超える程度である。これは，1950，60年代のベビーブーム世代の子どもの世代が，続々と出産可能年齢の女性グループの最上部（35〜49歳）になるからである。

2030〜2050年は15〜49歳の出産可能年齢の女性数が減少していき，2050年には2.62億人となる。これは2011年のピーク値と比べ，3分の2程度に減少するということである。

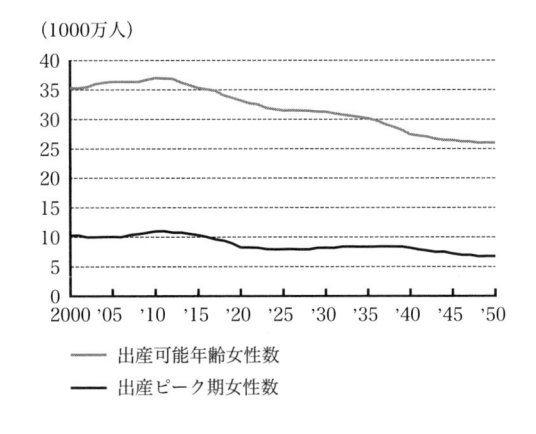

図3-1　出産可能年齢女性と出産ピーク期（20〜29歳）女性数

(1000万人)

― 出産可能年齢女性数
― 出産ピーク期女性数

(2) 出産ピーク期（20〜29歳）の女性数

2000年人口センサスによると，20〜29歳の女性の出産数がもっとも多くなっている。この年齢層の女性が産んだ子どもの数が，その年の新生児数の80％を占める。そのため，計画出産政策を引き続き厳しく実施していくという条件の下では，将来の出生人口数は主にこの年齢層の女性の数によって決定されることになる。表3-10が示しているように，中位推計の場合2000〜2017年，20〜29歳の出産ピーク期年齢の女性数は比較的大きな母数を維持しており，毎年平均1億人前後である。その後少し低下し，

2018〜2040年は,毎年約8000〜9000万人となる。その後は再び下降傾向となり,2040年の8000万人から2050年の6600万人まで減少する。全体的にみれば2011年[*10]以降,出産ピーク期の女性の人数は減少しはじめるが,その減少幅は安定的ではない。

表3-10 将来の出産可能年齢女性数(単位:万人)

年	出産可能年齢(15〜49歳)女性数	出産ピーク期(20〜29歳)女性数
2001	35,397	10,128
2002	35,786	10,044
2003	36,112	9,865
2004	36,383	9,723
2005	36,694	9,662
2006	36,763	9,767
2007	36,706	10,146
2008	36,726	10,389
2009	36,925	10,648
2010	37,024	10,974
2011	37,261	10,974
2012	37,042	10,721
2013	36,458	10,602
2014	36,005	10,467
2015	35,514	10,316
2016	35,139	10,026
2017	34,861	9,573
2018	34,321	9,173
2019	33,903	8,708
2020	33,347	8,191
2025	31,778	7,874
2030	31,433	8,165
2035	30,237	8,438
2040	27,660	8,073
2045	26,616	7,128
2050	26,164	6,633

今後50年間にわたる出産可能年齢の女性数と出産ピーク期の女性数の減少は,必然的に出生数の減少と出生率の低下をもたらすため,この期間は中国の人口規模を抑制するのにもっとも適した時期といえる。しかし21世紀

初めの約20年間は，出産可能年齢の女性数のピーク期となることは避けられない。出産可能年齢女性と出産ピーク期女性の規模が大きいため，今後の長い期間において，中国は低出生水準を安定的に持続させ，計画出産政策を強力に実施し，人口増加を効果的に抑制しなければならないであろう。

(3) 出生者数と出生率

表3-11によると，中位推計の場合，今後20年間の出生数は1990年代

表3-11 将来の出生者数と出生率の変化（単位：万人，‰）

年	出生人口	出生率
2001	1,795	14.11
2002	1,686	13.17
2003	1,814	14.07
2004	1,803	13.89
2005	1,800	13.77
2006	1,806	13.72
2007	1,823	13.76
2008	1,851	13.88
2009	1,887	14.05
2010	1,925	14.23
2011	1,954	14.35
2012	1,960	14.29
2013	1,941	14.06
2014	1,901	13.69
2015	1,847	13.22
2016	1,787	12.72
2017	1,729	12.25
2018	1,677	11.84
2019	1,627	11.44
2020	1,580	11.08
2025	1,452	10.08
2030	1,457	10.07
2035	1,514	10.47
2040	1,459	10.14
2045	1,318	9.29
2050	1,222	8.82

図 3-2 将来の出生数の変化

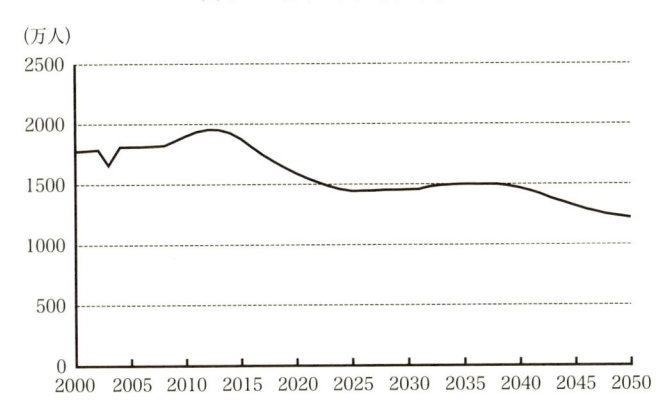

の 2000 万人強からしだいに減少し，出生率も緩やかに低下する。しかし出生人口総数は比較的多く，出生率も比較的高い。この期間の出生人口は毎年 1600 万人を超え，2000 万人に近い年もある。とくに注目すべき点は，2010〜2014 年の期間において出生数が毎年 1900 万人を超え，21 世紀の新たな出産ピークを形成する可能性があるという点である。

中国の人口は，高出生・高死亡・高増加から，低出生・低死亡・低増加の人口再生産パターンに転換して以来，安定した低出生水準を維持し，2020〜2050 年には人口増加の抑制成果が現われる時期を迎え，この成果を確かなものにするよい機会でもある。総人口はゼロ成長を実現し，出産可能年齢の女性の規模は明らかに縮小し，出生数は大幅に減少し，出生率も明らかに低下する。総じていえば，今後 50 年における中国の人口発展は，低出生率を背景として続いていくであろう。

2 将来人口の死亡率と平均寿命

死亡水準は社会・経済の発展水準を反映し，人口の健康と発展を表わす基本的な指標となる。

死亡率は死亡水準を表わす指標の一つである。1990 年代以降，中国の粗死亡率は基本的に 6.7〜6.4‰ で安定もしくは，やや低下の傾向がみられる。21 世紀に入ると死亡率は緩やかな上昇傾向に転じ，死亡者数も増加してい

る。これは，人口年齢構造の変化がもたらした結果である。人口年齢構造の高齢化にともなって，高齢者人口が増加しつづけ，高齢者の死亡率は他の年齢層より高いことから，高齢化の進展は必然的に死亡人口総数の増加を引き起こすのである。粗死亡率が年を経るごとに上昇することは，人口パターンが高齢化に転換した後，必ず経過する段階である。

平均寿命はある地域の死亡率の水準を反映している。これは，年齢構造の影響が取り除かれているからである。今後，中国の死亡数と死亡率は増加の

表 3-12 死亡者数，死亡率と平均寿命の予測（単位：万人，‰，歳）

年	死亡者数	死亡率	平均寿命
2001	916	7.2	71.38
2002	860	6.72	71.57
2003	877	6.8	71.76
2004	893	6.88	71.95
2005	911	6.97	72.14
2006	924	7.02	72.33
2007	940	7.09	72.51
2008	956	7.17	72.70
2009	973	7.24	72.88
2010	988	7.31	73.06
2011	1,011	7.42	73.24
2012	1,023	7.46	73.42
2013	1,042	7.55	73.60
2014	1,055	7.6	73.78
2015	1,075	7.69	73.95
2016	1,094	7.79	74.13
2017	1,106	7.84	74.30
2018	1,125	7.94	74.47
2019	1,148	8.07	74.64
2020	1,157	8.11	74.81
2025	1,272	8.83	75.64
2030	1,392	9.62	76.44
2035	1,566	10.83	77.21
2040	1,734	12.05	77.95
2045	1,881	13.26	78.67
2050	1,877	13.54	79.36

図 3-3　将来の死亡者数の変化

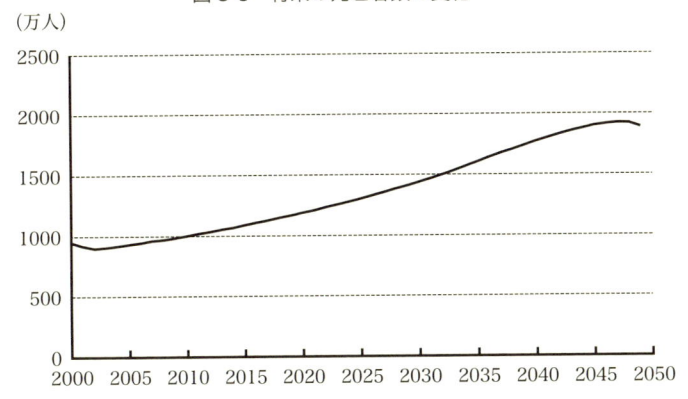

傾向にあるが,総合的にみると,健康状態の改善と医療衛生事業の発展によって,平均寿命は上昇しつづける。2020年になると平均寿命は75歳になると予想され,2050年に至っては80歳近くになると予想され,現在の先進国の水準(国連人口基金の資料によれば,2000年において日本81歳,中国香港80歳,スイス79歳,オーストラリア79歳,カナダ79歳,アメリカ78歳,ドイツ78歳である)に到達するであろう。

3　将来の人口年齢構造の変化傾向

　出生数や死亡者数の変化にともなって,人口年齢構造にも変化が生じる。中位推計によると,今後20年間,0～14歳の年少人口数は2.6億人以上を維持するが,全体的には減少傾向となり,総人口に占める割合は2001年の23.5%から2020年の18.6%に低下する。同時に65歳以上の高齢者人口は急速に増加し,その割合は2001年の7.1%から2020年の11.9%に上昇する。8人に1人が65歳以上の高齢者という計算であり,人口高齢化が明らかに加速してゆく。

　2020～2050年になると,高齢化はさらに加速し,高齢者人口の総数は2050年には3.36億人に達し,割合としては24.3%となり,ほぼ4人に1人が65歳以上の高齢者となる。

　2000年に中国が高齢化社会に突入したとはいっても,これは人口高齢化の初期段階であり,今後50年で中国の人口構造は軽度の高齢化から本格的

表3-13 将来の人口年齢構造の変化（単位：万人，%）

年	0〜14歳人口		15〜64歳人口		65歳以上人口	
	人数	割合	人数	割合	人数	割合
2001	29,969	23.48	88,575	69.40	9,083	7.12
2002	28,956	22.54	90,144	70.18	9,353	7.28
2003	28,244	21.83	91,504	70.72	9,643	7.45
2004	27,467	21.08	93,025	71.39	9,808	7.53
2005	26,582	20.26	94,513	72.04	10,094	7.69
2006	26,318	19.93	95,416	72.25	10,336	7.83
2007	26,190	19.70	96,210	72.36	10,553	7.94
2008	26,128	19.52	96,974	72.45	10,746	8.03
2009	26,112	19.38	97,650	72.46	11,001	8.16
2010	26,166	19.28	98,266	72.41	11,268	8.30
2011	26,257	19.22	98,803	72.31	11,582	8.48
2012	26,371	19.17	99,248	72.14	11,961	8.69
2013	26,531	19.16	99,601	91.92	12,347	8.92
2014	26,742	19.19	99,706	71.56	12,877	9.24
2015	26,969	19.25	99,674	71.15	13,452	9.60
2016	26,976	19.16	99,835	70.91	13,978	9.93
2017	27,031	19.11	99,649	70.47	14,732	10.42
2018	26,912	18.96	99,636	70.18	15,418	10.86
2019	26,754	18.78	99,464	69.83	16,226	11.39
2020	26,553	18.59	99,287	69.50	17,028	11.92
2025	24,803	17.21	99,759	69.20	19,598	13.59
2030	22,564	15.60	98,099	67.81	23,998	16.59
2035	21,696	15.00	93,825	64.87	29,110	20.13
2040	21,771	15.14	89,602	62.32	32,397	22.53
2045	21,441	15.15	87,241	61.64	32,862	23.22
2050	20,296	14.68	84,423	61.04	33,578	24.28

な高齢化，そして重度で深刻な高齢化へと転換する。一方において，高齢者人口規模が拡大し，その増加率が総人口の増加率よりもはるかに高く，それによって人口の高齢化率が大幅に上昇する。もう一方では，出生率が低下し，低年齢人口が減少し，年少人口の比率は緩やかに低下することによって，人口高齢化に拍車がかかることとなる。

予測結果にもとづいて人口ピラミッドを描いてみると，今後50年間の人口年齢構造の変化傾向を見ることができる。

2000〜2020年，人口ピラミッドの底部が縮小し，人口高齢化の初期段

階となる。計画出産政策実施後の出生率の急激な低下が，年少者を示す底部を縮小させているのである。総人口に占める低年齢人口の比率が低下し，それに応じて，高齢者人口が占める比率が上昇し，底部縮小を原因とする高齢化が出現する。この段階では，高齢化に影響を与える決定的要因は出生率の低下なのである。

図 3-4-1　人口年齢構造の変化（2000 年から 2020 年）

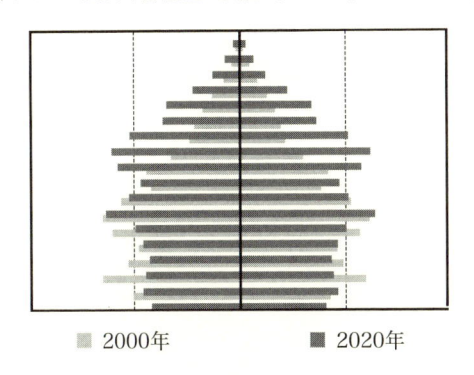

図 3-4-2　人口年齢構造の変化（2020 年から 2050 年）

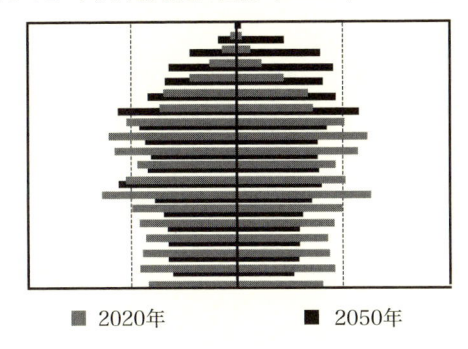

　2020 〜 2050 年になると，人口ピラミッドの頂上部分が大きくなる。2020 年の人口ピラミッドと比べ，65 歳以上の人口が外にはみ出して逆三角形型となり，高齢者人口の規模は拡大しつづけ，高齢化は明らかに加速する。ピラミッドでもっとも突き出た部分は頂上部分に移り，中国は典型的な老年型人口構造に発展する。この段階で高齢化に影響を与える決定的要因は年齢構造の慣性作用であり，1962 〜 1972 年のベビーブーム期に生まれた人口が高齢者になることの影響が大きい。同時に，平均寿命の延長はピラミッド

頂上部分の高齢者人口の増加を促進する。

　そのため，人口抑制を堅持するという基本的前提の下で，高齢化問題と高齢者人口問題をうまく解決することが必要である。

　人口高齢化は社会・経済発展の必然的な結果であり，人口の再生産パターンが伝統型から現代型に転換する局面に必ず現われてくる現象である。先進国の人口高齢化は比較的深刻であるが，人口高齢化にともなって社会と経済の発展が停滞しているわけではない。経済発展の度合いと高齢化の進展が基本的に同時に起きるということは，こうした国々の高齢化の一般的な発展原則である。しかし，中国では高齢化の進展と経済発展には大きな隔たりがあり，高齢化が先に進展し，経済発展は相対的に遅れている。すなわち，「豊かにならないうちに老ける」〔未富先老〕ということである。脆弱な経済基盤は高齢者人口を養う力を蓄えていない。人口高齢化と高齢者人口総数の増加は，中国の年金制度に巨大な圧力をかけることになるだろう。われわれは科学的な態度で人口年齢構造の高齢化問題に挑み，積極的な態度で高齢化の課題に立ち向かい，機能的な年金制度を設立・完備する必要がある。

4　将来の労働力人口の変化傾向

　16歳以上の人口は労働力資源と呼ばれ，われわれは通常この年齢層の人口を対象として，労働力資源の変動と需給状態を観察する。2000年末，中国の16歳以上人口は9億4136万人であり，総人口の74.37％を占める。

　中位推計によると，将来20年間において16歳以上人口の規模は大きく，かつ増加傾向にあり，中国は労働力が非常に豊富な段階を迎えることになる。20年以降も労働力資源は引き続き増加し，2033年にはピーク期を迎え12.14億人に達する。その後は，高齢化の進行にともない労働市場から退出する労働力が年々増加するとともに，新たに増える労働力が年々減少し，労働力が緩やかに低下しはじめる。しかしながら，その総数は依然として11億人を超える。総じていえば，今後半世紀間，中国は豊富な労働力資源を有する段階にある。

　中国の労働力資源の状況をより的確に把握するために，現行の定年退職制度にもとづいて，今後20年間の男性16〜59歳，女性16〜54歳の人口

表3-14 将来の労働力資源の状況（単位：万人）

年	16歳以上人口 （労働力資源）	16歳人口 （新たに増加した労働力）	退出した 労働力資源 （自然減員）	純増労働力 資源
2000	94,136	—	—	—
2001	95,337	2,044	843	1,201
2002	96,867	2,320	790	1,530
2003	98,689	2,628	806	1,822
2004	100,321	2,456	824	1,632
2005	101,988	2,511	844	1,667
2006	103,747	2,617	858	1,759
2007	104,876	2,005	876	1,129
2008	105,870	1,886	892	994
2009	106,810	1,849	909	940
2010	107,724	1,839	925	914
2011	108,585	1,809	948	861
2012	109,424	1,800	961	839
2013	110,227	1,785	982	803
2014	110,951	1,721	997	724
2015	111,563	1,631	1,019	612
2016	112,087	1,563	1,039	524
2017	112,759	1,726	1,054	672
2018	113,306	1,622	1,075	547
2019	113,952	1,747	1,101	646
2020	114,578	1,738	1,112	626
2025	117,493	1,825	1,234	591
2030	120,305	1,845	1,359	486
2035	121,396	1,583	1,534	49
2040	120,582	1,425	1,707	－282
2045	118,677	1,418	1,859	－441
2050	116,516	1,475	1,857	－382

状況を考察してみることにする。この年齢層の人口は将来中国の労働力の主体となるからである。

　総数からみると，労働力は，2001年を除き（2001年も7.98億人で8億人に近い），2020年まで一貫して8億人を超える。経済発展の現状に対して，潜在的な労働力供給が相対的に過剰となる状態が予想される。2001〜

2006年,毎年の労働力人口(男性16〜59歳,女性16〜54歳)の純増は1000万人を超え,就業圧力がもっとも厳しい時期である。2008年以降,人口純増は500万人以下となり,さらに10年後にはその総数が減少に転ずる。しかしその総数がもともと膨大であるため,中国の就業状況は今後かなり長い期間にわたって厳しい状態が続くであろう。就業は民生の根本であり,社会安定の基礎でもある。中国共産党は第十六期中央委員会第三回全体会議で,「就業拡大を経済と社会を発展させる上でより重要な位置づけとすべきである」,「積極的な就業政策を実施する」という目標を掲げた。これは,共産党と政府が現在の厳しい就業状況に直面して下した重要な意思決定であり,「国民のために共産党を立ち上げ,人民のために政権を運営する」〔「立党為公,執政為民」〕を具現化するための重要な施策である。

表3-15 16〜59歳男性と16〜54歳女性の人口状況(単位:万人)

年	合計	男性16〜59歳	女性16〜54歳	増加状況
2001	79,756	42,255	37,501	—
2002	80,877	42,875	38,002	1,121
2003	82,297	43,660	38,637	1,420
2004	83,421	44,316	39,105	1,124
2005	84,545	44,994	39,550	1,124
2006	85,746	45,705	40,042	1,201
2007	86,163	46,056	40,108	417
2008	86,475	46,337	40,138	312
2009	86,581	46,510	40,071	106
2010	86,657	46,658	39,999	76
2011	86,781	46,818	39,963	124
2012	86,698	46,841	39,857	－83
2013	86,722	46,892	39,830	24
2014	86,785	46,831	39,954	63
2015	86,670	46,715	39,955	－115
2016	86,695	46,613	40,082	25
2017	86,365	46,470	39,895	－330
2018	85,692	46,358	39,334	－673
2019	85,506	46,547	38,960	－186
2020	85,220	46,659	38,561	－286

5 結論

　1990年代中頃以降，中国の人口再生産パターンは「高出生・低死亡・高増加」から「低出生・低死亡・低増加」へと歴史的転換を実現した。合計特殊出生率は人口置換水準以下で安定的に推移している。1998年，中国の人口自然増加率は初めて1%以下に低下し，20世紀末に全国総人口を13億人以内に抑えるという目標を達成した。新世紀に入ってからも，人口自然増加率は引き続き低下傾向にあり，2002年には6.45‰にまで下がった。

　しかし，低出生水準の時期に突入しているにもかかわらず，人口形勢は依然として楽観を許さない。今後数十年間，中国の人口は毎年約1000万人規模で増え続けるであろう。

　人口が多いことは中国の最大の国情であり，長期的に直面せねばならない現実でもある。現在の出産政策を堅持しながら，引き続き改善を加え，低出生水準を安定させるべきである。これはわれわれの戦略的選択であり，これについては揺るぎないものにしなければならない。また，人口抑制に加え人口資質の向上を図り，人口総数と人口構造，社会と経済，資源と環境を調和させながら発展させるという方針を堅持しなければならない。同時に，積極的に有効な措置を取り，急速に進む人口高齢化と高齢者人口の増加に対応しなければならない。さらに，長期にわたって，強い就業圧力と農村部の余剰労働力の移転にともなう流動人口の増加がもたらす一連の問題を解決し，全面的な小康社会の建設のために良好な人口環境を提供しなければならない。

参考文献
[1] 国家統計局・国務院人口センサス室『中国2000年人口普査資料』中国統計出版社，2002年
[2] 国家統計局『中国統計年鑑』中国統計出版社，2002年
[3] 沈益民『15億人口的挑戦』中国大地出版社，2002年
[4] 于学軍ほか『低生育水平下的中国人口』中国人口出版社，2003年
[5] 于学軍ほか『中国人口発展評論回顧与展望』人民出版社，2003年
[6] 張為民ほか「対中国2000年人口普査正確性的推計」『人口研究』，2003年

［7］陸学芸「全面建設小康社会社会指標難于経済指標」『中国経済時報』，2002年11月15日
［8］穆懐中ほか『人口老齢化与養老保障研究』遼寧大学人口所，2003年
［9］蔡昉ほか『城鎮就業与失業問題研究』中国社会科学院人口与労働経済研究所，2003年

訳注

＊1　人口転換——伝統的社会における多産多死の状態から，多産少死の状態を経て，近代社会における少産少死の状態に移行すること。
＊2　粗死亡率——人口1000人あたりの死亡数。単に死亡率ともいう。
＊3　人口置換水準——将来にわたり，増減のない人口を維持するために必要な合計特殊出生率の水準。
＊4　原文では「4.81‰」まで低下し，「14.89億人」になると書かれているが，表3-4,3-5に照らして修正した。
＊5　原文では，「2022年，2034年，2044年」とあるが，前の文章や表3-6にあわせて，前二つの年を修正した。
＊6　原文では「1.5億人」となっているが，表3-6にあわせて修正した。
＊7　原文では「2.1億人」となっているが，表3-6にあわせて修正した。
＊8　従属人口指数——生産年齢人口（15〜64歳）100人が，年少人口（0〜14歳）と高齢者人口（65歳以上）をどれだけ養うかを表す指標。従属人口指数＝（年少人口＋高齢者人口）÷（生産年齢人口）×100。
＊9　原文は「2001〜2012年」となっているが，表3-10や後の文章とあわせて修正した。
＊10　原文では「2018年」となっているが，表3-10にあわせて修正した。

第4章　雇用開発の戦略

生産年齢人口の需要と供給

1　はじめに

　世界最大の人口を抱える中国では，計画出産政策の成功によって，多くの先進国が100年以上かけて実現した人口転換を，数十年といった短い期間で実現した。2000年の第五回全国人口センサスの結果によると，中国の合計特殊出生率は1.22であり，2.1という人口置換水準を大幅に下回っている。以下の点からも，中国の人口政策と計画出産政策がもたらした成果は大きいことがわかる。

　第一に，計画出産政策の実施によって，中国の出生数は，政策を実行しない場合に比べ約3億人の減少となり，資源と環境への負担を軽減する結果となった。これは，中国の持続的発展だけでなく，全人類の持続的発展に寄与するものである。計画出産政策の実施により，世界人口に占める中国の割合は縮小傾向にある。1950年に22％であった割合は，1998年には21％になり，2050年には15％にまで下がると予測されている。また，発展途上国全体の人口に占める中国の割合は，1950年に32％だったものが，2050年には17％にまで低下すると予測されている。世界人口増加率に占める中国の割合は1980年代後半の19.3％から，現在15.8％に低下した。中国を除く発展途上国の平均出生率は大幅に上昇している。中国の出生率の低下により，現在の発展途上国の合計特殊出生率は1984年および1993年に比べ0.7，1995年に比べ0.5低くなっている[1]。

---

1) 肖黎春「世界低生育率国家生育率下降模式分析」『上海社会科学院学術季刊』，1988年，第3期。

第二に，中国の人口構造の急速な転換は，中国経済の急成長を促す人口学的環境を作り出した。計画出産政策の実施前，人口急増は中国の社会と経済の発展にとって大きな足枷となっていたが，政策実施後，人口の増加は急激に減速した。その結果，総人口に占める労働力人口の割合が急上昇することとなり，従属人口比率も急低下し，労働力資源がもっとも豊富な時期に入った。現在，豊富な労働力資源がもたらす安価な労働力は，中国が国際的分業体制に参入し競争的優位を勝ち取る上で最大の原動力となっている。人口学的見地からいえば，現在中国が有するこの大きな競争力は，人口構造の急速な転換が生み出した「人口ボーナス」にほかならない。

　しかし，この「人口ボーナス」を得ることは，取りも直さずこれにともなうコストを負担しなければならないことを意味する。具体的にいうと，このコストとは人口構造の急速な転換がもたらす，さまざまなマイナス効果のことである。その一つが急速な高齢化である。人口転換を前倒しで達成した結果，相対的に若年型だった中国の人口構造は，徐々に老年型に変化してきた。つまり，中国は発展の初期段階にあるにもかかわらず，急激な高齢化に直面しなければならないことになったのである。総人口に占める65歳以上人口の割合を一般的に高齢者人口比率と呼ぶが，中国では2000年時点で7％近くに達している。国連の1956年分類基準によれば，中国はすでに高齢化社会に突入したということになる。また，中国の人口高齢化のペースは歴史的にみても前例がない速さであり，この問題にどう対処するかが非常に難しい課題となっている。

　急速に転換した人口構造がもたらすもう一つの弊害は，性別構造の不均衡である。1980年代以降，中国のほぼすべての省において，出生性比〔男児出生数／女児出生数〕が上昇している。これは出生率が急速に低下するなかで，計画出産政策と国民の出産意向とのあいだに大きなギャップが生じてきたことを示している。出産可能な子どもの人数が制限されるとともに，男児偏好が顕著になり，満たされない「子ども数の希望」が「性別の選択」を生む結果になったのである。出生性比の不均衡は，経済発展に直接影響を及ぼすわけではないが，非常に深刻な社会問題として，将来の婚姻と家族関係に影響を及ぼすことが懸念されている。このように，中国の出生率の急速な低下は

全世界の持続的発展に貢献しているが，その一方で，人口構造の急激な転換にともなうコストは，もっぱら中国が負担しなければならないのである。

2　生産年齢人口の変動と雇用情勢

1　人口転換と労働力人口の変化

　人口構造の急速な変化によって，中国では今後しばらくのあいだ，豊富な労働力を供給できる状態が続くことが予想されている。2000年の第五回全国人口センサスの結果にもとづく最新の予測によると，出生率を1.8程度に維持すれば，中国の労働力人口の増加傾向は今後10年程度続く。15～64歳の生産年齢人口でみると，2001年から2005年の増加数は毎年1000万人を超え，この年齢層の人口の増加傾向は2014年まで続くと予測されている。15～59歳[*1]でみた場合でも，この傾向は2011年まで続くと予測されている。

　絶対数でみると，15～64歳人口は2014年に9.97億人，15～59歳人口は2011年に9.27億人とそれぞれピークに達する。したがって労働力供給の視点からみれば，今後10年前後はこの豊富な労働力人口を維持でき，その後は労働力が減少すると予測されている。

　労働力人口に対する従属人口比率の低下は，中国の急激な人口転換が経済と社会の発展に有利な環境を作り出したことを具体的に示すものである。一般的に，出生率の低下は年少人口の従属人口指数を下げるとともに，高齢者人口の従属人口指数を上げることにつながる。0～14歳人口の対生産年齢人口（15～64歳）の比率を年少従属人口指数とし，65歳以上の人口の対生産年齢人口の比率を老年従属人口指数と定義すれば，計画出産政策による急激な人口の減少は，年少従属人口指数を大幅に低下させる。他方，老年従属人口指数は上昇するものの，年少従属人口指数の低下速度に比べはるかに緩やかであるため，総従属人口指数を押し下げる結果になるのである（図4-1参照）。

表 4-1　労働力人口と従属人口指数の変化傾向の予測（2001～2050 年）

年	労働力人口の年間増加数(万人)		従属人口指数（%）		
	15～59 歳	15～64 歳	年少従属人口指数	老年従属人口指数	総従属人口指数
2001	1,230.47	1,234.43	33.83	10.12	43.96
2002	1,551.41	1,568.07	32.12	10.25	42.38
2003	1,389.64	1,360.02	30.87	10.38	41.24
2004	1,361.95	1,521.96	29.53	10.54	40.06
2005	1,440.23	1,487.51	28.13	10.54	38.67
2006	754.57	903.42	27.58	10.68	38.26
2007	556.17	793.90	27.22	10.83	38.05
2008	491.50	764.17	26.94	10.97	37.91
2009	314.49	675.14	26.74	11.08	37.82
2010	213.10	616.17	26.63	11.27	37.89
2011	238.60	537.53	26.57	11.47	38.04
2012	－35.69	445.04	26.57	11.72	38.29
2013	－47.65	352.53	26.64	12.05	38.69
2014	－294.65	105.14	26.82	12.40	39.22
2015	－367.08	－31.66	27.06	12.91	39.97
2016	－84.17	161.10	27.02	13.50	40.52
2017	－332.73	－186.17	27.13	14.00	41.13
2018	－33.18	－13.81	27.01	14.78	41.79
2019	332.69	－171.67	26.90	15.47	42.37
2020	179.96	－177.25	26.74	16.31	43.06
2021	483.67	－58.21	26.51	17.15	43.66
2022	－371.58	－178.06	26.26	17.82	44.07
2023	－975.08	14.00	25.90	18.64	44.54
2024	－591.92	401.22	25.39	19.23	44.62
2025	－607.93	293.46	24.86	19.37	44.23
2026	－577.64	599.46	24.23	19.65	43.88
2027	－283.26	－222.66	23.80	19.56	43.36
2028	－844.88	－839.32	23.53	20.43	43.96
2029	－630.05	－547.07	23.22	22.02	45.25
2030	－952.40	－650.01	23.00	23.20	46.21
2035	－557.64	－1,163.07	23.12	29.42	52.54
2040	－449.25	－660.30	24.30	35.48	59.78
2045	－586.01	－433.45	24.58	37.48	62.06
2050	－1,048.86	－516.42	24.04	39.36	63.40

図 4-1　中国の従属人口指数の変化傾向（1990～2050年）

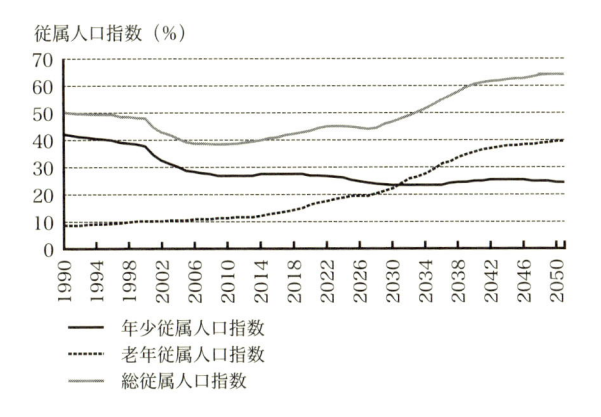

従属人口指数（％）

― 年少従属人口指数
‥‥‥ 老年従属人口指数
― 総従属人口指数

2　現在の雇用情勢と問題点

　急速な人口転換の結果，中国は歴史上もっとも労働力が豊富な時期に突入し，これは雇用に対して非常に大きな圧力となっている。今後10年間は「人口ボーナス」がもっとも大きい時期ではあるが，この増加した労働力に対し十分な就業機会を提供できなければ，これは労働資源の浪費と潜在的競争優位の喪失を意味するものである。そうなれば，中国が膨大な失業者を抱え，貧困問題が深刻化することを意味するだけでなく，持続的な成長の妨げという重大な問題を引き起こすであろう。数十年後，現在の生産年齢人口が高齢者となり，中国が高齢社会を迎えるとき，社会保障問題を解決できる状態にあるためには，現在の雇用対策が欠かせない。膨大な労働力という圧力に対し，いかに雇用問題を解決し，深刻になりつつある失業問題に取り組むかが，中国の持続的発展を実現する上で，大きなチャレンジになるのである。

　農村労働力の都市部への移動が加速していることも，都市部の雇用に対する圧力となっている。1958年に発布された「中華人民共和国戸籍登録条例」をきっかけに，農村部と都市部が分離された。この戸籍制度が労働力の自由な移動を阻害し，都市部と農村部の労働力の需給関係に構造的不均衡を生み出してきた。つまり農村部，とくに経済発展の遅れている中西部の農村には大量の余剰労働力が存在する一方，都市部や発展地域ではこれらの余剰労働力に対する需要が高まっていき，こうした農村部の余剰労働力は，農業以外

の就業機会を求めて，都市部へと移動しなければならなくなったのである。図4-2は1997年以降，農村部からの出稼ぎ労働者の推移を示している。ここで注意しなければならないことは，2000年前後で統計基準が変わったことである。2000年以前の農村部からの出稼ぎ労働者の定義は「故郷から離れ，故郷以外の場所に3カ月以上滞在した者」であったが，2000年からは「故郷から離れ，故郷以外の場所に1カ月以上滞在した者」という定義に変わった。このため，1999〜2000年の出稼ぎ労働者の数は大幅に増加している。しかし，このような統計基準の変更による影響を除外しても，出稼ぎ労働者が増加傾向にあるのは明らかである。農村部において土地が生み出す収入を増やすことはしだいに難しくなり，出稼ぎ労働者の数はさらに増加することが予想される。2002年，農村部を離れ，都市部で職を求める農民は9400万人以上に達している（図4-2参照）。

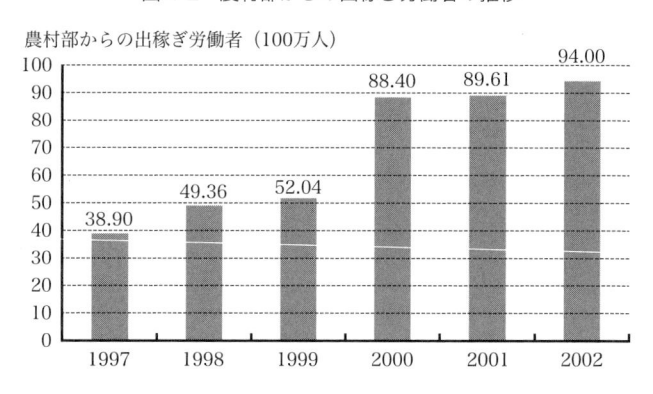

図4-2　農村部からの出稼ぎ労働者の推移

農村部からの出稼ぎ労働者（100万人）

年	人数
1997	38.90
1998	49.36
1999	52.04
2000	88.40
2001	89.61
2002	94.00

現在のところ，農村部からの出稼ぎ労働者と都市部労働力人口とのあいだには，必ずしも競合関係があるとはいえない。人的資質，機会コスト，基本賃金の面で格差があるため，出稼ぎ労働者が従事する仕事は，主として都市部の労働者が避ける仕事である。しかし，農村労働者の質的改善により，これまでもっぱら都市部人口が担ってきた職種の「領域」にしだいに農村労働者が進出することは避けられないであろう。とくに，専門知識や技術を持たない都市部労働者にとっては，農村部からの出稼ぎ労働者との競合圧力はしだいに高まり，都市部の雇用問題の解決はますます困難になることが予想さ

れる。

　同時に，中国の経済構造改革にともなう都市部労働者の一時解雇や失業により，雇用問題はさらに深刻になっている。1998年からの国有企業改革により，余剰労働力は3年以内という期限付きで一時解雇された（「下崗」，「一時帰休者」）。一時帰休者は，企業ごとに設置された再就職センターに移り，最長3年間にわたり基本生活費を受給し，社会保障料の支払いも肩代わりしてもらいながら職業訓練や再就職斡旋を受ける。3年間を経てもなお再就職できなければ企業との雇用契約は解除され，完全失業者となる。こうして増加した失業者は，労働市場で再就職先を探さなければならない。現在までに，こうした国有企業の一時帰休者は約2700万人にのぼり，国有企業の従業員は7100万人から5000万人に減少した。一部の一時帰休者は再雇用されるが，正式解雇される労働者の数が増加している。1998年に国有企業の従業員再雇用率は50％であったが，2001年には30％程度になった（表4-2参照）。

表4-2　1995年以降の一時解雇（帰休）者とその再雇用状況

年	全国の一時解雇者数	国有企業の一時帰休者数	全国の累積一時解雇者数	国有企業の累積一時帰休者数	国有企業の再雇用者数	再雇用率（％）
1995	5,635,038	3,683,824	—	—	—	—
1996	8,147,998	5,419,636	—	—	—	—
1997	6,343,060	6,343,060	—	—	—	—
1998	7,389,228	5,622,148	8,769,314	5,947,907	6,099,000	50.0
1999	7,814,733	6,185,709	9,371,765	6,525,157	4,920,000	42.0
2000	5,122,882	4,452,293	9,113,104	6,571,845	3,610,000	35.4
2001	2,831,496	2,343,136	7,416,781	5,150,000	2,270,000	30.6

出所：『中国労働統計年鑑』1996～2001年，中国統計出版社
注：「国有企業の再雇用者数」，「再雇用率」は労働・社会保障部，国家統計局『労働和社会保障事業発展年度統計公報』（1998～2001年）より引用。

　さらに深刻な問題は，労働力の供給圧力の増大に比べると，経済成長に見合うだけの労働力需要の拡大が生じないため，経済成長による雇用吸収力が低下していることである。長期間にわたって中国経済は高成長を果たしており，とくに1990年代中期以降，GDP成長率は毎年7％以上を維持している。しかし，雇用情勢は経済成長のペースに追いつかず，そのスピードは鈍化し

ている。1997年のGDP成長率は8.8%であるが，それに対して雇用成長率は1.1%であった。1998年はGDP 7.8%の成長に対し雇用0.5%，1999年はGDP 7.1%の成長に対し雇用0.9%，2000年はGDP 8.0%の成長に対し雇用0.8%であった[2]。この原因は，経済成長に対する雇用の弾力性が低下したことにある。

雇用の弾力性が低下した要因は主に二つある。第一に，企業が一方で効率性向上のために資本集約度を上げると同時に，他方で大量の余剰人員を削減したことである。二つの企業戦略の相互作用によって，企業部門全体の雇用吸収力が大いに制約を受けている。第二に，経済改革にともなう産業構造の変動により，伝統的な労働集約型産業は衰退しているが，それに代わるべき新しい労働集約型産業がまだ現われていないことである。したがって，雇用拡大は経済成長に依存しているとはいえ，経済成長によって自動的に雇用が拡大されるとは限らず，何らかの雇用拡大政策を打ち出す必要がある。

現在，中国では総労働力の需給関係に深刻な矛盾が生じている。この雇用問題がこの先，短期間で解消できるとは到底考えられない。2002年，全国再雇用問題対策会議の後に発布された「中国共産党中央委員会と国務院の一時帰休者の再雇用をいっそう促進するための通達」によると，「中国の雇用の重大な矛盾は，"労働者が十分に就業できるような仕事の需要の創出という目標"と，"労働力の過大供給と労働力の質的改善が遅れている現実"とのあいだのギャップである。現在，労働力総量に対する需給関係の矛盾は就業構造上の矛盾と絡み合っている。また，都市部の雇用圧力の増大と同時に農村部余剰労働力の非農業分野への移動が加速しているだけでなく，新規労働力の雇用問題と失業者の再雇用問題も同時に発生している」。当時，副総理であった呉邦国氏は，全国再雇用問題対策会議の報告を受けて，現在の都市部の雇用問題の難しさを「三方面からの攻撃」と表現した。つまり，「われわれは都市部で新たに増加した労働力の雇用，農村からの出稼ぎ労働者の雇用，一時帰休者の再雇用，という三つの雇用問題に同時に直面している」ということである。したがって，中国の都市部が直面している雇用問題は，

---

2) 『中国統計年鑑2001』中国統計出版社，『中国労働和社会保障年鑑2001』中国労働和社会保障出版社．

その性質上,労働力総量の矛盾だけではなく,構造上の問題でもある。

　総量の矛盾とは,労働力が供給過剰であるという問題である。このような状況になった要因は,年齢構造の急速な変化により,現在の中国がもっとも潤沢に労働力を供給できる時期に入る一方で,経済改革によって産業構造が変化し,経済成長は達成したものの,雇用吸収力が低下したためである。国家統計局の推計によると,1980年代はGDPが1％増加すれば就業機会が240万人分増加したが,1990年代には,この就業機会は70万人分へと低下した。労働力の供給過剰と雇用需要の相対的不足の結果,都市部の雇用問題はさらに難しいものになっている。さらに,人口の年齢構造の動向予測が問題の深刻さを示している。つまり,このような労働力の供給過剰傾向が,今後長期間にわたって続くと予測されているのである。

　雇用構造上の問題とは,雇用が地域間,産業間でアンバランスであるということである。労働力の供給圧力が大きい地域では,労働力に対する需要不足が深刻なため,労働力は供給圧力の比較的小さい地域へ移動する。これが,農村部の労働力が都市部へと絶えず移動する主要な原因である。雇用構造のアンバランスは地域間に存在するだけではなく,産業間にも存在する。経済成長にともない,経済構造および雇用構造は変化しつつある。一部の産業部門では労働力の雇用を増やしているが,他の産業部門では新たに雇用しないだけでなく,就業者を解雇し雇用を削減している。1990年代中期からの,国有企業従業員の大規模な一時帰休が,このような構造上の矛盾を具体的に示している。

　前述したように,たとえ労働力の需要と供給が基本的に均衡しているとしても,各産業間・部門間に不均衡が発生すれば深刻な雇用問題が引き起こされる。このような構造的な雇用問題は先進国,たとえばOECD諸国などでもっとも明確に現われている。中国の都市部の雇用問題は,総量の矛盾と構造上の問題が共存しているだけではなく,その二種類の問題が折り重なっているために,解決がよりいっそう困難になっている。

　都市部の雇用総量の矛盾および構造上の問題を分析すると,それぞれ異なる特質を持つことが明らかになる。総量矛盾について,労働力供給の側面からみると,この長期的傾向は,人口増加と人口構造の変化によって決定され

るため，短期的な政策調整からはほとんど効果が得られない。したがって，総量矛盾の解決には，労働力需要の不足を解消させることが重要な課題となる。本質的にみると，就業機会は経済成長と産業構造の変化によって創出されるため，雇用に対する総需要は経済発展の問題であり，当然発展の問題も長期的な問題である。したがって，需要からみても供給からみても，総量矛盾とは雇用問題の長期性と発展性を意味するのである。

　一方，構造上の問題は，総量矛盾とは異なるものである。基本的に，構造上の問題は，現在直面している緊急課題である。これは短期間で発生した問題ではないが，短期的な政策調整と政策変更によって，迅速かつ明らかな効果を得ることができる。逆に，この問題にうまく対処できなければ，中国の社会・経済に深刻な問題が引き起こされるであろう。このため，この構造上の雇用問題の解決は緊急を要する課題である。現在，中国都市部が抱えている構造上の問題は大きく二つに分けられる。第一は，農村部の生産性向上にともなう余剰労働力の都市部への大移動。第二は，経済改革にともなう産業構造の変化による，都市部での労働者の大規模な一時解雇と失業問題。

　それでは現在，中国都市部の雇用問題はどのような状況にあり，どのような問題を抱えているのかを詳しくみることにしよう。

3　都市部の雇用の現状と課題

　一般的に，労働力市場の現状把握には三つの指標を用いる。労働力率，就業率，失業率である。労働力率は全生産年齢人口に占める経済活動に参加している人口の割合，就業率は全生産年齢人口のうち所得を得るために労働している者の割合，失業率は働く意欲がある人のなかで仕事に就いていない者の割合である。以上のように定義すると，就業者（E），失業者（U），非労働力人口（O），生産年齢人口（T）の間には，以下のような恒等式が成り立つ。

　　　$U + O = T - E$

　このような恒等関係があるので，労働力市場の供給状況を分析する際には，前述した三つの指標のどれを用いても，十分ではない。たとえば，労働力市

場でどの程度の労働力が使われているのかを示す尺度がないので，代わりに失業率を用いて把握を試みるとしても，失業率だけでは失業の深刻さを測りきれないことがある。なぜなら，仕事はしたいが，求職に何度も失敗し，自信を失い就職を諦めた人々は，定義上は働く意欲のある人とはみなされず，失業人口に含まれないからである。しかし，労働供給の見地でみると，これらの人々は失業者と根本的な違いはない。彼らは労働を供給していないが，潜在的に労働供給の願望はあるので，「挫折した労働者」と呼ばれる。失業者に比べると，この「挫折した労働者」の状況はさらに厳しいものである。

　したがって，労働供給の問題を研究する際は，就業率，失業率，労働力率を同時に分析すれば労働市場に存在する問題の鍵を把握することができる。たとえば，失業率が上昇すると同時に労働力率も上昇する場合は，失業者が増えてはいるものの，労働市場から途中退場した人々が新たな就職先を探しているということを示しているため，失業問題が非常に深刻であるとはいえない。これに対して，失業率が上昇するが，労働力率が一定である場合は，労働力供給の総数には大きな変化はなく，労働意欲があるにもかかわらず仕事を失った人が多いことを示している。経済の変動や産業構造の変化は，失業率の上昇を引き起こす可能性が高いのである。

　労働供給を考える際に，もっとも深刻な問題は，失業率が上昇すると同時に，労働力率が低下することである。これは，一方で仕事を失った人の増加を示し，他方で長期間仕事がみつからないことが原因で「挫折した労働者」になった人の数も増加している可能性を示唆している。「挫折した労働者」の増加は，完全失業者数の増加より深刻である。完全失業者は仕事に対する自信は失っていないが，「挫折した労働者」はその自信すら失っているからである。これは非常に深刻な雇用状況である。それでは現在，中国都市部における雇用，失業，労働参加の基本状況と特徴をみてみよう。

1　一般状況とその特徴

(1) 年齢および性別からみた特徴

　失業率でみると，中国の都市部の失業問題は厳しい状況にある。第五回全国人口センサスによると，2000年の都市部の失業率は8.27％，そのうち都

市で9.43%，鎮で6.24%である（表4-3参照）。性別でみると，女性の失業率は男性よりも高い。年齢別では，失業率は年齢の上昇とともにしだいに低下する。20～49歳という労働力の黄金期には，どの年齢階層をとっても，女性の失業率は男性のそれよりも高いが，45歳以上の年齢層になると徐々に低下し，しだいに男性の失業率に近づく。50歳以上になると，女性の失業率は男性のものよりも低くなる。なぜ年齢および性別によって失業率にこのような差が生まれるのか。これについては失業率だけでなく，労働力率の変化もあわせてみる必要がある（表4-4参照）。

表4-3　2000年，中国の労働力人口の失業率（％）

年齢別	全国	都市と鎮			農村
		合計	都市	鎮	
合計	3.58	8.27	9.43	6.24	1.15
15～19歳	11.63	22.60	22.78	22.32	7.32
20～24歳	6.98	13.12	13.73	12.03	3.02
25～29歳	3.68	7.89	8.80	6.27	0.93
30～34歳	2.76	6.76	8.02	4.58	0.43
35～39歳	2.97	7.17	8.81	4.15	0.32
40～44歳	3.16	7.71	9.55	3.91	0.28
45～49歳	2.12	5.96	7.35	3.40	0.25
50～54歳	1.22	3.91	4.72	2.61	0.23
55～59歳	0.60	2.29	2.81	1.59	0.14
60～64歳	0.18	0.82	1.00	0.62	0.06
65歳以上	0.22	1.01	1.32	0.71	0.11

現在，都市部の労働力率は比較的低水準まで下がった。2000年の都市部の労働力率は67.67%であり，この値は1997年のアメリカの水準に相当する。男女別でみると，女性の労働力率は59.25%であり，男性の76.07%に比べてはるかに低い。20歳未満を除いた，それ以上の年齢層については，男性の労働力率が女性を上回っている。25～44歳の年齢層では，男性の労働力率は女性より16%ポイント高い。女性の労働力率は35～39歳でピークになり，その後はしだいに低下する。とくに，45歳以降になると低下速度はさらに速くなる。45～49歳の年齢層の労働力率を40～44歳のそれ

と比較すると，13.7％ポイントも低くなることがわかる。男性の労働力率も45歳を境に低下しはじめるが，その速度は女性と比較すると鈍い。45～49歳と40～44歳を比較すると，2.6％ポイントの低下であり，50～54歳の年齢層では前年齢層に比べて12％ポイントの低下である。労働力率の年齢，性別ごとの比較は，女性の労働市場からの退出速度が45歳以降加速していることを示している。これは，前述した年齢・性別による失業率の違いの理由を説明するものである。

失業率と労働力率は相互補完の関係にあり，就業率は全人口中の利用されている労働力資源の程度を表わしている。就業率が低いということは，就業者に依存する非労働者が増加したことを意味する。したがって，就業率は労働力率と相関があり，失業率にも相関がある。2000年の中国の都市部の就業率は62.12％であり，内訳は女性53.84％，男性70.37％である。労働力率と同じく，就業率も25～44歳で最高となり，年齢の上昇とともに低下してゆく。

表4-4 年齢・性別別，都市部の失業，労働力および就業状況（単位：％）

年齢	総計			男性			女性		
	失業率	労働力率	就業率	失業率	労働力率	就業率	失業率	労働力率	就業率
15～19歳	22.66	35.19	27.22	26.26	33.62	24.79	19.46	36.72	29.58
20～24歳	13.00	80.43	69.97	12.89	82.13	71.54	13.10	78.78	68.46
25～29歳	7.79	88.32	81.44	6.57	96.65	90.30	9.24	80.06	72.66
30～34歳	6.46	88.72	82.98	5.56	96.78	91.40	7.58	80.39	74.29
35～39歳	7.23	89.09	82.64	6.41	96.34	90.17	8.26	81.51	74.77
40～44歳	7.83	86.80	80.00	6.97	95.57	88.92	8.96	77.53	70.58
45～49歳	6.00	78.60	73.88	5.79	92.97	87.59	6.32	63.83	59.80
50～54歳	3.47	60.24	58.15	4.33	80.81	77.31	1.61	39.01	38.38
55～59歳	2.27	42.28	41.32	2.77	62.28	60.56	0.89	22.55	22.35
60～64歳	0.75	21.61	21.45	0.59	29.84	29.66	1.10	13.43	13.28
65歳以上	1.09	9.20	9.10	0.96	13.67	13.54	1.43	5.12	5.04
総計	8.21	67.67	62.12	7.49	76.07	70.37	9.13	59.25	53.84

出所：第五回全国人口センサス長表0.95％ランダム・サンプルデータより作成

(2) 教育水準からみた特徴

　一般的には教育水準が高ければ，失業する可能性は低くなる。教育水準が高ければ，情報取得能力が高く，仕事がみつかる可能性も高くなるからである。しかし，中国の都市部の失業状況と教育水準の関係を調べると，両者のあいだに明確な相関関係はみられなかった。失業率がもっとも高いのは，教育水準がもっとも低い者でも高い者でもなく，中等教育を受けた者である。中国の都市部の労働参加人口をみると，失業者がもっとも多いのは中学校卒，高校卒，専門学校卒という教育水準層である。教育水準が「小学校」以下のグループと「短期大学」以上のグループの失業率はもっとも低くなっている（表4-5参照）。しかも，前述の教育水準と失業率の関係には，性別による違いはみられない。男性，女性にかかわらず，「小学校」以下の教育水準の者の失業率は比較的低い。男女ともに中学校，高校，専門学校という三つの教育水準で失業率がピークになるのである。

　高学歴者の失業率が低くなるのは理解しやすい。人的資質が高ければ高いほど，職を得やすいであろう。しかし，教育水準が低い者も，失業率が低いのはなぜだろうか。この問題に答えるには，労働力率の推移に着目する必要がある。

　中国の労働力率と教育水準のあいだには，正の相関関係がある。教育水準が高まると同時に，労働力率も上昇する。性別でみると，女性の労働力率は男性より17％ポイント低い。最低教育水準層では労働力率の男女差が大きい。しかし，失業率と同じように，教育水準の上昇とともに，男女間の労働力率は急激にその差を狭める。大学および短期大学の教育水準層では，男女の労働力率は非常に近く，その差は3〜5％ポイントしかない。教育水準と労働力率の関係がわかると，低教育水準層の失業率が低い理由が理解しやすくなる。低教育水準層は労働力率が低いため，一旦失業すると求職中により多く，より大きな挫折を受ける可能性が高く，「挫折した労働者」になりやすいのである。「挫折した労働者」は労働力市場から退出したものとみなされ，失業率の算出から除外される。要するに，「挫折した労働者」の数の増加は，失業者の減少を意味し，その結果，失業率も低くなるのである。

　就業率と教育水準の関係は，労働力率と教育水準の関係に基本的に類似し

ている。受けた教育が高ければ高いほど就業率も高い。しかも、教育水準の向上とともに、男女の就業率の差は小さくなる。このことは、教育水準を向上させることが、都市部の労働力市場における男女格差を縮小するのに有効な手段となることを示唆している。

表4-5 性別・教育水準別、都市部の労働者の失業、労働力および就業状況（単位：％）

教育水準	総計			男性			女性		
	失業率	労働力率	就業率	失業率	労働力率	就業率	失業率	労働力率	就業率
非識字者	2.28	24.98	24.41	1.87	41.12	40.35	2.49	20.64	20.12
準非識字者	1.51	34.89	34.37	1.74	45.88	45.08	1.38	30.83	30.41
小学校	4.15	60.42	57.91	4.37	69.89	66.84	3.91	52.59	50.53
中学校	9.77	75.88	68.46	8.74	83.78	76.46	11.19	67.16	59.64
高校	11.67	69.47	61.36	10.15	74.22	66.69	13.83	63.68	54.87
専門高校	9.20	66.49	60.37	8.95	69.60	63.37	9.45	63.69	57.67
短期大学	4.43	79.63	76.10	3.68	80.93	77.95	5.51	77.84	73.55
大学	1.97	62.30	61.07	1.86	64.05	62.86	2.19	58.99	57.70
大学院	1.06	68.94	68.21	0.26	68.73	68.55	2.66	69.37	67.53
総計	8.21	67.67	62.12	7.49	76.07	70.37	9.13	59.25	53.84

出所：第五回全国人口センサス長表0.95％ランダム・サンプルデータより作成

(3) 戸籍からみた特徴

都市部には地元市民だけでなく、外部から移動してきた大量の人口も生活している。とくに近年において、地域格差が拡大し、地域によって労働市場の発展度合いが異なってきたため、労働力の移動傾向が顕著になってきた。また、以前は農村部から都市部への人口移動が中心であったが、現在は、都市部から都市部への移動が占める割合もかなり高くなってきている。2000年の第五回全国人口センサスによると、移動人口において「都市部→都市部」の移動人口が占める割合は28.4％である。

失業状況でみると、外来人口の失業率は4.67％であり、地元市民の8.98％という失業率に比べはるかに低水準である。外来人口について詳しくみると、「農村部→都市部」移動人口の失業率はさらに低く、3.6％である。また、「都

市部→都市部」移動人口の失業率は7.93％であり，都市部の地元市民の失業率に近い。したがって，外来人口の失業率が地元市民のものより低い理由は，移動人口に占める「農村部→都市部」人口の割合が大きい（約72％）ためということがわかる。

全体でみると，都市部の地元市民の労働力率は，外来人口の労働力率とかなり近似しているが，「農村部→都市部」移動人口と「都市部→都市部」移動人口のあいだには大きな格差がある。「農村部→都市部」移動人口の労働力率は71.06％であり，都市部の地元市民の労働力率より3.5％ポイント高い。それに対して，「都市部→都市部」移動人口の労働力率は58.89％にしかならず，都市部の地元市民より9％ポイント低くなっている。なぜ，「農村部→都市部」移動人口と「都市部→都市部」移動人口のあいだに，労働参加の面でこれほどまでに大きな格差が存在しているのであろうか。その重要な理由のひとつは，二つのグループのあいだで移動目的に大きな違いがあるからである。「農村部→都市部」の第一の移動理由は「仕事に従事し商業活動をする」であり，移動人口の54.7％を占める。対して「都市部→都市部」の移動人口中で，この目的を挙げるものはわずかに20％である。当然のことながら，「仕事に従事し商業活動をする」を目的として移動する「農村部→都市部」人口の労働力率は高くなるのである。

外来人口の就業率は都市部の地元市民の就業率よりかなり高い。これは外来人口の失業率が相対的に低いことに起因する。外来人口のなかでも，「農村部→都市部」と「都市部→都市部」の移動人口の就業率の格差は大きく，「農村部→都市部」移動人口の就業率は「都市部→都市部」の就業率より14％ポイントも高くなっている（表4-6参照）。

表4-6　都市部の地元民と外来人口の失業，労働力および就業状況

	総計	都市部地元民	都市部外来人口		
			小計	農村→都市の移動人口	都市→都市の移動人口
失業率	8.17	8.98	4.67	3.60	7.93
労働力率	67.59	67.59	67.60	71.06	58.89
就業率	62.07	61.52	64.44	68.50	54.22

出所：第五回全国人口センサス長表0.95％ランダム・サンプルデータより作成

中国の戸籍制度の下では，都市の戸籍を持つ者と農村の戸籍を持つ者は異なる扱いを受けている。都市部の非農業戸籍を持つ者は，各種の福利厚生を受けることができる。この福利厚生を受ける者は，比較的高収入の職に就きやすいだけでなく，年金，医療保障のほか，子どもの入園，入学などの手当ても支給される。このように，所属する戸籍によって受けられる待遇が異なるため，労働供給についても戸籍によって異なった特徴が現われている。失業状況からみると，非農業戸籍を持つ者の失業率（11.96％）は農業戸籍を持つ者の失業率（3.31％）の3倍以上である。性別ごとにみてみると，農業戸籍人口では，男女間の失業率にさほど大きな違いはなく，1％ポイント未満であるが，非農業戸籍人口では，女性の失業率は男性より2.6％ポイント高くなる。農業戸籍人口の労働力率は75.98％であり，非農業戸籍人口の62.41％に比べ，13.57％ポイントも高くなっている。二つの異なる戸籍人口は，就業率についてみても同じような特徴を示している。つまり，農業戸籍人口の就業率は比較的高くなっているのである（表4-7参照）。

表4-7　戸籍別，都市部の生産年齢人口の失業，労働力および就業状況（単位：％）

	総計			男性			女性		
	失業率	労働力率	就業率	失業率	労働力率	就業率	失業率	労働力率	就業率
農業戸籍	3.31	75.98	73.46	2.97	85.92	83.37	3.74	66.51	64.02
非農業戸籍	11.96	62.41	54.95	10.83	70.10	62.50	13.46	54.45	47.12
総計	8.17	67.71	62.18	7.45	76.12	70.44	9.09	59.28	53.89

出所：第五回全国人口センサス長表0.95％ランダム・サンプルデータより作成

2　直面している主な問題

(1) 失業率の上昇と労働力率の低下

　前述した都市部の労働供給の基本的状況とその特徴に関する分析をみると，現在，都市部の労働力市場が直面する突出した問題は，まず深刻な失業問題であることがわかる。中国政府が正式に公表している唯一の失業指数は登録失業率であるが，これをみると，都市部の登録失業率は2000年からつねに上昇しつづけ，2003年前半には4.2％という史上最高水準に達した。登録失業率を国際基準に準じた方法で調査した失業率と比較することはできない

ので，この数字のみでは失業率の高さを読み取ることはできないが，現在のように史上最高水準に達するまで数年間にわたって持続的に上昇していることから，現在の都市部の失業問題は非常に厳しい局面にあることが推測される。実際，より正確に失業水準を反映できる統計データ，たとえば，第五回全国人口センサスから得た失業率をみると，2000年の中国都市部の失業率は8.2％を超えていた。この失業率は7％という警戒ラインを大きく超え，多くの先進国の失業率より高くなっている。

さらに深刻な問題は，1998年以降，都市部の失業率が上昇すると同時に，労働力率が低下していることである。都市部の労働力率は，1998年の73％から，2000年の68％へと3年間で5％ポイント低下しており，これは2000万人以上の労働力人口が労働市場から退出したことを示している（表4-8参照）。これらの労働市場からの退出者のなかには，自らの意思で退出した人も含まれてはいるが，その多くは「挫折した労働者」に属すると考えられる。もしこれらの「挫折した労働者」も失業者とみなせば，都市部の失業率は倍増するであろう。したがって，現在，中国都市部の労働力供給面における突出した問題は，失業率の上昇だけではなく，急速に低下している労働力率にも現われている。このような労働供給の情勢は中国社会の安定を脅かしている。

中国の都市部では失業率の上昇，労働力率の低下とともに，就業率も低下している。2000年の都市部の就業率は62％しかない。これは38％にも及ぶ生産年齢人口が仕事に従事していないことを意味している。低い就業率は，膨大な人口が社会によって養われ，大量の労働力が十分に利用されていない

表4-8　中国都市部の労働力率の変化状況（1997～2000年）

年	総人口（万人）	16歳以上人口（万人）	労働力人口（万人）	労働力率	労働市場退出者の対前年度増加数(万人)
1997	36,989	29,169	21,187	0.73	—
1998	37,942	30,159	21,872	0.73	144
1999	38,892	31,331	22,178	0.71	693
2000	45,877	36,756	24,861	0.68	1,970

出所：『中国労働統計年鑑』中国統計出版社，1996～2001年より作成

図4-3 労働力率の変化

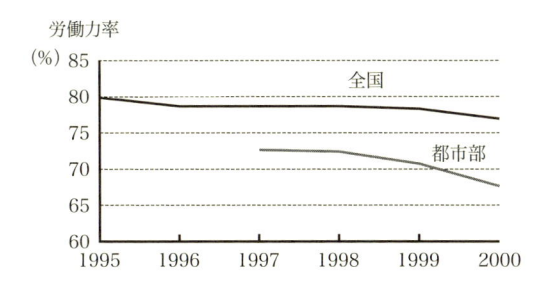

ことを意味する。都市部人口の収入源の多くは労働収入に依存しているので，低い就業率は家計収入の少ない人口が増えてきたことも意味する。

(2) 労働市場の需給関係面からみた深刻な地域間不均衡

都市部の労働力市場はもう一つの問題に直面している。つまり，深刻な労働供給の地域間不均衡である。失業状況は，中部地域がもっとも厳しく，10％近い。東部地域と西部地域はそれに比べれば厳しくないとはいえ7％を超えている。省別にみると，都市部の失業率が10％を超えた省は10省に達する。そのうち，失業率がもっとも高いのは遼寧省であり，17.68％である。その他は黒龍江省15.43％，天津市13.96％，海南省13.42％，吉林省13.88％，青海省12.30％，上海市11.99％，内モンゴル自治区11.35％，江西省10.33％，重慶市10.76％となっている。

労働力状況からみると，東部，中部，西部の三地域のなかで労働力率が一番高いのは東部地域であり，続いて西部地域，一番低いのが中部地域である（表4-9参照）。労働力率が70％を超えた省は九つあり，江蘇省，浙江省，福建省，山東省，広東省，海南省，雲南省，西蔵（チベット）自治区，寧夏回族自治区である。このうち，3分の2は東部の省であり，3分の1が西部の省である。就業率の状況は労働力率と類似している。こうした情報から，雇用圧力が相対的に低い地域は，東部の，伝統的産業の占める割合が比較的少ない省であることがわかる。江蘇省，浙江省，福建省，広東省，山東省がその例である。また，西部で雇用圧力がもっとも低い省は，一人あたりのGDPも最低の省である。

表 4-9　労働力市場の地域格差——失業率，労働力率および就業率（単位：％）

	失業率	労働力率	就業率
東部地域	7.49	69.15	63.97
中部地域	9.93	65.30	58.81
西部地域	7.73	67.29	62.09

出所：第五回全国人口センサス長表0.95％ランダム・サンプルデータより作成

　全国の都市部の労働力率の平均水準は67.7％である。かりに労働力率65％以下を低水準とするなら，この多くが東部および中部地域に集中していることがわかる。65％以下は10省であり，そのうち5省は東部地域である（北京市，天津市，河北省，上海市，遼寧省）。北京市と河北省以外の省は，失業率が10％を超えている。また，中部地域では山西省，吉林省，黒龍江省の3省が65％以下である。西部地域は内モンゴル自治区のみであった。

　労働力市場の変動の結果，地域間だけでなく，都市間にも，その規模に応じた不均衡が生じた。大都市と中小都市とでは失業問題の程度に大きな違いがある。省都〔日本でいう県庁所在地〕と特大都市の失業問題はもっとも厳しい状況にあり，失業率はすでに10％を超えている[3]。中小都市の失業率は大都市より低く，8.88％である。鎮の生産年齢人口の失業状況は相対的にみれば悪くなく，6.3％である（表4-10参照）。

　都市規模の違いによる労働力率と失業率の格差には，逆相関の傾向がみられる。つまり，先ほどの失業率と逆で，省都と特大都市の労働力率はもっとも低く，63.1％しかない。それに中小都市が67.54％と続き，もっとも高いのが鎮であり，71％を超えている。

　先に分析したように，現在，中国の労働力市場が抱える重大な問題は，比較的高い失業率だけでなく，労働力率の低下である。同時に，労働力市場のパフォーマンスに，深刻な地域間不均衡が存在している。失業問題がもっとも深刻な地域は，産業構造の変化が大きい上に，政府の財政状況が脆弱な地

[3) 都市の規模を定義する際，われわれはすべての省都と大連市，青島市，深圳市を第一類の「省都と特大都市」とし，その他の都市を「中小都市」として定義した。地理学的にみると厳密ではないが，われわれがここで取り上げる問題を分析する上では適切であろう。

表 4-10 都市の規模と労働力市場——失業率および労働力率（単位：%）

都市の規模	失業率			労働力率		
	総計	男性	女性	総計	男性	女性
省都と特大都市	10.06	8.96	11.51	63.06	70.81	55.08
中小都市	8.88	8.12	9.83	67.54	75.90	59.22
鎮	6.30	5.84	6.88	71.03	80.00	62.12

出所：第五回全国人口センサス長表0.95％ランダム・サンプルデータより作成

域であり，具体的には遼寧省，吉林省，黒龍江省，内モンゴル自治区，青海省などである。このような地域の失業者に対し，有効な援助を提供できなければ，大規模な貧困を引き起こす可能性がある。当然のことながら，都市部の労働市場のパフォーマンスにおいて，個人間にも大きな格差が存在している。失業によってもっとも大きな衝撃を受けるのは，比較的年齢の高い人，女性，教育水準の低い人に集中している。これらの人々は，労働市場における競争力が低いため，失業に耐える力も弱く，いったん失業すると貧困に陥りやすい。

4 雇用拡大の戦略

労働市場改革の深化にともない，雇用問題は中国の改革と安定発展の大局，生活水準の向上，国の長期的な安定にかかわる問題となってきた。現在，中国は厳しい雇用問題に直面している。しかし，国際的にみると，中国が持つ最大の競争優位は，もっぱらその豊富な労働力資源と安価な賃金にある。これは中国が資金，技術，管理，ひいては資源ですらも競争的優位性がなく，どちらかといえば劣っているためである。この中国の労働力の優位性はWTO加盟により，さらに明確になってきている。WTOは，製品と生産要素を地球規模の経済システム内に自由に流通させることを提唱し，地球規模で流通の自由を阻害する関税や非関税障壁を取り除くために尽力しているが，労働力という生産要素はこのWTOの自由貿易の枠組みには属さない。製品とその他の生産要素が地球規模で自由に流通するなか，労働力だけは，その移動の自由が制限される。このことは，中国が労働力を比較的安価に維持で

きるということを意味する。したがって，この安価な労働力を利用し，製品の低価格化を図ることができるため，中国製品の価格優位性は長期間維持できるであろう。また全世界規模で，資源を最適に配分しようという動きが起こることで，中国はしだいに世界の製造業の中心地になる可能性が出てきている。中国の安価な労働力を具現化した製品は国際社会で流通し，これにより中国経済は今後長期間にわたり安定成長を維持するための強固な基盤を作ることができる。このように，雇用は個人生活に関係があるのみならず，国の長期的発展と国際競争力の維持にも関係している。ただし，人口の急激な転換が中国にもたらした影響は，すべてプラスなわけではない。だからこそ，これから人口高齢化に直面する中国において，人口政策の調整が，中国の労働力の競争優位性を維持するという意味でも非常に重要なのである。したがって中国の長期的な雇用開発戦略は，必ず人口政策の調整を基本としなければならない。

1　人口転換の戦略的チャンスと適切な人口政策の調整

　豊富に供給される労働力が深刻な雇用圧力を現在もたらしているとはいえ，豊富な労働力の供給と安価な労働力という武器があるからこそ，中国の経済発展は国際的にも巨大な競争力を持つのである。このため，今後10年間は人口転換の「ボーナス」がもっとも豊富な時期であり，中国の経済と社会の発展にとって戦略的チャンスでもある。

　事実上，中国の経済発展は20年以上にわたって，「人口ボーナス」を享受してきた。ただし，人口構造の転換も急速なため，この「人口ボーナス」も近々使い果たされるであろう。従属人口指数は2011年に最低となり，その後反転する。しかも，この上昇傾向は時が経つにつれて加速していくと予想されている。2011年の推定従属人口指数は38.04％である。これは労働力人口三人がかりで従属人口一人を扶養することを意味しており，労働力人口の負担が中国の歴史上もっとも軽い年になるという予測である。したがって，今後10年は中国の労働力がもっとも豊富な時期であり，言い換えれば，中国は「人口ボーナス」をあと10年ぐらいは維持できるということである。しかしながら，「ボーナス（配当）」を享受した以上，その後は「債務」の返

済を迫られるのである。

　現在，中国は「人口ボーナス」がもっとも豊富な時期であるので，従属人口比率の上昇が経済にどの程度の影響を及ぼすのかを判断するのは時期尚早かもしれない。また，多くの人はこのような問題を敬遠し，検討しようとしない。しかし，この事実は回避できないものであり，10年後の中国は確実に従属人口比率の上昇という深刻な局面に直面するのである。世界でもっとも人口が多い中国は，歴史上つねに人口が多いということがもたらす課題に直面してきたが，労働力不足という問題には直面したことがない。しかし，出生率低下にともない，高齢化は加速していくため，将来，中国は労働力不足という事態に陥る可能性もあるのではなかろうか。

　「人口ボーナス」を享受できるのは，出生した子どもの数が少ないためである。「債務」は高齢者人口が増加するために発生する。同じ従属人口であるが，年少人口と高齢者人口は経済学的意味では大きな違いがある。ライフサイクルでみると，子どもはライフサイクルのはじめにいる。子どもを扶養するためのコストは，家族のみならず社会にとっても一つの「投資」である。これらの「投資」は，子どもが生産年齢に達した後，必ず報われる。しかし高齢者はライフサイクルの最終段階に属し，彼らを扶養するためのコストはコストでしかなく，永遠に回収することはできない。したがって，年少者扶養と，高齢者扶養ではそのインセンティブがまったく異なってくる。

　扶養者の視点でみると，子どもを扶養するのは家族が中心である。中国では一人っ子に対して一定の補助金が支給されるが，この補助金は育児に費やされる費用に対し，非常に少額である。世界的にみると，労働力が不足している先進国では，補助金を支給して出産を奨励するが，子どもの育児費用すべてを支給する国はないだろう。しかし，高齢者扶養の場合，事情は随分異なってくる。中国では家族による高齢者扶養の伝統があるが，工業化，都市化，現代化にともなって，この機能は弱くなってきた。社会による高齢者の扶養は単に時代の趨勢というだけでなく，社会発展による必然でもある。世界的にみても，高齢者を家族で扶養するのではなく，社会がその生活を保障し，高齢者人口の扶養は社会の責任および義務であるという考え方が，社会発展とともに確立してきた。子どもを扶養する費用の多くは家族によって負

担されているが，高齢者を扶養する費用は社会が中心となって負担している。このため，高齢者の従属人口比率が上昇することと，子どもの従属人口比率が上昇することは，経済発展に対して異なる意味を持つ。子どもの従属人口比率の上昇は家族の負担を増加させ，高齢者の従属人口比率の上昇は全社会の負担増となるのである。ある家族の子どもの数が多い場合，この家族が貧困に陥るリスクが高くなる。それと同じように，社会が扶養しなければならない高齢者が多ければ，経済発展における競争力が大きく削がれることになり，社会保障制度に対しても重大な挑戦となるのである。

中国は人口転換の「ボーナス（配当）」を享受すると同時に，それがもたらす弊害に対応する準備をしなければならない。言い換えれば，労働資源がもっとも潤沢かつ有利な時期に，有効な社会保障制度を確立できるかどうかに，中国の将来の発展がかかっている。もしこの有利な時期に有効な社会保障制度を設けることができなければ，人口転換がもたらす「債務」の返済が始まるころには，順調な経済発展を維持することが困難になってしまうであろう。

中国が過去数十年間で実行した計画出産政策は中国の経済・社会発展を大きく促進した。しかし，この政策は引き続き，中国の経済発展の原動力を提供することができるのであろうか？　中国は近々，急激な人口転換の「債務」を返済する時期に突入する。過去の人口政策を続行すると，人口転換の「債務」も増大することを意味する。このため，人口転換の「ボーナス」を享受する時期である現在，人口政策を適切に調整し，この弊害をできる限り抑制することが今後の重要な課題となる。

今後20〜30年の発展に着目すれば，中国の人口発展政策は大きく調整される必要がある。そのためには，まず人口問題を社会・経済の発展という大局の中で考慮し，総合的な政策を実施する必要がある。過去の人口発展戦略では，人口増加が生産力に与える圧力が強調されてきたため，人口増加を抑制する政策が採られた。それに対し，新しい人口発展戦略は「人を根幹に据える」，つまり人的発展を強調しなければならない。そのため，人口政策および計画出産政策の重点目標は，今後，大きな転換と調整が必要となる。つまり，人口増加の抑制に重点を置くことから人口問題を総合的に管理する

政策に転換していくことである。

　中国の過去20年間の発展過程を振り返り，全面的な小康社会を建設してきた過程における経験と教訓をまとめると，当時，中国が適切なタイミングで計画出産政策を基本国策とし，「人口の増加を抑制し，人口資質を向上させる」という人口政策を実行しなければ，現在の中国の発展もなかったであろう。的確な人口発展戦略は，改革開放以来に達成され注目を集めた経済発展に大きく貢献したといえる。過去20年間，中国の人口政策および計画出産政策は，社会・経済発展の推進に大きな原動力を提供した。相対的に低い従属人口比率と，豊富な労働力資源の現状をみると，今後10年間は中国の人口発展戦略を調整すべき時期である。現在の人口構造は20〜30年前の人口政策実行の結果であり，現在の政策も必ず20〜30年後の人口構造に影響するのである。このため，全面的な小康社会の建設に際し，時代とともにいかに人口発展戦略を調整するかは，研究を重ねるべき重要な課題である。

　現在，中国が直面する人口問題およびその変化の傾向からみると，人口増加を抑制する力加減を適度に緩和させることは，問題解決のための有効な手段であろう。人口動態はさまざまな要素に影響を及ぼす複雑な過程である。人口政策は人口動態に対し重要な影響を及ぼすが，その影響は無条件で起こるわけではない。政策の効果を十分に発揮するためには，社会，経済，文化状況を念頭に置いて政策を実行すべきである。いかなる人口政策であっても，社会・経済の発展段階に則さないものは，しかるべき効果をもたらさない。事実，政策が単独で効果を発揮するのは不可能であり，十分な作用を発揮するためには，それに応じた一定の社会・経済発展の条件が必要である。これらの社会・経済環境が，政策が効果を発揮する空間なのである。

　中国が計画出産政策を実行し成功を収められた理由は，この政策が，「一定の期間内に出生数を減らしたい」という社会的要請に合致したからである。しかし，実際の国民意識は計画出産政策ほどの人口抑制は望んでいなかったため，結果として政策で想定していた以上の家族が二人以上の子どもをつくった。これは，とくに農村部で計画出産政策に対する抵抗感が強かったことが主な原因である。結果として，計画出産政策の実施後の人口動態は，現在の社会と経済の発展段階を少し超えてしまっている。もし先進国のように

人口転換がその社会・経済の発展段階に相応した自然なプロセスとするなら，中国の人口転換には人為的な要素があり，後戻りの可能性が残されている。人口抑制政策を採った国々が，その後出産を奨励する政策に転じたという事実は，われわれに多数の経験と教訓を提供してくれた。したがって，低出生水準を逆転させることが可能な現在の状況下で，人口抑制政策を適度に緩和させることは，将来の社会と経済の発展にとってマイナスな要素を減少させることにつながるであろう。

2　雇用の拡大と積極的な雇用政策の実施

雇用問題を解決する鍵は，当然，より多くの就業機会を提供することである。それではどのようにすれば，より多くの就業機会を創出することができるのか。2002年の全国再雇用対策会議では，積極的な雇用対策を実行することが明確に提示された。一時帰休者と失業者にとって，新たな仕事を見つけ，再就職を実現することが，一番頼りになる生活保障となる。そのため政策課題として，まず雇用拡大，つまり雇用需要の拡大が挙げられる。雇用問題を経済対策の重点課題とし，マクロ経済政策においては雇用問題を最優先課題として位置づける必要がある。また，労働供給の有効性を強化するために，都市の貧困労働者が有効な労働力の供給源となるように，新しい知識や技能を修得する機会や再雇用の機会を与える必要がある。雇用の創出と再雇用の実現は積極的な雇用手段である。

具体的に，現在中国の積極的な雇用対策は五つ挙げられる。

1．経済成長による雇用吸収能力を高めるためのマクロ経済政策。この政策は雇用需要の拡大を促し，就業機会を創出することに主眼を置く。
2．一時帰休者の再雇用に重点を置く支援政策。この政策は，政策的に作り出された就業機会を，まずは生活が厳しいグループに提供するものである。
3．労働力供給と雇用需要を合理的にマッチさせる労働市場政策。これは雇用サービスと職業訓練を通じ，労働市場の需給関係を安定させるものである。
4．失業の減少を目的としたマクロ経済政策。これは企業の人員削減に基

準を設け，大企業を指導し，過剰人員の流出を防ぎ，社会的な失業圧力を軽減するものである。
5．一時帰休者の基本的生活保障を中心とした保障政策。これは，一時帰休者を中心とする，就業困難なグループの社会保障問題を解決するためのものである。

これら五つの政策が整合的に互いに支えあいながら促進されれば，比較的完全なシステムを構築できる。実際の運営面からみて，以上の五つの政策を具体化すると，以下のような十項目の政策内容となる。

(1) 減税措置

次の三つのケースについて減税措置を講じる。①一時帰休者が自ら仕事を探す場合，②サービス関連企業や商業貿易企業が一時帰休者を雇い入れる場合，③国有大企業・中堅企業が主幹業務および付随業務を分離・分社化し，一時帰休者を新たに配置する場合。

(2) マイクロ・ファイナンス政策

自ら仕事を探す労働者と，事業を起こす一時帰休者の起業段階の資金難を解消するために，マイクロ・ファイナンス（小口の貸出し）を提供する。

(3) 社会保険補助政策

社会保険補助金の支給を通じ，再雇用を促進する。「再就職センター」に登録している一時帰休者に代わり，社会保険費用を支払うという方法で，海外で一定の成果を挙げた例を参考にして作られた援助政策である。この政策は二つの面からなる。第一に，国有企業の一時帰休者を雇用し，かつ3年以上の労働契約を結ぶ各種サービス関連企業や商業貿易企業に，国庫の再雇用資金から，雇用人数に応じて3年間の社会保険補助金を支給する。第二に，社区[*2]によって開発された公益部門が，元国有企業労働者で再就職の困難な中年層を再雇用する場合は，国庫の再雇用資金から社会保険補助金を支給する。

(4) 雇用援助政策

一時帰休者のなかでも，とくに40代，50代の労働者は再就職が困難であり，労働市場のみでこれを解決することは難しいため，特別措置を講じ，

優遇政策を実行することが必要である。第一に，政府によって投資・開発された公益部門は，再就職困難な中年層を優先雇用すべきである。第二に，社区によって開発された公益部門が，元国有企業の再就職困難な中年層を雇用する場合，国庫の再雇用資金から社会保険補助金を支給する。

(5) 主幹業務および付随業務の分離政策

大企業・中堅企業が，主力業務および付随業務を分離することによって新たに発生した労働力需要に過剰人員を配置する場合，政策的支援を提供する。たとえば，一定の条件を満たす企業に対し，3年間の企業所得税を免除する。

(6) 雇用サービス政策

各地方政府が公的な雇用サービス機関を設け，都市部の登録失業者と国有企業の一時帰休者に対して，無料の職業紹介と再雇用促進のための職業訓練を実施する。必要な費用は地方の財政で賄う。また，中央政府は財政困難な地方に対しては適切な補助を行なう。

(7) 財政投入政策

再就職支援のための財政負担増加に対し，三つの規定を定める。①「就業補助」という予算項目を追加する。②各地方政府の財政の一部を再就職促進のために利用することを要求する。③中西部地域と旧工業地帯に対して再就職補助金を増額する。

(8) 社会保障政策

この政策には四つの規定がある。①一時帰休者の基本的生活の保障方法をさらに明確にする。②社会保険の継続方法を定める。③再就職後の社会保険加入の方法を定める。④社会保険機構は，自由業に従事する一時帰休者が個人保険料を納付できるように，支払い窓口を開設する。これによって一時帰休者の社会保険加入継続を容易にする。

(9) 企業の人員削減政策

従業員の合法的権益を保証し，国有企業の大規模な人員削減を防止し，失業の圧力を軽減するため，三つの規定を定める。①国の政策にもとづき閉鎖する国有企業の従業員の配置方法については，従業員の代表によって討議された後，所属する地方政府の関係機関の審査と承認を得なければならない。②通常の生産活動を継続する企業が人員削減を行なう場合，まず企業の従業

員大会において討議する。その後，法律に規定される保証金を支払うことができず，従業員の債務を解決できない企業については，人員削減はできないこととする。③国有大企業が，一度に削減可能な人員数および比率を超える人員削減を行なう場合，事前に所属する地方政府に申請することが必要とされる。

(10) 地域ごとの再雇用政策

現在の労働保障部門は県や市が中心となって運営しているのに対して，新しい政策では，地方の現場組織が一時帰休者と失業者の再雇用と，企業の退職者の管理について責任を負うこととしている。

積極的に雇用政策を実施するためには，まず，長期失業者に対し，必要な社会的援助を提供する必要がある。中国都市部の失業問題を解決する際にはこの点が留意され，適切な対策が行なわれた。1998年以降，「国有企業一時帰休者補助金」，「失業保険」および「都市部住民の最低生活保障」の設立にともない，都市部の失業者や貧困家族の多くは，一定の基本的生活保障を受けられるようになった。全国の都市部で最低生活保障を受けている人は，2003年上半期には2000万人を超え，基本的に，「保障されるべき住民に保障を提供」したのである。現在，都市部の住民の社会保障ネットワークは基本的に整備され，社会の安定に大きく貢献している。

今後，一時帰休者がしだいに純粋な失業者となるにともない，「国有企業一時帰休者補助金」は支給されなくなるため，「失業保険」と「都市部住民の最低生活保障」はより大きな役割を果たさなければならなくなる。しかし現在，失業保険制度がカバーする範囲は狭く，しかも保険料の納付は不便である。「都市部住民の最低生活保障」は，財政難と管理運営体制の不備や非効率といった問題に直面している。その結果，本当に社会的援助を必要としている失業者および貧困家族が援助を得られず，生活が困窮するケースがあったり，逆に，貧困生活者でない者が，この制度から利益を得られたりしている。このため，社会保障の見地からみると，失業保険制度の改善や，「都市部住民の最低生活保障」の資金運用効率を向上させることが，現在もっとも重要な課題である。

長期失業者および都市部の最貧困家族の基本的生活保障が達成された場合，雇用政策の重点課題は，いかに失業者の就業能力を向上させるかということになる。失業者をできる限り早期に再就職させることが，失業問題を解決させるもっとも基本的な方法である。国際的にみると，積極的な労働市場政策は以下のような方法で失業者の就業能力を向上させている。

- 就業機会を創出し，仕事に対して補助金を提供するなどの方法で労働供給を動員する。
- 職業訓練などを通じて，就業に関連する有効な技能を体得させる。
- 雇用斡旋サービスや雇用コンサルタントなどを通じ，労働市場の効率を高める。

また，諸外国の経験から学び，中国が積極的な雇用対策を行なうためには，以下のような工夫をしなければならない。

- 労働力市場の改革を進め，雇用の制度環境と政策環境を積極的に改善する。
- 労働力市場を完備させ，失業者の再就職支援のため，より十分な情報の提供を行なう。
- 積極的に職業訓練市場を育成する。各種の職業訓練と技能訓練を奨励する。

　言うまでもなく，雇用拡大は根本的には経済成長に依存する。中国経済の長期的な高度成長は，大量の就業機会を作り出している。しかし現在，経済成長による就業機会の創出が減少しているという問題に直面している。いかに経済政策（財政・金融政策）と労働市場政策を結びつけ，経済成長による就業機会の創出能力を向上させるかは，現在われわれが直面している重要な課題である。具体的手段としては，まず労働集約型産業の発展を支援することが挙げられる。労働集約型産業の発展は，経済成長にともなう雇用の弾力性を向上させることを意味する。また，非国有経済や民営経済の発展を支援し，各種雇用形態を奨励する。一般的にいうと，非国有経済は労働集約的特性を持ち，雇用を吸収する潜在力を持つ。民営経済の発展を全面的に支援することは，大量の就業機会を作り出し，都市部の失業問題の軽減につながる。

3　人的資源の全面的な開発

　中国の膨大で相対的に資質の高い人的資源は，世界と競合する上で最大の武器であり，中国経済の持続的成長の重要な原動力である。人的資源の開発とは，現在ある労働力資源を最大限有効に利用することである。言い換えれば，人々が自分の能力を十分に発揮し，それぞれが持つ潜在的な労働能力を効果的に利用できることである。中国の現在の人的資源開発は十分なものではない。経済構造の調整と改革にともない，多くの人々が自分に適応する仕事を得られず，失業状態になったり，あるいは，労働に対する潜在能力を十分に発揮できず，その能力を活かしきれていないという状態にある。このため，人的資源の開発によって，より多くの人に仕事を与え，しかもその潜在能力を最大限に発揮させることは，現在中国が直面している重要な課題である。

　中国の労働市場は，二重の分断に直面している。これが，人的資源の開発が直面している最大の課題である。労働市場の第一の分断とは，都市部と農村部の分断である。これは，計画経済体制下の戸籍制度が，農村部人口の都市部への移動に対する制約となっていたことに由来する。いままでに，一部の都市は戸籍制度の改革に着手したが，労働力の需要が大きい大都市では戸籍は依然として制限されている。そのため，農村部人口が都市部へ移動するのは難しい。第二の分断とは，人材市場と労働市場の分断である。これは，人々をある一定の範疇に分類し，ある種の労働者は特定の労働市場の利用を制限されることである。たとえば，教育水準が低く，しかも肉体労働に従事する者が求職する際は，労働市場を利用する。これに対して，比較的教育水準が高く，幹部身分を持ち，あるいは一定の技能資格を持つものは，人材市場を利用する。このような労働力市場の分断は，中国特有の現象である。市場の資源配分からみると，このような分断は低効率を招く。肉体労働に従事する者であっても，頭脳労働に従事する者であっても，管理労働に従事する者であっても，同じく労働サービスを提供し，価値を創造する。人材市場を利用する資格がないという理由のみで，特定の職業から排除されるのは適切ではない。このような分断は科学的ではなく，合理的でもなく，数々の問題を引き起こしやすい。むろん，これは，中国の行政機関に特有の構造的な問題で

もある。

　中国の人的資源の開発は，日増しに厳しくなる失業問題と，日増しに拡大する不平等の問題に対処しなければならない。

　改革開放以後，とりわけ市場による労働力資源配置を実現した後，中国は未曾有の失業問題に直面している。失業者は急激に増加し，国際的には5％が失業率の警戒ライン[*3]とされているが，現在，中国の都市部の登録失業者はすでに4％に達しており，実際の失業状況はこの数字よりはるかに厳しいものと思われる。2000年の第五回全国人口センサスの資料によれば，中国の失業率は8.27％に達した。国際的にみても相当高い失業率である。失業者に仕事を提供できないのは，労働力資源の浪費である。

　改革開放の深化とともに，不平等は日増しに深刻になった。国のさらなる発展のために，所得と人的資本蓄積に関する地域間格差と個人間格差は，われわれが取り組むべき重要な問題である。たとえば，教育水準，教育機会，教育資源の点で，農村部は都市部に比べ格段に劣っている。大都市では教育資源は豊富であり，教育制度は健全であり，人々の平均教育水準も高くなっている。しかし，貧困地域では，大量の非識字者および半非識字者が存在する。農村人口が都市部に移動するなかで，教育水準や人的資本水準が低いと同時に，技能もない労働者の場合，都市部で仕事をみつけるのは難しい。

　しかし，様々な困難に直面しているものの，人的資源開発の見通しは楽観視できる。WTO加盟後，徐々に世界経済システムに参加していくなかで，中国が持つ競争的優位が発揮されはじめているからである。WTOは自由貿易を標榜しているが，労働力の自由移動は実現できない。その結果，世界の生産要素，資金，技術は，より競争力のある製品を製造するために，必ず中国の安価な労働力を求めるだろう。昨年，中国は世界最大の外資導入国となった。これは中国最大の競争武器がその力を発揮した結果といえるだろう。専門家の予想によると，長期間にわたり，農村部から都市部へ労働力資源が移動することで，中国は無限の労働力供給資源を保有し，労働力コストが急速に上昇することはないとされている。

　同時に，この労働力の優位は大きな教育需要が存在していることを意味している。中国は古くから教育を重視する国であり，農村部であっても教育に

対する投資意欲は高い。多くの農民は，非常に厳しい生活状態であっても，自分の子どもたちには教育を受けさせる。これは，これは個人の教育支出への選好が強いことを意味している。そのため，中国の教育市場は潜在的な大市場であり，無限のビジネスチャンスが存在することを意味するだけでなく，人的資源の開発にも良好な環境を提供するものである。

　製品市場やその他の要素の市場と比べると，中国の労働市場の改革は相対的に立ち遅れている。政府部門でも企業部門でも，以前は人に対する管理が非常に厳しかった。1990年代以降，人事制度が徐々に市場化してきたことにより，教育制度と労働市場のあいだに大きな矛盾が生じた。現在，大学生の就職問題が各メディアに注目されている。中国の雇用状況は供給過剰状態に陥っているが，大学生に関してはその数が少ないため，供給過剰状態ではない。現在の，大学生に関する雇用問題は，卒業生と労働市場の需要との隔たりであり，需要と供給のあいだの構造的な問題である。すなわち，大学が育てた人材と，市場が求める人材とのあいだにミスマッチがあり，教育現場は，市場の変化に対応しきれていないのである。ではなぜこのような結果になったのであろうか。これは，正規の教育体制と労働市場を結ぶ橋がないからである。もし，正規の学校教育と労働市場のあいだに職業訓練市場が存在し，その市場が十分に発達し，機能するとすれば，人的資源開発を有効に推進できるようになるであろう。当然，このような市場を設立，維持するためには，各政府部門が一体となって努力する必要がある。

　国の教育制度も市場の需要の変化に対応していかなければならない。国家的発展を考えれば，就職の際，大学ごとの学力水準に応じた位置づけをする必要がある。労働力需要に対し，全国の同じ専攻学科の学生をすべて同一の位置づけとするのは効率的でない。一流大学は二流大学と区別し，二流大学は地方の一般大学と区別する必要がある。位置づけを明確にすれば，大学生が就職する際，構造的な問題は起こらず，教育資源の浪費も避けられるであろう。

　市場経済のなかで，資源の配置は経済法則に反することはできない。政府機能と政策策定は，時代の要請に従う必要がある。市場の供給の変化に合わせて政策を調整し，しかも健全で合理的な制度環境と基本的設備を積極的に

提供することが必要である。流れに逆らわず，市場自身でできることには政府が手を出さない。教育制度と職業訓練制度をいかに労働市場の要求に応えられるものにするかは，教育のカリキュラム制度や教育目標に関わる複雑な問題である。この問題を処理するために，実際にこの問題に従事する，学術界，政策決定部門，その他の諸部門が共同で取り組まなければならない。理論と実践から，新しいものを作り出す必要があるのである。

訳 注
* 1　原文には「15～60歳」とあるが，すぐ次の文章と表4-1の内容から「15～59歳」と判断して訂正した。
* 2　社区——中国語で"Community"の訳語。地域社会を意味する。
* 3　本章の148ページでは，「警戒ライン」は「7％」とされているが，原文どおり記載した。

第5章　人口移動のピーク

都市化と人口移動

　中国の都市化は，現在という特定の時代に限っていえば，その本来の守備範囲と意味をはるかに超えて，中国の近代化の進展に関わる核心的テーマとなっている。中華民族が過去数千年にわたって解決することができなかった問題，あるいは現在直面している数えきれない問題に対する答えは，おそらく限られた都市の空間のなかに探り出すことができるであろう。省であれ，地域であれ，国家であれ，その総合的な実力と競争力は，都市の持つ総合的な実力と競争力によって決まる。省同士，あるいは地域間，国家間の競争は，最終的にはその背後にあるそれぞれの都市と都市の競争なのである。

　中国の全面的な興隆はすでに現実味を帯びつつあり，それにともなう過程は，人類史上もっとも大きな都市化の波となることは疑う余地もない。ノーベル経済学賞受賞者である米国の経済学者スティグリッツ（Joseph E. Stiglitz）は，21世紀において二つの事柄が世界にもっとも大きな影響を与えると述べた。一つは米国のハイテク産業であり，もう一つは中国の都市化である。中国の学界も広くこの説を認めており，21世紀中国を「都市化の世紀」とみなす学者が多い。

1　都市化の現状

1　都市化の現状

（1）都市化水準の上昇

　1990年代の初めから，中国の都市化は急速な発展段階に入った。2001年末，中国の総人口は12億7627万人，都市人口は4億8064万人となり，中国の都市化水準（総人口に占める都市部人口の割合）は37.65％に達した。

2000年末に比べ1.56％ポイント上昇し，1998年の発展途上国の平均水準（38％）に基本的に到達したことになる[1]。

全国31の一級行政区（省，自治区，直轄市）の発展状況をみると，2001年，都市化水準が40％以上になった地域は13カ所ある。具体的には，上海市，北京市，天津市，広東省，遼寧省，黒龍江省，吉林省，浙江省，内モンゴル自治区，福建省，江蘇省，湖北省，山東省である。逆に，都市化水準が低水準にとどまっている省は，河南省，河北省，雲南省，貴州省，甘粛省である[2]。

中国の都市化水準は急激に上昇したが，諸外国の都市の発展水準と比べる

表5-1 1999年，世界の主要国家・地域の都市化水準の比較

地域と国	都市化水準 (％)
世界	45
先進国	75
発展途上国（中国を除く）	40
北アメリカ	75
アジア（中国を除く）	38
ヨーロッパ	73
米国	75
韓国	79
日本	79
中国	36

図5-1 1999年，世界の主要国家，および地域の都市化水準の比較

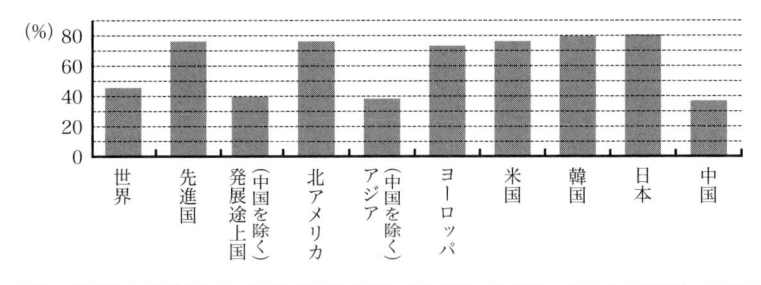

出所：段成栄「中国城鎮人口増長与城市化趨勢」『15億人口的挑戦』中国大地出版社，2002年版

---

1) 崔如春「2001年我国城市社会経済発展概況」，国家統計局城市社会経済調査総隊中国統計学会城市統計委員会編『2002中国城市発展報告』中国統計出版社，2003年。
2) 同上。

と依然として低水準である（表 5-1 および図 5-1 参照）。

(2) 都市の増加

2001 年末，全国の行政都市は 662 箇所にのぼる。その内訳は，4 つの直轄市，15 の副省級市（計画単列都市），250 の地区級市，393 の県級市である*1。1990 年と比較すると，都市の数は 195 市，41.76％増加し，1995 年に比べると 22 市，3.3％増加した。2001 年に 21 の県級市が廃止されたのにともない，新たに 6 の地級市と，15 の行政地区が誕生した[3]。

1990 年から 2001 年の 11 年間に，中国において地級市以上の都市の総数は 188 から 269 に増加し，非農業戸籍人口が 100 万人を超えた特大都市は 31 から 41 に増加した。都市の総面積は 408.9 万平方キロメートルであり，1990 年と比べ 229.2 万平方キロメートル拡大し，全国の国土面積に占める割合は 1990 年の 20％から 42.6％に上昇した[4]（表 5-2 参照）。

表 5-2　2001 年・1990 年，都市の基本的な状況の比較

	2001 年	1990 年	増加率（％）
都市の総数	662	467	41.8
地級以上の市の数	269	188	43.1
特大都市の数	41	31	32.3
都市の総面積　（万平方キロメートル）	408.9	189.7	115.6
都市の市轄区面積　（万平方キロメートル）	49.4	26.5	86.4
都市の建成区面積　（平方キロメートル）	17,586	9,332	88.4

(3) 都市規模の拡大

2001 年の直轄市の総人口は 3 億 400 万 9 千人であり，1990 年と比べて 69.5％増加した。そのうち，非農業人口は 1 億 7753 万 3 千人と 1990 年より 51.9％増加した。2001 年の全国総人口に占める都市と鎮の総人口の割合は 37.7％であり，1990 年より 11.3％ポイント上昇した[5]（表 5-3 参照）。

---

3) 同前。
4) 李相春「十三届四中全会以来我国城市面貌煥然一新」，前掲『2002 中国城市発展報告』。
5) 同上。

表5-3 2001年と1990年の都市人口の比較

		2001年	1990年	増加（%）
全市〔建制市〕の総人口	（万人）	110,287.0	62,461.3	76.6
全市における市轄区の総人口	（万人）	30,400.9	17,939.0	69.5
全市における市轄区の非農業人口	（万人）	17,753.3	11,688.0	51.9
市・鎮の人口		48,064.0	30,195.0	59.2
市・鎮の人口が全国総人口に占める割合		37.7	26.4	—

　全国の行政市のなかで，人口400万人以上の都市は8市で，1.2％を占める。200〜400万人の都市は17市で2.6％，100〜200万人の都市が141市（21.3％），50〜100万人の都市が279市（42％），20〜50万人の都市が180市（27％），20万人以下の都市が37市（5.6％）を占める[6]（表5-4参照）。都市化の進展にともない，都市は農村部余剰労働力の移動の主な目的地となっている。公安部2001年の統計によると，全国の都市は4744万3千人の一時滞在人口を吸収しており，これは都市部総人口の8.5％を占める[7]。

表5-4 2001年の都市人口の規模

市区総人口数	都市の数	割合（%）
400万以上	8	1.2
200〜400万	17	2.6
100〜200万	141	21.3
50〜100万	279	42.0
20〜50万	180	27.0
20万以下	37	5.6
総計	662	100.0

（4）都市の不均衡な発展と地域間の特性

　東部沿岸地域と東北地域の都市化水準は相対的に高く，中部から西南部にかけては低いというのが，中国の都市化の傾向である。中国の都市化水準は高，中，低の三地域に分類される。空間的には東部沿岸部，北部内陸部，南

---

6) 崔如春，前掲書。
7) 李相春，前掲書。

部内陸部に分けられている。

2000年の第五回全国人口センサスのデータによると,沿海地域と東北地域の12の一級行政区(省,直轄市,自治区)の都市化率がもっとも高く,平均52.10％に達した。東部の11の一級行政区の平均都市化率は40％を上回り,全国平均より高く,内陸部の都市化率の水準の29.06％に比べ1.8倍に相当する。とくに,北京,天津,上海の3直轄市の都市化率はもっとも高く,全国平均の2倍以上である。そのなかで第1位の上海は88.3％である。内陸部では地域によって都市化率に大きな格差がみられ,内モンゴル自治区の42.68％からチベット自治区の18.93％と,その差は約24％ポイントである。

内陸部の都市化の特徴をみると,黄河以北地域は黄河以南地域に比べて都市化水準が高いことがわかる。ただし黄河以北の8の一級行政区の都市化率の平均は32.24％であり,内モンゴル自治区を除いた地域の都市化率は全国平均より低く30～35％の範囲にある。そのうち甘粛省と青海省の都市化率がもっとも低く,30％未満である。それでも,全体でみると,黄河以北地域の都市化率は黄河以南地域より4％ポイント高い。

黄河以南の11の一級行政区の都市化率は全国的にみてもっとも低く,平均都市化率はわずか28.06％である。このなかで,湖北省と新たに直轄市に昇格した重慶市の都市化率がそれぞれ39.7％と33.09％で,30％を上回っているが,それ以外の地方ではすべて30％を下回っている。湖南省,雲南省,貴州省の都市化率は25％未満であり,チベット自治区ではわずか18.9％である。

中国の国土面積は広大であり,様々な要因によって,各地域間に都市化率の大きな格差がみられる。都市化率がもっとも高い地域ともっとも低い地域の格差は70％ポイントにのぼっている。地域的にみると,東部沿海地域が高度な都市化地域であり,内陸部のうち,黄河以北が中度都市化地域,黄河以南が低度都市化地域となっている。東部沿岸部の都市化率は相対的高く,内陸部との格差が大きい。内陸部のみでみると,その格差は相対的に小さくなり,ほとんどすべての地域で全国平均以下の20～35％となる[8]。

2 都市化研究の状況

中国の人口都市化水準に対する評価は，大まかにいえば，遅滞論，先行論，適度論の三つに分かれる。1990年代の初めに，一部の学者は，中国の都市化が将来の経済発展の主軸になると主張していた。20世紀末，政府が策定した「第十次五カ年計画」のなかで，「積極的かつ着実に都市化を推進する」ことが基本発展戦略の一つとして位置づけられ，都市化の問題は，再び注目される理論研究のテーマとなった。多くの学者は中国と諸外国の都市化状況について，さまざまな観点から比較分析を行ない，中国の都市化研究に多くの有益な示唆を提供してきた。多数の研究者が，中国と先進国の都市化に関する比較を通じて，中国の都市化の遅滞性を分析すると同時に，都市化の立ち遅れがもたらした様々な弊害を論証したうえで，制度的障害を撤廃し，国を挙げて都市化を推進するように主張した。

それと正反対の意見は中国都市化「先行論」である。「先行論」を主張する学者は，すでに事実上都市に編入されている農村人口を都市人口とみなし，中国の都市化水準はすでに50％を超えているという結論を出した。彼らの主張の根拠の一部については，「遅滞論」を支持する学者も触れている。たとえば，統計基準の問題，隠れた都市化の問題，移動人口の問題などである。中国の都市化は基本的に適切な水準にあるとする「適度論」は，インド，パキスタン，タイといった経済の発展水準が中国に近い国と比較した結果，中国の都市化水準はこれらの国々と基本的に同水準であり，適度であるとしている[9]。

長いあいだ，上記の様々な論者は，中国が都市化を推進するか否か，どのような都市化の発展の道を選ぶのか，どのようなペースで都市化を進めるべきか，などについて議論してきた。

(1) 都市化の定義と基準

中国では「都市化」に関連して，少なくとも城市化，城鎮化，都市化という三つの用語が使われており，また，都市部人口の統計方法にも大きな変化

---

8) 黄揚飛・徐月虎・丁金宏「1990年代我国人口城市化水平的区域差異模式研究」『人口研究』第26巻第4期，2002年7月。
9) 劉連銀「中国城鎮化道路的選択」『中南民族学院学報』，1998年4月。

がみられる。1982年から1990年の8年間で、全国の都市数は236から456になり、93％増加した。そのうち、区を設置した都市は104から188になり、80％増加した。区を設置しない都市も129から268になり、ほぼ倍増した。県管轄下の鎮は2664から9332になり、3.5倍の増加となり、小都市と鎮が大幅に増加したことがわかる。小都市の増加は、主として「県を廃止し市を建設する」という「撤県建市」の政策によって生じたものである。したがって、一部の都市では「都市人口」が急増しているが、これも行政区画の拡大によるものである。推定によると、湖北省の小都市における都市人口増加のうち、約60％は行政区画の拡大によるものである。一部の県級都市では、行政区画の拡大によって都市人口が80％も増加したという。市街地の急速な拡大によって、一部の地域では「都市の農村化」現象も現われている[10]。もし1982年の人口センサスの基準で計算するなら、1990年の都市部人口の全国総人口に占める割合は53％となる。明らかにこの数値は、当時の中国の都市化水準を正しく反映したものではないであろう。

都市部人口の統計基準は、過去何度も変更された。さらに、行政区分の変更、たとえば県と市、鎮と郷の管理体制の調整によって、現在の行政的な意味での都市部、農村部という区分と、研究的な意味での都市部、農村部という区分には大きな違いがある。したがって、いかに連続的、科学的に、比較可能なかたちで、都市部と農村部の人口統計基準を設けるかが、当初から中国の都市化研究に関わる重要な課題なのである[11]。

(2) 都市化は万国共通の道なのか

中国の都市化の過程において、反都市化の思想が長いあいだ主流を占めてきた。一部の学者は、欧米諸国の「逆都市化」の現象から、中国が都市化の段階を飛び越え、「都市と農村の一体化」段階に移ることができることを証明しようとした。しかし、多くの学者がこのような見解に反論した。彼らは、都市化と経済発展の関係という観点から、人口が都市部に集中するのは労働の分業化の進展と生産性の向上にともなう歴史的プロセスであり、中国もこ

---

10) 楊雲彦『中国人口遷移与発展的長期戦略』武漢出版社、1994年。
11) 胡開華・陳玮「我国城鎮人口推薦的有関問題」『人口与経済』。

の法則にしたがって都市化するはずであると主張している[12]。ある学者は，中国の人口についての長期的発展戦略という見地から，都市化は中国の経済発展と人口構造の現代化のなかで特別に重要な位置を占めると述べている。人口抑制の効果の面からみると，農村部人口が都市部へ移動した後，農村部の出産意向は，都市部と同じようなものになるので，出生率が低下し，人口増加を抑制する効果が現われよう。高齢化の進展という見地からは，農村部労働力の都市部への移動は，都市部の高齢化にともなって生じる様々な問題の改善に役立つと主張している。楊雲彦（1994）は，都市化が農村部の余剰労働力の吸収，人口増加の抑制，都市部の高齢化問題の改善に寄与するとしている。ただし，急激な都市化は農村部人口の高齢化を加速させ，総人口規模の萎縮を招く可能性もある。また，都市化の加速は様々な要素の制限を受ける。したがって，社会・経済の調和および均整のとれた発展と，都市部と農村部の関係の調和を維持するため，長期的発展戦略のなかに，漸進的に都市化を促す方法を採用する必要があるとしている[13]。

(3) 都市化の方法の選択

中国の都市発展戦略の方法に関しては，二つの主要な論調がある。一つは，大都市を優先的に発展させる戦略を提唱する論調である。その理由は，大都市が効率性の面で優れているため，国家資金が十分ではない状況下で，希少な資金を効率的に使用しなければならず，それを大都市に優先的に投入すべきであるという考え方である。もう一つは，まず小都市を発展させることを主張するものである。大量の農村部余剰労働力を移転させるためには，大量の小都市の迅速な発展に頼る他に方法がないという考え方である[14]。

注目すべき点は，論争の双方はいずれも地域格差を考慮に入れておらず，大都市もしくは小都市のいずれかを発展させようという二者択一の議論に終始してしまっていることである。中国は地域間格差の大きい国であり，画一

---

12) 周一星「城市化与国民生産総値関係的規律性探討」『人口与経済』，1982年1月。
　　高佩義『中外城市化比較研究』南開大学出版社，1991年。
13) 劉家強「中国人口城市化——動力約束与適配過程」『経済学家』，1998年4月。
14) 関鍵「中国城市化問題」『城市開発』，1997年1月。

的な対処は各地域の具体的状況の違いを見過ごすことになる。したがって，都市化政策は「分類指導」の原則に則り，異なる地域には異なる都市化政策を実施するのが望ましい。都市化戦略は行政手段による直接関与だけでなく，都市の門戸開放を通じて，その自然法則に従う発展を促すべきである。事実上，中国の都市化の促進メカニズムが大きく変化し，国内外の学者のなかには，この変化を「上から上へ」から「下から上へ」のパターンの転換とみる者もいる[15]。

(4) 都市の規模

大都市の規模拡大は，長いあいだ厳しい制限を受けてきたため，各大都市はそれぞれ明確な人口抑制の目標を定めてきた。しかし，現実には二種類の現象が起きている。一つは，結果として人口抑制の目標を突破してしまう事例である。たとえば，北京市の第七次五カ年計画期間の人口目標は，1990年までに1000万人以内に抑えることであったが，実際は1988年ですでにこの人口目標を超えてしまった[16]。もう一つの現象は，上海市のように，人口抑制の結果，都市人口の高齢化が目立ってきた事例である。政府にとって大都市人口を抑制する重要な手段は行政手段である。たとえば，政府は「都市増容費」*2といった措置を導入し，大都市の急速な膨張を抑制しようと試みてきた。しかし，このような措置が，市場経済の下で，有効性を持つかどうかには疑問がある。また，大都市の構造上の特徴によって，過度な門戸閉鎖政策は，高齢化問題などの社会・経済問題に帰着するおそれがある[17]。したがって，機能の調整によって都市規模の調整を実現することが，非常に重要となる。

かつて，大都市の規模拡大を抑制するためには，衛星都市の建設が重要な手段と考えられてきた。しかし，衛星都市の建設は期待された効果を発揮していない。一部の学者は「落下した衛星」という言葉で衛星都市の現状を表現している[18]。

---

15) 辜勝阻「中国自下而上的城鎮化発展研究」『中国人口科学』，1998年3月。
16) 杜午禄「城市人口規模要与城市功能発展相適応」『北京社会科学』，1997年3月。
17) 李若建「結構缺陥与特大城市的外来人口」『人口学刊』，1996年3月。

3 産業構造の現状

経済発展は産業構造の変化をともなうものである。すなわち，国民所得の増加にともない，産業構造の比重は徐々に第一次産業から第二次産業へとシフトする。国民所得がさらに増加すると，その比重は第三次産業へと移動する（図5-2）。このプロセスにおいて，労働力の構成比にも同様の変化がみられる（図5-3）。

経済改革以前の中国の産業構造は合理性に欠け，国内総生産に占める農業の割合がきわめて高かった。80年代半ば以降，中国の産業構造は大きく変化してきた。第一に，過去に強調された「蓄積強化・消費抑制」の政策が生み出した悪弊を除き，基本建設の規模を圧縮し，軽工業を発展させる方針が採られた。第二に，工業内部の調整であり，とくに産業内部循環が強い重工業の調整と改革を重点的に行ない，重工業のなかでも設備を提供する機械工業を迅速に発展させた。工業が速いペースで成長した主な要因は，紡績工業と耐久消費財工業の飛躍的な発展であった。

80年代半ば以後は，中国は軽工業と重工業の関係を調整し，エネルギー，交通などの基幹産業に重点を置く政策を実行した。産業構造の改革は，産業構造の合理化を推進し，ハイテク産業および流通業・サービス業を中心とした第三次産業の発展を促進し，産業構造の「技術集約型」段階へのシフトを促した。同時に，政府は「効率優先」を基本指針とした地域発展戦略を推進し，資金と資源を集中して重点産業に投入する方針を固めた。これによって，地域間の産業構造を転換させ，産業構造と産業立地を結びつけて，地域経済の発展に努めた。

1992年以後，国民一人あたり所得の増加にともない，耐久消費財に対する需要が高まり，家電を中心とした機械工業が急速に発展した。インフラ建設に対する大量の投資は，エネルギーや原材料といった基幹産業の発展を促した。また，紡績工業の発展はエネルギーと原材料に対する需要を大幅に増加させた。それに対し，重機械工業，電子工業などの重工業の発展は相対的に遅れていた。また，この時期に，中国は外国資本と技術を誘致し，工業製

---

18) 鐘栄魁「隕落的衛星」『城市改革与発展』，1993年6月。

品の輸出を促進し，情報化の推進と新しい先端技術の育成などの産業政策を遂行した。その結果，産業構造は改善され，各産業の割合は比較的バランスのとれたものとなった。つまり，第一次産業の国内総生産に占める比重は徐々に低下し，第二次産業と第三次産業が上昇傾向にある。産業別の所得の上昇率を比較すると，第二次産業の上昇がもっとも速く，第一次産業はもっとも遅く，第三次産業は両者の中間である。1992年以降，第一次産業の上昇率は安定的に推移しているが，第二次，第三次産業の上昇率はやや低下してきている。産業構造の変化パターンは大きく変わっていない[19]。

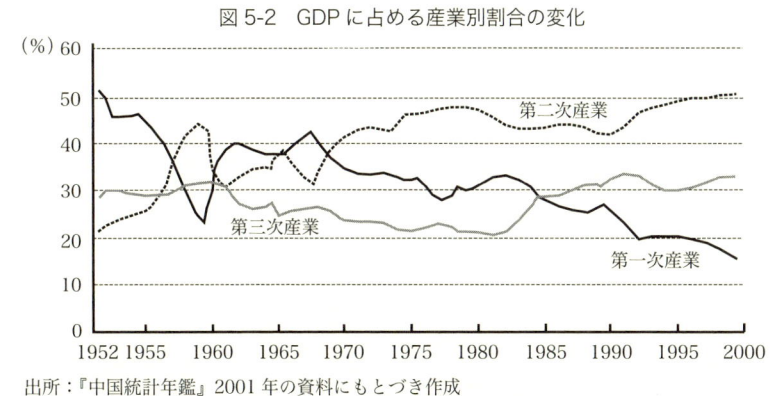

図5-2 GDPに占める産業別割合の変化

出所:『中国統計年鑑』2001年の資料にもとづき作成

図5-3 産業別就業者構成比の推移

出所:『中国統計年鑑』2001年の資料にもとづき作成

---

19) 李仲生「中国産業結構与就業結構的変化」『人口与経済』，2003年 (2)。鐘水映・李晶「経済結構，城市結構与中国城市化発展」『人口研究』第26巻第5期，2002年9月。

就業構造の変化の傾向をみると，第一次産業の就業者比率は持続的に低下している。1990年に入ってから，その労働力の絶対規模も減退しはじめた。第二次産業の就業者比率は相対的に安定している。第三次産業の就業者比率は大幅に上昇し，1994年以降第二次産業を上回り，増加のスピードも速い。農業から脱退した労働力の大部分が第三次産業へ移動するという就業構造変化の基本的な傾向が窺える。これは工業化プロセスの一つの特徴である。ただし，第一次産業の労働力の絶対規模は依然として大きく，全労働力の約50％を占めている[20]（図5-3）。

4　人口の移動状況とその研究

(1) 人口移動の現状

①移動人口の規模

現在，中国の移動人口の規模は急速に拡大し，移動人口総数は1980年代初期の200万人から1億2000万人に急増した[21]。2000年の人口センサスによると，全国で現住所と本籍地が異なる人口は1億4439万人である。そのうち，本籍地と異なる省に居住する人口（越省人口）が4242万人，本籍地と同じ省内に居住する人は1億197万人である。本籍地と同じ省内に居住する人のうち，2332万人は都市内で現住所と本籍地が異なる人口である[22]。

都市内で現住所と本籍地が異なる人口とは，主に市街地の範囲内で生活している者で，ある街に戸籍を登録してはいるが，都市の改造にともなう転居，入学，結婚などの理由で，実際には登録した以外の住所で居住している人々を指す。このような人々は厳密にいえば移動人口には該当しないため，移動人口を分析する際には，このような人々を除外する必要がある。したがって，全国で現住所と本籍地が異なる人は実際には1億2107万人である[23]。

---

20) 同前。
21) 段成栄「流動人口在城市的社会適応問題」『中国人民大学中国社会発展研究報告2002』中国人民大学出版社，2003年。
22) 崔紅艶「全国跨省流動人口超過4000万」『2002年中国人口統計年鑑』『国家統計局人口和社会科技統計司』中国統計出版社，2002年。
23) 同上。

②移動人口の人口学的特徴

越省移動人口は，青年および働き盛りの世代が中心である。越省人口4242万人の性別をみると，男性が2241万人（52.8％），女性が2001万人（47.2％）である。男女比は112.0であり，全国総人口男女比の106.7に比べてかなり高い。越省人口のうち，男性が女性に比べ240万人多い計算になる。

年齢構造をみると，以下の特徴がみられる。すなわち，(1) 越省人口のうち91.1％は16歳以上人口であり，16歳以下の非生産年齢人口は378万人で，8.9％にしかならない，(2) 越省人口のうち，16～45歳が3508万人に達し，82.7％を占める，(3) 16～23歳の年齢層では女性が男性を上回っており，女性692万人，男性525万人である。その他の年齢層では男性が女性を上回る。

越省人口は教育水準が中程度の者が大半を占め，低水準および高水準の者は比較的少ない。越省人口が受けた教育については，三つの特徴がある。すなわち，(1) 中学卒業が中心であり，2216万人である。これは6歳以上の越省人口（4067万人）の半分以上，54.5％を占める，(2) 短期大学以上の高等教育を受けた者と，教育を受けたことがない者の数は少ない。高等教育を受けた者は146万人であり，6歳以上の越省人口の3.6％である。教育を受けたことがない者は160万人，3.9％である，(3) 越省人口の教育水準を，全国の平均水準と比較すると，中学校教育を受けた人口は全国平均水準よりも18％ポイント高く，高校教育を受けた人口は全国平均水準と同じ，その他は全国平均水準より低くなっている。

社会的・経済的要素は，人口移動の主な要因となる。出稼ぎ，転勤，転職，就職といった経済的理由で移動した人は越省人口の79％を占める。結婚，転居，親戚や友人を頼って移動するといった生活面の理由で移動した人口は21％である。さらに詳しく分析すると，越省人口の移動理由の第一は出稼ぎであり，3200万人，75.4％を占める。第二は家族の転居で9.1％。第三が親戚や友人を頼っての移動で4.7％。第四が結婚で2.8％である。この四つの理由による移動人口が，越省人口全体の92％を占める。

越省移動人口の就業率は97.94％であり，就業状況は良好である。16歳

以上の越省人口のなかで、就業人口は3308万、就業率は97.9％である。越省移動人口の就業状況[*3]は雇用制度などの要素に制限されているため、彼らの大多数は製造業、流通業、飲食業、建築業、サービス業に集中しており、これらの業種が85.6％を占めている。金融・保険業、科学研究、政府機関や社会団体、不動産業に従事する者はわずか1.2％である。産業構成でみると、第一次産業が7.6％、第二次産業が65.4％、第三次産業が27.0％となり、第二次産業に従事する人の割合が高い。職業構成でみると、商業、サービス業、生産設備操作および運輸に従事する人口は84.7％を占め、農林水産業が7.8％、専門技術職は2.7％しかいない。したがって、越省移動人口は主に簡単な労働に従事していることがわかる。

越省移動人口のなかには、出産適齢期の女性も多く、一人の女性が複数の子どもを産むという問題も起きている。越省移動人口のなかで、出産可能年齢（15～49歳）の女性の規模は大きく、1736万人、40.9％を占める。とくに、出産ピーク期（20～29歳）の女性は888万人であり、出産可能年齢の女性総数の51.2％を占める。これは、全国平均水準より21％ポイント高い。したがって、越省人口には大きな潜在的出産力がある。既婚の出産可能年齢の女性をみると、子ども一人という女性は61％で、全国平均より7％ポイント低く、子ども二人という女性は31.1％で全国平均より5％ポイント高く、子ども三人以上という女性は7.8％で全国平均より2％ポイント高くなっている。したがって、越省移動人口が多数の子どもを出産する傾向にあることは明らかである。

中国の移動人口の特徴は、農村部から都市部への移動、経済発展の遅れた地域から発達地域への移動が多いことである。全国の1億2107万人の移動人口のなかで、都市部からの流出人口は3267万人（27％）であるのに対し、農村部からの流出人口は8840万人（73.0％）を占める。都市部への流入人口は9012万人（74.4％）、農村部への流入人口は3095万人（25.6％）となる。すなわち、1億2000万人の移動人口のうち、農村部からの流出人口が73％、都市部への流入人口が74％ということである。

流出地域別でみると、越省移動人口4242万人のうち、四川省からの流出人口が16.4％、以下、安徽省10.2％、湖南省10.2％、江西省8.7％、河南

省7.2％，湖北省6.6％となっている。この6省からの流出人口が，全国の越省移動人口の59.3％を占める。流入地域でみると，広東省へ流入した人口が35.5％，以下，浙江省8.7％，上海7.4％，江蘇省6.0％，北京5.8％，福建省5.1％である。この6地域への流入人口は，全国の越省移動人口の68.5％を占める。移動距離別でみると，同一省内での移動が中心である。全国1億2107万人の移動人口中，同一省内での移動は7865万人（65％），省を越える移動は4242万人（35％）である[24]。

(2) 人口移動の研究

1970年代後期から，中国の人口科学は活気あふれる発展期に入った。とりわけ，1988年から1995年は人口移動研究が急速に発展し，大量の研究成果が蓄積され，人口の移動・流動に関する研究の大枠ができた時期である。この段階で大きな発展を果たせたのは，人口学自身の発展気運だけでなく，他にも発展に有利な要素があったためである。第一に，1980年代中期以降，中国の人口の流動性が急激に高まり，この問題について専門的な研究を行なう必要が出てきたためであり，第二に，資料条件が明らかに改善されたためである。なかでも，『中国人口』叢書の刊行，戸籍の移動条件に関する資料の整理と配布，社会科学院が行なった「74都市の移動調査」，特大都市の「移動人口調査」，1987年の全国人口1％サンプル調査，1990年第四回全国人口センサス，2000年第五回全国人口センサスなどが，人口移動研究の発展の基礎を作り出した。とくに1996年以降，人口移動研究は深く掘り下げられる段階に入り，研究成果の数はさほど増加していないが，研究方法が刷新され，海外の研究手法を導入し，学際的な研究を行なうなど，質的な発展が続いている。

研究の内容はかなり広範囲にわたっており，大きく三つに分けられる。第一に，人口移動に関する総合的研究論文であり，研究総数の約37％を占める。これは，全国あるいは地域人口の移動状況，過程，移動方向，構造的特徴，移動の一般理論と方法といった内容である。第二に，人口移動，一時滞在人

---

24) 段成栄, 前掲書.

口,「出稼ぎブーム」を課題とした研究である。これに関する研究成果はもっとも多く,約47％を占める。そのうち,移動人口の管理,とくに,移動人口の計画出産の政策や管理についての構想と提案を含むものが多数を占める。第三に,特定課題研究である。たとえば,環境による人口移動,開発による人口移動,ダム建設による人口移動,結婚による人口移動,国を越えた人口移動といった内容であり,これが16％を占める。

20年あまりの研究と検討を通じて,中華人民共和国設立以来の人口の移動と流動の過程,基本的特徴およびその構造がわかってきた。学者たちは人口移動の管理と戦略について広範囲で議論し,以下のような論点にその議論は集中した。

移動人口と「出稼ぎブーム」問題についての研究——1990年代以降,農村部労働力の地域を越えた移動,すなわち「出稼ぎブーム」の問題は,研究者の注目を集めた。これに関する研究は二つの論点に分かれる。第一に,農村部労働力の都市部への移動という観点からみた,余剰労働力の移転と,都市部の「一時滞在人口」の問題に関する研究である。第二に,地域をまたぐ移動という観点からみた,「外来労働力」あるいは「出稼ぎブーム」に関する研究である[25]。これらは初期段階では,移動の方向や,移動者の年齢,性別,教育水準,産業分布,職業状況,結婚,家族といった静態的な人口学的特徴の研究から始まり,徐々に移動の過程,流入地における所得および消費状況,行動様式の変化,社会的対立と調和といった,社会・経済的な動態的特性[26],あるいは,労働力流出および流出地の資金,情報,技術面などへの影響,さらには,流出地への社会的影響といった内容まで,深く研究されるようになった[27]。

移動の選択,移動パターンおよびそのメカニズムに関する研究——移動地の選択,移動パターン,移動メカニズムに関して,人口学者は主に,省間の人口移動について検討してきた。なかでも,距離が人口移動に重要な影響を

---

25) 中央政研究室「関于農村労働力跨区域流動問題的初歩研究」『中国農村経済』,1994年（3）。
26) 韓暁耘「収入,消費,行為特征」『中国農村経済』,1995年（5）。
27) 秦徳文「阜陽地区民工潮回流現象的調査与思考」『中国農村経済』,1994年（4）を

与えることに注目した研究があり[28]，一部の学者は，地域間移動モデルを用いて，越省移動人口のストックや，経済発展面の格差が人口移動に与える影響を分析した[29]。また，一部の学者は欧米の経済学分析手法を用いて，労働力移動のメカニズムについて有意義な分析をした[30]。

　流動の影響に関する研究——人口移動がもたらす空間的な不均衡とその選択行動は，流入地と流出地に多くの影響を与える。人口移動がもたらす社会的な影響も，特別な注目が寄せられる研究課題である。人口移動が，均衡を実現する過程で既存の均衡状態を破ったために，多くの摩擦が起こった。長期的にみればこの過程は，社会に調和をもたらし，社会の活力を増強する上で有利であるが，短期的にみると文化的衝突や犯罪など様々な社会問題を引き起こす。移民の行動パターンは，人口移動の社会的影響に関する重要なミクロ的側面の内容である。この側面について大いに注目されているのは，女性の結婚および出産行為の変化に関する研究である[31]。また，環境保護の重要性が意識されはじめるなかで，人口移動が生態環境に与える間接的・直接的影響も注目されるようになった。人口移動社会のなかで，いかにして自然との良好な関係を作り，持続可能な発展を維持するかはわれわれが検討すべき課題である。

　移動政策と評価問題に関する研究——全体的にみると，学術界および社会全体の移動人口に対する態度は，拒絶的な態度から寛容的な態度に変わってきた。人口移動に関連する政策に対する評価は，主として移民，戸籍管理制度，都市化政策に集中している[32]。

---

28) 王桂新「我国省際人口遷移与距離関係之探討」『人口与経済』1993年（2）。劉明「人口遷移的空間過程及其遷移場研究」『中国人口科学』1992年（6）。丁金宏「中国人口省際遷移的原因別流場特徴探析」『人口研究』，1994年（1）。
29) 厳善平「中国上世紀90年代地区間人口遷移的実態及其機制」『社会学研究』，1998年（2）。
30) 蔡昉「遷移決策中的家庭角色和性別特徴」『人口研究』，1997年（2）。
31) 林富徳・張鉄軍「京城外来女的婚育模式」『人口与経済』，1998年（2）。
32) 楊雲彦「中国人口遷移与城市化問題研究」『中国人口発展評論回顧与展望』人民出版社，2000年。

2 人口移動と都市化にまつわる諸問題

1 都市化の進展にともなう地域間不均衡

(1) 中国西部地域は都市化水準が低く，都市の数も少ない

ここでいう中国の西部地域とは，主として西蔵チベット自治区，新疆ウイグル自治区，寧夏回族自治区，青海省，甘粛省，内モンゴル自治区など，自然条件や経済・社会の発展水準が比較的類似している西部の省と少数民族自治区である。東部地域に比べ，これらの開発が立ち遅れている地域の都市化には以下のような特徴がある。

①都市の数が少なく，大都市も少ない

都市規模の分類基準によると，非農業人口が200万人以上は超大都市，100～200万人は特大都市，50～100万人は大都市，20～50万人は中都市，20万以下は小都市となっている。中東部の地域と比較して，開発が立ち遅れている地域では都市の数が少なく，人口50万人以上の都市はきわめて少ない。1999年時点で，これらの省のなかで都市の数がもっとも多かったのは内モンゴル自治区であるが，ここでもその数は20市しかない。これと比較すると，河北省は34市，黒龍江省は31市，江蘇省は44市，山東省は48市，広東省は54市である。1999年時点で人口100万人以上の都市は全国に37市あり，そのうち，経済開発が立ち遅れている地域にある都市は3市だけである。

②新興都市がかなり多い

現在，中国で経済開発の立ち遅れている地域は，中華人民共和国設立前からもっとも貧しい地域であり，工業はほとんどなく，都市も少なかった。中華人民共和国設立後，政府は開発の立ち遅れている地域における開発と都市建設に力を注ぎ，こうした地域にも一部の新しい都市が出現したが，その多くは資源開発と加工業中心の都市であり，具体的には克拉瑪依，石河子，白銀，鳥海，包頭，雀林郭勒，根河などである。こうした資源開発・加工業を中心とする都市の歴史は浅く，急速に発展している。内モンゴル自治区の包頭市がその典型である。包頭市は中華人民共和国設立以前，人口7.9万人の

小規模な鎮であったが，中華人民共和国設立後，包頭鉄鋼工場，内モンゴル第一機械製造工場，内モンゴル第二機械製造工場といった大型の工業企業が設立され，工業発展にともない，わずか30年間で非農業人口が100万人を超える特大工業都市に成長した。

③都市の構造と機能に欠陥があり，社会・経済の発展水準も高くない

開発の立ち遅れている地域の都市の多くは，中華人民共和国成立後に新たに建設された都市である。たとえば，内モンゴル自治区にある20の都市のなかで，中華人民共和国設立前からあった都市は4市だけであり，残る16市はすべて中華人民共和国設立後に建設された。開発の立ち遅れている地域の都市は歴史が浅く，開発は不十分であり，その機能は不完全である。多くの都市は構造的バランスに欠け，都市機能は行政と工業に偏り，社会・経済の発展水準は高くないため，周辺地域の社会・経済の発展を牽引する力も相対的に弱い。

④都市の分布は不均衡である

中国の開発の立ち遅れている地域における都市の分布は，歴史と自然地理，交通などの影響で省・自治区の内部でバランスに欠ける。省都の周辺地域には，一般的に都市が密集し，その経済・社会の発展水準は比較的高いが，一部の地域では数十万平方キロメートル内に都市が一つもなく，社会・経済の発展水準はかなり劣っている。中国の開発の立ち遅れている地域の都市分布のこのような特徴は，歴史的な原因によって都市化の過程のなかで形成されたものである。改革開放後，開発の立ち遅れている地域の一部の県（旗）は，市に昇格したが，こうした地区が昇格できたのは，政府が現地に大規模な工業建設を行なったためである。したがって，中華人民共和国設立後の，開発の立ち遅れている地域における都市化は，概して計画経済的な色彩が色濃く残り，政府の影響力が相対的に強い。

(2) アメリカとの比較からみた中国の都市化

まず，中国とアメリカの国情には，大きな違いがあることに留意しなければならない。たとえば，アメリカ西部地域の自然条件は良好であり，長い海岸と良い港があるが，中国西部地区は自然条件が悪く，内陸であり，交通も

不便である。19世紀以降，アメリカ政府は西部開発を奨励したが，その地域政策は地域間で偏りのあるものではなかった。それに対し，中国政府の開発政策は長期にわたり東部地域に偏り，その結果，現在の東部と西部のあいだに際立った地域格差を生じさせた。その格差を埋めるため，中国政府は1999年から開発政策を調整し，西部大開発戦略を実施しはじめた。両国のこうした違いのため，後発地域の都市化を比較する際に単純な比較は生産的ではなく，都市化が異なる条件下で進行したという経緯に注意しなければならない。したがって，両国の後発地域の都市化の過程から得られた経験とメリット，デメリットを総括することは，有意義な課題である。中国，アメリカ両国の開発の立ち遅れている地域における都市化の過程を比較すると，以下のような知見が得られた。

①交通条件は都市の発展に対し重要な影響を及ぼす

中国の後発地域では，ほとんどの大・中都市は重要な交通ネットワーク上にある。交通条件の悪い都市では，長期にわたって大きな規模の変化はみられないが，交通条件の良好な都市部は大都市に発展した。アメリカでも過去に同じようなことが起きていた。アメリカの移民は西に移動する過程で，数多くの定住地や町を建設していった。そのなかでも重要交通ネットワーク上にある町は存在しつづけ，しかも都市に発展してきたが，交通ネットワークから離れた場所にある定住地はやがて放棄され，荒廃してしまった。歴史的にみて，資源開発，政治，あるいは軍事的な理由でまず都市を建設し，その後に交通ネットワークを整備するということは多い。現在，人類は地球上のいかなる場所にも到達しえるため，交通条件の良い土地では都市が発展し，不便な地域では現代的な都市は現われてこないのである。

②自然条件，とくに水資源は都市の発展に重要な影響を及ぼす

人口移動は，一般的に開発の立ち遅れている地域から，比較的発展している地域への移動というかたちで起きる。中国の開発の立ち遅れている地域の都市と大都市は，すべて自然条件の良い場所に存在し，その人口の大部分は流入人口である。中国の後発地域は水資源が不足しているところであり，水資源の供給問題を解決できない場所では都市規模は拡大できない。アメリカ西部にある有名な大都市のほとんどは西海岸沿岸に位置しており，中西部の

主要都市は湖や川の近くにある。自然条件が良好な地域では，都市建設や生活のコストは比較的低く，生活水準は比較的高くなる。これは発展の上で有利な点であり，都市の発展に重要な影響を及ぼす。

③大都市が地域の社会・経済発展に及ぼす影響が拡大・強化している

大都市が地域の社会・経済の発展に重要な影響を及ぼすことや中小都市に対して優位性を持つことについては，すでに多くの専門家によって数多くの分析と議論がなされてきた。ある学者は，アメリカなどの先進国で大都市の人口が郊外へ移動するという「逆都市化」の現象に着目し，中国では大都市の発展を制限し，中小都市の発展に重点を置くべきであると提案した。しかしながら，この意見は実際には，アメリカの状況についての誤解を含んでいる。アメリカにおける大都市から郊外への人口の移動は，都市化進展の過程で大都市から大都市圏へと発展した結果である。中国でもアメリカでも，大都市の発展は中小都市よりも速く，しかもつねに地域社会と経済の発展を主導してきた。大都市が地域社会と経済の発展のなかで果たす役割とその位置づけは，つねに強化，上昇している。

④都市の規模は様々な条件と経済要素に規定され，人為的に制御できない

中華人民共和国設立後，中国は様々な要因によって都市部と農村部が分断された二重構造の社会となり，厳格な戸籍制度も導入された。「大都市の規模を厳しく制御し，合理的に中小都市を発展させる」という都市発展政策は，戸籍管理を考慮して定められた政策であり，社会・経済発展という見地に立ったものではない。実際には，都市規模というものは様々な条件と経済要素の影響を受ける。市場経済の下では，都市規模は無限に拡大することもなければ，人々が制御できるものでもない。中国，アメリカ両国の都市発展の歴史がこれを証明している[33]。

2 工業化に対する都市化の立ち遅れ

都市部と農村部を分離する戸籍管理制度によって，都市の人口増加は厳しく制限され，その結果，長期にわたって都市化が工業化に比べて遅れをとる

---

33) 石向実『中米欠発達地区城市化過程比較研究理論研究』，2001年（1）。

という状況が起きている。

中国の国内総生産に占める工業の割合は，1970年代の初めに，すでに50％以上を占めるようになったが，都市化率は長期にわたって停滞し，30％以下にとどまっている。2002年，中国の第二次産業が国内総生産に占める割合は51.8％であるが，都市部人口割合は37％，非農業人口の割合は27.4％にしかならず，都市化水準は工業化水準に比べて10％ポイント以上劣っている。各国と比較すると，中国の都市化水準は世界の平均水準や，同じような途上国と比べてはるかに低い。

先進国の歴史からみると，工業化と都市化は同時に発展してきた。しかし中国は，長期にわたる計画経済体制と特定の歴史的背景の下で，都市部と農村部を分離させた戸籍制度が実施されたため，都市化は工業化に比べてかなり立ち遅れている。

改革開放以前，中国の社会・経済構造は典型的な都市部・農村部の二重構造であり，都市は農村に対して閉鎖的であった。もし，「現代化大生産方式」——政府が政策によって農産物の価格を抑制する一方，工業製品の価格を高めに設定し，その差額で得られる資金を利用して工業発展を促進する方式——で生産を行なったならば，農業は基本的に，都市の工業発展に原始資本蓄積を提供するという役割しかない。1952～1978年に，都市部人口が占める割合は5.5％ポイントの上昇にすぎなかったのに対し，工・農業総生産に占める工業の割合は32％ポイント上昇した。これは，農村部人口が膨張していく一方で，農民一人あたりの土地などの生産資料は減少し，農村部の所得向上が大きな制約を受けたためである。したがって，都市部と農村部の利益分配はかなり不均衡になり，生活水準にも大きな格差が生じた。

改革開放以後，農家経営承包制[*4]の普及，郷鎮企業と呼ばれる農村企業の予想を超えた急速な発展は，農村の産業構造，雇用構造の変化，小都市や鎮の発展，都市と農村の経済的・社会的構造の大きな変化をもたらした。総人口に占める農村部人口の割合は徐々に低下し，逆に，都市部人口の割合の上昇傾向が明らかになってきた。1978年，中国の総人口に占める農村部人口の割合は82.1％であり，都市部人口は17.9％であった。これが，1998年には農村部人口が69.6％と12.5％ポイント低下し，都市部人口は30.4％

と12.5％ポイント上昇した。この数値は1950年の世界の都市化平均水準に相当する。したがって，中国が抱える数億人以上の農民という需要からすると，現在の都市の供給量は少なすぎるのである。

　こうした意味で，中国では工業化の進展に比べ，都市化の進展が遅れをとっていることは明らかである。エネルギー不足，交通ネットワークの未整備と同様に，都市の未発達が社会・経済の発展に与える影響も軽視できない。都市化の遅れは，工業分布が分散したままで，都市がもつ生産要素の集積能力が弱いだけでなく，周辺地域の経済発展に対する牽引能力も弱いことを意味する。これは需要増加を抑制し社会・経済の発展を阻害する重大な欠陥である。とくに都市部の第三次産業発展の立ち遅れは，都市と農村の産業構造の合理化を阻害し，都市部におけるインフラ整備を遅らせ，都市近代化の停滞と都市機能の不備，社会的進歩の減速など，一連の問題を引き起こす。結局のところ，多くの国民が現代都市文明を十分に享受することができなくなるのである。

　工業化と比較した都市化の遅れは，農業生産と就業のあいだにも矛盾を引き起こしている。中国の総人口に占める農村人口の割合は，総生産に占める農業生産の割合より50％ポイントも高く，全雇用に占める農業雇用の割合より20％ポイント高い。1997年，中国の都市化率は29.9％であり，42％という世界の平均水準と比べ，12.1％ポイント低い。これは中国がまだ少なくとも，1億5000万人の農村人口を都市部に移転する必要があることを意味する。

　工業化に対して都市化が低水準であれば内需の拡大が阻害される。消費増加は，経済発展を促進する基本的要素の一つであるが，人口の70％を占める農村人口の消費は，消費全体の40％に満たない。都市化の遅れは，大量の農民を農村部に足止めさせており，他産業に比べ農業の労働生産性が上がらず，農家所得の増加を抑制し，農民の生活と生産活動にマイナスの影響を及ぼしている。他方，都市の工業製品は販売不振となり，都市部人口の所得にもマイナスの影響を及ぼす。所得は消費を決定し，消費はすなわち購買力であり，購買力は生産に直接影響を与える。人口の多数を占める農村部人口の所得が少ないがゆえに，農村の都市に対する購買力は弱く，都市は生産過

剰となり，拡大再生産は阻害され，経済規模は縮小する。

さらに，都市における経済規模の縮小によって農村市場の下支えも弱まり，農村の購買力はさらに低下する悪循環が生まれ，これによってGDP成長率は低減する。したがって，国家全体の都市化と工業化の発展水準を均整のとれたものにするために，大都市の発展を合理化し，中小都市の発展に重点を置き，農村や小都市の発展を促すような戦略を立てることが必要となる。目下，経済発展のさなかに現われた有効需要の不足は，中国の都市部と農村部を分断した歴史的な二重構造にその主な原因がある。広大な農村部を迅速に小都市へと発展させるために，工業化のペースに追いつかせ，全力で二重構造という歴史的な澱を除去する必要がある。二重構造を解消する根本的な方法は，都市化を実現することなのである。

3 中国と韓国の比較からみた，中国の都市化と産業構造の特徴

現在，中国政府は都市化を推進しているが，その際，世界の都市化の経験と中国の実情を照らし合わせ，諸外国の都市化の経験と教訓を学ぶ必要があろう。とくに韓国は中国と同じ東アジアに位置し，文化や伝統も近い上に，現代化のプロセスを歩みはじめた時期，初期の経済発展水準，経済構造に類似の点が多い。両国の都市化の比較を通じて，韓国の経験と教訓を学ぶことは，今後，中国の都市化が健全かつ持続的に発展していくうえで特別に重要な意味を持つであろう。

韓国の都市化の迅速な進展は，経済の持続的かつ急速な成長の結果である。統計データによれば，1960年と1995年を比較すると，韓国の国民一人あたりGDPは83ドルから1万76ドルに増加し，産業別構成比（第一次：第二次：第三次）は37：20：43から6.5：43.3：50.1へと転換した。それに対応して，労働力の産業別就業構造も79.5：5.8：14.7から12.5：33.2：54.3へと変化し，都市化水準は28％から81％に増加した。重要なことは，韓国政府は一貫して，人口移動に対する制限の措置や，農村部から都市部への移動を禁止する措置を採っていない点である。第三次五カ年計画期間でも，韓国政府は地域間の均衡的発展を実現するために，農村部から都市部への人口移動の抑制を望んだが，禁止措置を採っておらず，他の政策分

野のように行政措置もほとんど採らなかった。その代わりに、いわゆる「セマル運動」(「新農村促進運動」)を通じて農村部で大量の就業機会を創出し、人口移動の速度を抑制した。こうした対策の結果、30～40年という短い期間で、韓国は農村部人口が70％以上を占める国から、都市部人口が80％以上を占める高度な都市型国家へと発展した。これはまさに「奇跡」としかいいようがない。

　2000年、中国の国民一人あたりGDPは854ドル、都市化率は36.1％である。これに対して韓国は1976年、一人あたりGDPは800ドルであり、都市化率は50％前後であった。韓国と比較すると、中国の都市化水準は相対的に低い。現段階の中国の都市化率は、その工業化水準と労働力の就業構造に比較しても、相対的に低い。韓国の直線的な都市化過程とは違い、1949年以降の中国の都市化過程は紆余曲折を経験し、U字型の軌跡を辿ってきた。

　中国の都市化は大きく三段階に分けられる。1949～1957年は、新中国の都市化の第一段階である。総人口に占める都市部人口の割合は、1949年の10.64％から1957年には15.39％に増加した。1958～1978年は都市化の停滞期である。1978年末、都市化水準は17.92％しかなく、20年間で2.54％ポイントしか上昇しなかった。1979年以降は中国の都市化が全面的に発展し、史上もっとも都市化の進展が速い時期となった。都市化率は1978年の17.92％から2000年の36.1％へと上昇した。韓国と比較すると、現段階での中国の都市化過程は三つの重要な特徴を持つ。

　第一に、「既存都市の発展と農村内部の都市化の同時進行」である。ここでいう「農村内部の都市化」とは、農村地域の非農業産業の発展と、農業以外の産業に従事する農村人口の集積によって、新しい市や鎮が形成され、結果的に都市の数が増加し、都市人口も増加する過程を指すものである。80年代末に始まった中国の対外開放路線は順調に進み、多数の外資系企業が小都市や鎮への投資を行なったため、小都市や鎮の規模は拡大し、持続的経済発展は小都市や鎮の建設に十分な資金を提供している。1998年、中国共産党は、第十五期代表大会三中全会において「小都市や鎮を発展させることが、農村の経済と社会の発展を促す大戦略の一つである」と打ち出した。それ以

降，小都市や鎮の発展は，都市化全体計画のなかに正式に組み入れられることになった。こうして，小都市や鎮を代表とする「農村内部の都市化」は，中国の都市化において重要で不可欠な部分となった。

　第二の特徴は，「大中小都市の全面的な発展」である。1999年の中国大陸の都市部人口は3.89億人であり，都市の数は600以上である。非農業人口で都市を分類すると，200万人以上の都市が13，100～200万人が24，50～100万人が49，20～50万人が216，20万人以下が365となっている。

　第三の特徴は，「農村部人口の都市への移動を積極的かつ着実に管理すること」である。農村部人口が都市部へ移動しなければ都市化は進まない。80年代中期，とくに90年代以降，都市部人口の雇用，社会保障，社会福祉サービスの各種制度は，市場経済指向的な制度に全面的に改革され，その結果，都市部人口への社会保障や福祉サービス関連の財政支出はしだいに減少している。その一方で，ほとんど財政補助に頼らない農村部人口は，都市部で生産や経営に従事し，しかも安定的な収入と固定の住所を得られるため，事実上「都市部住民」となりつつある。1997年，中国政府は「小都市と鎮の戸籍管理制度の改革策」を発表し，小都市や鎮で合法で安定的な生活収入がある者，2年以上の滞在と合法的な住所がある者，あるいは小都市や鎮を建設するために農地が徴収された者は，都市と鎮の常住戸籍を得られることになった。1999年以降，農村部人口が小都市や鎮の常住戸籍を得るための条件が各地で緩和され，たとえば，「2年以上の滞在」という条件が取り消され，適応対象が拡大された。

　大都市の改革も進んでいる。90年代初め以降，上海や深圳といった大都市や特大都市では，都市で投資や経営，住宅購入をする農村人口に，「藍印戸籍」という準都市戸籍を発行してきた。大部分の都市は農村出稼ぎ労働者に対して，「一時滞在証明書」を発行するという形式を取って，都市で合法的に居住できるようにしている。第五回全国人口センサス資料の推計によると，1億人あまりの農村人口が都市に半年以上住んでいる。中国政府は現段階において，農村人口の都市部への自由な移動を完全に認めているわけではない。しかし，都市経済と都市建設の発展にしたがって，最終的には，農村

人口が都市部へ自由に移動できる社会が実現されるであろう[34]。

4 都市化の進展を阻害する主な要因

(1) 現在の戸籍制度の人口移動に対する制約およびその影響

①都市部—農村部という二元戸籍制度は都市の発展を阻害している

市場経済体制の形成と発展には，都市・農村部の労働力，資金，物資などが市場経済の法則にしたがって有効に配分，配置され，全国規模の統一した大市場を形成する必要がある。しかし，現在中国が実施している戸籍管理制度は，行政的手段によって都市と農村人口を，福祉サービスの待遇，発展の機会，社会的地位の面できわめて不平等な二つの社会グループに分断している。そのため，労働者は各自の生まれ故郷に縛りつけられ，自由に移動することが難しい。これは，都市と農村が一体化する市場経済体制の形成と発展を妨げている。人口を都市人口と農村人口に分けて管理し，農村人口は農業に，都市人口は非農業に従事するという方式は計画経済体制の下に形成されたものである。戸籍上の特権は，社会主義社会の本質に合致せず，都市と農村の差別を助長するばかりか，市場経済の原則とも矛盾している。

②農村余剰労働力の合理的な移動を妨げ，農村都市化の進展を遅らせ，都市化の正常な発展を阻害する

改革開放以後，中国の農村は「温飽」〔「最低限食べていける状態」〕を脱し，「小康」へと歩み出している。このプロセスにおいて最大の制約要因は農民所得の増加が遅いことである。これは，農村で大量に蓄積されてきた余剰労働力が，農業労働生産性の向上を大きく阻害したからである。中国の人口の76％は農村部に暮らしているが，農業余剰労働力は推定２億人であり，農村人口の約４分の１を占める。これらの余剰労働力は，早急に第二次・第三次産業および都市・鎮へ移動させる必要がある。しかし，現在の戸籍管理制度は戸籍移動に関する制限が厳しすぎるため，人口の合理的な移動を束縛している。

③労働力資源の合理的な配置および人材の使用と開発に影響を及ぼす

---

34) 陳頤『中韓城市化比較研究』江海学，2001 年 6 月。

人材の使用と開発および労働力の合理的な配置は，国民経済発展のなかでも，もっとも重要な要素である。中国の戸籍管理制度は，農村から都市へ，内陸から沿岸へ，鎮から市へ，小都市から大都市への人口移動を妨害している。非常に資質の高い者であっても，農村部出身者であれば会社に正式雇用されることは少ない。その結果，労働力市場の発達が阻害されるだけでなく，才能ある人材が現われる機会も少なくなる。改革開放以後，農村から多くの企業家や傑出した女性，専門家が生まれたが，現在の戸籍制度の制約によって，その才能の発揮は厳しく制限されている。

　④国民の基本的権利と義務の実現を妨げる

　戸籍管理制度は上部構造の一部分であるため，社会主義的経済基盤を強化し，国民に奉仕するという本質的特性を具現すべきものであり，国民の合法的な権益を守るべきである。しかし現在の戸籍管理制度は，人口の移動を厳しく制限することで実際には国民の直接的利益の妨げにもなっている。夫婦の戸籍が違う場合，夫婦は長期にわたって一緒に生活することができず，温かい家族愛を享受することもできない。一緒に生活することができるのは，やっと定年になってからとなる。こうした別居生活により，子どもの教育や高齢者の扶養などで精神的な負担を強いられ，子どもの教育面でも悪影響が出ている。さらに，人々の直接的利益と，国民の基本的権利や義務の実現を妨げ，ひいては社会の安定にも影響を及ぼしている[35]。

(2) 移動人口の不平等な社会的地位

　都市化が進展するなかで，都市への移動規制を緩和すれば，都市化を確実に推進することができる。現在，中国では豊かになった人は一握りであり，まだ9億人以上の農民を，都市化を通じて現代化した市民に変化させる必要がある。現在のように所得水準が高くない状況下では，多くの人々の利益を守ってこそ，都市化を順調に進展させることができる。都市は，国家が資金を集中的に投入しているだけでなく，公共福祉サービスの施設も集中している場所である。このため，都市の門戸を開放して，より多くの人々を吸収

---

35) 曹景椿「加強戸籍制度改革,促進人口遷移和城鎮化過程」『人口研究』, 2001年9月。

できるようになれば，人々が生活しやすく，コストの低い都市を作ることができるであろう。具体的には以下のような問題に着目する必要がある。

第一に，外来人口の居住条件に関する問題。建設部の副部長，仇保興氏は「2003年持続可能な都市化発展戦略に関する国際会議」において，中国の都市部総人口はすでに5億人に達し，都市化水準は1996年の26.4％から現在の39％に上昇していることを指摘し，このような急速な成長は，中国の都市化の進展にさらに大きな課題をもたらしていると述べた。

なかでも，外来人口の居住問題を解決するため，都市の住宅消費を促進する有効な措置を採用し，売れ残り住宅を減少させ，住宅購入政策を修正，外来人口の都市部での住宅購入を支援することが重要な手段の一つである。現在，都市部で住宅をもっとも必要としているのは外来人口である。ここでいう外来人口とは，農村部や他の都市から出稼ぎに来た人々およびその家族で，都市部に居住し長期間仕事に従事している者を指す。このような外来人口は，ほとんど当該都市の戸籍を持っていない。こうした外来人口は，勤務している会社の寮や社宅に住んだり，アパートを借りたり，勤務場所に住んでいる者もいる。一般的にいえば，外来人口の住宅は面積が狭く，衛生，採光，通風，環境条件などは芳しくない。彼らは当該都市に戸籍を持たないため，都市部の住宅保障制度の対象にならず，制度に規定されている最低住宅水準保障を得ることもできない。したがって，彼らの住宅条件は都市部住宅保障制度に定められた住宅水準より低く，都市のなかでも，もっとも厳しい環境で生活している。

外来人口が都市で長期的に働き，生活しているということは，市場経済によって労働力資源が効率的に配置された結果である。彼らが長期的に本籍地から離れ，都市で仕事や生活をするのは，都市により多くの雇用の機会があり，より多くの収入が得られ，生活が本籍地に比べて良いからである。彼らは現在働き，生活している都市から離れたがらない。彼らは都市の食品店，石炭店，野菜市場，八百屋，飲食店，理髪店，修理店，清掃屋，雑貨屋，警備，ホームサービス，建築現場といった，つらく汚い仕事の経営者，従業員となり，こうした職業の主な担い手となっている。中国で労働力資源の浪費現象は，都市より農村で際立っている。現在，都市への出稼ぎ農民に対して，

国は一銭も資金投入をしていないが，彼らは市場経済の法則にしたがって都市の労働力市場に参入し，活路を見出している。こうして，自己の労働生産性を上昇させ，都市や他人の労働効率も上昇させ，社会全体と彼ら自身の収益を増加させている。これは，市場経済が労働力資源を効率的に配分させた結果である。

　外来人口の潜在的住宅需要は大きい。こうした外来人口は，住宅価格が適当であり，支払い能力に合致すれば，他の家庭と同じような住宅を所有したいと望んでいる。もし建物の内装工事が簡単で，価格が低く，面積が60平方メートルあるいはもう少し狭い程度で，住宅ローンで購入できる外来人口用の住宅を作れば，彼らの潜在的な住宅需要は，現実的な需要になるだろう。そうすれば，都市の住宅消費の促進や，売れ残り住宅の減少にプラスになろう。外来人口の都市で長期間就労・居住が政府によってすでに認められた以上，彼らの都市での住宅問題の解決も政府が支援すべきであろう。現在，都市部の住宅制度改革による都市部住宅保障制度の対象は，当該都市の非農業戸籍を持つ人々に限られている。外来人口は当該地区の戸籍を持たないため，彼らは最低住宅水準の保障も受けられず，公有住宅を割引で購入することもできず，住宅ローンを借りる資格もない。彼らが住宅を獲得したり居住条件を改善したりするには，市場価格で住宅を借りるか，一括払いで住宅を購入するといった手段しかない。外来人口の収入や生活水準は本籍地に比べると高いが，彼らのほとんどは一括払いで住宅を購入することができない。また，住宅開発業者の資金繰りは困難であり，投資の回収を急いでいるために，彼らは新しい物件を外来人口に貸すことを渋り，その結果，外来人口が適当な住宅を借りることが難しくなっている[36]。

　第二に，移動人口の子どもの教育問題。社会的発展にともない，都市化は中国で徐々に時代の潮流となっている。現在，中国の移動人口は1.2億人にのぼり，全国総人口の約10％を占めるようになった。近年になって，中国の人口移動は単身出稼ぎ方式から，徐々に家族型の移動方式になった。一部の都市の移動人口サンプル調査によれば，移動人口中，就学期児童の割合は

---

36) 路金勤・呉亜琴「修改購房政策引導外来人員消化城市商品住房」『中国房地産』，2000年3月。

2〜3%であった。この数値で計算すると，全国で約200万人程度，北京では約8万人の児童ということになる。移動人口の発展傾向からすれば，移動人口の子どもの教育問題は，徐々に重要な問題となるだろう。

　教育部，公安部は1998年3月に「移動児童の就学に関する暫定的方法」を発布し，各地の全日制公立中小学校に「借読」〔本籍地以外の地域の学校で一時的に勉強すること〕を認めるように求めると同時に，移動人口の児童専用の民間学校を作り，その児童の就学の権利を保障するとした。また，どのような形式の学校であっても，営利を目的とするのではなく，決められた規定に沿って合理的な学費基準を作り，高い学費を要求してはならないとも規定した。しかし，政府が解決方針を打ち出しても，実施細則は各地が策定することになっており，また，地域によってこの問題への態度や対処方法も違う。したがって，外来人口の子どもが都市で就学するのは依然として難しい。

　費用の問題は，親が直面するもっとも重要な課題である。原則的に，北京市のすべての公立学校は，外来の就学期児童を募集することができる。しかし戸籍がないために，公立学校に入るためには一定の「借読費」と「賛助費」を納めなければならない。借読費は年500元前後，賛助費は年2000〜6000元である。それ以外に，学費，書籍費，春の旅行費用，秋の旅行費用，得意科目特別クラス費用等々，様々な費用がかかり，それらを合わせると大きな金額になる。多くの低所得の外来労働者にとって，これらの費用を払うことは非常に難しい。費用が高いために，多くの親は子どもを公立の学校に通わせることができず，私立の外来児童専門学校に入学させる。こうした学校は公立学校に比べて費用が非常に安く，とくに貧困学生に関しては学費が減免されるため，多くの外来家族にとって負担しやすくなっている。政府は，私立学校も外来児童の就学問題を解決する手段の一つであるとしているが，これに関連する法案もなく，こうした私立学校の経営は現在も非常に厳しい状態にある。もっとも根本的な問題は，これらの学校が法的に認可された資格を持っておらず，学校を運営する資格が政府によって認可されていないことにある[37]。

---

37) 武暁萍「在京外来人口子女教育問題」『北京社会科学』，2001年3月。

現段階における生産力の発達水準の制約により，中国では，すべての国民に自由な選択にもとづく平等な教育を受ける機会を提供するための物的基礎が不足しているため，教育機会の面で様々な不平等が存在している。なかでも移動人口の就学適齢期児童の不平等問題は非常に深刻である。1996年10月，国家教育委員会は北京の豊台区，上海の徐滙区，天津の河北区，深圳の羅湖区，浙江省の儀烏市，河北の廊坊市など，6市・区で移動人口の就学適齢期児童の就学状況を調査した。その結果，6市・区の移動人口就学適齢期児童の就学率は94.43～96.02％であり，全国の平均水準より低い。常住人口とは違い，移動人口の就学適齢期児童は，入学に際して借読費という障害がある。また，移動人口にとって，借読費を払ったとしても，意中の学校がみつかるとは限らない。こうした要因によって，移動人口の子どものなかには公立学校の借読をあきらめ，移動人口の子どものために設立された簡易学校に就学している者もいる。しかし，多くの簡易学校は，一般的な公立学校と比較にならないほど設備が悪く，教師のレベルにもばらつきが大きい。また，公立学校で借読している移動人口の子どもが，差別やいじめを受ける場合もある。学業成績の面でみると，国家教育委員会による6市・区の移動人口児童就学状況の調査結果によれば，就学していない児童のなかで，成績が悪いという理由で退学した子どもは6.79％を占めていた。

　ある調査では，都市の一流中・高・大学に入学する機会は，親の所属階層によって明らかに異なることが示されている。都市の一流の中・高の学生の多くは，幹部や知識人の子どもである。出稼ぎ農民の子どもの多くは，他の階層の子どもに比べて学業成功率がはるかに低い。しかし現在，移動人口の子どもに関する教育問題は，教育課程，学業成果の面での不平等よりも，入学機会の不平等のほうがより深刻である[38]。

　第三に，移動人口に対する差別問題〔原語は「権益問題」〕。移動人口は社会的に弱いグループに属する。改革開放以後，政府の都市部と農村部についての管理体制が緩くなり，農民は都市部で仕事を始めた。移動人口は数量上では大きなグループだが，彼らは都市部では社会的弱者である。移動人口の

---

[38] 謝維和「解決流動人口子女教育問題促進教育改革和社会発展」『上海高教研究』，1997年6月。

社会的地位の低さは，彼らの地位が合法的に守られていないことを示している。たとえば，給料の未払いや遅配などは日常茶飯事であり，劣悪な労働環境，長時間労働，過重労働などの現象も随所にみられる。

1．就業制限。戸籍制度による都市部と農村部の二重構造は，都市人口と農村人口の労働市場をも分割している。国有企業の一時帰休者の増加にともない，都市人口の雇用圧力が強まり，本来，都市人口が避けてきた仕事にも徐々に就業希望者が多くなってきた。その結果，多くの都市，とくに大都市では，常住人口の就業を保護するために外来人口の就業を制限あるいは禁止する政策を打ち出している。

2．移動人口が合理的な労働報酬を得る権利が保障されていない。労働者の報酬を得る権利とは，労働者が労働の量と質に応じて報酬を得る権利である。しかし，外来人口の労働報酬権はしばしば侵害される。まず，同じ仕事内容であっても報酬が異なる。外来人口は都市人口と同じような仕事に従事しても，都市人口より報酬が少ない。さらに，残業をしても，残業代が削減され，まったく支払われないこともある。たとえば，広東省東莞市の電子工場の警備員の話によると，彼らは毎日12時間勤務しているが，8時間分の給料しかもらえない。毎月1日だけ休日があるが，それ以外は強制的に残業させられ，支払われる残業代も国が定める基準よりもはるかに少ない。また，給料の遅配や不払いがある。企業が日常的に給料の遅配や不払いをするために，多くの外来人口は年末になっても給料を受け取れない。こうした状況は全国的に珍しいことではない。2002年の旧正月期間に，全国各地の労働保障部門は，29.2万人の外来人口のために2.82億元の未払い賃金を回収した。

3．休憩時間や休日などの権利が保障されていない。労働者は労働の権利を持つと同時に，休暇の権利もある。しかし，外来人口の長時間労働は非常に深刻である。多くの企業は外来人口を残業させ，休日も例外なく働かせ，法定休日は建前だけのものになっている。北京，上海と広東省の調査によると，29.6％の出稼ぎ労働者は毎日の労働時間が12時間を超え，72.5％の出稼ぎ労働者は週7日勤務している。長期にわたっての長時間労働は，出稼ぎ労働者の肉体的，精神的健康にマイナス影響を及ぼしている。

4．労働環境が悪く，労働者の保護が不十分である。労働安全衛生権とは労働者が労働条件の改善を通じて自己の安全と健康を有効に保護する権利である。しかし，一部の企業は目先の利益に囚われ，コストを削減するために，労働環境を改善せず，労働者の安全確保のための備品も発給しないため，職業病の発病率は非常に高く，勤務中の中毒事件も年々増加している。

5．社会保障および福祉サービスを受ける権利の欠如。社会保険，社会福祉とは，国と企業が提供する福祉サービス施設および各種福祉サービス待遇を，労働者が利用，享受できる権利である。労働者は加齢，疾病，労災，失業，出産，労働能力の喪失などの際に物質的な保障を受けられる。これは労働法上の基本的原則であり，憲法と労働法はこれについて具体的な規定を設けている。しかし実際には，多くの出稼ぎ労働者の社会保障と福祉サービスを受ける権利はしばしば欠如しているか，まったく存在しない。一部の企業，とくに自営業者や個人企業は，出稼ぎ労働者に保険をまったくかけない，あるいは，保険の一部をかけるか出稼ぎ労働者の一部にだけ保険をかけるといったことを行なっている。地域差があるが，全体的にみると，年金，失業保険，医療保険は常住人口に比べてその加入率が明らかに低い。

6．参政権を行使することが難しい。自らが移動しているために，保有するはずの参政権を行使することは難しい。たとえば選挙の際に本人が本籍地以外の土地に居住しているため，情報を十分に把握できず，その結果，選挙に参加できないといったことが頻繁に起きている。

7．社会的ステータスが尊重されない。「農民工」〔農民労働者〕や「打工仔」といった呼び方は，出稼ぎ労働者の身分と職業を表わしているだけでなく，差別的な意味あいも含まれている。都市経済における外来人口のプレゼンスが高まるにつれ，常住人口と地元政府の，外来人口に対する意識も変化し，当初は排斥的であったが現在は部分的に認める方向になっている。しかし，都市社会での移動人口に対する排斥は依然として存在している。南京大学の調査によると，67％の農民労働者が，常住人口と付き合うときに差別や偏見を感じていると答えた。このような差別と偏見は，農民の都市社会への融合を阻害し，農民労働者と都市住民との溝をさらに深くさせている。農民労働者の都市への流入によって，社会的秩序が乱れ，都市での違法行為が増加

するといった現状は，外来人口と常住人口との衝突の一面を反映したものである[39]。

3 傾向と対策

1 将来の都市化と人口移動の発展趨勢
(1) 農村と都市の人口移動規模は拡大している

　経済開発の立ち遅れている地域から発展地域へ，農村から都市へという人口の移動は，人口移動の基本的法則である。移動人口のなかでは，労働力人口がその中心を占め，その移動の第一理由は，労働報酬のより高い仕事を得るためである。中国の社会主義市場経済体制の設立と深化にともない，都市と農村の労働力人口およびそれに付随する人口の移動頻度と規模は拡大しつづけている。しかし中国では，都市化水準が依然として低く，農村人口の全人口に占める割合およびその絶対数も大きい上に，都市と農村の社会・経済発展水準の格差が大きく，さらには，農村の人口と労働力が多いため，人口と土地の矛盾が深刻であり，雇用圧力が大きく，農村部にはいまだに大量の余剰労働力が存在している。このため，将来的にも移動人口全体のなかで，農村からの移動人口は大きな存在となるだろう。関係部門の予測によると，2001～2010年に全国の農村で新たに生み出される労働力は6350万人前後で，年635万人の増加と計算されている。もし，同時に農村・鎮の企業が年500万の就業機会を創出できたとしても，10年間で新たに増加する余剰労働力は累積1350万人となる[40]。農村部労働力移動の供給の側面からみれば，農村からの労働力流出が増え続け，とくに西部および中部地域では，農村部労働力の都市や東部地域への移動が拡大している。

　農村と農業生産領域での大量の余剰労働力の存在は，人的資源の浪費になるだけでなく，農業の労働生産性の向上，農民の所得増加および農村経済の持続的発展の制約要因となる。計画出産政策実施以後，中国政府は農村人口の出産を抑制することが，この問題を解決する重要な手段であるとしてきた。

---

39) 徐増陽ほか「弱者的権利――農民工的権利保護問題」『調研世界』，2003年2月。
40) 王程熙「農村労働力転移論」『人民日報』，2000年8月8日。

しかし，中国の現実と先進国の経験からみると，この問題の抜本的解決策は計画出産政策ではなく，農村から都市への人口の大規模な移動である。言い換えれば，農民の所得を増加させ，農村経済を振興させる基本的な方法は，農村人口を減らし，非農業化と都市化を推進することである[41]。現在，農民が裕福になるためにはその数を減らすことが必要である。非農業化や都市化の水準を上昇させることで，最終的に農村の余剰労働力の問題を解決するという道筋が，都市化的思想である。

政府は，これらの都市化の構想を重視しはじめた。「中国共産党第十六回全国代表大会（十六大）」の報告は，「都市と農村の経済と社会の発展を全体的に計画し，現代的農業を作り上げ，農村経済を発展させ，農民の所得を増加させることは，全面的な小康社会を建設するための重大任務である」，「農村の余剰労働力の非農業分野への移転と都市部への移動は，工業化と現代化の必然的傾向である。徐々に都市化水準を高め，大中小の都市の調和のとれた発展を堅持することで，中国独自の都市化の道を歩む……。都市化の発展に不利な体制と政策を撤廃し，農村労働力の合理的移動を促す」と指摘した。現在，国と各省（区，市）は，共産党第十六回代表大会の報告にしたがって，制度と政策面の改革と革新を進めている。

たとえば，長期にわたって農村の人口移動と都市化の制約要因となってきた戸籍制度が，全国の多くの省（区，市）で打ち破られ，この戸籍制度が生んだ労働就業，教育，社会保障制度の都市と農村の格差を埋めるための改革も始まっている。発展の趨勢からみると，農村余剰労働力を中心とする農村人口の都市部への大規模な移動は，注目すべき社会・経済現象である。その規模は拡大しつづけ，今後数年以内に年1200万人に達する[42]。流入都市における，農村人口による長期滞在戸籍登録の絶対数と相対量も拡大しつづけている。その一方で，中国では農村人口の数が多く，全人口に占める割合も依然として高いため，関連する政策の改革および改善と，人々の価値観（たとえば農民が故郷を重んじ移住に対して慎重になることや，都市に移動した

---

41) 李建民「"三農"問題——人口学家如是説」『人口研究』，2003年（3）。
42) 周天勇・張弥「就業——勢態分析，根本出路与中長期方案」『中国人口科学』，2003年（3）。

農村人口の都市社会への融合,都市市民の農村人口の受容の態度など)の転換には時間がかかる。そのため,農村人口と都市人口の中間にある特殊グループ——農村から都市への移動人口と農民労働者(都市の戸籍を登録していない農村人口)——の全体的な規模は増大しつづける傾向がある。また,西部,中部,東部の三大地域間の経済発展不均衡がこの先も一定期間持続することが予想されるため,農村労働力の三大地域間の人口移動の主要方向は,西部・中部地域の農村労働力人口の,東部経済発展地域の農村,もしくは各種の都市・鎮への移動になると予測できる。しかし,市場化改革の進展にともない,市場法則の下で生産要素の流動性が高まり,あわせて国が西部地域への財政支援とその他関連する政策的支援を拡大すれば,東部の人材や企業家,個人事業主などの西部地域への進出を促進できる。また,故郷の発展状況がよくなることで,1990年代に西部から東部へ出稼ぎに出た人々の一部が,貯蓄した資金とそこで獲得した技術を持って故郷に帰り,創業することもあろう。このような人々が西部の都市や町で事業を興し,より多くの就業機会を創出すれば,所在地域の労働力を吸収し,都市化水準の向上にもつながるだろう。ただし,このような東部から西部への人口移動規模は,西部から流出した人口規模とは比べものにならないぐらい小さい。

(2) 加速期に入った中国の都市化

　2001年末,中国の都市化水準は37.65%に達し,都市化の中期段階に入った。都市化進展の一般的法則によれば,都市化率が30～70%で加速期に入り,50%がそのピークになる。現在の中国の都市化水準は37%であるため,加速期に突入したといえる。関係部門の予測によると,2010年以降,中国の都市化は年1%というスピードで進展し,2020年には60%前後に達する[43]。しかし,長期的に実施されてきた農村・都市を分断する戸籍制度,および労働就業,教育,社会保障などの伝統的体制によって,他国と同等の工業化水準にあっても,中国の都市化水準は明らかに劣っており,都市と農村の社会・経済の発展水準の格差も大きい。

---

43) 宋利芳・熊昆「経済全球化背景下的城市化」『城市経済研究』,2003年(8)。

今後，市場メカニズムが社会と経済の各領域に浸透するに従い，市場による資源配置が主となることが予想される。そのなかでも労働力はもっとも活力のある生産要素として，労働生産性の低い農業部門から，労働生産性の高い第二次，第三次産業へ移動し，その速度は必然的に加速し，その規模も拡大する。しかも，都市化の中期段階以後，中国の場合，都市化進展が他国よりも速くなる可能性がある。中国の都市と農村間，とくに東部，中部，西部という三大地域間の社会・経済の発展水準の格差が今後も一定期間存在しつづけることが予測されるなか，農村の現代化の進展と農業労働生産性の向上にともない，規模を拡大しつつある大量の農村部余剰労働力およびその付随人口が，農村から都市へ移動・移住することで，農村人口の割合が低下し，同時に都市人口の割合が急上昇するという現象は，中国の社会・経済の発展にとって必然的なものである。そして，都市化が加速することもまた，必然である。

　中国の都市化の進展速度に関しては，現在，以下のような異なる推測がある[44]。第一に，中国政府が1996年の第二回国連人間居住会議（Habitat 2〔ハビタット 2〕: The Second United Nations Conference for Human Settle-ments）に提出した「中華人民共和国人類居住発展報告」の予測である。これによると，2000年までに全国都市部人口は約4.5億人，都市化率は35％，2010年まででは都市部人口は約6.3億人，都市化率は45％に達する。2010〜20年にかけて，中国の都市化水準の成長は引き続き加速し，年平均1.3％ポイント前後増加する。2020年には，都市化水準は58％前後となり，国際的平均水準に達する。第二に，比較的低位の予測である。国家計画委員会マクロ経済研究院課題グループ（2000年）の研究によると，2001〜2005年の都市化進展速度は，平均で年0.47〜0.74％であり，都市化を促進する政策を実施すれば0.74％を超える可能性はあるものの，年1％という水準を超えることはなく，2015年の都市化水準は45％との予測である。第三に，中位予測である。国務院の発展研究センター「第十次五カ年計画研究」課題グループ（2000年）の研究によると，中国の都市化率は2010年

44）白南生「中国的城市化」国研網（ウェブサイト），2003年3月20日。

に45％前後に達し，この先30〜40年以内に70％前後に達すると予測されている。第四に，高位予測である。李善同（2001年）の研究によると，この先20年以内に中国の都市化水準は60〜66％前後に到達し，都市化率は年平均1.2〜1.5％ポイント増加すると予測されている。

現段階では，都市化の進展速度に関する予測は異なるものの，現在の中国の発展段階からみると，中国は都市化の加速期を目前に控えており，大きな社会変化に直面するという点は各予測に共通する意見である。今後数十年間で，中国は農民主体の社会から，都市住民主体の社会に変貌するであろう。

(3) 膨大な農村余剰労働力の移動および都市化と現行関連政策の制約の衝突とその深刻化

現実的にみると，農村労働力の都市部への移動と都市化は，都市と農村経済の協調的発展を実現する上で欠かせない過程である。しかも，規模が大きく，増加を続ける農村部余剰労働力の非農業分野や都市部への移転は，今後中国の工業化，都市化および現代化の過程で必然的に現われる現象である。今後の発展趨勢からみると，多量の農村部人口の移転および都市化と現行関連政策および措置の矛盾と衝突は，しだいに大きくなるであろう。こうした矛盾は主に以下の分野に集中している。

第一に，戸籍制度およびそれに関連する政策と農村人口の移動・都市化との矛盾である。改革開放以後，とくに近年になって，戸籍制度に関しては大幅な調整が行なわれたものの，いまだに完全な開放には至っておらず，とくに大都市，特大都市では制限されている。伝統的な戸籍制度における都市と農村を分断する労働就業，教育，社会保障，住宅などに関する改革は進んでいるものの，市場経済条件に適応する都市と農村経済の一体化や，都市・農村統一の労働力市場の設立という観点からみると，新たな制度と措置を導入し，改善する必要がある。

第二に，農村の土地制度と農村人口の移動・都市化との矛盾である。中国では，農村の土地は集団所有であるが，その所有権の主体は明確ではない。また農村人口は，相対的に安定した土地経営を請負う権利〔「承包権」〕を持っているが，土地の処理をめぐる諸権利も明確ではない。「農村土地承包法」

の規定によると、農村の土地使用権を譲渡することは可能であるが、土地市場はまだ形成されておらず、政府と村が農家の意思決定に干渉するため、土地の使用権を移転することはきわめて難しい。これは、農業の大規模経営と現代化の進展を妨げるばかりでなく、出稼ぎ労働者が所有している土地の使用権を有償譲渡することができないため、一方において、放置された土地の荒廃を招き、他方においては、基本的な生存保障である土地を失うことを心配し都市部での生活を選択できないことにもつながっている。また、農民は請負った土地以外に、住宅の所有権も明確でないため、大量の出稼ぎ者は故郷の自宅を放置する場合が多く、こうした理由で、土地という貴重な資源を有効に利用することができなくなっている。それ以外にも、農村の土地所有権の不明確、管理不行き届き、法律の執行が厳正に行なわれないなどの理由で、都市がその建設用地を自由に拡張し、農民の土地を奪い取るという現象が起きている。その結果、土地を失った多くの農民は、住む場所もなく、耕す土地もなく、仕事もない状況になる。「失地」農民の合法的権益の保護は現在、重要な課題である。実際には、農村の土地所有権制度だけでなく、その他の農村集団が所有する資産の所有制度も、農村人口の移動と都市への移民に影響を与える。一部の経済が発達した地域の農村では集団所有資産が多く、農民が都市へ移動した場合、その集団所有資産の所有権と収益の支配権を失うために、都市への移動を躊躇する者もいる。

　第三に、抑制措置を中心とする都市部の移住者受け入れ制度と農村人口の移動・都市化との矛盾である。現在、都市への移民に関する制度は、都市の既得権益を重視するための抑制的措置が多く、農民の都市への移動を支援する措置（たとえば、就業指導や職業訓練、都市市民の子どもと同等の教育権利、住宅の安価な提供、企業や地域の社会文化的受容など）は少ない。これでは、長期にわたって都市で就業・生活をする農民労働者とその家族の合法的な権益を守ることができない上、彼らの都市社会への融合を阻害するため、国の都市化目標の実現にも影響を及ぼす。また、その合法的な権益を保障されない農民労働者たち、なかでも新世代の農民労働者は、農村から都市への移住生活が長期化しても都市での就労と生活に全力で取り組めないばかりか、都市にも農村にも自らのアイデンティティを持てず、社会的差別を受けるこ

とも避けられないであろう。こうした農民労働者の一部が過激な行動に走り社会に報復すれば，社会の不安定要素にもなる。

　第四に，都市へ移動した農村労働力と都市労働力との就業競争の深刻化である。現在，農村労働力の大部分は，都市労働力が従事したがらない仕事に就いているが，近年，こうした仕事の一部は農村労働力から都市労働力に代わりはじめている。過去の計画体制の保護により，ある程度「貴族化」した都市労働力に比べると，大量に供給される農村労働力のほうが仕事に対する要求が少なく，忍耐強く，コストが安く，規律をよく守るために管理しやすい。将来的にみれば，市場経済下で仕事が競争によって決まるという基本的法則がしだいに機能し，都市と農村の戸籍の障壁がしだいに取り払われ，農村人口に対する差別的な就業政策も徐々に廃止されることにより，開放的な労働市場が形成され，都市労働市場は大きな役割を果たすことになるであろう。また，時間の経過にともない，都市労働力の就業意識はしだいに変化し，仕事に対する選択も徐々に変わる。他方で，農村からの出稼ぎ者も，様々な就業技能に関する学習や努力を通じて，自身の就業競争力を向上させる。このため，都市の限りある就業機会に関する，都市労働力と農村労働力の競争は避けられない。さらに注目すべき点は，この二つの労働力グループの競争のなかでも，流動性が高く一定の教育を受けた農村の青年労働力と，都市の教育水準が低く労働技能が単一な中高年一時解雇労働者との競争である。都市の政府は，都市住民を代表しているため，都市住民の権益を守ろうとするのは道理である。大量の農村労働力が都市へ移動し，都市人口の就労に直接影響を与える場合，地元の労働市場の保護を求める声が都市住民のあいだで高まる可能性もある。他方，「三農問題」の解決に苦心しており，全国民の利益を代表して国民の全面的な小康社会の実現をめざす国と各地方の政府は，市場化改革をいっそう推進し，国民の多数を占める農村人口の利益および公平性を追求していくであろう。このように，将来の社会が労働市場政策について，労働市場の「公平」を求める声と「保護」を求める声がともに強まるであろう。いかに都市労働力と農村労働力の就業競争の折り合いをつけ，二つの労働者グループの利益面の矛盾の激化を回避するかは，現在中国で成長を続けている労働市場と制度化されつつある就業政策への厳しい試練である。

第五に，農村人口の資質向上の要請と農村人口の移動・都市化との矛盾である。長い期間にわたり，中国の教育資源の配分とその管理体制は，「都市の教育事業は国によって行なわれ，農村の教育は農民自身で行なう」という，都市と農村を分断した内容であった。相対的に経済発展の遅れた農村においては，基礎教育への投資が相対的に不足しているため，教育の質の向上を実現できず，一般的に，農村労働力は都市労働力に比べて科学・技術および文化的資質が低くなっている。都市に移動した農村労働力は，農村では教育水準が比較的高い青年および壮年が中心であるが，都市労働力が受けた教育の平均水準に比べると，依然として低い。市場経済の下で科学・技術の知識が各産業に急激に浸透するなか，労働力の教育水準と技術水準の高さは，就業競争力，とくに高所得の職業への就業能力に対し決定的な影響を及ぼす。農村の余剰労働力が都市で自分にふさわしい職場をみつけ，安定した生活を営めるか否かは，彼らの科学や文化の資質の高さによって決定される。都市経済の現代化にともない，都市産業が肉体労働中心から知的労働中心へと転換している状況下で，農村労働力の低資質と技能不足は，必然的に農村人口の都市への移動と都市化の進展の障害となる。

2　都市へ移動した農民を都市にとどまらせるための対策の検討

　本来，都市化とは農村人口が都市へ移動し，総人口に占める都市人口の割合が増加する過程を指す。現在，中国の移動人口は1.4億人に達し，今後さらに増加することが予測されている。そうしたなかで，流入した「移動人口」あるいは「農民労働者」をいかに都市にとどまらせ，都市住民にするかは，中国の都市化政策における中心的課題である。

(1) 戸籍制度に関する改革の推進

　都市と農村の二元化戸籍制度は伝統的な計画経済の産物である。社会主義市場経済体制の形成と整備にともない，伝統的戸籍制度を改革する必要に迫られている。戸籍制度改革の趣旨とは，「都市と農村の二重構造を打破し，戸籍の障壁をなくし，戸籍登録制度本来の機能に戻す」ことである。政府は改革を進めるにあたって，計画経済体制の下で形成された，都市戸籍に関連

する各種福祉サービスの制度（たとえば就職および再就職支援，医療，年金，義務教育，住宅など）が都市ごとに異なり，都市が異なれば受けられる保障も異なるという点を勘案しなければならない。したがって，市場経済体制へ転換するなかで社会的安定を維持するためには，政府は戸籍制度改革を小から大という順序で推進すべきである（これは，福祉サービス制度が充実している大都市や特大都市の戸籍を早期に開放すれば，大量の外来人口がそこへ移動し，就業，インフラ，社会治安，その他の面で都市の正常な機能の発揮に巨大な圧力がかかり，さらに大きな負の影響をもたらすからである）。つまり，まずは小都市や鎮から戸籍を開放し，その後に中都市，大都市，最後に北京，天津，上海といった特大都市の戸籍を開放するという順序である。それと同時に，都市の戸籍に付随する各種福祉サービス制度をしだいに切り離し，最終的にはそのような優遇を廃止し，戸籍本来の機能，つまり人口に関する情報を登録するという機能に戻すべきである。

　2001年以降，新しい戸籍制度に向けた改革は全国の一部の省と市，たとえば江蘇，浙江，四川，河南，河北などで推進され，これまでの人口移動に関する都市計画の指標を変更し，条件を満たせば都市へ戸籍を移すことができるようになった。戸籍を移動するための条件とは，一般的に，合法的な住所，安定した職業と収入を持つことである。新しい戸籍制度に向けた改革は，都市と農村人口の社会的格差を根本的に変え，国民の自由な移動と居住地の選択を可能にし，都市と農村を統一した労働力市場の設立や農村労働力の順調な移動を促すことで，都市化を加速させるであろう。

　都市化とは単に戸籍を都市部に移すことではない。都市に移動した労働者が，就業，教育，生活様式，社会保障などのさまざまな面で真に都市に融合できたときこそ，本当の意味での都市化と呼べる。戸籍の移動とは表面的な問題であり，それに関連する就業，子どもの教育，社会保障，請負った農地と農村集団資産の所有権の定義といった諸領域に関する政策も戸籍制度改革と並行して調整しなければならない。こういう条件が整備されてはじめて，戸籍を都市に移動することが農民にとって真に価値があるものとなり，より多くの人口を都市に移動させることにつながる。そして，戸籍制度の改革は都市と農村の調和のとれた発展と都市化推進の目標達成の双方に寄与する。

したがって，都市と農村の二元化戸籍制度を改革すると同時に，二元化している労働就業，教育，社会保障などの制度も改革する必要があるのである。

現在，比較的大幅な戸籍制度改革を実施した地域の状況をみると，農村部の労働力が都市で働き，生活するための条件が大幅に緩和され，しかも新政策では，戸籍を都市に移した農村人口は，地元市民と同等の待遇を受けられるようになった。しかし，都市戸籍への変更は依然として一定条件の制約を受け，出稼ぎ者の大部分を占める農村労働力にとって，短期間で都市戸籍への変更条件を満たすことは難しい。農村から都市に移動した出稼ぎ労働者は教育水準が相対的に低いため，一般的には都市の労働生産性の低い分野，非正規部門で働く。このため，彼らの所得は相対的に低く，短期間で都市の住宅を購入する資金を貯蓄することは難しい。また，非正規部門の雇用は不安定であり，安定した職を持つという条件も満たせない。都市戸籍を得るための条件を満たせない農村からの大量の移動人口に関して，都市はどのように対応すればいいのか。以前と同じように流入制限をすべきか，あるいは彼らが都市社会に迅速に融合できるように支援すべきか？　われわれは，市場化改革と都市化推進という客観的要請のために，本来は即時撤廃すべき都市と農村の二重構造であっても，コストが高すぎるために改革を徐々に進める必要性があることを考慮した上で，政府は都市に移動した農民の要求に応え，合理的な制度と政策を設定すべきであると考えている。

(2) 農地の所有権に関する制度改革と農地の流動化

農村部労働力を主体とする人口移動と都市化の進展を促すためには，戸籍制度の改革と同時に，人口移動を抑制してきた土地制度も改革する必要がある。

第一に，現行の集団土地所有制度の下で，土地の財産権制度の改革をさらに推進し，農地の請負権限を法的保障に付与し，長期的あるいは永久に土地を請負できるようにする。「所有権を確保し，請負権を安定させ，使用権を活性化させる」という方針を堅持し，「法に従い，制度にもとづき，自らの希望で，有償で」という原則の下，農民の自由な土地の譲渡，賃貸，担保，出資，相続を可能にする。出稼ぎ労働者が法律にもとづき，請負権を有償で

譲渡したり，賃貸や出資担保に提供できるようにする。村を単位として土地の経営と管理を一括して行なう「土地信託管理センター」の設立を検討する。そうすることによって，土地の荒廃を防止し，農業税の徴収を容易にし，土地の生産性を向上させ，適切な規模で土地経営を推進することができる。しかし，土地の譲渡過程におけるセンターの介入は仲介サービスに限定され，農家の代わりに土地を経営することではないという点を明確にするべきである。

　第二に，現在の土地の徴用制度を改革し，政府の独占を廃止し，行政による徴用を中心とする土地資源の配置方法を，市場を中心とする配分方法に変えていく。農業用地の管理を確実に実行し，法律に則って農業用地の集団所有権と農民の請負権を明確に規定し，使用権の取引を直接市場に委ね，自由な譲渡，賃貸，出資，担保などを認める。土地徴用の収益分配の際には農民の利益を重視し，土地を失う農民の利益を合理的に保証する。

(3) 社会保障制度の改革

　これまでに，各種の社会保障に関する改革の筋道は，戸籍制度を基礎としてきたため，主として都市市民が対象となっていた。都市に流入した農民労働者の社会保障制度は，基本的に形成されていない。社会保障制度の不備が原因で，農民は農村の土地を手離すことができない。このような制度は，農村の労働力が都市で長期的に滞在し，市民化するプロセスを妨げるばかりでなく，農業の大規模経営と現代化の進展も阻害する。今後の社会保障制度改革は以下の点をさらに考慮に入れるべきであろう。

　まず，農地の請負経営管理制度に関連する，農民労働者の社会保障制度を作らねばならない。農民労働者と都市の労働者は所有する資産が異なっており，農民労働者は農村で人数に応じて資産を分配され，家族単位で土地を経営している。都市の戸籍改革後も，土地は生存保障機能を完全になくしているわけではないため，都市で長期的に働いている農民労働者の多くは都市への戸籍移動を躊躇するという現象もみられている。今後の改革がこの点を考慮せずに，農民労働者が都市の労働者と同等の社会保障待遇を受けることだけに注目するとすれば，事実上それは新たな不公平を生むことになるだろう。

したがって，農民労働者の社会保障制度の設立は，農村労働力の都市での雇用，居住，生活，失業，医療，年金といった諸制度面での規定を明確にしつつ，農村における土地財産権制度の改革にあわせて行なうべきである。実際の状況にもとづいて，労働者全体に適用する各種社会保障制度を打ち立て，都市に移動した労働力が都市市民と同等の制度保障と平等な待遇を受けることができれば，都市に移動した農民の困難を本当の意味で解決することにつながる。そうすることで，企業と農民労働者の雇用関係を長期的，安定的に維持することができ，企業と農民労働者双方の利益を保障できる。

また，農民は都市へ移動した後であっても故郷の土地の社会保障機能を完全に失うわけではないので，農村の土地制度の改革と社会保障制度の改革を結びつければ，土地の流動による社会保障基金の徴収によって，農民を社会保障制度に加入させることができるという意見もある。つまり，土地と都市の身分の交換，土地の流動，譲渡などを通じて，土地を他人に譲り，こうした土地の流動を通じて社会保障加入の資金を集めることが可能になるというのである[45]。

さらに，社会保障制度の整備の際には流動性の高い農民労働者の就業状況を勘案し，農民労働者の就業場所の変更にともなう地域間での社会保険口座の移動と引継ぎについても考慮すべきである。実際，これも現在，農民労働者の都市の社会保障制度への参加を阻害している原因である。地域間の経済発展水準には大きな格差が存在しているため，都市労働者の社会保障制度を省のレベルで統一することすらできない地域もあり，農村と都市の社会保障制度を統一するということになるとかなり難しい課題である。このため，農民労働者の社会保障問題を解決するに際し，焦りは禁物であるが，積極的に農村の社会保障制度を整備，充実させると同時に，地域によって段階的に各種の社会保険プログラムへの農民労働者の加入を認めるべきである。

また，農民労働者を管理される対象から，サービスを提供する対象に変化させることも必要である。市場経済体制が徐々に拡充するなかで，都市の戸籍を持つことだけが，都市のサービスや資源を利用できる証であってはなら

---

45) 蔡昉主編『中国人口与労働問題報告――城郷就業問題与対策』社会科学文献出版社，2002年，pp.337-338.

ない。市場メカニズムの調整の下では，都市は人的な制限を緩和し，都市の発展と社会の進歩に貢献する人々に門戸を開くべきである。むろん，都市の建設に積極的に取り組んでいる農民労働者も例外ではない。

　農民労働者に対する現在の都市政府の管理体制については，まず意識改革を断行し，農民労働者を一時的な外来人口でなく，新たな市民とみなす必要がある。「管理と徴収」という意識を弱め，「奉仕と友愛」という意識を強化する。「行政と処分」という意識を弱め，「法律と教育」という意識を強化する。こうした意識改革の下で，農民労働者の管理政策を調整，刷新する。農民労働者に対する，不合理な費用徴収，就業制限，その子どもの入学制限など，不合理で差別的な政策を撤廃し，農民が都市に移動する際にかかるコストを減らす。奉仕，人道的な配慮と同時に，健全な法律の策定を通じて農民労働者に対する制度化した管理を行ない，都市の規律を守れる市民になるよう導く。そうすることで，農民労働者は，円滑に都市へ融合して各地域の経済発展を促し，都市と農村の調和のとれた発展にも貢献する。「農村社会と都市社会の遊離」は社会の不安定要素であるが，より多くの農民労働者が都市社会に融合できるようになれば，治安の問題も解決しやすくなるだろう。

　国務院は，2003年1月5日に公表した「都市における農民の就業に関する管理と支援策に関する通達」のなかで，「企業は，農民が都市で就職する際の行政的審査と就業制限を撤廃し，農民労働者を制限する行政的な登録規定も撤廃し，一時滞在証の統一的管理を徐々に実行しなければならない」と明確に規定し，農民出稼ぎ労働者の都市における仕事と生活条件，および子どもの教育などの問題について具体的な対応を明らかにした。もし，各地でこの通達の要求どおりに都市における農民の就業に関する対策を実行すれば，農村労働力の都市への移動と市民化は加速するであろう。

　目下，農民が都市で生活する際に提供されるべき支援策は以下のとおりである。

　第一に，政府は農民の職業訓練を強化し，農民の就業支援を行なう。労働，就業，教育部門の講師，技術，施設を十分に活用して多種多様の職業技能を開発し，出稼ぎ農民の職業技能と就業能力の向上に努める。最近，農業部，労働・社会保障部，教育部，科学技術部，財政部，建設部などの6部門は，

合同で「2003～2010年，全国農民労働者訓練計画」を発表し,「農村労働力移動のための支援と訓練を全力で実行し，毎年のべ2000万人の農民労働者を訓練し，新たに都市に移動した農村労働力が創業・就業するための技能を少なくとも一つ持ち，しかも職業資格あるいは研修証明書を持つことをめざす」とした。これが時代の趨勢をとらえた計画であることは疑う余地もなく，農村余剰労働力の都市への移動を加速することによって都市化を推進させることができ，都市と農村の調和のとれた発展という全面的な小康社会の建設に向け，重要で現実的な意味を持つものである。

第二に，政府は農村の教育基盤を整備する。基礎教育と職業教育に対する財政支援を強化して，教育構造を調整し，教育方針と学校の運営方針を修正することで，都市化の進展に求められる高い資質の労働力の予備軍を育成するための良い環境を整える。

第三に，農民の出稼ぎを支援する公共管理ネットワークを打ち立て，政府の仲介組織から市場競争主体の労働仲介組織への転換を推進し，都市と農村を統一した労働力市場の設立を促す。

第四に，政府は優遇政策を実施し，土地開発業者の農民労働者向けの住宅建設への投資を奨励する。これは，農民が都市へ流入した後，比較的安い費用で住宅を借り，都市で落ち着いた生活を始められるように支援するものである。生活の安定は，意欲的な労働の基礎であり，より多くの農村余剰労働力とその付随人口の都市への流入および融合を促す。土地開発業者にとって，農民労働者の住宅からの収入は低く，回収期間が長く，投資リスクが大きいために，一般的に農民労働者の住宅への投資に消極的である。したがって，国および各省や都市の政府は，農民労働者の住宅需要に応えるため，政策と税制の両面で優遇措置を講ずるべきである。たとえば，土地の優先的審査や減税などを通じ，農民労働者向け低価格アパート・団地などへの土地開発業者による投資を奨励・推進する。

第五に，国は都市と農村の義務教育段階の教育資源の配分を管理する。都市における出稼ぎ農民労働者の子どもの入学問題を適切に解決し，移動人口の児童が同等の国家承認の義務教育を受けられるようにする。

第六に，都市に流入した労働者を積極的に企業の労働組合や居住地の労働

組合へ参加させ，彼らの文化生活を豊かにすることを促す。

　都市化は人々の意思によって変えられない客観的な法則である。都市化の具体的プロセスは，主に国の制度のあり方によって決められる。先進国の都市化の経験および中華人民共和国設立以来の中国の都市化の進展をみると，計画経済体制より市場経済体制のほうが都市化の進展に有利であることが十分に証明されている。市場経済体制の下で，市場が経済法則によって生産要素を配分し，各種の経済要素と人口は，利益比較によって選択を行ない，自由に流動，集散，再配置を実行することで，規模の経済の実現と構造の高度化を促進し，同時に都市化も促進する[46]。したがって，過去の政策による都市化の停滞の損失を補うという観点から考えても，あるいは全面的な小康社会へ向けた第三歩の戦略目標を実現するという観点から考えても，都市化を制限する二元化戸籍，雇用，行政管理などの制度改革に重点を置き，農村人口の都市への移動と都市化を加速させ，公平で公正な市場経済環境を作り上げられるような制度に改めることが，都市化にとって有利に作用するであろう。

参考文献

[1] 王程熙「農村労働力転移論」『人民日報』，2000 年 8 月 8 日
[2] 李建民「"三農"問題——人口学家如是説」『人口研究』，2003 年（3）
[3] 周天勇・張弥「就業勢態分析」「根本出路与中長期方案」『中国人口科学』，2003 年（3）
[4] 宋利芳・熊昆「経済全球化背景下的城市化」『城市経済研究』，2003 年（8）
[5] 白南生（中国小城鎮改革与発展中心）「中国的城市化」国研網（ウェブサイト），2003 年 3 月 20 日
[6] 陳軍涛「都市化——解決中国系列経済社会問題的新起点」『河南商業高等専科学校学報』，2000 年（2）
[7] 陳書栄「我国城市化現状，問題及発展前景」『城市問題』，2000 年（1）
[8] 発展所（国務院農研中心発展研究所）「走向現代化的抉択」『関于中国長期発展問題的報告』経済科学出版社，1987 年
[9] 発展中心課題組（国務院発展研究中心"十五"計画研究課題組）""十五"期間宏観経済改革取向」『経済工作者学習資料』，2000 年（41）

---

46) 叶裕民『中国城市化之路——経済支持与制度創新』商務印書館，2002 年 8 月，第 2 刷，p.104.

[10] 計委課題組 (国家計委宏観経済研究院課題組)「関于"十五"時期実施城市化戦略的幾個問題」『宏観経済管理』, 2000 年 (4)
[11] 李善同「対城市化若干問題的再認識」『中国軟科学』, 2001 年 (5)
[12] 肖万春「制度変革鎮平城郷鴻溝」国研網 (ウェブサイト), 2003 年 9 月 1 日
[13] 羅佐県「農村剰余労働力転移面臨的問題与対策」『中国農業大学学報』, 2002 年 (4)
[14] 夏英煌・張家義「城市化過程中農村土地制度改革的構想」『中国地質鉱産経済』, 2003 年 (7)
[15] 郭振宗「突破農村小城鎮発展的体制于制度瓶頚」『湖南農業大学学報 (社会科学版)』, 2003 年 (3)
[16] 劉尓铎「改革我国戸籍制度実現城郷統一労働市場」『労働経済与労働関係』, 2002 年 (2)
[17] 李若建「中国人口的戸籍現状与分区域推進戸籍制度改革」『中国人口科学』, 2003 年 (3)
[18] 姚従容「論人口城郷遷移与農村土地産権制度変遷」『人口与経済』, 2003 年 (2)
[19] 蔡昉主編『中国人口与労働問題報告――城郷就業問題与対策』社会科学文献出版社, 2002 年
[20] 張大慶ほか「推行土地流転的原則及措施」『国土資源』, 2002 年 (9)
[21] 羅佐県「農村剰余労働力転移面臨的問題与対策」『中国農業大学学報』, 2002 年 (4)
[22] 顧益康・邵峰「全面推進城郷一体化改革――新時期解決"三農"問題的根本出路」『中国農村経済』, 2003 年 (1)
[23] 張忠法・潘和・黄華波「加快農村労働力転移与農民市民化過程政策建議」国研網 (ウェブサイト), 2003 年 3 月 4 日
[24] 李強「城市化和流動人口的幾個理論問題」国研網 (ウェブサイト), 2003 年 3 月 4 日
[25] 汪冬美・楊学成「中国城市化道路的反思与探索」国研網 (ウェブサイト), 2003 年 11 月 4 日
[26] 王春光「新生代農村流動人口的社会認同与城郷融合的関係」『人口学与計画生育』, 2001 年 (5)
[27] 叶裕民『中国城市化之路――経済支持与制度創新』商務印書館, 2002 年 8 月, 第 2 刷

訳注

＊1　中国の行政区画は複雑で変化が激しいが, 基本的には, 省 (自治区, 直轄市) ―県 (自治県, 県級市, 市轄区) ―郷 (民族郷, 鎮) の三層構造をなす。ただし, 直轄市では, 直轄市―市轄区の二層構造, 地区級市が設けられている地域では, 省―地級市―県―郷の四層構造となる。直轄市は, 国務院が直轄する特別重要大都市で, 北京, 天津, 上海, 重慶の四つ。計画単列都市とは, 国家計画のなかに独立して編成される権限を持つ大都市で, 日本の政令指定都市に似るが, 権限は中国の計画単列都市のほうが強いとされる。地区級市は, 県または県級の市を従えている市であり, 県級市は, 県と同じレベルの市であるため, 地区級市のほうが県級市より上位

の区画になる（『岩波現代中国辞典』1999年，pp.199-200, p.232や21世紀中国総研編『中国情報ハンドブック』2007年版，p.177を参照）。
＊2　都市増容費（都市容量増加費，都市建設費）——企業が市外から人材を採用する場合，市政府に支払う税金。北京などで実施された。
＊3　原文は「教育状況」となっているが，文脈から判断し，「就業状況」に変更した。
＊4　第2章訳注22を参照。また本章203-204ページの記述も参照。

第6章 「シルバーの波」の衝撃

人口高齢化の影響と健全な年金制度の設立

1 はじめに

　1960年代半ばから始まった中国の高齢化は，人口転換の過程のなかで必然的に生まれたものである。他国と比較すると，中国の人口高齢化が経済・社会の発展に与える影響には，普遍的なものと中国独特なものがある。中国は人口が世界でもっとも多く，高齢者人口も世界でもっとも多い国である。さらには，中国の人口高齢化は経済発展や社会保障の水準が比較的低い環境のなかで進行しているため，将来の経済発展に重要な影響を与えることが予測されている。しかし，人口再生産の周期は比較的長期間であり，人口高齢化は相対的に緩慢な過程であるため，人口転換の過程において，年少者や高齢者といった従属人口の比率がともに比較的低いという局面，つまり「人口の好機」[*1]と呼ばれる時期が訪れる。もし，中国の人口高齢化の背景，過程，傾向およびそれがもたらす結果について正しく認識し，適切な社会政策と経済政策を策定し，将来の中国の人口高齢化が生産に与える影響を十分に考慮することができれば，われわれはその好機を掴み，リスクを回避することができ，全面的な小康社会の建設に向けた良好な人口環境を作ることができる。このため，われわれは具体的な仕事から着手し，経済と社会の持続的な発展に関わる重要な問題として人口高齢化問題に真剣に取り組み，新たな発展観にもとづき，様々な角度から高齢化問題へ対応すべきである。

　人口高齢化は地球規模の人口発展の趨勢であり，21世紀の人口革命の一部分である。国連のアナン事務総長〔当時〕は，1998年10月1日の国際高齢者年の発起日に，「われわれは静かな革命を経験している。この革命は

人口学の範囲を超えて，経済，社会，文化，心理，精神に重大な影響を与える」と述べた。当然，世界各国・各地域の社会・経済発展水準は異なり，人口転換を実現する方法や道筋も様々である。したがって，人口の高齢化傾向，およびそれがもたらす問題は普遍性と特殊性を持つのである。現在，ほとんどの先進国は老年型の人口構造になっている。とくに，北米，ヨーロッパ，大洋州は三つの「高齢者大陸」になっている[1]。世界のなかで総人口に占める65歳以上の高齢者人口の割合（高齢者人口比率・高齢化率）が20％を超えた国はモナコだけである。しかし，モナコは人口3万人の国家であるため，代表性がない。モナコを含めた世界22カ国あるいは地域で，高齢者人口比率が15％をすでに超えている。この22カ国あるいは地域とは，日本以外はすべて欧州の国々である[2]。

　全体的にみると，25年後，先進国の高齢者人口比率は，現在の15％から，20％前後に上昇するであろう[3]。したがって，先進国の人口高齢化の過程はまだ完結していない。他方で，途上国は，出生率の低下速度がかなり速い上に，死亡率も急激に低下しているため，平均寿命は大幅に上昇し，先進国に比べさらに速い速度で人口高齢化を経験している。しかし，その反面，人口高齢化の速度は速いが，高齢者数が少なく，高齢化率がまだ高くないため，多くの途上国はまだ人口高齢化に含意される社会・経済問題を実感していない。

　多くの人口学者が，「中国の人口問題は，20世紀は主として数量の問題であったが，21世紀はそれに加え，構造上の問題も現われる」と指摘している。中国の高齢化問題が注目される理由は，その人口年齢構造の変化が速く，中国の経済発展に大きな影響を与えることが予想されるからである。しかし，どのような好影響があり，どのような悪影響があるのかはまだ定かではない。本章では，今後50年間にわたる中国の人口高齢化の趨勢を予測し，人口高齢化が中国の経済発展に与える影響を分析した上で，その対応策を提

---

1) PRB, 2003, *World Population Data Sheet* 参照。
2) PRB, 2003, *World Population Data Sheet* 参照。
3) United Nations, *World Population Prospects, The 2000 Revision,* Volume I, New York, 2001 参照。

案する。

2 中国の人口高齢化傾向の分析

1980年代以降，中国の人口学界は，中国の高齢化問題についてさまざまな観点から研究を行ない，豊富な研究成果を蓄積してきた。中国の人口高齢化の過去，現在，未来に関する，研究者間の見解に大きな相違はなく，人口高齢化は中国の人口転換の必然的結果と考えられている。中国の人口センサスから年齢構造の変化の歴史をみると，中国は人口若年化と人口高齢化の二つの段階を経験してきた（表6-1参照）。

表6-1 人口年齢構造の変化

調査年	各年齢層の人口比率（%）		
	0～14歳	15～64歳	65歳以上
1953	36.28	59.31	4.41
1964	40.69	55.75	3.56
1982	33.29	61.50	4.91
1990	27.69	66.74	5.57
2000	22.89	70.15	6.96

出所：五次にわたる全国人口センサスのデータより計算

表6-1をみると，1964年の第二回全国人口センサスの際には，中国の高齢者人口比率は3.56％であり，1953年の4.41％よりも低い水準であった。この段階では，中国の人口年齢構造は老年型ではなく，若年型であったということである。60年代中期から，中国の出生率と死亡率が同時に低下し，人口高齢化が始まった。1982年の第三回全国人口センサス，1990年の第四回センサス，2000年の第五回センサスの結果をみると，中国の高齢者人口比率はそれぞれ，4.91％，5.57％，6.96％であった。年齢構造の分類からみると，1953年と1964年の中国の人口は，基本的に若年型に属し，1982年は若年型と成年型の中間，1990年には成年型，2000年には老年型に属するということができる。

表6-2は，2000年第五回全国人口センサスの最新データにもとづき作成

表 6-2　2000〜2050 年，中国人口年齢構造の変化予測（中位推計）（単位：万人，％）

年	0〜14 歳人口		15〜64 歳人口		65 歳以上人口	
	人数	割合	人数	割合	人数	割合
2001	29,969	23.48	88,575	69.40	9,083	7.12
2002	28,956	22.54	90,144	70.18	9,353	7.28
2003	28,244	21.83	91,504	70.72	9,643	7.45
2004	27,467	21.08	93,025	71.39	9,808	7.53
2005	26,582	20.26	94,513	72.04	10,094	7.69
2006	26,318	19.93	95,416	72.25	10,336	7.83
2007	26,190	19.70	96,210	72.36	10,553	7.94
2008	26,128	19.52	96,974	72.45	10,746	8.03
2009	26,112	19.38	97,650	72.46	11,001	8.16
2010	26,166	19.28	98,266	72.41	11,268	8.30
2011	26,257	19.22	98,803	72.31	11,582	8.48
2012	26,371	19.17	99,248	72.14	11,961	8.69
2013	26,531	19.16	99,601	71.92	12,347	8.92
2014	26,742	19.19	99,706	71.56	12,877	9.24
2015	26,969	19.25	99,674	71.15	13,452	9.60
2016	26,976	19.16	99,835	70.91	13,978	9.93
2017	27,031	19.11	99,649	70.47	14,732	10.42
2018	26,912	18.96	99,636	70.18	15,418	10.86
2019	26,754	18.78	99,464	69.83	16,226	11.39
2020	26,553	18.59	99,287	69.50	17,028	11.92
2025	24,803	17.21	99,759	69.20	19,598	13.59
2030	22,564	15.60	98,099	67.81	23,998	16.59
2035	21,696	15.00	93,825	64.87	29,110	20.13
2040	21,771	15.14	89,602	62.32	32,397	22.53
2045	21,441	15.15	87,241	61.64	32,862	23.22
2050	20,296	14.68	84,423	61.04	33,578	24.28

出所：本書第 3 章，張為民，徐鋼，于弘文，崔紅艶作成「表 3-13」参照

された中国の人口予測である。他の機関の予測結果とは異なる点もあるが，基本的な傾向は非常によく似ている。たとえば，各機関の 2020 年と 2050 年の 65 歳以上高齢者人口と全人口に占めるその割合の予測をみると，国家

人口・計画出産委員会の予測では，1.69億人および3.24億人に達し，割合は11.63％および22.57％となっている[4]。国連人口開発委員会は，1.66億人および3.32億人に達し，その割合は11.5％および22.7％であると予測している[5]。しかし，われわれの予測では，1.70億人および3.36億人に達し，割合は11.65％および23.97％となっている。これらの予測をみれば，中国が基本的に人口高齢化の傾向にあることは明白である。

中国人口の年齢構造は急速に高齢化が進んでいるが，各時期の高齢化速度には大きな違いがある。表6-2をみると，今後50年間の中国の高齢化は大きく三段階に分けられる。第一段階は2000～2020年であり，高齢化の進展が緩慢な時期である。高齢者人口比率（高齢化率）は2000年の6.97％から2020年の11.92％と，20年間で4.95％ポイントしか上昇していない。第二段階は2020～2040年であり，高齢化の速い時期である。高齢者人口比率は2020年の11.92％から2040年の22.53％に上昇し，20年間で10.61％ポイント上昇している。第三段階は2040～2050年であり，ピーク後の踊り場の時期である。この段階は中国人口高齢化の厳しい段階ではあるが，人口高齢化速度はしだいに緩やかになり，年少人口，労働力人口と高齢者人口の割合は徐々に安定してくる。

国際社会の通例によると，高齢化率が7％を超えると，高齢化社会，老年型国家といわれる。これが14％以上になると，高齢社会，老年国家である。しかし，高齢化速度は一般的に高齢化率が7％から14％に上昇する際に要した時間で表わされる。これを基準として計算すると，日本は1970年から高齢化社会に突入し，1994年から高齢社会になったため，24年間を要した。イギリス（45年），スイス（50年），米国（65年），フランス（115年）といった人口高齢型国家と比較すると，日本の高齢化速度はかなり速かったことがわかる[6]。

多くの学者は，中国と日本の人口高齢化過程を比較して，中国の人口高齢

---

4) 中国人口信息研究中心『人口与計画生育常用数据手冊』，2002年参照。
5) United Nations, *World Population Prospects, The 2000 Revision,* Volume I, New York, 2001 参照。
6) JARC, *Aging in Japan,* 2003 参照。

表 6-3　中国，日本，その他の国の人口高齢化速度の比較

国	総人口に占める 65 歳以上高齢者人口が特定の割合に達する年と所要年数					
	特定の割合に達する年			所要年数		
	7%	10%	14%	7〜10%	10〜14%	7〜14%
中国	2001	2017	2028	16	11	27
日本	1970	1985	1994	15	9	24
イギリス	1930	1950	1975	20	25	45
スイス	1935	1960	1985	25	25	50
米国	1945	1975	2010	30	35	65
フランス	1865	1940	1980	75	40	115

出所：中国のデータは本書の予測結果，その他の国のデータは JARC, *Aging in Japan*, 2003 年参照

化速度は世界でもっとも速いわけではないと述べている。日本は高齢化率が 7％から 10％に上昇するのに 15 年間を要したが，中国は 16 年間要するため，日本よりやや遅い。10％から 14％への上昇をみると，日本では 9 年間を要したが，中国は約 11 年間要するため，やはり日本よりも遅い。日本は 24 年で 65 歳以上高齢者人口の比率が 7％から 14％になったが，中国は約 27 年の時間を要する。もし先進国で人口高齢化がもっとも速い国が日本というのであれば，中国は途上国で高齢化がもっとも速い国である。

問題は，日本において 65 歳以上高齢者人口比率が 7％，10％，14％に達した 1970 年，1985 年，1994 年[*2]の国民一人あたり GDP がそれぞれ 1967 ドル，1 万 1335 ドル，3 万 8555 ドルだということである[7]。これに対し，2000 年の中国の一人あたり GDP は 850 ドルしかない。高齢者人口比率が 10％を超える 2020 年に予測される一人あたり GDP も 3000 ドルである。また，1970 年，1985 年，1994 年の日本の総人口は，それぞれ 1.05 億人，1.21 億人，1.25 億人であり，65 歳以上の高齢者人口はそれぞれ 700 万人，1200 万人，1800 万人であった。しかし現在，中国の 65 歳以上の高齢者人口はすでに 9000 万人を突破し，2015 年前後には 1.3 億人を超えると予測されている。その時点で，中国の高齢者人口数は日本の総人口を超えること

---

7) International Monetary Fund (IMF), *The World Economic Outlook* (*WEO*) Database, 2003.

図 6-1　中国の 2000 年と 2050 年の人口ピラミッドの比較

2000年の人口ピラミッド　■男性　■女性

2050年の人口ピラミッド　■男性　■女性

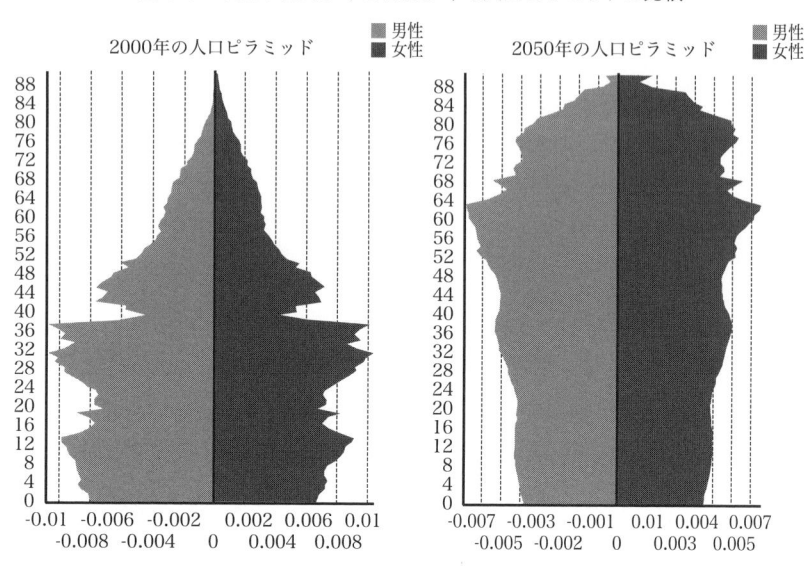

図 6-2　1990 ～ 2050 年の高齢者人口数とその比率の変化

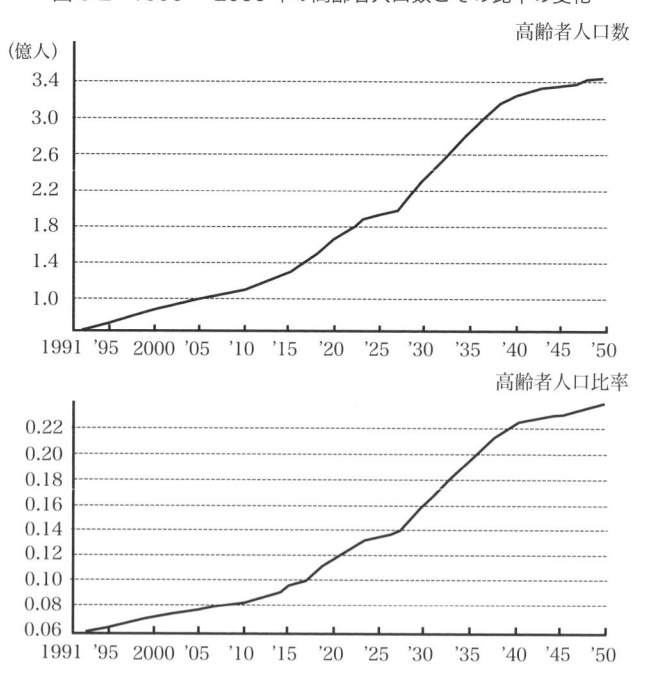

高齢者人口数

高齢者人口比率

になる。したがって，中国の人口高齢化の過程に関しては日本と似ている部分は多いが，中国に固有の問題もある。つまり，経済発展水準が低く，人口の総数が大きいという問題である。このため，将来の人口高齢化のなかで，中国がどのようにして全面的な小康社会を建設するかは重大な課題である。

図6-1と6-2をみると，今後50年間は中国の高齢者人口とその割合が，急速に上昇すると予測されている。とくに注目すべき点は，中国では人口高齢化と同時に，高齢者人口の内部でも高齢化が進んでいく点である。表6-4の推定データによると，2050年時点で60〜69歳，70〜79歳，80歳以上の年齢層の人口数は，それぞれ2000年の2.51倍，3.81倍，8.18倍[*3]である。とくに2050年時点で，80歳以上高齢者人口は約1億人になり，年金，医療，介護の負担増大によって，われわれは高齢化問題の圧力を実感することとなるであろう。

表6-4　2000〜2050年，中国人口高齢化の傾向（単位：万）

年	60〜69歳		70〜79歳		80歳以上	
	男性	女性	男性	女性	男性	女性
2000	3,929	3,732	1,964	2,191	457	745
2010	4,938	4,859	2,601	2,878	705	1,086
2020	7,133	7,276	3,421	3,956	963	1,543
2030	10,105	10,512	5,007	6,088	1,364	2,350
2040	9,045	9,574	7,433	9,182	1,989	3,789
2050	10,015	10,308	6,691	8,510	3,170	6,261

出所：本書推定

人口の高齢化過程をみると，今後20年間は全面的な小康社会を建設するためのよい機会である。この段階の人口高齢化は比較的緩やかな時期である上に，基本的に自活できる「小老人」[*4]の割合が高いからである。2020年時点での60歳以上の高齢者人口は，2000年と比べて1億人増加するが，そのうち60〜69歳の「小老人」が約3分の2を占める。その後は，70歳およびそれ以上の「中老人」と「老老人」が急速に増加すると予測されている（表6-2，表6-4および図6-3参照）。

図 6-3　2000〜2050 年の高齢者人口の各年齢層の割合の変化＊

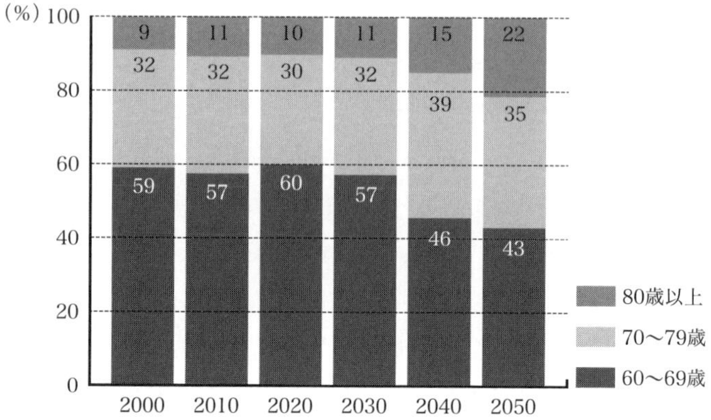

年	60〜69歳	70〜79歳	80歳以上
2000	59	32	9
2010	57	32	11
2020	60	30	10
2030	57	32	11
2040	46	39	15
2050	43	35	22

＊　原書のグラフに誤りがあったため，修正したものを掲載した。

3　中国の人口高齢化が経済発展に与える影響

人口の高齢化は人類社会かつてない人口革命である。国内外の理論と実践が示すように，急速な人口高齢化は国や地域の経済発展に様々な影響を与える。しかし，世界の高齢化がまだ進行中であり，とくに途上国の高齢化は始まったばかりなので，現時点では人口高齢化が人類の社会発展に与える影響の大きさ，深さ，期間はまだはっきりとわかってはいない。本章では人口高齢化が中国の経済発展に与える影響を簡単に分析する。

1　人口高齢化と生産

いかなる社会の生産と再生産も，一定の生産方式の下で生産財と労働力が結びつくことが前提となる。現代の経済学では，生産要素について様々な定義があるが，結局のところ，もっとも基本的な生産要素は労働力と資本である。人口年齢構造の高齢化は，生産過程のはじめから終わりまで影響を与える。つまり，生産要素の投入から製品産出の効率，産出の数量，産出の構造まで，人口年齢構造の高齢化の影響を受けるのである。

まず，資本の問題である。一般的にいうと，一国の国民所得は総投資と総消費に分けられる。国民所得が一定であるという条件の下で，総投資と総消

費はトレードオフの関係にある。中国が「三歩走」[*5]の社会・経済発展戦略を実現するためには，経済成長率を毎年7％前後の高水準に維持しなければならない。中国政府は，このような長期的な発展目標を実現するため，国民所得の30％を資本蓄積と投資に用いなければならない。しかし，人口高齢化は中国の投資資本の蓄積に不利な影響を及ぼす。これは，人口高齢化と高齢者人口の増加によって総消費が膨張していくからである。この問題を解決する根本的な方法は，国民経済を迅速に発展させ国民所得の総量を増加させることである。同時にわれわれは，国内投資の源泉は国内資本だけではないことに注意しなければならない。国際資本の流入も，国内投資資本を形成するための重要な源泉である。したがって，海外資金を吸収することも，国内の資本蓄積不足の問題を解決するための有効な手段である。

　つぎに，貯蓄の問題である。人々が貯蓄の問題に関心を持つのは，国内貯蓄が資本蓄積の重要な資金源であるからである。しかし，人口年齢構造の高齢化は，貯蓄にも一定の影響を与える。人口高齢化と貯蓄の関係は，人口高齢化と経済発展の関係の重要な側面でもある。海外でもこの点についての研究が多数存在し，その議論も多い。一般的にいえば，高齢者になると収入が減少するため，彼らの貯蓄率も低下すると考えられている。しかも，高齢者は退職後に貯金を切り崩して生活を維持しなければならない。したがって，人口高齢化の進展は貯蓄率の上昇にマイナスの影響を及ぼす。とくに高齢者中の「老老人」が増加すると，この影響はさらに顕著になるであろう。

　さらに，労働力の問題である。今後50年間に中国の労働力は増加傾向から減少傾向へと転換するが，総人口に占める割合はつねに60％から70％を維持する。2000年以降，労働力は基本的に8.5億人以上の規模を維持し，とくに2010〜2020年の10年間は労働力人口が10億人近く存在する。したがって，われわれは人口高齢化によって中国の労働力数が減少するという心配はないと考えている。理論的には，生産年齢人口の増加は人口高齢化による社会的，経済的圧力を緩和させるので，望ましいことといえる。しかし，別の側面にも注意しなければならない。つまり，新しく増加した労働力人口に対し，いかにして就業機会を提供するかという問題である。関連するもう一つの問題は，労働力人口自身の高齢化による労働生産性である。

2　人口高齢化と所得分配

　分配は社会再生産の重要な一環である。生産過程を経て産出された財は，必ず分配を通じて消費される。したがって，分配は生産，消費，交換を結ぶ重要な一環である。社会構成員のすべてが，一定のかたちで財の分配プロセスに関わっている。しかし，財の分配に参加する人は，必ずしも財の生産者であるとは限らない。人口高齢化が分配に影響を与えるのは，人口構造の高齢化が，年少者の従属人口比率，高齢者の従属人口比率，総従属人口比率の構成を変化させてしまうからである。

　マクロ分配——一般的に国民総所得のなかで高齢者に支出する費用の割合が10％の水準を「警戒線」と呼ぶ。この警戒線を超えると，国の財政と経済発展に支障をきたす。これは西欧や北米など一部の先進国の経験である。以下の要素を考慮すると，国民総所得のなかで高齢者に支出する費用が10％を超える時期は早めに到来すると考えられる。

(1) 中国の人口高齢化は加速し，高齢者人口比率や総数も増加し，その従属人口指数も上昇傾向にある。
(2) 社会主義市場経済体制の確立にともない，高齢者扶養費用については，政府と市場を通じた方法による分配が徐々に拡大する一方，家族を通じた分配は徐々に減少する。これは，これまでの国民所得分配に現われなかった家族内での扶養負担の一部が，社会的負担に転嫁されるため，国民所得に占める扶養費用の割合が拡大する結果である。
(3) 中国の高齢者保険制度改革の方向性は，「家族が扶養の主役，社会が扶養の補助役」というパターンから，「社会が扶養の主役，家族が扶養の補助役」というパターンへの転換である。今後，高齢者の扶養方式の変化にともない，家族の負担が減少し，社会の負担が上昇する。政府は社会保障支出の増加を迫られ，総消費に占める政府の割合は増加する。
(4) 中国の社会・経済の発展と国民生活水準の改善にともない，高齢者も経済発展の恩恵を享受できるように，政府は高齢者福祉の内容を拡充し，高齢者に対する福祉の供給を拡大する必要がある。これにより，政府が高齢者に支払う費用はさらに増加するであろう。

ミクロ分配——中国の人口高齢化の加速にともない，平均的な家族において，年少人口は徐々に減少し，高齢者人口は増加するであろう。こうした，家族の年齢構造の変化は家族の分配に大きな影響を与える。注意すべきは，人口年齢構造の高齢化が家族の分配に与える影響は，家族の経済所得の分配や消費水準といった面に現われるだけでなく，家族の他のメンバーの時間配分にも現われるということである。中国では，高齢者の特性に合わせた医療，リハビリ，介護制度がまだ公的に実施されていないため，高齢者のリハビリと介護は主に家族で行なわれている。労働力人口にとって，時間は所得を意味し，時間の損失は所得の損失を意味する。人口年齢構造の高齢化と高齢者数の増加にともない，脳卒中の後遺症，骨や関節の病気などのリハビリや長期介護に対するニーズは徐々に増加するため，家族の総所得とその分配に，直接・間接に影響を与える。とくに，生産能力を失った農村部高齢者の子どもたちは，親を養うために多くの時間と費用を費やすことになろう。

世代間分配——人間のライフサイクルの異なる段階では，活動内容にも大きな差があり，経済活動ではとくにそうである。ライフサイクルは年少から始まるが，この段階の特徴は，産出が消費より小さいという点である。つぎに，労働力年齢段階になると，産出が消費より大きくなる。最後に，高齢者段階に入ると，再び産出が消費より小さくなる。社会的再生産を正常に維持するためには，ライフサイクルの第二段階に属する労働力人口が，彼らの純産出（産出と消費の差）を，第一段階に属する年少人口と，第三段階に属する高齢者人口に分配する必要がある。いかなる社会的，経済的，文化的背景の下でも，ライフサイクル三段階の分配関係は同じであるが，分配方法はそれぞれ異なる。つまり，家族を通じての分配，社会を通じての分配，市場を通じての分配の組み合わせに違いがみられる。ただし，どのような方法で分配しても，われわれはこれを世代間分配と呼ぶ。人口年齢構造が変化すると，ライフサイクルの異なる段階に属する人口が総人口に占める割合も変化するため，世代間の分配量も増加もしくは減少することになり，一部の年齢層には有利だが，他の年齢層には不利になる。もし，それに対して適切な対応が

なされなければ，世代間の矛盾が生じ，社会の安定的発展にマイナスの影響を与える。

3　人口高齢化と交換

交換とは市場商品の流通を指し，商品の需要と供給の二つの側面が含まれている。これは社会再生産の一つの段階である。交換は生産と消費の中間部分にあるため，生産と，生産に規定される分配および消費を結びつけることができる。市場における需要とは，支払い能力のある需要であり，消費の市場需要とは，市場活動のなかで実現した支払い能力のある消費需要である。消費の市場需要は様々な要素の影響を受けるが，決定的に重要な要素の一つは人口の年齢構造である。人口の年齢構造が異なれば，消費需要の質も量も異なる。異なる年齢の人口は，市場消費に対する需要の質と量を異とし，その支払い能力も異なる。このため，人口年齢構造の高齢化は，市場の需要と供給に影響を与える。

商品構造——人口高齢化が市場の商品構造に与える影響は明らかである。製造業者は，製品の生産機関および供給者として，人口の年齢構造の変化や需要構造の変化に応じて消費財の生産調整を行なう。人口は消費財市場の主体およびサービスの対象であり，市場需要の提供者および原動力である。中国の製造業者は，このような人口の年齢構造の趨勢的な変化と，消費財市場の需要構造の変化に対する注意に欠けている。現在，中国の年少世代と労働力世代のための消費財市場は，量的には十分で種類も豊富だが，高齢者世代のための消費財市場はまだ開拓する必要がある。

商品需要——商品の消費に対する需要とは，消費者が交換市場のなかで実現した，支払い能力のある消費需要である。これは，消費者の消費能力の大きさ，すなわち，消費者の購買力の大きさによって決定される。さらに，消費者の購買力の大きさは，消費者の所得によって決定される。人口高齢化が消費需要の数量に影響を与えるのは，高齢者の経済的地位の低下と相対的に低い所得水準によって，購買力が自然と縮小していくからである。したがっ

て人口高齢化が深刻で高齢者が多い社会では，人口全体の購買力が低下し，市場の消費財に対する需要も低くなる。しかし，高齢者の購買力はたしかに低下するが，年少者の購買力はさらに低い点にも注意すべきであろう。なぜなら年少人口には所得がないためである。このため，人口高齢化の消費財に対する需要を考慮すると同時に，年少人口の変化も考慮すべきである。

　商品供給——上述したように，交換は生産によって規定され，生産過程を経て産出された商品だけが市場で交換されることになる。したがって，生産は交換の供給状況を直接決定する。生産と再生産が行なわれる条件は，物的資本と人的資本の結合であり，言い換えれば生産財と労働力の結合である。生産要素の一つである労働力の量，質，および産業構成，職業構成，文化・技術構成，地域構成などは直接・間接に生産に影響を与え，それゆえに交換市場の供給にも影響を与える。交換市場の供給量，質および種類は労働力人口の状況に関係する。

　商品市場——市場システムは一国の経済システムのなかでもっとも重要なものであり，経済システムのいかなる部分においても不可欠なものである。とくに社会主義市場経済体制の下で，市場の役割はさらに重要である。市場システムが完全であるかどうか，その働きが正常であるかどうかは，国民経済の発展と直接関係している。特殊な人口グループである高齢者人口は，市場においても商品とサービスに対し特殊な需要がある。市場交換の主体が高齢化していれば，市場システムの整備と拡大に直接影響を与える。人口の高齢化は，市場システムのすべての構成要因に大きな影響を与える。したがって，われわれは交換市場システムの整備と拡大を求める際には，一方では，社会主義市場経済の法則の要請を考慮すると同時に，人口高齢化の事実，およびそれが市場の需要と供給に与える影響に注意すべきである。たとえば，保険市場の形成・拡充においては，高齢者人口の数と構造の変化に注意すべきであろう。タイミングよく必要な種類の保険を作り，高齢者の需要を満たす必要がある。株式市場設立の際には，先進国の株式市場において個人投資家には高齢者が多いという事実を考慮し，高齢者の投資心理と好みに着目す

べきである。医薬品市場を設立する際には，人口高齢化および人口の疾病発生構造の変化に着目し，適切なタイミングで医薬，医療機器，介護サービスなどの供給構造を調整すべきである。

4　人口高齢化と消費

消費は，四つの社会・経済の運行過程の一つである。生産がこの過程の起点とすれば，消費はこの過程の終点である。一般的にいうと，社会・経済の運行過程で，生産が支配的地位にあり，決定的な役割を果たす。生産が消費を規定するのである。他方，消費は生産に対しても影響力を持ち，生産を加速あるいは減速させることができる。消費は社会再生産過程を最終的に完成させるだけでなく，生産のために新たな需要を作り出すことができるため，生産の持続的な発展を促す。こうした意味では，消費需要が生産供給を作り出すのである。

人間は生涯消費しつづけるが，ライフサイクルの異なる段階，つまり年少段階，成年段階，老年段階によって，消費水準と消費構造はそれぞれ異なる。したがって，各国の年少人口，成年人口，老年人口の構成比が異なれば，それぞれの消費水準と消費構造も異なる。中国の現状をみると，年少人口の割合はしだいに低下し，高齢者人口の割合がしだいに上昇するが，成年人口の割合は基本的に安定している。このような人口年齢構造の変化が中国の消費水準と消費構造にどのような影響を与えるのか，中国の経済運営にどのような影響を与えるかという点について，われわれは関心を持っている。

消費負担指数——関連文献とわれわれの実証研究が示しているように，高齢者人口と年少人口の消費比率は 1：0.3 から 1：0.7 である。ここでは，「従属人口の消費指数」を用いて，年少人口および高齢者人口の消費負担が将来，どのように変化するかについて説明する。この指数と，われわれが予測した中国の人口年齢構造の発展趨勢から，2000〜2050 年における中国の従属人口消費指数の発展や変化状況が得られる。これによると，今後数十年間の年少人口の消費負担指数は低下するが，そのペースは，高齢者人口の消費負担指数の上昇ペースに比較すると相対的に遅い。とくに 2010 年以降，年少

人口の消費負担指数の低下速度は著しく遅くなるが，高齢者人口の消費負担指数は急激に上昇する。これは中国の総従属人口の消費指数が，今後数十年間にわたって上昇傾向にあることを示している。また，この結果により以下の二点についても説明ができる。
(1) 2000～2050年，中国総人口の従属人口比率は「U字型」の変化を示す。つまり，初期は下降し，その後上昇する。しかしこれは，中国総人口の消費負担の減少を意味するものではない。
(2) 人口高齢化は，中国の消費構造を変えるだけでなく，国民全体の消費負担を重くするため，国民所得における総消費の拡大を招く。国民所得が一定という条件下での総消費の拡大は，総貯蓄の減少，貯蓄率の低下，投資率の低下，経済成長の減速を意味する。

総消費水準——人口規模が国民経済の総消費水準に与える影響については，これまでも重要な課題として研究が行なわれてきたが，その際，すべての人口の消費水準は同じであるという仮定が置かれていた。しかし実際は，地域や年齢が異なれば消費水準は異なる。総人口を年少人口，労働力人口，高齢者人口の三つに分けた場合，以下のことが考えられる。
(1) 他の条件が一定であれば，中国の人口高齢化は一人あたりの総消費の水準を低下させる。
(2) 人口高齢化という状況下で，年少人口，労働力人口，高齢者人口の現在の平均消費水準を維持しようとする場合，総消費の総額を拡大しなければならない。
(3) 年少人口，労働力人口，高齢者人口の一人あたり消費水準を上昇させたい場合には，労働生産性を向上させ，経済の迅速な成長に頼るしかない。

人口高齢化の進展と社会的負担の増加にともない，国民所得のなかの消費に振り向ける部分がしだいに増大し，その結果，総貯蓄の割合は減少する。他の条件が変わらない場合，国民所得の増加率が高齢者人口の増加率を上回らなければ，人口高齢化にともなう総消費と総貯蓄の比率の変化は，一人あたり消費水準の向上および社会・経済全体の発展に対する一つの制約要因と

して影響を及ぼすであろう。

ミクロ的消費水準——人口高齢化が家族の消費に与える影響はさらに直接的である。
(1) 家族の人口高齢化は，家族の所得水準を低下させ，家族一人あたりの消費水準を上昇させる。
(2) 家族の人口高齢化，つまり高齢者人口の増加と年少人口の減少は，家族の総消費負担水準を上昇させるため，家族一人あたりの消費水準に影響を与える。
(3) 家族の人口高齢化は，高齢者人口の消費財需要を増加させ，家族の消費構造を変化させ，その他の家族の消費選好に影響を与える。とくに，家族が扶養の機能を担う中国では，これらの影響はいっそう明白に現われる。人口高齢化は家族の消費に直接的影響を与えるだけでなく，それを通じて国民経済運営の全体にも間接的な影響を与える。

5　人口高齢化と高齢者の社会保障

　人口年齢構造の高齢化と経済発展との関係において，高齢者の年金問題は非常に重視すべき点である。高齢者の年金問題は社会保障制度のなかでも重要な部分であり，経済システムのなかの重要な一部分でもある。理論上では，年金は重要な分配制度であり，各世代の生産と消費を調整するという機能を持つ。もちろん，中国は中国独自の年金制度を確立しなければならないのだが，遠回りしないためにも，外国の経験と教訓を参考にすることは非常に重要である。

　世界各国の年金制度は三つのモデルに分類することができる。社会保障を中心とするモデル，家族扶養（家族による保障）を中心とするモデル，都市と農村の二元化年金モデルである。現在，世界各国の年金制度をまとめると，国が統一管理する年金制度，自己保障を基本として国から一定の援助がある年金制度，福祉国家の年金制度という三つのパターンがある。また，世界各国の年金基金も三種類に分類できる。賦課方式，積み立て方式，および混合型である。

これまでの中国での年金制度問題に関する研究は系統だったものではないが，「高齢者を養う」，高齢者を尊重し，尊敬し，大切にするという伝統は長く，しかも大衆に浸透している。歴史的にみると，中国の高齢者の扶養は家族が主体であった。中国の社会保障制度体系は，1950年代の計画経済体制下に設立されたものが基本となっており，最大の特徴は，社会保障制度システムを都市と農村に二分化したところにある。社会保障システムの重要な構成部分である年金制度も，明確な都市と農村の二元化の特徴を有している。全体的にいえば，中国の年金制度は民政部門，人事部門，社会労働保障部門によって別々に実施，管理されている。年金制度の各部分は管理部門ごとに異なるが，その基本は賦課方式である。現在，中国の年金制度には以下のような問題が存在する。第一に，年金の範囲が狭く，普及率が低い。第二に，運営のメカニズムが合理的でない。第三に，勤務先による負担分に大きなばらつきがあり，公平な競争に不利である。第四に，退職年金が固定のため，物価上昇についていけず，その結果定年退職した人々の実際の購買力を低下させている。

　数十年来，中国の年金制度は労働者の基本的権益を保護し，社会の安定に寄与してきた。しかし，この制度は計画経済という特定の歴史的条件下で生み出されたものであり，社会・経済体制の変化や人口年齢構造の高齢化にともない，もはや社会発展の客観的要請にそぐわなくないものとなった。このような国家による保険の方式は，いまや徹底的に改革する必要がある。

　都市部にしても，農村部にしても，今後数十年間で高齢者の社会保障に対する需要は拡大しつづけると予測される。しかし，現在の中国の高齢者に対する供給は，このような需要を満たすことができない。国際的な経験からみると，人口高齢化は一連の社会・経済問題を引き起こすため，人口高齢化がピークを迎える少なくとも20〜30年前に適切な年金制度を設立し，十分な資金を備蓄して，人口高齢化のピークが経済発展と社会の安定に与える圧力に備える必要がある。中国の現実を考慮すると，もし，高齢化のピークまでまだ20〜30年あるという好機を逸し，都市と農村で適切な年金制度を確立することができず，必要な経済備蓄を行なわなければ，数十年後，この過失によって中国はさらに苦しい立場に追い込まれるであろう。したがって，

中国の都市と農村の年金制度を改革・確立することは緊急課題であり，早急な解決を要する重大な社会戦略の問題である。

われわれは，年金問題が社会・経済発展の一側面であることをはっきりと認識しなければならない。単純に年金のための年金事業ではなく，年金事業と社会・経済の発展を結びつけて考慮し，合理的な運営メカニズムを打ち立てることによって，高齢者扶養の圧力を社会・経済発展の原動力へと転換させる。われわれは社会・経済の発展を年金事業の基本とし，年金事業を社会・経済の発展の促進力にすることで，年金事業と社会・経済発展の好循環を実現させる。その場しのぎの解決法では，年金制度の問題を表面的に解決できても，根本的な問題解決にはならないのである。

4　中国の人口高齢化が経済発展にもたらす好機

中国共産党第十六回全国代表大会の報告において，「全体的に見渡すと，21世紀初めの20年間は中国にとって重要な戦略的好機であり，大きな成果を得られる重要な時期でもある」と指摘している。この重要な判断を真摯に受け止めることは，新世紀，新段階の歴史的特徴と時代の使命を正確に理解し，好機をものにするという党全体の責任意識を向上させ，全面的な小康社会の実現，社会主義現代化の推進にも重要な意味を持つ。国際的にみても，国内的にみても，今後20年間は，中国の発展にとって数多くの好機が存在している。人口転換の視点から，いかに今後20年間の好機を理解するか？

人口転換の好機は，中国の経済発展にどのような影響を及ぼすか？　いかにしてこの歴史的な好機を摑むことができるのか？　これらの問題は，人口学の研究者が早急に回答すべき大局的な戦略問題である。本節は「人口の好機」理論を用い，今後20年の中国の人口転換が発展にもたらす好機の分析を試みる。国際的な経験と教訓を踏まえて，今後20年間，発展を加速させることの重要性と，人口発展戦略の調整の必要性を述べていく。

1　人口転換の過渡的な好機の意味

人口転換理論によれば，人口の再生産が「高出生率・低死亡率・高増加率」

のパターンから,「低出生率・低死亡率・低増加率」のパターンへ変化する過程のなかで,出生率の低下と人口高齢化は同じ速度で進展するのではなく,前者が後者よりも早く始まり,前者と後者が原因と結果の関係でもあるとされる。出生率低下の初期には,人口再生産の慣性作用によって,子どもの数の減少速度は,高齢者人口の増加速度よりも速くなる。数十年を経てはじめて,総人口における高齢者人口が,徐々に年少人口を超え,高齢化社会,高齢社会へと進む。このような人口変動過程のなかで,経済発展に有利な人口年齢構造が現われる。すなわち,総人口に占める年少人口と高齢者人口の両方の割合が一定期間,ともに低くなり,しかも高齢社会に到達するまでの長い期間,このような状況が続く。総人口の「中間が大きく,両端が小さい」という構造であるため,十分な労働力が供給され,社会的負担が相対的に低く,社会・経済の発展に非常に有利である。人口学者はこの時期を「人口の(一時的な)好機」(Demographic Window of opportunity) あるいは「人口ボーナス」(Demographic Bonus) [8] と呼ぶ。

ある国(地域)で「人口の好機」が始まるとき,その人口構造は以下の三つの特徴をもって発展の機会を提供する。第一に,労働力人口の供給が十分である。労働力人口の年齢構造が比較的若く,しかも価格が比較的安い。もし雇用が十分であれば,より多くの財とサービスを生産することができる。第二に,労働力人口の年齢が比較的若いため,貯蓄率も比較的高い。もし資本市場が健全であれば,貯蓄を投資に転換することができるため,経済発展が加速する。第三に,人口高齢化のピーク期はまだ来ていないため,社会保障支出の負担が軽く,富の蓄積も比較的速い。

「人口の好機」は一般的に 30 年から 50 年ぐらい持続し,その期間は主に出生率の低下速度によって決定される。出生率の低下速度が速く,労働力の比率が高ければ,潜在的な発展機会が大きいが,「人口の好機」の継続期間は相対的に短い。反対に,出生率の低下速度が遅い場合は,「人口の好機」の期間は相対的に長いが,それがもたらす潜在的な発展機会は明らかではな

---

8) Bloom, D. E. & Williamson, J. G., 1997, *Demographic Transitions and Economic Miracles in Emerging Asia,* Working Paper 6268. Cambridge, M. A. NBER 参照。

い。世界各国はすべて,戦略的視点から人口転換がもたらす従属人口指数の下降期間に注目している。なぜなら,このような機会は基本的に一時的なものであり,しかもすぐに消滅してしまうからである。中国は,比較的短い期間で,出生率の水準が大幅に下がったため,発展の機会は大きいが,持続期間が短いパターンである。

図6-4をみると,20世紀後半と今世紀前半の,中国の従属人口指数,つ

表6-5 中国,日本,韓国の従属人口指数と100年間の人口高齢化状況の比較(単位:%)

年	中国		日本		韓国	
	従属人口指数	65歳以上高齢者人口比率	従属人口指数	65歳以上高齢者人口比率	従属人口指数	65歳以上高齢者人口比率
1950	61	4.5	68	4.9	81	3.0
1960	78	4.8	56	5.7	83	3.3
1970	79	4.3	45	7.1	83	3.3
1980	67	4.7	48	9.0	61	3.8
1990	50	5.6	44	12.0	45	5.0
2000	46*	6.9	47	17.2	39	7.1
2010	40	8.1	57	22.3	39	10.1
2020	44	11.5	68	27.9	43	13.5
2030	49	15.7	72	30.0	56	20.0
2040	61	21.4	87	34.1	71	25.3
2050	64	22.7	96	36.4	78	27.4

出所:United Nations, *World Population Prospects, The 2000 Revision,* Volume I, New York, 2001 より作成
＊原書では26となっているが,表中の前後の数字や図6-4から46の誤植と考え,訂正した。

図6-4 中国,日本,韓国の従属人口指数の比較(100年間)

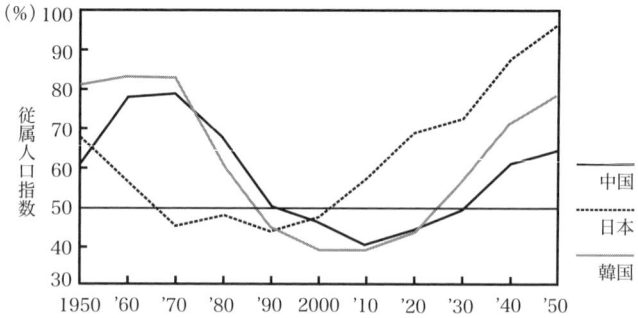

まり0～14歳と65歳以上の従属人口の合計の，15～64歳の生産年齢人口に対する比率は，最初は低下し，その後上昇するという「U」字型を示している。その谷は今後20年間続き，比較的低い水準を維持する。かりに，従属人口指数50を一つの基準とすれば，中国の「人口の好機」は1990年頃から始まり，2030年まで約40年間持続することになる。1992年から，従属人口指数は50以下に下降し，2010年前後まで低下しつづける。2010年前後に従属人口指数は最低点に到達する。2010年以後は，人口高齢化が加速し，従属人口指数は底を打ってその後は徐々に上昇する。2030年前後になると，従属人口指数は1990年前後の水準に回復し，「人口の好機」は終わりを告げる。以上の予測と分析を通じて，人口構造変化の立場からみると，今後20年間は中国にとって「人口の好機」がもっとも顕著な時期であり，これは，中国が全面的な小康社会を建設し，社会主義現代化を進めるにあたって優れた人口条件を提供する時期になる。

　中国の過去20年間の発展過程を振り返り，小康社会を建設してきた過程の経験と教訓をまとめれば，人口問題の重要性がわかる。なぜなら，人口問題は結局のところ発展の問題と切り離せないからである。もし当時，中国が計画出産政策を基本国策とし，「人口の規模を抑制し，人口の資質を向上させる」という人口政策を打ち出さなかったとすれば，現在の中国人口はすでに15億人を超え，現在の生活水準を望めなかったであろう。中国が改革開放以後，注目すべき発展の実績を成し遂げたのは，適切な人口発展戦略の成果である。過去20年間，中国の計画出産政策は，中国の社会・経済の発展に大きく寄与してきた。現在，新しい情勢と課題に直面し，われわれは人口転換がもたらす新たな好機を迎えている。これは収穫の時期であり，中国が長期にわたって計画出産政策を遂行してきた結果でもある。したがって，従属人口比率が相対的に低く，労働力資源が豊富であるという今後20年間の好機をいかに活用するか，また，全面的な小康社会を建設するという目標に向かって，現在の人口発展戦略をいかに時代に即したかたちに調整するかは，われわれが直面している重大な課題である。

2 「人口の好機」の国際比較

2002年の世界銀行『世界開発報告』と，国連人口基金の2002年『世界人口白書』は，ともに「人口の好機」の概念を用いて，それが各国（地域）の発展にとって持つ重要性について言及した。『世界開発報告』によると，これは一時的な歴史的機会である。経済発展の遅れている国は，この人口転換がもたらす機会を利用することで，経済の急速な発展を実現でき，先進国との格差も縮小できる[9]。世界銀行の報告では，東アジア諸国は，人的資源の投資と関連する戦略の調整を通じて，低下を始めた従属人口指数からすでに利益を受けている。では，東アジア諸国は人口転換によってもたらされた好機をどのように利用し，経済発展を促進したのであろうか。

一般的にいえば，人口が多く，人口密度が高いことは，社会・経済の発展にマイナスの影響を及ぼす。ただし，物事には二つの側面がある。いかに長所を利用し，短所を避け，人口の比較優位を十分に発揮するかがもっとも重要である。19世紀の初めから20世紀の前半までは，東アジア諸国は外来勢力の植民地もしくは従属国となったため，政治的・経済的に独立した地位を勝ち取ることができなかった。しかも，東アジアは，人口規模が比較的大きく，その増加速度も比較的速い上，人口密度も高いが，資源は相対的に乏しい。このため，世界の多くの研究者は，東アジア地域の発展を楽観視していなかった。しかし，このような不利な状況下でも，日本，韓国，中国の台湾と香港を中心とする東アジアは，経済成長の奇跡を起こした。長期にわたって，東アジア諸国・地域の経済成長は比較的高い水準にあり，しかもそれを30年間持続できている。その原因の究明は，国際社会でもっとも注目を集めるテーマの一つである。理論研究の成果と東アジアの現実が示しているように，人口転換がもたらした有利な機会を十分に利用したことが，東アジアが経済成長を実現できた原因の一つである[10]。

日本の発展は，従属人口指数の低下が経済発展に大きく貢献したことを証

---

9) World Bank, *World Development Report 2003, Sustainable Development in a Dynamic Economy,* 2002 および UNFPA, *State of World Population,* 2002 参照。

10) Andrew Mason, *Population and the Asian Economic Miracle, Asia-pacific Population Policy,* East-West center, Honolulu, Hawaii, 1997 参照。

明している。第二次世界大戦後の日本経済の高度成長は三つの人口的要因と密接な関係があった。第一に，出生率が急速に低下し，高齢化の進展が相対的に緩やかであったため，日本の従属人口指数は1950年の70前後から1970年の45まで低下し，従属人口指数が比較的低い「人口の好機」に入った。第二に，戦後日本の「ベビーブーム」期に生まれた人口は，高度経済成長期に労働力人口となり，経済発展を促進する豊富な労働力資源を提供した。第三に，日本は国民の教育水準を向上させるため，かなりの力を注いだ。これによって，日本は一世代が成長する期間内に，豊富な人的資源を蓄積した。1960年代の日本は労働集約型経済であり，大量の労働力が必要とされた。日本はこの機会を十分に利用し，1955年から経済が高成長を始め，約20年をかけて第二次世界大戦後の経済離陸を実現した。経済発展の最盛期には，日本の年経済成長率はしばしば10％を超えていた（表6-5および表6-6，図6-4参照）。

表6-6　東アジア諸国と地域の高度経済成長期の比較

国あるいは地域	高度成長期	成長期の期間(年)	GDP成長率(％)	ポスト高度成長期	GDP成長率(％)
中国	1978〜2000	22	9.52	—	—
日本	1955〜1973	18	9.22	1973〜2000	2.81
韓国	1962〜1991	29	8.48	1991〜2000	5.76
シンガポール	1965〜1984	19	9.86	1984〜2000	7.18
台湾	1962〜1987	25	9.48	1987〜2000	6.59
香港	1968〜1988	20	8.69	1988〜2000	4.14

出所：許憲春（2002）より再引用

統計データをみると，「アジアの四小竜」と称せられる韓国，シンガポール，中国の香港と台湾の高度経済成長も，従属人口指数が急速に低下した時期に実現している。経済成長の「一つの山」と人口の「一つの谷」の同時期の出現は歴史的偶然ではなく，従属人口指数の低下と経済発展のプラスの関係を証明するものである。第二次世界大戦後，急速な人口増加が韓国の社会・経済の発展に与えた影響は深刻であった。1961年に，韓国は家族計画を長期的国策の一つとして位置づけた。しかも，人口抑制を目標に掲げ，これを経

済・社会の発展計画のなかに組み入れた。成功を収めた家族計画政策によって，出生率は急速に低下し，人口転換は経済発展のために「人口の好機」を開いた。韓国は，機を逃さずにこの発展の機会を摑んだのである。積極的に人口戦略を調整し，自国の基礎的条件，発展水準を把握した上で，国際規模の産業構造調整という有利なタイミングを積極的に利用し，国際的比較優位をもつ産業に資源と資金の支援を行なった。その結果，韓国は経済的離陸を実現し，新興工業国家の仲間入りを果たした。30年間にわたり，韓国経済は年平均8％以上の割合で成長し，一人あたりの国民総生産を，1962年の83ドルから，1995年の1万ドルあまりまで向上させ，欧米の先進国が200〜300年かけて実現した経済発展を韓国は，わずか30年で成し遂げ，世に賞賛された「漢江の奇跡」を創り出した。

一部の学者からは，「東アジア地域の急速な人口転換は，高度経済成長の結果であり，経済離陸の条件ではない」という意見もある。この見解には根拠がないとはいえない。経済の離陸はたしかに人口転換過程を加速させた。とくに，低下する出生率を安定させる面で経済成長の果たす役割はきわめて重要である。しかし，「生めば生むほど貧しい，貧しければ貧しいほど生む」という人口増加と経済成長の「悪循環の罠」から脱出するためには，まずは政府の関与，つまり国情に合致した人口発展戦略と計画出産政策が必要である。中国は過去20年の発展過程でこの点を証明した。東アジア諸国の経済離陸の歴史的経験も，「人口の好機」を把握するという戦略のうえでは，政府の役割がかなり重要であることを証明している。反対に，ラテンアメリカの途上国では，人口問題は国民の自由調整に委ねるべきだという主張が強く，政府のマクロ調整の役割が無視された。したがって，これらの国々は，人口転換の好機に対応した戦略と政策を採らず，この期間に経済の高度成長という現象が起きなかった。われわれは，同じように好機に直面した際の対応の違いに着目し，資源条件に恵まれていない東アジアの経験と，資源条件のよいラテンアメリカ諸国の教訓から学ぶべきである。

3 「人口の好機」の重要性

日本と「アジアの四小竜」の経済の高度成長期は20年前後持続した。し

かも，高度成長期の年平均成長率は比較的似ている。ただし，これらの国・地域は，高度成長期を経験した後，成長減速に直面している。欧米の先進市場経済諸国も同じような発展の経路を辿ってきたことから，これは普遍的な現象と捉えることも可能であろう。むろん，これらの経済の減速の要因は様々あるが，重要な要因の一つは，人口転換による人口年齢構造と労働力の比較優位が徐々に失われることである。たとえば日本の従属人口指数は，1970年に歴史の最低点である45まで低下した。近年は50程度である。表面的にみると，依然として「人口の好機」の範囲内にあるが，実際には，日本にとって「人口の好機」はすでに消えてしまった。その原因は，日本が深刻な人口高齢化に直面しており，高齢化社会に突入したからである。

表6-3が示しているように，日本は1970年に高齢化社会に突入し，2000年には高齢者人口の割合が17.2％に達し，中国と韓国より10％ポイント高くなっている。日本は1970年に高齢化社会に突入した後，経済成長率は明らかに減速している。統計データからみると，1970～2000年の年平均成長率は3.21％にしかならない。1980～2000年は2.61％にとどまっている。とくに近年は，高齢化の加速と労働力価格の上昇によって，1990～2000年の経済成長率は1％強の程度まで低下した[11]。なぜ日本の経済成長が1960～1970年の毎年平均10％の水準から，現在の低水準に変わってしまったのか。人口高齢化と経済成長の減速が同時に現れたのは単なる偶然であろうか。現在，「人口の好機」がしだいに閉じていくことが，日本経済の成長減速にどれほどの影響を与えているかについて綿密な計量的研究はまだないが，両者のあいだに緊密な関係が存在していることは疑う余地がない。将来の発展趨勢をみると，日本の状況は楽観できるものではない。予測によると20年後，日本の高齢者人口比率は27.9％まで上昇し，今世紀の中頃には36.4％にまで達する。その頃，多額の社会保障税と福祉支出が経済発展に与える影響は深刻であろう。

日本の現況を，われわれの将来の鏡にすべきであろう。中国は改革開放以来，経済の高度成長を実現し，1978～2000年の年平均経済成長率は9.52％

---

11) 許憲春「中国未来経済増長及其国際経済地位展望」『研究参考資料』国家統計局統計科研所，2002年（12）参照。

に達している。この成長率は日本と「アジアの四小竜」の高度成長期の年平均成長率とほぼ同水準である。しかし，経済発展の原則自体の作用と人口構造変動の影響によって，中国経済にも一定期間高度成長した後は，必ず減速傾向が現われるであろう。事実，最近10年間の中国経済は，すでにこのような兆候をみせはじめている。第九次五カ年計画期間の経済成長率は，第八次と比べて低下していた。ここ二年間の成長率も，第九次五カ年計画期間を下回っている。

人口年齢構造と労働力供給の変化により，今後20年間の中国の経済成長は，2010年を境に前半の10年と後半の10年で異なる特徴を示すことになるだろう。2001～2010年は，労働力は引きつづき増加し，従属人口指数も低下しつづける。中国経済の高度成長に有利な条件が備えられているため，高度成長を実現させるよい時期になるであろう。2010年以後，労働力の増加速度は徐々に衰えてくる。中国のWTO加盟と経済のグローバル化の進展にともない，労働力価格は上昇する。同時に，高齢化が比較的速く，従属人口指数も上昇傾向に転じるため，社会的負担は増加し，国民の貯蓄傾向と総投資率も徐々に低下し，公共支出の増加と財政赤字の拡大が税負担を重くする。これらの要素は経済成長率の減速を招く。したがって，「新三歩走」戦略の第一段階は非常に重要なのである。

2020年以前と比較すると，それ以降の時期は，経済成長を取り巻く人口環境はさらに不利になる。その頃には，「人口の好機」はさらに狭まり，しかも徐々に消えてゆく。その要因の一つは，中国の人口高齢化は，経済発展の途中の段階で出現しているが，欧米の先進国では，工業化が実現し，経済が高度に発展した状態で高齢化が始まったことである。欧米先進国が高齢化社会に突入したとき，一人あたりGNPは1万ドル前後であったが，中国では850ドルしかない。もう一つの要因は，欧米の先進国の高齢化がゆっくりとした歩みであるのに対し，中国は人口高齢化の速度がきわめて速いという点である[12]。この二つの要因は，中国が西欧先進国に比べ，人口高齢化による社会福祉需要の増加に対応するための経済力を備えておらず，高齢化が

---

12) 魏甫華「中国経済的"皺紋"」『財経雑誌』，2002年（34）参照。

もたらす一連の社会問題を解決するための時間も限られていることを意味している。

2001年8月,米国のジョージタウン大学「戦略と国際問題研究センター」は東京で全世界の人口高齢化問題に関するシンポジウムを開催した。会議に参加した研究者は一致して,現在,世界の先進国でみられる人口高齢化傾向は,労働力の減少,貯蓄率の低下,消費の減退,高齢者福祉のための負担増加といった一連の社会・経済問題を引き起こし,長期的に経済衰退局面をまねくおそれがあると述べている。中国が特殊な人口高齢化局面に直面しているなか,先進国の高齢化過程は一つの戒めになる。

4 「人口の好機」に内包された矛盾

体制的背景や人口的背景を含めた特殊な国情を考慮すれば,今後20年間で中国が「人口の好機」の潜在力を十分に発揮することはきわめて困難である。「人口の好機」が社会・経済の発展に有利であるといえるのは,総人口における労働力人口の割合が比較的高いために,より多くの財を作り出すことができるからである。労働力人口に対し十分な就業機会を提供できなければ,労働力人口も年少人口や高齢者人口と同じ従属人口でしかなくなってしまう。失業は直接・間接に巨大な損失を招くだけでなく,将来の負担をさらに深刻化させる。雇用問題は,現在の社会的難題であるだけでなく,「人口の好機」の期間につねに存在する問題である。長期にわたって雇用問題を抜本的に解決できなければ,経済資源の大きな浪費になり,経済発展に影響を及ぼすだけでなく,社会的安全と政治的安定にも影響を及ぼすだろう。そうなれば,「人口の好機」の効果も失われてしまう。

さらに分析すると,もし将来,高齢化と失業が同時に存在するようになれば,膨大な労働力という優位は逆に弱点となるだろう。価値を創造するはずの労働力が失業状態にあるということは,社会のために富を提供できないだけでなく,社会の富を浪費するということである。彼らは自身のために貯蓄できないだけでなく,社会保障資源をめぐって高齢者と「争奪」を繰り広げることになる。この二つの力の作用によって,中国政府はやむをえず財政と租税政策を調整し,経済成長のための一部の資本を社会保障に回さなければ

ならなくなる。しかし失業問題と高齢者扶養問題を解決するためには，中国経済は高成長を維持しなければならない。このような高消費と高成長の矛盾は，中国の今後の経済発展にとって抑制要因となる可能性がある。もしこの矛盾をうまく解決できなければ，将来中国は長期的な景気後退に陥るだろう。

さらに，二つの現象に注目すべきである。第一に，中国の従属人口比率の優位性は，経済のグローバル化の過程のなかで徐々に弱まってくる。これは，中国の後に，マレーシア，インド，インドネシア，フィリピン，ベトナムなどの人口大国が，従属人口比率のもっとも低い時期を迎えるからである。中国とこれらの国々の国際競争上の比較優位は似ているため，とくに，労働集約型の製品市場では徐々に中国の競争相手になるであろう。第二に，中国のWTO加盟と労働力の移動速度の加速に加え，中国の経済成長の加速と国民生活水準の向上にともない，賃金は急激に上昇し，従属人口指数の優位性は徐々に弱くなっていくことである。米国のヒューイット・アソシエイツ・コンサルティング（Hewitt Associates）会社がアジア太平洋地域の企業従業員の賃金について調査した結果，2002年は中国大陸の企業従業員の賃金上昇率がもっとも大きかった[13]。これは一方で中国経済の良好な発展傾向を示しているが，他方で，労働力価格の上昇によって，労働力という要素が経済成長に貢献する割合が徐々に低下していくことを示している。

中国共産党第十六回代表大会の報告は，中国共産党が新世紀と新段階に向けて打ち出した政治宣言であり，新世紀初めの20年間の目標と方針，ならびにその政策を提示し，様々な課題の解決策を全面的に策定したものである。われわれは共産党第十六回大会が打ち出した「全面的な小康社会を建設し，社会主義現代化を実現する」という壮大な目標を推進しなければならない。発展の好機を発見する以上に重要なのは，各産業，各地域が機会を正確に把握し，状況に適した措置を講じ，現実に即してあきらめることなく正しく行動し，最終的に発展を加速させることである。持続可能な発展の鍵は，現実に即した計画出産政策を立て，適切なタイミングで関連する発展戦略を調整することにある。共産党第十六回大会の主旨を確実に実行し，中国の計画出

---

[13]『青年参考』，2002年11月27日，参照。

産政策を新たに発展させ，その実現のために努力することが突破口である。全面的な小康社会を建設するという目標のなかでも，「人口と自然環境の調和を図り，社会全体を，生産が発達し，生活が豊かで，良好な生態系を維持できるような発展の道に導く」という要請にもとづいて，中国の人口政策と計画出産政策に関連する重大な戦略問題を深く研究しなければならない。そして，新世紀の目標を明確にし，発展の構想を練り，人口と計画出産の新たな局面を創り出し，全面的な小康社会を建設するという目標を実現するため，新たな貢献をしなければならない。

5　中国の人口高齢化への対策

共産党第十六回大会は，小康社会の実現を推進し，その具体的方策を提示するための大会であった。全面的な小康社会の建設は一つの壮大な計画であり，ある特定の段階の発展戦略でもある。つまり，今後20年に力を集中させ，不均衡で低水準な現在の小康社会をさらに前進させ，十億人あまりの国民に利益をもたらすような，全面的でより高い水準の小康社会を建設しようというものである。この計画により，経済の発展，健全な民主化，科学と教育の進歩，文化の繁栄，調和のある社会，豊かな生活が，さらに追い求められる。全面的な小康社会の建設という努力目標は，経済発展を強調するだけでなく，人間的発展も強調する。物的な文明を強調するだけでなく，精神的・政治的文明も重視する。また，経済・政治・文化の発展を強調するだけでなく，持続可能な発展という目標もめざすのである。

国民は全面的な小康社会の建設という任務の担い手であると同時に，より高水準の小康社会の最終受益者でもある。これは消費の意味での「人口論」と，生産の意味での「労働人口論（人手論）」の概念を同時に取り入れて発展させたものである。社会・経済発展の特定段階において，物的・文化的供給が限られている状況では，人口膨張は生産の発展と消費水準の向上に影響を及ぼし，人口資質の低下は生産効率の向上と消費の改善に影響を及ぼし，人口構造の不均衡は生産の安定と消費の公平性に影響を及ぼす。したがって，人口規模を抑制し，人口資質を向上させ，人口構造を改善することが，全面的

な小康社会を建設することにつながるのである。

　こうした分析から，どのような方法を用いて中国人口発展の傾向を予測しようとしても，ある共通の結論に到達するであろう。つまり，21世紀前半には中国が人口高齢化という課題に直面するということである。高齢化の進展に対し，これを認めない，重視しない，回避するという態度をとるべきではない。また，人口高齢化というと，必要以上に悲観視する意見も多いが，客観的事実と分析に立脚しない態度には賛同できない。われわれは人口高齢化問題に科学的な視点で対応し，積極的な態度で立ち向かい，対策を採る必要がある。人口高齢化前期の従属人口比率が比較的低い有利な時期を十分に利用し，全力で社会・経済の発展を推進し，社会保障制度を設立・拡充しなければならない。同時にわれわれは，人口高齢化の消極的な結果についても研究し，人口高齢化が中国の社会・経済にもたらす消極的な影響を回避，緩和させる必要がある。このためには，戦略的な立場から中国の人口高齢化問題を認識し，マクロの立場から人口高齢化傾向を見定めつつ，人口発展と経済発展を調和させる全体的な戦略を計画し，様々な分野に配慮し，統合的に管理することが非常に重要となる。

1　人口高齢化という課題に対応するための方途としての発展

　日本の著名な学者である黒田俊夫氏は，中国と日本の人口転換モデルを比較し，中国の今後数十年間における人口年齢構造の変動は，日本の1960年代の状況と似ていることを示した。統計データからみると，中国の人口年齢構造の転換は日本より25～30年遅れている。黒田氏は，日本が60年代と70年代の従属人口指数が比較的低い好機を利用して，経済成長を果たし，世界の経済大国の仲間入りを果たしたことを示した。もし中国も人口年齢構造の急速な変動がもたらす有利な時期を利用することができれば，必ずや，経済成長のさらなる加速を果たせるだろう[14]。

　したがって，「黄金期」の日本のような経済成長は期待できなくても，中国は社会・経済をさらに発展させる可能性をもっている。黄金期が中国に提

---

14) 黒田俊夫「アジアにおける人口年齢構造の変化と社会経済発展の関係」『人口学刊』，1993年（4）参照。

供する好機を利用できるかどうか，中国の経済が発展できるかどうかは，人口高齢化がもたらす様々な問題を解決できるかどうかの鍵である。社会・経済の運行過程においては，生産が支配的位置にあり，決定的・主導的役割を果たす。もし生産を発展させることができなければ，分配，交換，消費の改善などありえない。生産財の数量が，分配，交換，消費される製品の種類と数量を規定する。生産が発展すれば，分配，交換，消費の物質的財の種類と数量は豊富になる。そうすれば，われわれは十分な実力を備え，人口高齢化が社会・経済発展にもたらす問題に対応できるようになるだろう。

　国際的経験からも，人口高齢化問題の根本的な解決方法は，経済成長を加速させることにあると証明されている。国際労働機関 (ILO) の研究によれば，現在，欧米の先進国で起きている「社会保障の危機」の主な原因は，年金受給者の増加ではなく，医療技術の絶え間ない進歩の結果でもなく，経済成長の失速と失業問題にある。もし失業率が低下すれば，経済成長が加速し，社会福祉支出を賄うことができる。中国では，経済の発展途上段階で人口高齢化が始まったため，人口高齢化が経済発展水準を上回っている。そういう客観的な現実のなかでは，人口高齢化がもたらす一連の問題を解決するための迅速な経済発展が求められる。

2　「人口配当」を受けとる前提としての人口の戦略的調整

　機会は潜在的であるのに対し，課題は現実的であるが，両者を転換することは可能であるとほとんどの学者は考えている。国内的にみても，国際的にみても，今後 20 年間の中国は「人口の好機」がもたらす比較優位に恵まれてはいるが，直面する課題も厳しい。したがって，われわれは好機を捉え，関連する発展戦略を適切なタイミングで調整し，経済成長を加速し，現代化を推進しなければならない。理論と経験が示しているように，ある国や地域が「人口の好機」の利益を享受しようとすれば，伝統的な発展戦略を調整しなければならない。人口転換がもたらす戦略的好機とは，国と地域の経済成長に有利な環境を提供するにすぎない。その潜在的な好機を現実的な経済成長と富の蓄積に転換するためには，適切なタイミングで有効な発展戦略へ調整する必要がある。なかでも適切な政策と体制は重要である。東アジア経済の離

陸過程を振り返ると，これらの国や地域が人口転換の好機の利益を享受できた理由は，政府が適切なタイミングで適切な発展戦略を調整したことにある。

現在，中国の人口は老年型に入ったばかりなので，長期的な人口戦略の策定にあたっては，以下の二つの極端な政策を回避する必要がある。一つは，出生率の上昇によって人口が過度に増加することで，もう一つは，出生率を低く抑えて人口構造の高齢化を加速してしまうことである。つまり，われわれは出生率水準と人口年齢構造の高齢化水準を同時に考慮に入れ，両者のあいだに適切な均衡点を探すべきである。これも中国の人口政策の安定化を実現するための重要な課題の一つである。このような考えにもとづき，われわれは現在の「人口規模を抑制し，人口の資質を向上させる」という「二次元」目標から，「人口年齢構造を適正化させる」という一項目を加えた「三次元」目標に転換する必要がある。そうしてはじめて，中国の人口は，適切な人口規模，優良な人口資質，適正な人口年齢構造という現代的なパターンに近づくことができるのである。

とくに注意すべき点は，これまでに人口問題といえば，単に重い負担と思われがちであったことである。しかし，弁証法の視点でみると，人はもっとも活発な生産力である。したがって，もっとも重要なことは膨大な人的資源をいかに有効な人的資本に転換させるかである。現在中国は，労働力人口の比率が比較的高い「人口の好機」にある。しかし，もしこの比較優位性を十分に発揮できなければ，せっかくの好機も厳しいチャレンジになってしまう。人間は生産者であると同時に，消費者でもあるからである。「労働能力を持つ人口」が雇用されなければ，社会のために富を創り出すことができないだけでなく，社会の富を消費し，社会的負担を増加させる。したがって，就業率を高くすることは非常に重要で，緊急課題にすべきである。

共産党第十六回大会の報告において，「雇用は人々の生活の基本である」と述べられている。人々の生活という立場からみると，雇用が十分であるかどうかは，現在の経済発展に直接影響するだけでなく，長期的な経済発展と富の蓄積にも関わる。したがって，われわれは就業率を引き上げるために努力しなければならない。今後20年間，労働力供給が継続的にその需要を上回る状態が続くことは，われわれにとって厳しい現実である。雇用不足は人

的資源の浪費であるため，政府はあらゆる手段を通じて，就業率を上昇させるために有利な政策環境を提供すべきである。就業率を引き上げることは，つねに政府が責任を負うべき課題である。就業問題の解決には，一，政府政策の支援，二，市場の機会創出，三，雇用者の資質向上，に頼らざるをえない。どうしても就業できない人についてのみ，最低限の社会的な保障を与える必要がある。そうしなければ，社会的不安定が生じるからである。

3 人口高齢化の危機を回避する条件としての年金制度の整備

　長期にわたる「二元化された」発展パターンの結果，中国では都市と農村によって社会・経済の発展状況に大きな格差が存在している。都市部の高齢者の扶養については，その主な経済的源泉は政府と企業である。つまり，社会扶養が中心で，家族扶養が補助するかたちである。一方，農村では，高齢者扶養の経済的源泉は，主にその子どもたちであり，つまり家族扶養が中心で，社会扶養が補助するかたちである。このような扶養体系の格差が存在するため，年金制度を設立する際には，都市と農村で対応を区別しなければならない。都市でも，農村でも，今後数十年は高齢者の社会保障に対する需要は拡大しつづけるだろう。しかし，現行の高齢者扶養体系では，このような拡大しつつある需要を満たすことはできない。もしこれに対応する政策が確立されなければ，人口高齢化の加速にともない，多くの高齢者が貧困状態に陥るだろうと多数の学者が認識している。したがって，社会・経済の発展水準に応じた公的な年金制度を，できるだけ早く設立・拡充する必要に迫られている。とくに，総人口の60％強[*6]を占める農村人口のために，適切な公的年金制度を確立することは，重要かつ緊急な課題である。農村の小康がなければ全面的な小康もない。農民を豊かさから遠ざければ，全国の各民族の人々も豊かに生活することはできない。同様に，高齢者の生活を十分に保障できない社会は，全面的な小康社会とはいえない。

　国際的経験からみると，人口高齢化は一連の社会・経済問題を引き起こすため，人口高齢化のピークが到来する20～30年前に，適切な公的年金制度を確立し，十分な資金を蓄積しなければならない。60年代のベビーブーム期に生まれた人々は2025年前後に高齢期に入るため，その頃，中国の人

口高齢化は突如加速し，徐々にピークに達する。われわれの準備期間はちょうど20～30年間ある。中国の現状を考慮すると，もし今後20～30年の好機を逃し，都市と農村に適切な公的年金制度を設立できず，必要な経済的蓄積ができなければ，われわれはこの逸機によって，数十年後に新たな窮地に追い込まれるであろう。したがって，中国の都市と農村でそれぞれの年金制度を設立・改革・充実する必要性が迫っている。これは早急に解決すべき重大な社会的戦略問題である。先進国の経験と教訓から，適切な社会保障制度は経済発展を促進し，両者が互いに補強しあう関係にあることがわかる。他方，社会的な福祉の供給能力を考慮せずに必要以上の社会保障を提供する場合，あるいは，社会全体の需要を無視して不十分な社会保障を一部の人々にのみ提供する場合は，経済発展と社会安定に悪影響を与える。ノーベル経済学賞の受賞者であるスティグリッツは，「適切な社会保障制度の設立は，中国経済の持続的な発展にとって非常に重要である」ことを強調している。

4　労働力人口と高齢者人口の両方を考慮した雇用制度

　平均寿命の伸びにともない，人々は定年後も20年以上生きつづけることになる。もし，法律に規定された定年年齢を考慮しなければ，人々が定年するかどうかを決定する要素は様々である。そのうち，もっとも重要な要素は経済的要素である。たとえば，退職金と社会保険から，どの程度の経済収入を得られるのかである。その他，健康，職業といった要素もかなり重要である。定年退職年齢は，政府が調整できるマクロ経済政策の重要な手段であり，定年退職年齢の変化は労働市場の需給関係の「調節弁」という重要な役割を果たしている。市場経済という条件下では，定年退職年齢を弾力的に運用する必要がある。しかし中国では，様々な原因で退職を繰り上げた人口が多数存在している。2000年の中国老齢科学研究センターの調査によると，都市部では31.6％の人口が定年を繰り上げていた。そのうち，男性は58.9％，女性が41.4％である。平均で男性が6.6年，女性は6.1年繰り上げている。

　定年退職の時期をみると，定年退職の繰り上げと企業改革には緊密な関係がある。1984年以前は定年退職繰り上げの割合は非常に低かったが，1985年以降徐々に上昇の傾向を示し，1994年に定年退職繰り上げの割合はもっ

とも高くなり，その後は基本的に安定している。定年退職年齢を引き上げれば，現在の年金支給規模を縮小させることができる。一般的にいえば，平均寿命と保障水準が一定という条件下で，定年退職年齢を引き上げると，平均的な年金受給期間が短縮させられるため，年金の負担を軽減させることができる。国際労働機関（ILO）は，定年退職年齢を60歳から65歳に引き上げれば，年金負担を50％軽減できると推定している。

　男性60歳，女性55歳という中国の現在の定年退職年齢は，50年代の初めに規定されたものである。当時，中国の国民の平均寿命は49歳しかなかったが，現在は70歳あまりにまで上昇した。したがって，中国では定年退職年齢を引き上げる余地がある。むろん，定年退職年齢を引き上げることは，短期的にみると雇用に対し大きな圧力となるが，中長期的にみれば年金制度の順調な転換にとっても，中国経済の国際競争力の向上にとっても，有利な影響を与える。実際の政策調整のなかでは，徐々に定年退職年齢を引き上げ，短期的戦略と中長期的戦略を調和させるなどの工夫を通じて，制度転換にともなうコストをできる限り減らすと同時に，労働の需給関係を均衡させ，持続的，加速的，安定的な経済発展を推進することが求められる。

　高齢者の自己扶養能力の向上は，経済活動に参加する機会によって規定される。中国の労働市場の構造からみると，定年退職後の労働力の再就職を支援する必要がある。高齢者は，貴重な経験と知恵を持った社会の人的資本の重要な一部である。とくに，中国の「比較的若い高齢者人口」は膨大な数にのぼる。一部の人は，高齢者人口の再雇用と生産年齢人口の雇用に摩擦が生じ，新たな矛盾が生まれることを心配しているが，実際にはこのような懸念は不要である。再雇用された高齢者は一般的な就業機会を奪い取るのではなく，主に産業構造の転換の過程で生じる一部の構造的な欠員状態にある職業に従事する。このような仕事は若い人たちが従事したくない，あるいはできない仕事である。したがって，両者は協調することができ，相互補完的である。つまり，中国の就業政策を調整するには，今後数十年間，膨張を続ける労働力供給と同時に，高齢者の再雇用の要求とその必要性も考慮すべきである。その際，労働力人口と高齢者人口の異なる特徴とそれぞれの要求を総合的に考慮すべきである。

5　租税政策の適切な調整

中国は現在，社会，経済，文化などの各分野で深刻な変革過程にある。体制移行期に貧富の格差が拡大しつづけるという問題は国内外から注目を集めている。貧困人口のなかに占める高齢者の割合は比較的高い。共産党第十六回大会の報告では，一次的分配は主として市場に委ね，効率性の問題を解決し，二次的分配は主に政府の役割に頼り，公平性の問題を解決するという原則が示されている。前述のように，中国の人口高齢化の加速と深刻化にともない，また，中国の社会・経済の持続的発展と社会制度体系の変化にともない，政府はさらに多くの扶養責任を負うことになるだろう。一国政府が老年従属人口を扶養する能力について述べる場合，政府の財政収入は重要な要素の一つであるが，政府財政収入の主要な源泉は税収である。中国の人口年齢構造の高齢化は，老年従属人口比率を上昇させるため，被扶養人口の増加と，労働力人口の相対的な減少を意味すると同時に，納税人口総数の減少も意味する。したがって，税率を現在の水準で維持していく場合，人口年齢構造の高齢化による老年従属人口比率の上昇は，政府の税収総額を減少させることになる。これは，政府財政支出の需要拡大と収入の減少を意味している。したがって，政府の税収を増やす，もしくは維持するためには，人口の年齢構造の変化に応じて，タイミングよく税率を調整する必要がある。

社会保障税とは国民から徴収し，国民のために使うものであり，政府が社会保障を提供するための重要な財源である。現在，世界中の172カ国・地域において，社会保障制度が確立しており，そのうち約100カ国・地域が社会保障税を徴収している。フランス，ドイツ，スイス，デンマーク，スウェーデンなどの国では，社会保障税はもっとも重要な税種になっている。「ない袖は振れない」という諺があるように，社会保障対策の鍵は，資金の確保である。強い財政・経済基盤のみが，社会保障制度の運営に有力な保証を提供できる。しかし，中国では歴史的要因によって，ここ数年，年金資金の赤字が徐々に拡大している。2000年は400億元の赤字となり，2001年には財政による補助金は816億元に達し，資金不足の省は20以上に達している。近年，中国共産党中央，国務院はこの問題の解決に動き出し，財政補助を毎年拡大し，財政支出も毎年増加している。したがって，社会保障制度の改善

という立場からみると，安定した資金源を確保できてこそ，強力な保障能力を持つことができ，社会を安定させることができるのである。

　こうした問題については，欧米の先進国の理論と経験から学ぶべきであろう。たとえば，一部の国においては，人口高齢化が政府の財政に与える圧力を意識しはじめてから，ようやく租税政策の調整に乗り出し，その結果，労働力人口の反対にあうこととなった。そうなると調整の実施が困難になるだけでなく，世代間の関係にも影響を与え，社会の安定と発展には不利である。それに対し，現在中国は人口高齢化がまだ深刻でない状況下にあり，タイミングよく適切に税率を上げ，今後の厳しい人口高齢化がもたらす諸問題を解決するには有利であろう。発達した市場経済の国では，個人所得税は国家財政収入の30％程度を占め，社会保障と社会福祉のための費用の主な源泉となっている。中国でも，個人所得税は大きな徴税基盤となっているが，相当部分は徴収できずにいる。貧富の格差の問題を解決するためにも，政府は個人別荘の購入，高級車，高級料理など奢侈品の消費に対して税を課し，それを社会保障と社会福祉の目的税にすることを検討すべきである。

　費用徴収方式から税金徴収制度に変革する[7]上で，どのような方法を実施するにしても，二つの無視できない問題が存在する。第一に，科学的に合理的な税率を決定することである。税率が高すぎれば，企業と従業員の負担は重くなるが，税率が低すぎれば，国の財政支出が収入よりも多くなってしまい，社会保障基金の存続能力を弱めることになる。第二に，情報の非対称性の問題を解決するために，税務部門は情報の流れをよくし，企業と従業員の納税能力を正確に把握することである。この二つの問題を解決できるかどうかが，社会保障税の成否を決める鍵となる。既存の社会保障機構をどう改革するかという問題とは別に，社会保障基金を全体的に管理し，健全に運営する組織が不可欠である。それと同時に，無駄遣いや流用を防ぎ，投資の安全を確保し，より多くの投資のチャンネルを開拓するためにも，国家は厳密な監督・管理制度を整備する必要がある。

6　秩序ある都市化の加速

　中国都市部の人口転換は，農村部よりも早く始まり，しかもその速度も速

い。1970年代中期以降，都市部の出生率はつねに人口置換水準以下になっているため，顕著な人口高齢化の傾向を示している。その一方で，都市部の社会・経済発展には，大量の労働力が必要とされている。もし農村労働力の都市への移転がなければ，都市部はたちまち人口高齢化と労働力不足という問題に直面するであろう。中国の人口総数と労働力総数は今後も引きつづき増加することが予想されているため，都市部の人口出生政策を調整して出生率を高め，人口高齢化問題を緩和させようとする方法は現実的ではない。しかし，出生政策を調整することによって，都市部の出生率を回復させるという選択肢がないとすれば，都市と農村の人口分布を変化させ，農村人口の都市化を促進することが，都市の人口年齢構造の改善や人口高齢化を緩和させるための残された有効な手段となろう。これは工業化と都市化の一般的趨勢であり，マクロ的な社会・経済の発展政策の目標でもある。

　農村人口の都市への移転は，都市部の人口高齢化問題の解決策として，人口経済学的にみて有効な方法の一つである。われわれはこの移転の結果に注目すべきである。多くの開発経済学の研究者は，途上国の農村人口の都市への移転問題を研究する際に，以下の点を考えている。比較的に貧困状態にある農村からの余剰労働力というプッシュの力と，都市部の社会・経済の発展というプルの力によって，多くの農民が都市へ移動し，都市の労働力供給がその需要を上回るという局面が形成される。すると，都市部の失業の増加と，農村人口の出戻りや逆流が起こると同時に，農村労働力の局地的，季節的な不足状態が発生する。その結果，農村の生産性が低下し，農業発展が停滞する。このため開発経済学は，比較優位の追求には注意を要し，労働集約型産業を安易に放棄することは賢明でないと考えている。まず，都市と農村の経済不均衡の解決に尽力すべきであり，経済活動と社会投資を農村へ導入し，農村経済を総合的に開発するために，農村の工業を発展させるべきである。

　人口移動は地域的な人口高齢化問題を緩和させることはできるが，万全の策ではない。移動人口が高齢者になったとき，地域的な人口高齢化問題は突如悪化する。したがって，農村人口の都市部への移転を誘導する際には，適切な判断なしに大挙して都市へ流れ込む「無秩序な流動」から，「秩序だった移転」に変えるべきであり，人口，経済，都市部の経済発展状況などを総

合的に勘案するべきである。

7　健全な公衆衛生システムの設立

　理論研究でも実証研究でも,高齢者層には老年性認知症,癌,脳溢血といった非伝染性疾患の発生率が相対的に高いために,医療保険費用が青年人口より高いことが証明されている。中国でもこの現象は起きている。1998年の国家衛生サービス調査分析の報告によると,中国の都市人口の慢性疾患罹患率は1993年から徐々に増加して,1998年には15.75％に達した。この時点で,都市部の65歳以上の高齢者の慢性疾患罹患率は51.8％となり,また,都市で基本的生活能力を失った人口の60％が高齢者であることが明らかになった。世界の関連研究では,高齢者にとって,医療費の上昇がもっとも重要な問題であると証明されており[15],中国でも高齢者は同じような問題に直面している。中国人口の死亡年齢中位値(the median age at death)は60歳を超えた。これは中国の健康問題が主に高齢者人口にあり,青年人口ではないことを示している[16]。

　人口年齢構造,疾病発生のパターン,健康保険の需要,死亡原因と健康状態の変化にともない,増加および変化しつづける高齢者のニーズを満たすため,現在,保険制度と保険のインフラを改革・整備している。しかし,過去の研究では,人口高齢化によって引き起こされる,癌,老年性認知症,心臓病,脳卒中といった保健問題を解決するための,健康保険制度の備えが不足していることが証明されている。しかも,社会保障,退職金,医療保険といった高齢者に経済的支援を提供する社会制度を利用できる人は限られている[17]。中国を含めた発展途上国の人口転換速度は先進国より速いため,

---

15) Eldermire D., 1997, "Ageing, Poverty and Health", *People,* 1997 Aug-Nov: 6 (2-3) : 6-7 参照。
16) 青年人口と高齢者人口の健康問題の重要性を比較する際,人口死亡年齢中央値という指標がよく使われる。50年代,発展途上国の人口死亡年齢中央値は20歳以下であり,健康問題は主に青年人口にあった。1990年までに,中国とラテンアメリカの人口死亡年齢中央値は60歳近くになったが,アフリカの貧困地域の人口死亡年齢中央値は5歳程度でしかない。中東地域の人口死亡年齢中央値は25歳以下である。
17) 于学軍『中国人口老化的経済学研究』中国人口出版社,1995年。

いかに医療の供給を調整し,新たな需要を満たすのかは,途上国が直面する重要な問題である。この問題を解決しない限り,医療保障を受けられない人々において,「病気が原因で貧困になり」「貧困が原因で病気になる」という悪循環が発生するだろう。

過去の社会主義計画経済体制下では,政府が高齢者の健康と保険の責任を負い,医療は基本的に無料であった。しかも医療のネットワークが整備されており,対象は広範囲であった。遠く辺ぴな農村地域であっても,「はだしの医者」〔赤脚医生〕と呼ばれる,農業に従事しつつ医療に当たる農村地域で養成された速成の医者が存在した。1980年代初めの,農村経済体制改革,農村の社会生産組織の変化,および政府の社会資源運営能力の低下にともない,農村の医療体制と資源は衰弱し,破壊された。協同医療体制は急速に衰退し,農村の公共保険網は萎縮しつづけ,しかも近年では医療価格の上昇も発生している。したがって,農村人口の健康水準の向上,死亡率の改善は遅れ,停滞状態にある[18]。

年齢の上昇にともない,高齢者の身体機能は低下するため,高齢者は消費支出に占める医療保障費の割合を相対的に増加させる必要がある。しかし高齢者の経済状況は良好ではないため,医療の需要を満たすための十分な資金力がない。その結果,「病気にかかっても,病院に行けない」という現象が起きる。所得水準の制約下で,高齢者は往々にして衣・食・住という基本的生活要求を優先するため,健康への投資によって自身の福利を改善することの重要性を軽視し,医療保険の範囲内のみで抑えるようにしている。この傾向は,低所得の高齢者グループに顕著に現われている。調査によると経済力が原因で,農村部の患者の62.25％が入院の必要があるのに入院できず,33.18％の患者が医師の診察を必要としているのに診察を受けられないでいる[19]。これは農村人口の支払い能力の低さを示している。病気が原因で貧困に陥る農村人口も多く,貧困家族全体の30～40％を占めており,一部

---

18) 杜鷹『関于農村医療衛生体制改革的幾点看法』,中国農村衛生改革与発展国際検討会論文,北京,2000年。

19) 衛生部統計信息中心「第二次国家衛生服務調査主要結果的初歩報告」『中国衛生質量管理』,1999年(1)。

地域では60％以上を占める。大量の貧困農民は，農村経済の発展と都市化に負の影響を与えるため，農村の医療保険を設立すれば，このような負の影響を減らすことができる[20]。

　高齢者人口比率の拡大とその数の増大にともない，退職者の医療保健に対する政府支出も拡大している。同時に，中国の人口高齢化は，必然的に中国の医療消費市場に大きな影響を与える。したがって，増加しつづける高齢者人口の医療衛生へのニーズを満たすために，中国の医療保健部門は「備えあれば憂いなし」という態度で，人口高齢化の進展状況と，高齢者人口の医療保険市場に対する特殊な需要に注目し，適切なタイミングで医療衛生機構を調整する必要がある。現在，中国では各級の病院ネットワークが構築され，小児病院，産婦人科病院も全国各地に普及しているが，高齢者病院の数は非常に限られている。この状況を改善しなければ，増加する高齢者人口の医療保健に対する需要を満たせないだろう。

8　社会に向けた調和のとれた世代間関係の提唱

　ライフサイクルの異なる段階で，人間の活動内容には大きな差がある。この差は，一生の経済活動のなかで明白に現われる。人のライフサイクルは年少段階から始まり，この段階の特徴は産出が消費より小さいことである。その後，労働力段階になり，この段階の特徴は産出が消費より大きいことである。最後に，老年段階であり，この段階の特徴は，再び産出が消費より小さくなることである。社会の再生産の運行をつねに維持するためには，ライフサイクルの第二段階にある労働力人口は，純産出（産出と消費の差）の一部分を，第一段階の年少人口と，第三段階の高齢者人口に分配する必要がある。どのような社会であっても，経済および文化的背景の下で，このようなライフサイクル三段階の分配関係は同じである。

　高齢者は，過去数十年間，社会発展に貢献してきたのだから，年老いたときには社会発展の成果を享受する権利がある。国連は，「年齢を問わず，万人がともに恩恵を享受することができる社会」という目的を掲げ，1999年

---

20) 劉翠霄「為九億農民建立社会保障」『法制日報』，2003年3月20日。

を国際高齢者年と定めた。高齢者を尊重し，公平で調和のとれた世代間関係を提唱することで，高齢者人口が社会主義体制という暖かな家庭のなかで幸せな晩年を送ることができるようにすることは，共産党と政府の国民奉仕という目的の体現である。これは，「高齢者権益保障法」〔1996年に成立した中国で初めての高齢者福祉法〕の方針を貫き，実行するためにも重要であり，また，社会的公平の促進，社会の安定の維持にも重要な意味を持つ。先秦時代の儒家が提唱した「仁政」をもって国を管理するという理論は，「老吾老，以及人之老；幼吾幼，以及人之幼。天下可以运于掌上」〔自分の親を尊敬して大事にし，他の老人も同じように大切にし，自分の子どもを可愛がり，他の幼い者も同じように大切にする。そうすれば国は困難も少なく治めることができる〕と述べている。このような社会道徳は，人々に認められ，受け入れられ，そして徐々に社会的風潮，および道徳規範とされるべきである。したがって社会道徳規範を確立する際には，高齢者を尊敬する姿勢を組み入れる必要がある。

9　家族による扶養機能の継続

世界の多くの国と機構は，人口年齢構造の高齢化と家族構造の変化が高齢者保障に及ぼす影響に直面し，様々な措置を講じることによって伝統的な家族扶養の機能と作用を分担しようとしてきた。しかし実際には，こうした国家や機構は目的を達成することができず，伝統的な家族の扶養機能を完全に代替することもできなかった。このため近年になって，先進国でも途上国でも家族扶養の機能を重視している。一方では，社会・経済の発展，核家族化，および家族の扶養機能の弱体化という傾向を認めながら，他方では，家族の扶養機能強化の必要性を強調しているのである。人口構造の高齢化とともに，多くの国々では社会保険と社会福祉に対する圧力が限界を超えはじめている。一部の途上国は，欧米諸国や旧ソ連の福祉政策を模倣したが，結果的に重大な財政難に陥った。中国は特殊な国情によって，家族扶養の役割を代替することはできない。そのため政府は，家族が扶養能力をよりよく発揮できるような，マクロ政策を実施すべきである。たとえば，「尊老，敬老，愛老，養老」といった古き良き伝統を提唱し，高齢者および高齢者のいる家族が必要とする優遇政策を提供し，自活のできない高齢者を介護する家族に，必要とされ

る経済的援助を与えるのである。

　改革開放以来，各事業の発展にともない，社会保障制度もさらに発展，拡充した。しかし，中国の社会・経済の発展水準は依然として低く，とくに農村地域においては，公的年金制度で高まりつづける高齢者の需要を満たすことはできない。また実際に，現在の中国の社会・経済条件下で，全方位的な社会扶養を行なうことは不可能であり，現実的でもない。社会保障が十分に健全であり，公的なサービス水準がかなり高くても，中国では家族の扶養機能を社会が完全に代替することはないだろう。家族と社会の扶養制度の機能は，お互いに補完し，両者が長期的に共存するものであり，伝統的な家族文化を持つ中国ではなおさらである。

　中国の基本的国情と民族の伝統からいえば，大部分の高齢者にとって，居住地区を変えない扶養方式が望ましい。このため，家族扶養が主，地域扶養を補助とする扶養モデルを奨励し，地域サービスセンター資源の優位性を十分に発揮させ，家族扶養中心の社会を促進することは，中国の基本的な国情に一致しており，相互扶助を提唱し，新たな人間関係を作り出すのに有利である。計画経済体制下では，基本的に定年退職後の高齢者の扶養は社会と家族が分担してきた。中国の企業は，国内競争に晒されているだけでなく，WTO加盟後，国際的な競争にも晒されているため，企業のなかの「小社会」機能の一部は，地域に移転させる必要がある。高齢者が職場から離れ，地域に戻るにともない，年金が社会に分配され，高齢者の扶養も基本的に地域と家族の両方に分担される。市場経済主義の先進国では，地域の扶養機能の発揮を非常に重視しており，実際に，地域組織と社会団体などが高齢者の扶養を実施している。こうした地域扶養の独特の利点は，市場経済の求めに応じるものであり，家族構造の変化によって生じる家族扶養の不足点を補うことができることにある。

10　高齢者による自己扶養意識の強化

　高齢者は脆弱なグループであり，特殊な保護が必要である。伝統的には，中国の都市の高齢者は主に公的な分配に依存し，農村の高齢者は主に個人貯蓄や家族扶養に依存して，老年期の生活支出を維持している。調査結果をみ

ると，現在の高齢者には扶養の危機意識や独立・自活意識が不足しており，一般的に依存心が強い。2000年の中国老齢科学研究センターと，2002年の中国人口情報センターによる，中高齢者の扶養問題に対する意識調査の結果は重視すべきものである。2000年の中国老齢科学研究センターの調査によると，都市でも農村でも，高齢者が選んだ生涯生活準備計画の選択順位は，子どもの扶養，自分の貯蓄，公的年金と商業保険の順である。都市では，49.8％の高齢者が，生涯生活準備の第一選択として「子どもにお金がかかったので，老後は子どもに頼る」を選んでいる。「商業保険」を第一選択として選んだ高齢者は，わずか2.2％である。農村では80.2％の高齢者が「子どもにお金がかかったので，老後は子どもに頼る」を第一選択として選び，「商業保険」を選んだのはわずか0.9％である。

表6-7は，2002年に行なわれた4省の農村調査結果であるが，これをみると，農村では約60％の高齢者が子どもに頼ろうと考えている。そのうち3分の2の高齢者は息子に頼ろうとする傾向にあり，3分の1は娘に頼るという考えに賛成している。「自分は自ら養う」という考えに賛成する高齢者は半分未満であり，政府に扶養を依存するという考えに賛成した高齢者は3分の1未満である。保険に加入している高齢者はわずか5.6％である。

表6-7 高齢者の老後に対する考え（単位：％）

質問	はい	いいえ
老後は子どもに頼るという考えを支持するか？	60.5	39.5
老後は息子に頼るという考えを支持するか？	63.3	36.7
老後は娘に頼るという考えを支持するか？	35.2	64.8
老後も自立した生活をするという考えを支持するか？	44.4	55.6
老後は政府に頼るという考えを支持するか？	31.4	68.6
養老保険に加入しているか？	5.6	94.4
養老保険について聞いたことがあるか？	28.1	71.9
経済的な理由で，保険に参加ができないか？	53.9	46.1
養老保険は信頼できるか？	8.8	91.2

出所：四省の農村調査による基礎データから計算した結果

新たな情勢下で，どこの誰に扶養問題を依存しても，すべての問題を解決するのは不可能である。政府，市場，地域，家族，個人は協力関係にあり，

依存関係ではない。したがって，高齢化の対策部門，新聞，メディアは，社会全体の各年齢層の人々に対し，「今から動き，自ら行動し，待たない，頼らない」という姿勢を提唱し，徐々にリスクを防ぐ能力を増強させていかなければならない。社会の保障制度が健全ではない状況下で，現在の高齢者がその子どもたちに依存するのは，現実の反映であり，長い伝統でもある。しかし，今後高齢者になる人々の意識を変化させていく必要がある。都市でも農村でも，高齢者は単に収入の移転に頼るだけでなく，本人の収入能力も増強しなければならない。そうすることで，年金の収入源が多元化し，将来の扶養体系をさらに安全で，頼りになるものにできるだろう。

6　結論

共産党第十六回大会は，小康社会の実現を推進し，その具体的方策を提示するための大会であった。全面的な小康社会の建設とは一つの壮大な計画であり，ある特定段階の発展戦略でもある。つまり，今後20年に集中して力を注ぎ，現在の「低水準で，部分的で，不均衡な小康社会」をさらに改善し，十億人以上の国民に対し，全面的でより高水準の小康社会を建設するということである。経済の発展，健全な民主化，科学と教育の進歩，文化の繁栄，調和のある社会，豊かな生活をいっそう追求することになる。理論と実践から，過去の小康社会の建設においても，今後の全面的な小康社会の建設においても，人口問題はつねに重要なものであり，人口問題は発展問題の基礎であると証明されている。

1981年11月，第五回全国人民代表大会・第四次会議上の「政府活動報告」のなかで，中国は初めて「人口の規模を制限し，人口資質を向上させることが，われわれのなすべき人口政策である」ことを明確に示した。過去20年間，中国の人口政策と計画出産政策は中国の社会・経済の発展に大きな作用を発揮してきた。しかし，中国経済の発展，社会の進歩，体制の改革，観念の変化にともない，中国の人口問題にも大きな変化がみられている。現在，中国は人口規模，人口資質の問題だけでなく，その構造的な問題も抱えている。人口の構造問題は，年齢構造問題，性別構造問題，分布構造問題な

どを含んでいる。今後長い期間をかけて、人口構造問題はしだいに明らかになり、数多くの人口問題のなかでも主要な問題の一つになるだろう。したがって、中国の人口政策はさらに拡充させる必要がある。つまり、人口規模をひきつづき抑制し、人口の資質を高めると同時に、人口構造の適正化問題を政策面から重視し解決するということである。

将来、われわれは課題に直面すると同時に、チャンスにも恵まれている。われわれはこのチャンスを摑むことで、発展を促進し、全面的な小康社会の建設を妨げている問題を解決することができる。20年前の小康社会建設時点の背景と比較すると、現在の国際情勢は経済のグローバル化、情報化、知識化といった面で変化している。国内情勢は、計画経済から市場経済に変わり、人口形勢が変化し、人口の発展傾向は「高出生率、低死亡率、高成長」というパターンから、低出生率へと変化した。このように変化しつづける国際的・国内的背景と人口の傾向に応じて、われわれは人口戦略の考え方を変える必要がある。時代に即した、選択可能な様々な人口戦略の研究をすることで、「人口の好機」の効果を発揮し、全面的な小康社会を建設するのに有利な、新たな人口環境を作ることができるのである。

参考文献

[1] 国家統計局『中国統計年鑑2001』中国統計出版社、2001年
[2] 衛生部統計信息中心「第二次国家衛生服務調査主要結果的初歩報告」『中国衛生質量管理』、1999年（1）
[3] 中国人口信息研究中心『人口与計画生育常用数据手冊』、2002年
[4] 杜鷹「関于農村医療衛生体制改革的幾点看法」、中国農村衛生改革与発展国際検討会論文、北京、2000年
[5] 王夢奎・陸百甫・盧中原「中国経済未来50年――発展趨勢和政策取向探討」『新経済導刊』、2000年
[6] 呂書正「全面建設小康社会」、雑誌『求是』掲載2002（20）（総345期）、2002年10月16日
[7] 王小魯・樊剛編集主幹『中国経済増長的可持続性与制度変革』経済科学出版社、2000年
[8] 蔡昉『2001年中国人口問題報告』社会科学文献出版社、2001年
[9] 許憲春「中国未来経済増長及国際経済地位展望」『研究参考資料』2002年（12）、国家統計局統計科研所

[10] 黒田俊夫「アジアにおける人口年齢構造の変化と社会経済発展の関係」『人口学刊』，1993年（4）
[11] 馬杰「日本老人看護保険制度的由来」国際金融報，2001年12月17日，第四版
[12] 于学軍『中国人口老化的経済学研究』中国人口出版社，1995年
[13] 于学軍「"十五"時期中国人口発展前瞻性研究」『中国人口科学』，2001年（1）
[14] 于学軍「従上海看中国老年人口的貧困与保障」『人口研究』，2003年（3）
[15] 于学軍「中国人口転変与戦略機遇期」『中国人口科学』，2003年（1）
[16] 魏甫華「中国経済的"皺紋"」『財経』，2002年（34）
[17] Anderson, B., 2001, Scandinavian Evidence on Growth and Age Structure, *Regional Studies,* Vol.35, No.5.
[18] Birdsall, N & S. Sinding, 1998, Report on Symposium on Population Change and Economic Development, November 2-6, Bellagio, Italy.
[19] Bloom, D. E. & Williamson, J. G., 1997, *Demographic Transitions and Economic Miracles in Emerging Asia,* Working Paper 6268. Cambridge, M. A. NBER.
[20] Andrew Mason, 1997, *Population and the Asian Economic Miracle, Asia-pacific Population Policy,* East-West center, Honolulu, Hawaii.
[21] United Nations, 2001,*World Population Prospects, The 2000 Revision,* Volume I, New York.
[22] World Bank, 1993, *World Development Report 1993: Investing in Health,* Oxford University Press. pp.17-18.
[23] World Bank, 2002, *World Development Report 2003: Sustainable Development in a Dynamic Economy.*
[24] UNFPA, 2002, *State of World Population.*
[25] JARC, 2003, *Aging in Japan.*
[26] PRB, 2003, *World Population Data Sheet.*
[27] International Monetary Fund (IMF), 2003, *World Economic Outlook (WEO) Database.*
[28] Eldermire, D., 1997, "Aging, Poverty and Health", *People,* 1997 Aug-Nov: 6 (2-3): 6-7.
[29] Banister, J., 1987, *China's Changing Population,* Stanford University Press.
[30] Dasgupta, Partha, 1993, *An Inquiry into Well-Being and Destitution,* Clarendon Press, Oxford.

訳注

＊1　第1章訳注＊9を参照。
＊2　原文では「1996年」となっているが，「1994年」に修正した。
＊3　これらの数値は表6-4から実際に計算したものと若干ずれているが，原文のままとした。
＊4　高齢者の区分——日本では65〜74歳までを前期高齢者，75歳以上を後期高齢

者というが，ここでは年齢範囲が異なるため，原文どおりの用語をあて，60〜69歳を「小老人」，70〜79歳を「中老人」，80歳以上を「老老人」としている。
* 5　第1章訳注＊1参照。
* 6　原文では75％となっているが，他の章の数字と大きく異なるため，修正した（たとえば，表1-1では「都市人口の割合」36.22％〔2000年〕，第2章39ページでは「農業人口は全人口の3分の2」であり，表2-1では「都市人口が総人口に占める割合」39.1％〔2002年〕，第7章278ページでは「農村人口」は総人口の62％となっている）。
* 7　「費改税」──第2章訳注＊20参照。

第7章　潜在的な「性別危機」
男児の出生性比の上昇と対策の選択

　1980年代半ば以降，中国の出生性比は上昇を続けている。出生性比の持続的な上昇がもたらす性比の不均衡は，様々な社会・経済問題の原因となるため，危機を潜在させている。将来の婚姻市場の均衡や家族関係の安定に影響を及ぼすだけでなく，社会の持続的な発展や全面的な小康社会の建設という大きな目標の実現にも負の影響を及ぼす。その影響の深刻さ，被害の大きさは，人口そのものが引き起こす問題よりずっと大きい。

　現在，中国が直面している厳しい現実的問題は，党と政府からも注目を集めている。胡錦濤国家主席は，2003年の中央人口資源環境対策会議で，「人口政策と計画出産政策の主な目的は，安定的な低出生率の実現と人口資質の向上であるが，それと同時に出生性比の均衡を促進し，また高齢者，移動人口，労働力人口の増加がもたらす問題にも積極的に対応して，全面的な小康社会を建設するための良好な人口環境を作ることが重要である」と述べた[1]。国家人口・計画出産委員会の張維慶主任は，2003年1月に行なわれた全国計画出産対策会議で，全面的な小康社会を建設するための人口と計画出産対策の目標のなかに，出生性比問題を解決するための三段階戦略計画を示した。第一段階として，2005年末までに出生性比の上昇傾向を効果的に抑制する。第二段階として，2010年までに出生性比を正常にする。そして第三段階として，2020年までに出生性比が比較的高い[*1]という問題を基本的に解決するという内容である[2]。

---

1) 「做好新世紀新階段的人口資源環境工作,確保実現全面建設小康社会的宏偉目標」『人民日報』，2003年3月10日。
2) 張維慶「偉全面建設小康社会創造良好人口環境而奮斗」，全国計画出産会議報告，2003年1月8日。

出生性比の不均衡を効果的に解決することは，全面的な小康社会を建設するための良好な人口環境を作るだけでなく，調和のとれた全面的な小康社会を建設する上で重要な課題である。したがって，われわれはこの問題を重視し，研究を通じて早急に対策を立て，出生性比を正常な状態に戻す必要がある。本章は，中国の学界におけるこの分野の研究成果を反映したものである。これによって，われわれは近年の出生性比上昇の問題を系統的に捉えることができ，その不均衡問題を解決するための戦略的対策を立案する手立てを得ることができる。

1　出生性比の一般的な理論問題

　性別とは人口において，もっとも基本的な自然属性の一つであり，人口と社会発展を研究する上で不可欠な要素である。出生性比は人口性別構造の概念の一つで，ある国・地域で「一定期間内に出産された100人の女児に対する男児の数」で示される。出生性比は全人口性比に影響を与える重要な要素であり，それは様々な要素の影響を受けて変動する。全体的にみると主に三つの変動要因がある。

1　生物学的要因

　生物学的要因によって生じる新生児の性別の違いについては，まだ定説はない。しかし一般的には，人の性別は受精の瞬間に決定されるといわれている。人の体細胞には23組の染色体があり，そのうちの一組が性染色体と呼ばれ，胎児の性別を決定する。性染色体にはXとYがあり，女性はXX，男性はXYの組み合わせを持つ。女性の卵巣内の卵母細胞は，減数分裂を経て一個の大きな卵細胞と，半数体の核だけが残る三個の小さな極体を形成する。それに対して，男性の睾丸内の精母細胞は，減数分裂を経て，精子四個を形成する。そのうち二つがX精子，二つがY精子である。X精子と卵子が結合した場合，受精卵は女性（XX）となり，Y精子が卵子と結合した場合，受精卵は男性（XY）となる。XあるいはY精子と卵細胞との結合は，完全に無作為の過程であり，このため人為的関与がない自然な出産状態では，人類

の出生性比は比較的安定した一定の比率に維持される。これは生物学的法則によって決定され，大数の法則と一致する。

2 自然要素

一部の研究では，気候や海抜高度といった自然要素が出生性比に一定の影響を与えることが示されている。研究によると，酷暑地域あるいは，北方の夏は気温が高いため人体の新陳代謝が活発になり，膣あるいは子宮内のアルカリ性分泌物が多くなる。これはY精子の生存と卵細胞の結合に有利なため，男児が産まれやすくなる。寒冷地域，あるいは北方の冬では気温が低いため，人体は貯蓄代謝中心となる。したがって，膣あるいは子宮内のアルカリ性分泌液が減少し，これはY精子の生存と卵細胞の結合に不利になるため，女児が生まれやすくなることが示されている。

海抜高度が人体に与える影響については，低酸素と寒さが作用している。海抜高度が上がるに従い気圧は低下し，気圧が低下すると空気が薄くなるため，大気圧のなかで酸素が占める圧力を示す「酸素分圧」が低下する。したがって，肺のなかの酸素分圧も徐々に低下し，体内の血中酸素が低くなるという現象が起きる。海水面の酸素分圧は159mmHgであるが，海抜が2000メートルになると125 mmHgまで低下する。血中酸素飽和度は海水面では96％であるが，海抜3000メートルになると85％まで低下する。

一般的には海抜1500メートルを超えると，人体には一定の生理的変化が現われる。海抜が高くなると体内の酸素が足りなくなるため，エネルギー獲得のために酸素の消費量が減り，糖の無酸素分解が増加する。そのため体液中の乳酸濃度が上がり，体液が酸化する。その結果，Y精子の活力がX精子に比べてより早く失われ，女児が産まれる確立が高くなる。また，高海抜による寒冷な気候が人体に作用し，女性の膣あるいは子宮，輸卵管のなかのアルカリ性分泌物が減少し，受精に不利になる。したがってY精子と卵細胞の結合にも不利になり，出生性比を低下させる[3]。

---

3) 邵隣相「試析自然因素対出生性別比的影響」『人口与経済』，1998年（3）。

3 社会的・経済的要素

　社会的・経済的要素の出生性比に対する影響は，主に人々の出産意向を通じて現実化する。一般的にいえば，社会・経済発展水準の低い状況では，伝統的文化（代々血統を継ぐ，子が多ければ福も多い，男尊女卑など）や，現実的条件（就業条件，生活水準，消費方法，高齢者の扶養方法）などの影響によって，人々は男の子を好む傾向があり，男児出産を望む。経済発展水準が比較的高い条件では，女性の地位が相対的に向上し，人々の男尊女卑意識もしだいに弱まってくる。したがって，出生性別に対するこだわりが薄くなってくる。これは出生性比の均衡に有利である。

　また一部の研究によって，飲食習慣，栄養状態も出生性比に一定の影響を与えることが明らかにされている。

　以上のように，生物学的要素，自然要素，社会・経済状況などは出生性比に一定の影響を与える。しかし，外部からの干渉がない状況では，基本的に正常範囲が維持され，その範囲から簡単に逸脱する可能性は少ない。一般的に，出生性比が102～107にあれば正常範囲に属すると言われている。また，出生性比が105程度であれば，正常水準に属するという考え方もある[*2]。どのような考え方であっても，注目すべき点は乳児の性比ではなく，結婚適齢人口と労働力人口の性比である。結婚適齢人口の性比が均衡していれば，婚姻関係の安定と社会的調和に有利である。

　均衡あれば調和もありで，出生性比の均衡は人口性別構造が均衡するための前提条件である。そして人口性別構造の均衡は，人口再生産と人類社会の存在と発展のために必要なもっとも基本的な条件であり，もっとも重要な要素でもある。男女両性の比率の不均衡は，健全な婚姻関係の安定に影響するだけでなく，社会生活の様々な面にも一定の影響を与える。人口性比の均衡は長期的な傾向であり，人口再生産の客観的な法則を反映する。一般的にいえば，ある年の出生性比がかなり不均衡であっても，社会に深刻な影響を与えることはない。しかし，出生性比の不均衡状態が長い間続くと，深刻な社会問題が発生する。出生性比が比較的高い状態が長期間続くと，全人口の性比に深刻な影響を及ぼし，逆転させることは難しい。この影響は，婚姻と家

族状況, 人口再生産, 就業や経済発展といった, 社会発展と密接に関係を持つ各分野にも及ぶ。したがって, 出生性比の均衡が, 中国の人口や経済・社会, 資源・環境の調和のとれた持続的な発展に与える意義は重大である。民族の繁栄と国の安定にも関係があるため, 強い関心を持つよう促さなければならない。

出生性比と全人口性比には密接な関係がある。出生性比は全人口性比に影響を及ぼす主要な要素である。また逆に, 総人口も出生性比に一定の影響を及ぼす。中国は長期にわたって, 全人口性比が比較的高い状態が続いているため, 出生性比の上昇あるいは, その変動に直接的, 間接的な一定の作用を及ぼしている。その一方で, 総人口および各年齢別性比の歴史的な変動, およびそれによる社会的変化は, 過去の出生性比の状況を反映している。実証の角度からは, 比較的高い出生性比がもたらす社会的な悪影響が証明できる。1980年代以降, 出生性比が比較的高くなった原因, およびそれが将来の人口, 社会, 経済発展に与える影響をさらに深く研究するためには, 全人口性比とその歴史的背景を大まかに理解する必要がある。

2 中国人口の性別構造の変化傾向と基本的特徴

1 正常水準よりやや高い全人口性比

人口全体の性別比は, 人口性別構造の静態指標を総合的, 概括的, 総体的に反映したものであり, 通常, 全人口性比と呼ばれる。多くの国の全人口性比は95～105であり, 一般的に, この範囲内にある全人口性比は均衡状態にあるといえる。中華人民共和国の設立以来, 中国の全人口性比はこの正常範囲を超え, 長期的にやや高めという特徴を示している。1953年の第一回全国人口センサス時点では107.6であり, 1964年の第二回人口センサス時点では105.5に低下し, 1982年の第三回人口センサス時点では106.3に上昇し, 1990年の第四回人口センサスでは106.6になり, 2000年の第五回人口センサスでは106.7になった。この五回の人口センサスの平均全人口性比は, すべて正常範囲値の上限より高くなっている。

2 年齢による人口性別構造の明らかな違い

表7-1 1990年および2000年,全国年齢別人口性比の比較

年齢層(歳)	性比 1990年	性比 2000年	年齢層(歳)	性比 1990年	性比 2000年	年齢層(歳)	性比 1990年	性比 2000年
総計	106.6	106.7	35～39	106.7	105.9	75～79	75.1	82.0
0～4	110.2	120.2	40～44	109.8	108.3	80～84	59.4	67.0
5～9	108.5	115.4	45～49	111.3	105.7	85～89	46.5	53.6
10～14	106.7	108.8	50～54	112.1	107.6	90～94	36.8	41.5
15～19	105.4	105.4	55～59	109.9	107.9	95～99	33.6	43.4
20～24	104.4	102.8	60～64	106.0	108.2	100以上	30.3	35.0
25～29	105.4	105.0	65～69	96.3	101.9	—	—	—
30～34	108.8	105.5	70～74	86.0	94.7	—	—	—

出所:『中国1990年全国人口センサス資料』,『中国2000年全国人口センサス資料』

表7-1をみると,ここ10年間における中国の全人口性比の変化は,以下のような二点の特徴を示している。第一に,低年齢層で性比が際立って高いという問題がみられる。2000年の全国人口センサスの際には,0～4歳と5～9歳の二つの年齢層の性比は,平均110以上であった。第二に,異なる年齢層間の性比の変動が比較的大きい。人口を0～19歳,20～29歳,30～64歳,および65歳以上の四つの年齢段階に分けたとすると,0～19歳の人口性比がもっとも高く,110程度。そのうち,0～4歳の年齢層は120を超えている。30～64歳の人口性比は105程度であり,その変化は比較的安定している。65歳以上の年齢段階では,年齢の上昇とともに,性比は徐々に低下する傾向がある。もっとも特殊なのは20～29歳の年齢層である。この年齢段階の人口性比は比較的低く,明らかな谷間が現われている(図7-1参照)。これは,現役軍人が主にこの年齢段階に集中しているからであり,現役軍人は男性中心である状況と大きな関係がある。

第四回全国人口センサスと,第五回センサスの状況は基本的に同じであるが,一つだけ特徴がみられる。第四回センサス時の45～54歳の人口性比は比較的高く,111程度に達する。この年齢層の両隣の年齢層である40～44歳と55～59歳の年齢層の人口性比も比較的高く,平均して109以上に

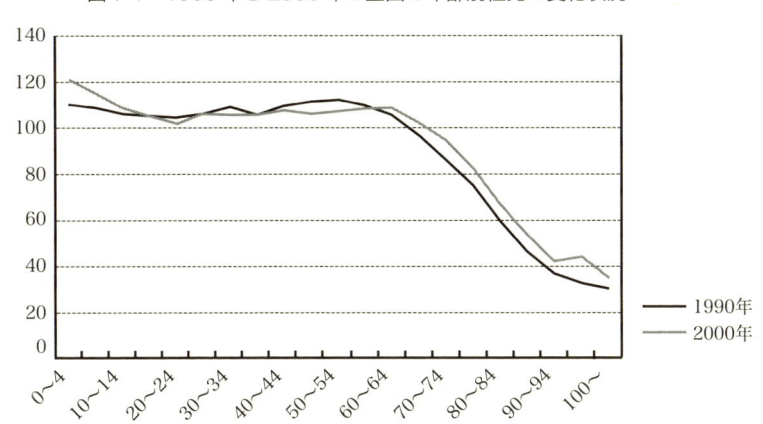

図7-1 1990年と2000年の全国の年齢別性比の変化状況

なる。この年齢層の比較的高い人口性比は，中華人民共和国設立以前の出生性比の高さがもたらした結果であり，人口発展過程の周期的な変化によって現われた特徴である。

また，死亡人口の年齢，性別分布の一般的法則によると，高年齢層の男性死亡率は，女性の死亡率より高い。したがって，高年齢層になるに従い，人口性比は100以下に低下しはじめる。しかし近年，生活水準の大幅な向上と医療技術の急速な改善によって，人口の平均余命は大幅に上昇した。このため，高齢者人口の死亡率は低下しつづけ，男性と女性の死亡率の差は縮小し，高年齢層の人口性比は以前よりも上昇する傾向にある。これについては表7-1から証明できる。

3 比較的顕著な人口性別構造の民族差

中国の56の民族は起源も，生活地域や環境も異なり，多様な文化的背景があるため，それぞれ特色を持った風俗習慣を形成している。経済発展水準も異なる段階にあり，その格差も大きい。したがって，多くの人口特性（性別構造を含む）は，明らかな差を示している。表7-2は1990年と2000年の全国各民族の総人口と出生人口の性比の状況を示している。

2000年の第五回センサスの結果では，漢民族が大陸総人口の91.59%を占めている（1990年の調査では91.96%であった）。全人口性比は106.3

表7-2 1990年および2000年,人口100万人以上少数民族の
出生性比と全人口性比の比較

民族	1990年		2000年	
	出生性比	全人口性比	出生性比	全人口性比
モンゴル族	106.5	103.3	109.8	97.9
回族	106.5	103.2	112.4	103.9
チベット(藏)族	103.9	97.6	101.7	99.2
ウイグル(维吾尔)族	103.4	104.5	104.7	103.5
ミャオ(苗)族	106.9	107.9	114.2	108.7
イー(彝)族	105.3	103.6	111.9	105.7
チワン(壮)族	111.8	104.3	120.1	107.4
プイ(布依)族	102.4	103.4	110.6	106.3
朝鮮族	105.6	98.1	97.9	99.0
満州族	111.5	109.5	108.4	108.0
トン(侗)族	116.5	112.2	126.7	112.4
ヤオ(瑶)族	109.3	109.1	121.8	111.7
ペー(白)族	101.7	102.8	105.4	103.9
トゥチャ(土家)族	107.9	110.6	121.8	109.5
ハニ(哈尼)族	111.2	104.3	116.0	109.3
カザフ(哈萨克)族	106.0	104.9	105.0	102.8
ダイ(傣)族	102.9	99.5	100.8	99.8
リー(黎)族	106.3	103.1	112.1	107.9

出所:『中国1990年全国人口センサス資料』,『中国2000年全国人口センサス資料』

である。以下では,少数民族の人口の性別構造の違いに着目し,分析を行なう。少数民族の数が多いため比較が困難であり,一部の少数民族では人口総数が少なすぎるため性比の比較ができない。したがって,われわれは人口100万人以上の少数民族を比較した。

表7-2をみると,人口100万人以上の18の少数民族のうち,1990年に全人口性比が正常範囲内(95～105)であった民族は13であった。全人口性比が正常範囲より高い民族は5あり,もっとも高かったのがトン族(112.2)である。もっとも低いチベット族(97.6)と比較すると,14.6ポイントの差がある。2000年の調査では,全人口性比が正常範囲内にあった民族の数は8まで減り,正常範囲より高い民族の数は10に増加した。最高

のトン族（112.4）と最低のモンゴル族（97.9）との差は14.5ポイントである。2000年と1990年を比較すると，全人口性比が上昇した少数民族は13にのぼる。上昇幅がもっとも高いのはハニ族である。全体的にみると，少数民族の人口性比の上昇幅はさほど大きくない。他方で，一部の少数民族の人口性比はこの10年間で低下傾向にあった。たとえば，モンゴル族，ウイグル族，満州族，トゥチャ族，カザフ族である。

4 人口性別構造における比較的大きな地域格差

中国の各省（自治区，直轄市，以下はそれぞれ「区」と「市」とする）の人口性比には，従来から比較的大きな差が存在している。2000年の第五回全国人口センサスの結果をみても状況は同じである（表7-3参照）。性比がもっとも高かったのは，広西チワン族自治区であり112.7に達する。もっとも低いのは山東省であり，102.5である。両者の差は10.2である。かりに，105と107を基準として，中国大陸の31省（区，市）を分類すると，人口性比が105以下であるのは，天津，江蘇などの9省（区，市），105〜107にあるのは，上海，山西，内モンゴルなどの8省（区，市）である。残る広西，海南などの14省（区，市）の人口性比は107を超えていた。1990年の状況と比較すると，性比が105〜107の省，区は3カ所減少したが，107を超えた省（区，市）は4カ所増加した。

各省（区，市）の全人口性比の変化状況をみると，多くの省（区，市）で低下傾向が現われている。ただし，もともと，比較的値が低かった少数の省（区，市）では，やや上昇傾向がみられた。1953年第一回全国人口センサスの際に，15の省（区，市）で全人口性比は110以上であった。なかでも，北京，天津，内モンゴルは120以上の超高水準であった。当時の全人口性比の最高値と最低値の差は37.5ポイントであった。1982年第三回全国人口センサスでは，各省（区，市）の全人口性比は110以下に低下し，最高値と最低値との差は11.7ポイントとなった。1990年第四回全国人口センサスでは，広西チワン族自治区のみが110以上となり，最高値と最低値との差は10.1ポイントであった。2000年第五回全国人口センサスの際は，広西チワン族自治区と海南省が110を超え，最高値と最低値の差は10.2ポ

表7-3 各人口センサス時における全国の省(区,市)の全人口性比の比較

地域	1953年	1964年	1982年	1990年	2000年
北京市	136.5	105.8	102.4	107.0	108.9
天津市	122.0	—	103.1	103.6	103.8
河北省	103.5	104.8	104.8	104.5	103.6
山西省	114.6	112.3	108.5	108.4	107.2
内モンゴル自治区	128.6	118.8	109.0	108.3	107.1
遼寧省	111.1	105.8	104.2	104.4	104.0
吉林省	113.9	109.0	105.0	104.9	104.9
黒龍江省	119.9	111.1	104.9	105.1	104.5
上海市	115.1	98.6	99.3	104.1	105.7
江蘇省	101.6	101.5	103.4	103.6	102.6
浙江省	115.1	109.3	107.7	106.4	105.5
安徽省	113.2	107.5	107.8	106.9	106.6
福建省	110.4	107.8	105.9	105.6	106.3
江西省	104.7	106.7	106.5	107.0	108.2
山東省	99.0	101.2	102.9	103.5	102.5
河南省	105.9	102.6	104.1	105.0	106.5
湖北省	106.5	105.5	105.5	106.5	108.6
湖南省	111.6	108.1	108.1	108.0	109.0
広東省	102.9	103.9	104.6	104.8	103.7
広西チワン族自治区	106.8	104.9	107.3	110.1	112.7
海南省	—	—	—	108.9	112.5
四川省	108.3	104.3	106.6	107.5	107.0
重慶市	—	—	—	—	108.0
貴州省	102.1	102.7	105.2	107.3	110.0
雲南省	100.8	99.9	102.8	105.7	110.0
西藏(チベット)自治区	—	86.8	97.8	100.2	102.7
陝西省	116.6	110.4	107.4	108.0	108.2
甘粛省	114.4	108.5	107.2	107.5	107.6
青海省	103.5	112.9	106.0	107.6	106.7
寧夏回族自治区	—	—	106.3	105.5	105.3
新疆ウイグル自治区	114.2	115.4	109.5	106.7	107.2

出所：① 1953年,1964年,1982年,1990年のデータは査瑞傳『中国人口の性別の構造』,西北人口,1996(1)より
② 2000年のデータは『中国2000年全国人口センサス資料』より

イントになった。以上をまとめると，大部分の省や自治区の全人口性比は低下傾向にあり，その差も徐々に縮小しているといえる。

3　中国における出生性比不均衡の基本的状況

その反面，1980年代以降，中国の出生性比が上昇しつづける傾向が続いてきた。この現象は学術界と政府部門の注目を浴び，出生性比がやや高いという問題について，比較的系統的な研究が行なわれた。大まかにいえば，近年の中国における出生性比の上昇問題には以下の特徴がある。

1　持続的にやや高い出生性比

1980年代以前，中国の出生性比は，国際社会が一般的に正常と認めている範囲内であった。1960～1979年の20年間で1960年（110.3），1963年（107.1），1966年（112.2）および1976年（107.4）の4年はやや高いものの，その他の年の平均は107以下であり，出生性比は基本的に正常値

表7-4　1953～2000年，全国の出生性比

年	出生性比	年	出生性比	年	出生性比	年	出生性比
1953	104.9	1970	105.9	1981	107.1	1992	114.2
1960	110.3	1971	105.2	1982	107.2	1993	114.1
1961	108.8	1972	107.0	1983	107.9	1994	116.3
1962	106.6	1973	107.3	1984	108.5	1995	117.4
1963	107.1	1974	106.6	1985	111.4	1996	118.5
1964	106.6	1975	106.4	1986	112.3	1997	120.4
1965	106.2	1976	107.4	1987	111.0	1998	122.1
1966	112.2	1977	106.7	1988	108.1	1999	122.7
1967	106.6	1978	105.9	1989	111.3	2000	119.9
1968	102.5	1979	105.8	1990	114.7	—	—
1969	104.5	1980	107.4	1991	116.1	—	—

出所：① 1960～1992年のデータは顧宝昌・徐毅「中国嬰児出生性別比総論」『中国人口科学』，1994（3）より
② 1993～2000年のデータは呂紅平「我国近年来出生嬰児性別比昇高問題研究」，全面建設小康社会人口与発展検討会論文（長春），2003年9月25日より

の範囲内であった（表7-4参照）。1980年代以降，出生性比は正常範囲を超えつづけている。1980年に107.4に達した後はつねに107以上が維持され，明らかに上昇傾向を示している。1990年第四回全国人口センサスの際には，111.3に上昇し，1994年には116.3に達した。さらに，2000年第五回全国人口センサスの結果は119.9であり，国際社会公認の正常範囲を約11ポイント上回っている。以上をみると，中国の出生性比がやや高いという傾向は変わっていないばかりか，逆に近年，上昇傾向が続いていることがわかる。

都市と農村を分けてみると，1980年代以前，都市と農村の性比には明らかな差はなく，むしろ農村は都市よりやや低かった。しかし1980年代以降，状況は大きく変化し，農村の出生性比は都市のそれを明らかに超えた。1988年に行なわれた出産と避妊に関する全国0.2％サンプル調査資料によると，1980～1987年の農村の出生性比は108.8，都市は106.3であり，農村は明らかに都市より高くなっている。また，1990年第四回全国人口センサスの1％サンプル資料から計算すると，1989年の農村の出生性比は111.7，都市は108.9である[4]。2000年第五回全国人口センサス資料の計算によると，2000年の農村の出生性比は121.7であり，都市は114.2であるため，やはり農村では都市よりも高い。このような状況は，農村の家族が男児出産をより強く望んでいることを表わしている。表7-5をみると，80年代の鎮の出生性比は都市や農村よりも高くなっている。これは鎮人口の出

表7-5　1981～2000年の都市，鎮，農村の出生性比

	都市	鎮	農村
1982年第三回全国人口センサス	107.6	115.58	104.3
1987年1％ランダム・サンプル人口調査	103.1	104.35	104.0
1990年第四回全国人口センサス	106.5	105.58	106.0
2000年第五回全国人口センサス	114.2	119.90	121.7

出所：『中国1982年全国人口センサス資料』『中国1990年全国人口センサス資料』
　　　『中国2000年全国人口センサス資料』『中国1987年人口1％ランダム・サンプル調査資料』
　　　より作成

---

4) 除毅「出生人口性別比的研究現状」『人口状態』，1992年（4）。

産意識が都市より劣り，基本的に農村部と同じように男児を好む傾向にあるが，農村部と比較すると，こうした男児偏好を実現可能にする比較的良好な技術条件が整っていたため，性別選択のための人工中絶を行なうケースが多かったことを示している。

2　出産回数の増加にともなう出生性比の上昇

　出産回数の違いからみると，1980年代以前の出生性比は基本的に正常範囲内を維持しており，出産回数と明らかな関連は存在しなかった。80年代以降になると，出生性比は大幅に上昇したが，第一子の出生性比については1991年に正常範囲を超えた以外，他の年は107以下の正常範囲内にある。しかし，第二子，第三子以降になると，出生性比に急激な上昇がみられる。したがって，近年の出生性比の上昇は，第二子以降の出生性比が上昇したため，結果として全体が押し上げられたということがいえる。この点については，以下の調査データから証明できる。1988年に行なわれた出産と避妊に関する全国0.2％サンプル調査資料によると，1981年の中国の「第一子」の出生性比は104.9であり，「第二子」から「第五子以上」の性比は107.0，111.6，103.8，115.0である。つまり，「第一子」の性比は正常範囲内にあり，「第二子」以降の出生性比はすべて正常範囲を超えている[*3]。しかも，出産回数の増加とともに上昇する。1988年の「第一子」から「第五子以上」の出生性比はそれぞれ，101.1，114.3，116.7，127.1，109.5である。「第

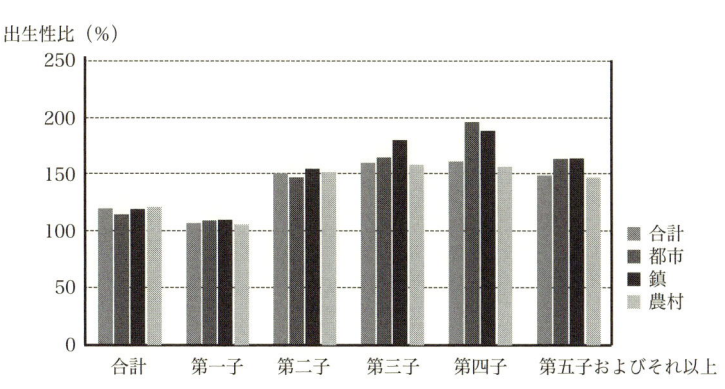

図7-2　2000年　中国の出生性比

一子」の出生性比は低下傾向にあり，「第二子」から「第四子」までの出生性比は 1981 年より上昇している。2000 年の「第一子」から「第五子以上」の出生性比はそれぞれ，107.1, 151.9, 160.3, 161.4, 148.8 である。1981 年，1988 年にくらべ，明らかに上昇していることがわかる。出産回数の違いによる出生性比の変化の特徴をまとめると，「第一子」の出生性比は基本的に正常であり，「第二子」から急激に上昇し，出産回数が多ければ多いほど出生性比は上昇し，正常範囲から遠く離れていくということである。この点については，都市，鎮，農村はおおむね一致している（図7-2を参照）。

第五回全国人口センサスの出産回数と出生性比のデータを利用して計算したところ，出産回数と出生性比の相関係数は 0.66 であった。つまり，出生性比上昇の原因の約 3 分の 2 は出産回数と性別比の関係によるものであると解釈できる。五回以上の出産回数は非常に少なく，出産総数の 1％しか占めないため，出産全体の性比に与える影響が少ないので，省略することができる。したがって，出産回数 1～4 回の出生性比のみで計算すると，相関係数は 0.86 である。これにより，第二子およびそれ以降の出産が，出生性比全体に与える影響が非常に顕著であることは明らかである。第一子目の出生性比が基本的に正常状態に維持されているにもかかわらず，中国の出生性比が比較的高い原因は，主に第二子以降の出生性比が上昇していくことによるものである。また，都市部の出生率が低い，つまり，基本的に一人っ子家庭が多い状況を踏まえれば，総出生性比が比較的高い原因は，主に農村部での第二子以上の出産であることがわかる。現在，中国の農村人口は総人口の 62％を占めており，第二子以上を出産する割合も大きい。現在の出産状況では，農村で生涯一人の子どもしか出産しない女性は，全体の 5％程度にすぎない[5]。これが，1980 年代以降，出生性比が大幅に上昇した直接的な原因である。

分析によると，出生性比の上昇は，すでに生まれた子どもの数と関係があるだけでなく，すでに生まれた子どもの性別の順序にも大きな関係がある。研究によると，1970 年代には中国には「超音波診断」で胎児の性別を判定

---

5) 翟勝明「農村人口控制——80 年代的回顧和 90 年代的対策」『農村経済与社会』，1994 年 (1)。

する技術はなく,性別を判定する別の方法はあったが,医学的な問題で判定を要する場合でもないのに,単に性別偏好のためだけに判定するケースは稀だった。したがって,70年代の人為的関与がない状況下での,出生順序および性別順序別の出生性比を基礎資料として出生性比の変化状況を分析・研究することで,出生性比の法則を認識・発見し,これにもとづいて出生順序および性別順序別の出生性比の理論値を確定することは,非常に価値のあることである。一部の学者は,中国の1970年代における出生順序および性別順序別出生性比の変動状況にもとづいて,出生順序と性別順序別の出生性比の理論値を導き出している。

表7-6 出生順序および性別順序別,出生性比の理論値

出生順序と性別順序		性比	出生順序と性別順序		性比
第一子	M / F	106	第四子	MMMM / MMMF	100
第二子	MM / MF	102		MMFM / MMFF	103
	FM / FF	108		MFMM / MFMF	102
第三子	MMM / MMF	101		MFFM / MFFF	108
	MFM / MFF	106		FMMM / FMMF	102
	FMM / FMF	105		FMFM / FMFF	108
	FFM / FFF	110		FFMM / FFMF	107
				FFFM / FFFF	112

出所:馬瀛通ほか『出生性別比新理論与応用』首都経済貿易大学出版社,1998年より作成
注:Mは男性を表わし,Fは女性を表わす。

表7-6は,第一子が女児である母親の,第二子の出生性比つまりFM / FF(女男 / 女女)が108であるということを示している。第二子も女児である母親の,第三子の出生性比,つまりFFM / FFF(女女男 / 女女女)は110である。第三子も女児であった母親の,第四子の出生性比,つまりFFFM / FFFF(女女女男 / 女女女女)は112である。

また表7-6より,第一子が男児である母親の,第二子の出生性比つまりMM / MF(男男 / 男女)は102である。第二子も男児である母親の,第三子の出生性比,つまりMMM / MMF(男男男 / 男男女)は101である。第三子も男児であった母親の,第四子の出生性比,つまりMMMM / MMMF(男男男男 / 男男男女)は100である。

出生順序および性別順序別出生性比の変動理論値が示す，出生順序および性別順序の違いによる出生性比の違いは，胎児の性別判定と性別を選択するための人工中絶がない場合の客観的な法則を示している。生まれた子どもがすべて女児，あるいは女児が多い母親は，生まれた子どもがすべて男児，あるいは男児が多い母親と比べて，再出産の回数がずっと多いために出生性比が比較的高い数値となっている[6]。

　しかし，このような自然属性的特徴を持つ要素が出生性比全体の上昇におよぼす作用はきわめて限定的であり，その上限値が 109.0 を超えることは非常に珍しい。

　ある学者は第五回全国人口センサスの資料を用いて，母親がすでに出産した子どもの性比と，次の子どもの性比の関係を計算したが，その結果は驚くべきものであった（表 7-7 参照）。第一子の出生性比は 105.5 であるが，第一子が女児であった母親の場合，第二子の出生性比は 190 になる。第一子および第二子が女児であった母親の場合では，第三子の出生性比は 380.6 になる。反対に，第一子が男児であった母親の場合，第二子の出生性比は 107.3 である。第一子および第二子が男児であった母親の場合，第三子の出生性比は 76.5 である。この値は，〔女児の〕出産回数が増えるに従い，出生性比が急速に上昇していく現象を明らかに反映したものである。

表 7-7　すでに出産した子どもの性比と，次の子どもの性比の関係

出産した子どもの人数	性別順序	次の子どもの性比
なし	—	105.5
1 人	男	107.3
	女	190.0
2 人	男男	76.5
	男女	122.1
	女女	380.6
3 人以上	女＞男	231.3
	女＝男	160.0
	女＜男	74.1

出所：于弘文「出生性別比偏高——是統計失実還是事実偏高」『人口研究』，2003 年 (5) より作成

[6] 馬瀛通ほか『出生性別比新理論与応用』首都経済貿易大学出版社，1998 年。

理論値と実際値および性別順序の違いによって示された，出生性比の差を比較すると，近年の出産過程では，性別の判定ならびに性別偏好による人工中絶が明らかに介在しており，それが出生性比に大きな影響を与えていることがわかる。

3　出生性比の不均衡現象の全体的な拡大

出生性比の不均衡は，一定地域内で現われているだけでなく，職業の違い，教育水準の違い，および民族の違いによっても生じており，全体的な広がりをみせている。

まず地域の違いからみると，各地の社会・経済発展状況と計画出産政策の実施状況の不均衡によって，出生性比にも明らかな違いがみられる。表7-8と表7-9から，中国の出生性比は1980年代初めから正常範囲を超えはじめたことがわかる。1981年，中国全体の半数近い省（区，市）の出生性比は101〜107，つまり正常範囲内にあった。残る過半数の省（区，市）の出生性比は108〜112であり，不均衡ではあるが，さほど厳しい状態ではなかった。1990年の第四回全国人口センサスの資料によると，約3分の1の省（区，市）の出生性比は107以下であり，正常範囲であったが，残る3分の2の省（区，市）の出生性比は108〜117であった。

表7-10は，2000年の第五回全国人口センサス資料を整理して得られた，中国全土31の省（区，市）の1999年11月1日から2000年10月31日の出生性比の状況を示したものである。これによると，出生性比が107以下の正常範囲内にあったのは，人口規模が小さい西部の少数民族地域である西蔵（チベット）自治区，新疆ウイグル自治区の2地域だけであった。第三回全国人口センサス時に比べると11省（区，市），第四回と比べると7省減少した。全国の新生児数に対して，出生性比が正常値内にある地域の新生児数が占める割合をみると，第三回，第四回全国人口センサスの27.3％および13.7％から，2.59％に低下した。

第五回全国人口センサスの際に，出生性比が110を超えた省（区，市）は24にのぼり，全国すべての省（区，市）の77.4％となっている。この地域で生まれた新生児が全体に占める割合は82.87％である。そのうち，出生

性比が120を超えた省（区，市）は8にのぼり，この地域で生まれた新生児が占める割合は34.29％である。出生性比が110以上になった地域の3分の1が，120以上に達しており，そのうち，もっとも高いのが海南省の135.6，次いで広東省の130.3である。出生性比が比較的高い地域は主に東部と中部地区に位置し，しかもそのほとんどが人口の多い省である。また，西北，西南の経済発展の遅れている一部の省，区では，出生性比は正常範囲より高いものの，その程度は比較的小さい。

表7-8　1981年の各省，自治区，直轄市の出生性比

出生性比	省（区）数	省（区）	出産乳児数	全国に占める割合（％）
101-107	13	西蔵，上海，新疆，雲南，寧夏，遼寧，青海，甘粛，内モンゴル，貴州，湖北，北京，黒龍江	5,646,302	27.3
108-109	11	湖南，天津，吉林，江西，江蘇，四川，河北，福建，浙江，陝西，山西	8,789,649	42.5
110-112	5	山東，河南，広東，広西，安徽	6,253,753	30.2

出所：『中国1982年全国人口センサス資料』のデータを整理

表7-9　1989年および1990年上半期，各省，自治区，直轄市の出生性比

出生性比	省（区）数	省（区）	出産乳児数	全国に占める割合（％）
101-107	9	貴州，西蔵，青海，新疆，上海，雲南，寧夏，北京，黒龍江	4,821,493	13.7
108-109	2	内モンゴル，吉林	1,335,481	3.8
110-112	13	湖北，山西，天津，遼寧，湖南，江西，安徽，広東，陝西，四川，河北，福建，甘粛	18,954,746	54.0
113-117	6	海南，山東，河南，広西，江蘇，浙江	9,999,225	28.5

出所：『中国1990年全国人口センサス資料』のデータを整理

表7-10　1999年11月1日から2000年10月31日の
　　　　各省，自治区，直轄市の出生性比

出生性比	省（区）数	省（区）	出産乳児数	全国に占める割合（％）
103以下	1	西蔵	51,809	0.37
103-107	1	新疆	285,426	2.22
107-110	5	内モンゴル，黒龍江，雲南，寧夏，貴州	2,081,156	14.74
110-115	11	北京，天津，河北，山西，遼寧，吉林，上海，浙江，甘粛，江西，青海	3,553,622	25.18
115-120	5	江蘇，福建，河南，四川，重慶	3,302,975	23.40
120-125	2	山東，陝西	1,316,413	9.33
125-130	4	安徽，湖北，湖南，広西	2,455,607	17.40
130以上	2	海南，広東	1,067,528	7.56

出所：『中国2000年全国人口センサス資料』のデータを整理

　全体的な傾向をみると，出生性比の比較的高い地域は，沿岸地域から中，西部地区へ拡大している。注目すべきは，計画出産政策が順調に行なわれている北京，上海，吉林，浙江，四川省などでも，出生性比が正常範囲を超えているという点である。したがって，低出生率と高出生性比の関係は偶然ではない。これは中国の計画出産政策の新たな特徴であるため，注目すべき点である。

　職業グループの違いから出生性比をみても，不均衡が存在している。第五回全国人口センサスの結果によると，どのような職業も，出生性比は比較的高いという特徴を示している。出生性比がもっとも高い職業は，国家機関，党組織，企業の責任者であり，彼らの出生性比は135.1である。以下，次のとおりである。商業，サービス業，128.3；農業，林業，畜産業，水産業，水利業，122.6；事務職員およびそれに関連する職業，111.8；生産設備操作業，運輸業および，それに関連する職業は111.0；専門技術職はもっとも低く，108.2である。国家機関，党組織，企業の責任者が総人口に占める割合は小さいため，その出生性比が高いとしても出生性比全体に与える影響は小さいが，この職業群の出生性比が比較的高い状況は高い関心を集めるものであり，注目すべき点である。

子どもを持つ女性の教育水準の違いから出生性比をみると，都市人口の教育を受けたことがない女性（57.6），鎮人口の大学本科卒（100.1）および大学院卒（37.5），農村人口の大学本科卒（99.6）および大学院卒（63.6）を除き，その他の教育水準の女性が出産した子どもの出生性比は正常範囲を超えていた。全体的な傾向では，教育水準が小学校程度までであれば，母親の教育水準の上昇にしたがい出生性比も上昇するが，小学校程度を超えると，母親の教育水準の上昇にしたがい出生性比は低下する。表7-11をみると，都市の非識字女性の出生性比が145.5と例外を示しているが，その他のグループは基本的にこの傾向を維持している。

表7-11　2000年，教育水準別で見た，出産適齢女性が出産した子どもの出生性比

	総計	学校に行ったことがない	非識字者のためのクラスに行った	小学	中学	高校	専門学校	短期大学	大学	大学院
全国	119.9	108.0	116.1	123.6	121.2	115.1	114.3	109.9	107.0	111.9
都市	114.2	57.6	145.5	120.6	116.3	111.5	113.6	107.3	108.7	115.1
鎮	119.9	116.3	113.9	125.7	120.7	117.7	115.5	114.6	100.1	37.5
農村	121.7	107.5	115.5	123.7	122.6	119.3	114.1	114.5	99.6	63.6

出所：『中国2000年全国人口センサス資料』のデータから計算

民族の違いから出生性比をみると，多くの少数民族で出生性比が比較的高いという特徴が現われた。第四回および第五回全国人口センサスの人口100万人以上の民族に関する出生性比の調査資料の分析をみると，現在，中国における55の少数民族の出生性比は比較的高いもしくは異常に高い状況にある（表7-2を参照）。第四回人口センサスの際，チワン族，満州族，トン族，ヤオ族，トゥチャ族，ハニ族の6少数民族の出生性比が正常範囲を超え，それぞれ111.8，111.5，116.5，109.3，107.9，111.2であった。しかし，第五回全国人口センサスでは，チベット族，ウイグル族，朝鮮族，ペー族，カザフ族，タイ族の6少数民族以外の出生性比はすべて正常範囲を超えていた。なかでもトゥチャ族，ヤオ族，トン族の上昇幅は非常に大きく，それぞれ13.9，12.5，10.2であった。少数民族地区は計画出産政策が比較的緩和されている地域であるため，少数民族の出生性比は他の地域に比べると相対的に低いが，前述した出産回数と出生性比とのあいだに強い相関関係があ

ることによって，出生性比が正常範囲以上に上昇しており，この点も前述の相関関係についての証明となっている。しかし，社会・経済の発展，現代化の推進，および国の計画出産政策と「健康な子を生んで，立派に育てる」という啓蒙活動の影響によって，少数民族の多産意識は明らかに変化した。子どもを少なく産むことが主流になった後は，現実的な条件と伝統的意識の制約によって，男児偏好の出産意識が強まる傾向になるであろう。

4　男女別人口総数の不均衡問題

　出生性比が持続的に高かったため，必然的に男女別人口総数は不均衡を来たし，それがもたらす問題が日増しに目立つようになってきた。第四回全国人口センサスでは，中国の0～14歳人口のうち，男子は1億6286万3600人，女子は1億5013万8300人であった。男子は女子より1272万5300人多く，平均すると各年齢で84万9700人多く生まれたことになる。第五回全国人口センサスでは，中国の0～14歳人口のうち，男子は1億5129万6600人であり，女子は1億3323万1000人であった。男子は女子より1806万5600人多く，平均すると各年齢で120万4400人多く生まれたことになる。これは，この時期に生まれた人々が結婚適齢期になったとき，婚姻市場では必然的に男性が多く女性が少ないという深刻な不均衡現象が出現し，毎年約100万人の男性が「望まざる独身者」になるであろうことを意味している。

4　出生性比不均衡の原因分析

　中国の出生性比の上昇原因について，学者たちは様々な観点から深い研究を行なった。まとめてみると，中国の出生性比上昇の原因分析については，主に以下のような側面がある。

1　伝統的な出産文化の主導的作用

　改革開放以来，伝統的な出産文化が主導する出産目的意識は〔ある意味で〕さらに強くなっている。伝統的な出産意向の基本的特徴とは，「早婚早育」〔早

めの結婚，早めの出産〕，「多出産」〔子どもをたくさん産む〕，「重生男，軽生女」〔男児出産を重視し，女児は軽んずる〕であり，「早・多・男」という出産価値観である。社会・経済発展水準の上昇，現代化の促進，および計画出産政策の啓蒙活動の影響を受けて，多くの人々の出産意向は著しく変化し，「早生」，「多生」という意識から，「晩生」，「少生」，「優育」に変わった。しかし，伝統的な出産文化の核心部分である，男児尊重という男尊女卑観念や家本位の意識は，依然として大多数の中国人の出産行為に大きな影響を与えている。

　数十年にわたる啓蒙活動を行なったものの，伝統的な男尊女卑観念は急速に回復，強化されている。これは深刻な社会・経済的原因によって引き起こされている。

　中華人民共和国成立後，政府は社会的平等を主旨とする社会主義を推進した。一方で「男尊女卑」を特徴とする儒家文化を徹底的に批判し，男女平等を積極的に主張し，他方で法律や法規の発布を通じて女性の合法的な権益を保障した。また，都市化と工業化は，女性に「男性と同じ仕事をすれば同じ報酬を得られる」機会を与え，実質的に女性の社会的地位を向上させた。また，都市の公共住宅の分配制度は家族の集住という伝統を変えた。様々な要素の総合的な作用により，都市住民の性別に対する偏好はしだいに薄れ，出生性比は基本的に正常範囲にあった。改革開放以前，農村では「一に集団規模を大きくし，二に公有制部分をより拡大する」という「一大二公」スローガンが掲げられ，その下で，皆雇用と「男女同報酬」が実施された。これは女性の社会的地位の向上に大きな役割を果たした。こうした状況は，中国の解放後の出生性比と全人口性比を解放前の水準にまで低下させ，基本的に正常範囲内に維持させることができた重要な要因である。しかし，1980年代に入って，中国は一方で農村において承包制[*4]を実施し，他方でイデオロギーに関する統制を緩和したため，人々の社会生活は大きな影響を受けた。

　承包制の実施は，自給自足と肉体労働を特徴とする小農経済の再建に相当し，家族経済で男性労働力が持つ影響力は明らかに大きくなった。発展の遅れた農村では，人力と家畜を主体とする生産方式が主であり，その質的改善が遅れているため，男性労働力には依然として一家の大黒柱としての重要な役割がある。したがって，農村において男児偏好の出産意識が強いというの

は現実的な選択の結果である。

　中国の農村における高齢者の扶養方法は家族が中心であり，子どもの扶養責任を明確にしている。また，"男は娶り，女は嫁ぐ"という伝統的な婚姻形式によって，息子が年老いた親の扶養義務を負うことが基本となっている。したがって，"男児を育てて，老後の不安を防ぐ"「養児防老」という観念は依然として農民の出産目的のなかで重要な位置を占めている。農村部の社会保障制度が不完全である現在の状況では，社会的な扶養を実施するための基本的環境は整備されていない。したがって，家族中心の扶養方式を実質的に変えることは，今後も長期にわたって不可能だろう。しかも，「養児防老」という考え方は，中国の伝統的な「孝」文化とも密接な関係があり，家族中心の扶養方式の支えとなっている。

　同時に，小農経済の存在によって，実際の生活のうえで必然的に家族養老の必要性が生じてくる。したがって，「養児防老」という出産意向については，批判や啓蒙活動を強化すれば，この観念を変えることができるという考え方で臨んではならない。「養児防老」は多くの農民が必ず直面する現実である。この出産意向の長期的な存在には，必然性と合理性がある。存在が意識を決定するのである。農村の社会保障制度を確実に設立することができなければ，家族中心の伝統的な扶養方式を変えることはできず，数千年来続く「養児防老」という伝統的な出産意向を短期間で根本的に変えることもできない。

　1970年代末から，国はイデオロギーに関して，しだいに開放路線に向かったため，人々の信仰と行動面での選択の幅は比較的広くなってきた。そのため，都市住民は流行を追うとともに西洋化し，農村では普遍的な伝統文化の復興が比較的目立つようになった。このような農村の伝統的な家族価値観の復興によって，息子が代々血統を継ぐという出産意向を再形成する需要が生まれた。人々の深層にあるこうした文化理念は，現実的な社会・経済条件の下で，改めて存在の合理性を示した。しかも，特定の社会・経済条件下では，こうした観念の再形成の目的はより明白になり，男児を出産し，代々血統を継ぐという意識はより強くなるであろう。

　ある研究によると，現在中国の農民の主な出産目的は，依然として「代々血統を継ぐ」という「伝宗接代」であり，男児出産に対する偏好はかなり強

い。これは文化的・心理的な需要によるものである。第二子からの出生性比の上昇は，人々の「子どもはたくさん出産したくない（もしくはできない）が，男の子はほしい」という意識を反映したものである。したがって，多産意識が変わりつつある状況下でも，人々は依然として性別に対しては強い偏好を示している。しかもそれを支える技術条件（出産前の性別判定技術と人工中絶技術）が保証されている場合，出生率が低下するなかで出生性比が上昇することは避けられない事実である。中国が計画出産政策を実施しているかどうかにかかわらず，「男尊女卑」と「伝宗接代」という伝統的観念を弱めるような対策を採らなければ，出生性比の上昇は必然的な傾向となる。近年中国における出生性比の上昇は，計画出産政策の圧力によって早めに到来した現象である。韓国や中国の台湾地域でも出生性比が比較的高いという状況は，これを証明するものである[7]。

2000年，国家計画出産委員会の宣伝教育局は，社会調査会社に出産意識のサンプル調査を委託した。この調査によると，「伝宗接代」〔祖先の名を上げ，親の事業や資産を継ぐこと〕が主な出産目的として再び上昇してきた。社会・経済発展水準が高く，かつ文化・教育事業が比較的進んでいる都市部でも，様々な出産目的のなかで「伝宗接代」が昔からの伝統社会と同じように，第一位となった[8]。これは，出産意向が比較的強い独立性を持つだけでなく，一定の反復性を持つことを示している。

この出産意識の転換は，社会・経済発展水準の進展に比べて遅れをとっているだけでなく，他の文化範疇の変化と比べても遅れている。承包制の推進によって，農村では再び家族が基本生産単位になり，小農経済が主要な経済形式となっている。これにより家族の絆は回復し，農村の社会生活に影響・関与する重要な要素となった。男児を産めば家族の血統は存続され，家族の絆も発展し，先祖の血統を継承できるといった観念もある程度強化された。このように家族系譜が明確になることによって，人々の男児偏好意識を「合理化」させた。こうした家族機能の新たな位置づけは，農村において家族の勢力を再び台頭させると同時に，家族と農村末端組織とのあいだに非正規の

[7) 楚軍紅「我国農村生育率与出生性別比関係深討」『市場与人口分析』，2000年（6）。
[8) 潘貴玉編集主幹『婚育観念通論』中国人口出版社，2003年。

社会組織がしだいに形成され，冠婚葬祭，祭祀祝典，生産労働や近所とのいさかいといった社会生活のなかで重要な役割を果たすようになってきた。

このように家族の力が復権し，夫を中心とする家族人口再生産モデルが動きはじめたことにより，伝統的な出産選択における「男尊女卑」傾向は強い影響力を持つようになった。したがって，改革開放の過程のなかで，男性を中心とする社会構造と社会意識は弱まるどころか逆に強化されているのである。とくに現在の国家政策である「積極的に"中産階級"を育て，全力で個人経営経済の発展を推進する」という傾向の下では，農村の家族経済，鎮における家族中心に組織された個人企業，都市の血縁を中心とするファミリービジネスなどが大きく発展しつづけている。これらは，人々の「伝宗接代」観念と男性尊重傾向を復活させる現実的な基盤となっている。

現在の中国の出産目的の多様性は，価値観の多様性が出産という領域で具体的に現われたものである。多様化する出産需要のなかでもっとも核心的なものは性別の選択である。早めの出産も，多産も，男児が欲しいためである。伝統社会の跡継ぎ制度においては，「跡継ぎ」のために養子をもらう，他人の子どもを引き取って育てる，婿をとるといった代替手段もあるが，それらは，やむをえない状況下での解決策である。

前述したように，男児偏好に影響を及ぼす様々な要素のなかで，「伝宗接代」が依然として第一位であり，もっとも根本的な要素である。経済が比較的発達している一部の地域では，高齢者の扶養問題は様々な方法で解決することができる。たとえば，十分な貯蓄をして自力で老後を過ごす，あるいは年金保険に加入するなどである。しかし，実際には経済発達が進んでいる地域であればあるほど，「男児が欲しい」という願望も強くなっている。生活が豊かになった人々は，多くの資産を継がせる必要があるので，男児を産んで血統を継ぐという需要がさらに強まるためである[9]。中国の台湾地区と韓国では，経済発展水準は非常に高く，社会保障制度も非常に健全であるが，男児偏好意識が依然として非常に強いため，出生性比が比較的高いという問題が明らかになっている。これは，現在の人々の性別に対する偏好が，伝統的文

---

9) 楚軍紅「中国農村産前性別選択的決定性因素分析」『中国人口科学』，2001 年（1）。

化の影響を依然として強く受けている結果である。

出産意向は社会意識の一つとして,必然的に社会の存在から影響を受ける。現在,中国は社会・経済の転換期にあるため,社会・経済発展水準が高くなく,出産意向を変える内在的な動力がない。このため,外生変数による誘導および推進に頼る必要がある。市場経済体制の下での競争激化により,女性は社会的に弱い立場に立たされ,その経済的地位は悪化した。

これは,伝統的な農業社会で「男尊女卑」の思想を存続,強化させることにつながる。男児出産によって枝分かれした隙のない家族構造網を構築できれば,より多くの経済資本と社会資本を蓄積できるだけでなく,経営上の取引費用と組織費用も節約でき,競争力を強化することができる。これが,男児を産むことと家族の経済的利益,社会的利益を緊密に結びつけている。人口が多く,男性労働力が多いことは,人財両方が豊かであり,家族が栄えているということを表わしており,人が多いと勢力も強いという農村文化の象徴でもある。改革開放以後,農村部の家族を中心とする多くの郷鎮企業は,実質的に家族経営企業となっている。こうした企業は,貧困から脱却し裕福になるために明確に機能した。これは当然,人々の出産に対する男児偏好傾向を強化した。また,伝統的な農業生産方式による重労働可能な労働力に対する需要と,「養児防老」といった社会習俗の存続なども,「男尊女卑」的な出産意向の強化につながっている。

都市部においても,女性の雇用問題は徐々に深刻になってきた。頭脳労働であっても女性の就業は不利である。都市の出生性比が上昇している重要な原因として,この点も考慮する必要がある。

経済発展と社会の移り変わりが,中国の伝統的な出産意向に与えた影響は絶大であるが,そのなかでも「子どもが多ければ多いほど福も多い」〔「多子多福」〕という観念に与えた影響はもっとも大きい。現在,多くの人々は多子出産という観念から離れている。しかし,これは男児偏好をさらに強化した。根本的にいえば,出産における男児偏好の強化は,女性の社会的地位の低さを反映したものである。社会・経済の発展にともなって,中国の女性の社会的地位は向上しつづけてはいるものの,いまだに様々な分野で不利な地位に立たされている。労働,雇用の面でも,収入,分配の面でも,家族や社会的地

位の面でも，女性の機会は男性よりも少なく，リスクは男性よりも大きい。これは一つの悪循環を生んでいる。つまり，現実的な制約によって，人々の男尊は強化され，男尊の心理が女性の地位の低下を引き起こしているのである。

2 男児偏好の重要な技術的条件としての性別選択手段の利用しやすさ

文化観念は人間の行動を主導するが，出産といった特殊な行動については，その作用の働き方は完全に異なってくる。人々の出産に対する偏好は心理的な一つの願望であるが，胎児の性別の形成は人の意思によって変えられるものではない。自然出産状態では，人々の出産に対する偏好を満たす方法は，多産である。しかし，多くの子どもを産むことができない状況下では，人為的な選択に依存するしかない。厳密にいえば，伝統社会では人為的な性別の選択はできなかったが，現代社会では性別選択のための技術的条件が整っている。出産に対する性別の偏好は人々の主観的な願望を反映したものであり，性別判定・選択技術の「応用」および「普及」[10]は出産性別の偏好を実現できる鍵となっている。

近年来，中国では超音波という先進的な医療診断設備が導入・推進され，急速に全国に普及した。しかし，この設備と技術の導入・普及は負の影響をもたらした。つまり，胎児の性別を判定できるという機能を使って出産胎児の性別を選択するという事態を引き起こしたのである。中華人民共和国設立前から，全人口性比が上昇する主な原因は，出生性比の上昇によるものではなく，女児を溺死させる，あるいは差別することによって女児の死亡率が高かったためである。しかし，1980年代中期以降の出生性比の不均衡は，主に性別選択のための人工中絶によるものである。80年代中期から最近の人口センサスまでに得られたデータの分析によると，沿岸地域の各省（区，市）における出生性比上昇の過程は，性別選択手段の利用しやすさと大きな関係がある。

出生性比の上昇を引き起こす様々な要因，とくに女児出産の隠蔽，報告漏

---

10) 中国では，性別判定技術の応用に関して厳しい規定があり，医学的・遺伝的な理由に限って利用することができる。そのため，性別判定技術の「普及」の多くは違法である。

れ，および人工中絶のなかで，出生性比の不均衡に何が大きな影響を与え，影響が少ないのはどれかについて人々の注目が集まっている。多くの学者が独自の観点から異なる統計資料と異なる研究方法を用いて，独自の結論を導き出してきた。その結果，この問題に対する認識は，1995年を境目として大きく変化している。すなわち，1995年以前は，出産統計上の隠蔽と報告漏れが第一原因との見方が主流であった。一部の研究は，中国で80年代以降に出生性比が上昇した主な要因は，人口変数（出産年齢，子どもの順番，すでに出産した子どもの性別）と種族要素ではなく，異なる社会・経済的特徴下における「男尊女卑」という伝統的な観念の影響で現われた，選択性の出産報告と性別選択をともなう出産であるとされている。調査報告によると，1990年に出産した女性の出生性比は正常範囲の上限を7ポイント上回っていた。そのうち，女児の報告漏れは5ポイントであり，残りの2ポイントが性別選択のための人工中絶であると解釈された。また，別の統計によると，出生性比は正常範囲の上限を4.5ポイント超え，このうち女児の報告漏れが2.5ポイントであり，残りの2ポイントが性別選択のための人工中絶とされている。これは，1988年全国出産および避妊データから導き出された結論，すなわち「1983～1988年正常範囲を超えた分の出生性比については，その54～88％は女児の報告漏れに起因する現象である」と一致している[11]。

　一部の学者は以下のように述べている。中国の80年代における出生性比上昇の主な原因は，出産の隠蔽，報告漏れによる数字上のものであり，出生性比が正常範囲を超えた分の少なくとも2分の1あるいは4分の1は報告漏れによる結果である[12]。出産統計における女児出産の隠蔽と報告漏れは，中国の出生性比が比較的高くなっているもっとも重要な要因であり，その影響も大きい。したがって，中国の現在の出生性比は実際にはやや上昇しているだけであり，大幅な上昇あるいは深刻な不均衡状態ではない。その影響は小さく，あまり心配する必要はない。当時，この結論の影響力は大きかった。

　しかし1995年以降，この結論の妥当性がしだいに学者たちから疑問視さ

---

11) 高凌「我国人口出生性別比的特徴及其影響因素」『中国社会科学』，1995年（1）。
12) 曾毅・顧宝昌ほか「我国近年来出生性別比昇高原因及其后果分析」『人口与経済』，1993年（1）。

れるようになった。一部の学者は出生性比がとくに高い地域の調査を行ない，女児の報告漏れや溺死，放置といった原因によって出生性比が持続的に上昇しているのではなく，超音波設備の乱用がその主な原因であることを示した[13]。また一部の学者は，中国の出生性比が異常に上昇しているもっとも重要な要因は，超音波設備を用いて胎児の性別判定を行なった後，女児を人工中絶することであり，男児のいない母親や，あるいは男児の少ない母親の再出産が占める割合が比較的高いことが二番目に重要な要因で，出産の隠蔽，報告漏れなどはもっとも重要性が低い要因であることを示した[14]。

ある学者は以下の事実にもとづいて，中国の異常に高い出生性比は統計上の問題ではなく，客観的現実であると結論づけた[15]。

第一に，中国における出生性比の上昇は沿岸地域から内陸部に拡張する傾向がある。この傾向は，超音波診断を用いた胎児の性別判定技術の伝播経路と基本的に一致している。また，都市から農村へ，経済の発達している地域から発達の遅れている地域へ，平原から山間部へという現象も現われており，技術普及の原則にも合致している。これは決して偶然ではなく，内在的に関連した現象である。

第二に，中国の農民は，超音波診断を用いた産前の性別判定技術についての認知度が非常に高いため，いつ胎児の性別を判定できるのか，どこでこのような技術を利用できるのかについてよく知っている。したがって，出産前の性別判定はごく当たり前のものであり，性別選択のための人工中絶の割合は非常に高い。研究によると，84％の女性は超音波による性別判定技術を知っており，48％の女性が妊娠中に性別判定を受けたことがある。しかも性別判定を行なう率は出産回数にともなって上昇し，11％の女性が女児を人工中絶した経験があった。しかも，第二子以上の胎児は，女児を中心に中絶が行なわれており，これは出生性比と出産回数との正の相関関係ときわめ

---

13) 解振明「人们为什么重男軽女?!——来自蘇南皖北農村的報告」『人口与経済』，1998 年（4）。楚軍紅「我国農村生育率与出生性別比関係深討」『市場与人口分析』，2000 年（6）。
14) 馬瀛通「対中国近期出生性別比昇高的另一種理論解釈」『中国人口科学』，1999 年（4）。
15) 楚軍紅「我国農村生育率与出生性別比関係深討」『市場与人口分析』，2000 年（6）。

てよく合致している。

　第三に，国家計画出産委員会と各地の計画出産委員会は，様々な措置を講じて統計データの信頼性を高め，出産報告の漏れを減少させたにもかかわらず，出生性比は低下するどころか，逆に上昇している。「中国計画出産執行効果研究」という課題グループの調査によると，女児出産の報告漏れがほとんど存在しないにもかかわらず，出生性比は依然として128.09という高水準である。

　第四に，女児を溺死させることは違法であるだけでなく，社会的批判や良心の呵責もある。栄養と医療面での待遇の差によって，女児の死亡率は男児の死亡率に比べて高くなっているが，厳密にいえば，これは出生性比の問題ではない。中国の経済発展と農民生活水準の向上によって，この要素による影響は徐々に低下していくだろう。

　したがって，超音波による性別判定技術が普及している現在，中国の出生性比の持続的な上昇は，はっきりといえば，出産前の性別判定と性別選択のための人工中絶による結果である。

　ある学者は，2000年の全国人口センサスのデータを用いて，1990年「第四回全国人口センサス」の数値を推定し，女児出産の隠蔽や報告漏れの状況を推定した。その結果，彼らも出生性比が比較的高くなる主な原因は，女児出産の報告漏れではなく，出産前の性別判定と性別選択のための人工中絶であると結論づけた[16]。これについて，現在は適切な定量分析はできない。たとえば，出産前の性別判定や性別選択のための人工中絶が，出生性比の比較的高い状況にどの程度の影響を与えているかについては定量分析がない。しかし，近年の出生順序および性別順序別出生性比が示す結果を通じて，基本的にこの事実を確認できる。理論的にいえば，毎回の出産は独立的であり，第一子の性別と次回の子どもの性別は関係なく，言い換えれば，毎回の出産における男女の確率はそれぞれ50％前後であるべきである[*5]。現在みられるような，出産回数の増加とともに出生性比も急速に上昇する現象は，性別選択のために人工中絶が行なえるという事実から合理的な解釈が得られるだ

---

16) 于弘文「出生性別比偏高——是統計失実還是事実偏高」『人口研究』，2003年（5）。

ろう。

　このように中国の近年における出生性比上昇の第一原因が，女児の隠蔽や報告漏れであり，性別選択のための人工中絶は第二原因であるという見方について，一部の学者は異を唱えている。この二つの原因は90年代以降変化している，もしくは変化しはじめたと考えられており，近年の出生性比の実質的な上昇の直接的原因は性別選択のための人工中絶であるとされている。その理由は以下のとおりである。

　計画出産政策の推進によって，人口再生産を厳密に制御する制度は整い，また，経済・社会の発展によって，より多くの夫婦が男子の一人っ子を望むようになった。その過程のなかでは，出産費用，扶養費用，およびリスク費用などを考慮しなければならないため，人々は様々な違法行為を比較した結果，「一人の男児を希望する」には胎児の性別判定技術が，最先端でもっとも手軽であり，もっともコストも低い方法であるという結論に達したのである。出産前の性別判定という違法行為に対する処罰も軽微で，性別判定を実施した人に対する「法的なリスク」も小さく，判定を受けるコストも高くないため，性別判定は主要な原因となった[17]。

　つまり，胎児の性別判定と性別選択のための人工中絶とは，多くの子どもを出産しなくても男子一人っ子を実現できる一挙両得の方法なのである。第五回全国人口センサスによると，経済が発達している地域の第一子の出生性比は正常範囲より高いということがわかっている（北京112.50，上海111.44，江蘇112.20，江西115.50，湖北110.46，広東117.34）。これは，経済発展と技術条件が出生性比の上昇にある程度の影響を与えていることを示している。

　われわれは，2000年の第五回全国人口センサスの性別，年齢別人口データのなかから10〜19歳の性別・年齢別の人口数を抽出し，これを用いて1990年の0〜9歳の人口数を推定した。その結果と，1990年の第四回全国人口センサスの0〜9歳の性別・年齢別の人口数のデータを比較すると，第四回人口センサス時の0〜9歳人口の報告漏れが深刻であったことがわ

---

17) 鄭啓五「閩台人口比較初探（続）——閩台人口性別比的対比与思考」『人口学刊』，1998年（5）。

表 7-12　1990 年全国人口センサス，0～9 歳の報告漏れ人口（万人）

年齢	1990 年人口センサス時の0～9 歳の人口数		2000 年人口センサスデータを用いた，1990 年0～9 歳の推定人口		1990 年人口センサス時の報告漏れ人口数	
	男	女	男	女	男	女
合計	11,268	10,310	11,860	10,995	592	685
0	1,225	1,097	1,383	1,251	158	154
1	1,230	1,103	1,316	1,208	86	106
2	1,267	1,151	1,319	1,218	51	68
3	1,268	1,162	1,320	1,224	52	62
4	1,114	1,027	1,163	1,078	49	51
5	1,041	958	1,063	988	22	31
6	992	913	1,047	987	55	74
7	1,052	968	1,085	1,034	33	67
8	1,142	1,060	1,158	1,073	16	13
9	936	872	1,007	933	71	61

出所：1990 年人口センサスデータは『中国 1990 年全国人口センサス資料』より，1990 年推定データは『中国 2000 年全国人口センサス資料』および対応するモデルより推定した

かる。しかも，女児の報告漏れは男児の報告漏れよりも多い（表 7-12 参照）。表 7-12 をみると，0～9 歳女児の報告漏れは男児と比べて 90 万件多く，男児の報告漏れ率は 5.00％であるのに対し，女児は 6.23％である。年齢階層別にみると，0～4 歳の報告漏れは 5～9 歳より多く，0～4 歳男児の報告漏れ率は 5.26％，女児は 7.36％である。それに対し，5～9 歳男児の報告漏れ率は 3.67％であり，女児は 4.88％である。1990 年全国人口センサスの 0～9 歳児童数に報告漏れ人口を年齢別に加えて計算すると，0 歳人口の性比は 110.60 であり，1990 年調査時の性比より 1 ポイント低下する。しかし，報告漏れを加えても出生性比は依然として正常範囲から離れている。また，ある学者は，2000 年 0～9 歳の報告漏れ人口を過去のデータに加え，1990～2000 年の各年齢の出生性比を推定した[18]（表 7-13 参照）。こうした様々な調査データによって，女児の報告漏れは出生性比上昇の比較的大

---

18) 玉金営「1990～2000 年我国婦女生育模式変動及生育水平估計」『中国人口科学』，2003 年 (4)。

表7-13 報告漏れ人口を加えた1990～2000年各都市の出生人口の推定数（人）

年	合計	男	女	出生性比 （女性＝100）
2000	18,473,842	9,816,952	8,656,890	113.40
1999	15,876,692	8,373,819	7,502,873	111.61
1998	16,578,133	8,826,629	7,751,504	113.87
1997	17,089,366	9,103,784	7,985,582	114.00
1996	17,983,439	9,626,690	8,356,749	115.20
1995	18,215,700	9,699,513	8,516,186	113.90
1994	19,682,807	10,307,486	9,375,321	109.94
1993	20,486,605	10,590,575	9,896,029	107.02
1992	20,328,850	10,824,301	9,504,549	113.89
1991	25,096,323	13,293,381	11,802,941	112.63
1990	26,747,860	14,032,034	12,715,825	110.35

出所：表中のデータは2000年の0～10歳の報告漏れ人口を加え，推定した値である。王金営「1990～2000年我国婦女性生育模式変動及生育水平估計」，『中国人口科学』，2003（4）より作成

な要因の一つであることがわかる。しかし，出生性比が比較的高い状況に関する唯一で決定的な要因ではない。女児の報告漏れという要因を除いても，胎児の性別判定と性別選択のための人工中絶によって，出生性比は現実的に高くなっているのである。したがって，われわれは，出生性比が比較的高いという状況が確実に存在する事実であると理解し，その原因について注目および再認識すべきである。

3　出生性比上昇の決定的要因としての計画出産政策

計画出産政策の実施により，出産に対する量的な制限が厳しくなってきたため，多産に頼って男児出産を実現することができなくなったことが，出生時における性別選択につながった。

中国の出生性比の上昇原因のなかには，伝統的な出産文化によるもの，社会・経済発展水準によるもの，性別判定と選択的人工中絶によるものの三つがある。はじめの二つの原因は以前から存在していた上に，現在よりも伝統的な出産文化の影響は強く，社会・経済発展水準は低かった。それなのになぜ過去には出生性比の上昇問題がなく，現在になってこのような問題が現わ

れたのだろうか。これについては，計画出産政策の実施が重要な原因の一つになっている。1980年代以前は，中国の出産政策は比較的寛容なものであった。とくに50～60年代では，計画出産政策はまだ広範囲で実施されておらず，出産数はまだ制限されていなかったため，多くの家族で，多産の方法を通じて男児出産という目的を達成することができた。その時点では生物学的要素が出生性比に与える影響が大きく，人為的要素による影響は比較的小さかったため，出生性比は基本的に正常範囲を維持していた。しかし1980年代初めから[*6]，夫婦一組に子一人が提唱されたため，多産と自然選択によって男児出産という願望を満たすことができなくなり，主観的な男児出産願望が強くなった。第一子が女児であった家族にとって，第二子出産で男児を保証するためには，医療技術に頼るしかなく，性別判定と性別選択のための人工中絶が行なわれた。したがって，計画出産政策が人々の出産行動に圧力をかけ，計画出産政策がしだいに厳しくなるなかで，男児出産願望の強い夫婦の心理的耐久能力は低下し，男児出産願望がさらに切迫し，最終的に選択性出産の増加と出生性比の上昇を招いたのである。

　しかし，計画出産政策の影響によって出生率が低下するにともない，出生性比が上昇するのは必然的であろうか。中国政府は1960年代中期に，一部の都市で計画出産政策を試験的に実施し，70年代初めになって全国の都市と農村で推進した。その結果，人口の加速的増加は厳しく抑制され，出生率は1969年の34.1‰から，1979年の17.8‰に急激に低下し，わずか10年で半分に低下した。しかし，この時期，出生率は急激に低下したにもかかわらず，出生性比が異常に高まるという現象は起きなかった。したがって，厳密にいえば，計画出産政策の実施が必ずしも出生性比の上昇を引き起こすとは限らない。そうでなければ，韓国および中国の台湾地域で出現した，似たような現象も解釈できないだろう。もう一つの無視できない事実は，出生性比の不均衡がもっとも深刻な地域，たとえば海南，広東などは，出生率も比較的高く，二人以上の子どもを出産する家族が多い地域でもある。このことから，計画出産政策の実施による低出生水準は，経済・イデオロギー・技術の三つの要素の存在によって，人々の性別への偏好を強化させる作用を持ったということがいえる。したがって，80年代中期から出現した出生性比の

持続的な上昇は，計画出産政策だけによってもたらされたものではない。

しかし，中国の計画出産政策および政策のある面での具体的な操作が，出生性比の上昇に一定の影響を与えたというのは否定できない事実である。計画出産政策の指導思想と全体的な戦略とは，人口の出生率を低下させることである。重点を置いているのは「数量」の抑制であり，出生人口の質（正常な出生性比や健康な乳児を含む）については軽視してしまった。啓蒙活動，政策法規，管理評価といった面で，「人口の数」と「人口の質」のバランスを把握できず，全人口性比の制御，乳児の健康水準の向上についての注意が足りなかった。計画出産政策は主観的には出生性別の選択に関与してはいないが，実際の実施においては，啓蒙活動の偏り，政策と法規の抜け穴，ずさんな管理，標準化されていない技術サービス，幹部の資質の低さといった原因によって，とくに性別偏好する人々に乗ずる隙を与える結果となった。

4　出生性比上昇の社会的な環境としての出産管理の未整備

2001年12月29日の第九回全国人民代表大会常務委員会の第25次会議で採択された「中華人民共和国人口と計画出産法」第35条では，「超音波およびその他の技術を利用した，非医学的な需要による胎児の性別判定を禁止する。また，非医学的な需要による性別選択のための人工中絶を禁止する」と明確に規定した。しかも，第36条ではこの規定に違反した場合の罰則規定を明確に規定した。この法律の制定によって，中国の出生性比上昇問題を解決するために法律的な基盤が整備された。しかし，管理面ではずさんな点やおろそかな点があるため，一部の地域においては，超音波を乱用した胎児の性別判定は依然として横行しており，性別選択のための人工中絶が大量に発生している。

末端組織では中期・後期の妊婦に対する管理が不足しているため，性別選択のための人工中絶の主な原因となっている。現段階では，末端組織の一人っ子対策は，依然として日常的な避妊検査と出産統計に限られている。一部の人々は，「計画出産証」を持っていれば，どのような子どもを産むか，いつ産むか，どこで産むかは個人の自由であると考えている。一部の幹部も，計画出産政策と合致し，必要な出産手続きをすれば，妊娠の具体的な状況につ

いては監視する必要はないと考えている。したがって，性別についてとくに偏好が強い一部の人々は，出産証をもらった後，妊娠中に胎児が女児であると判定された場合，すぐに子どもをおろし，男児を妊娠・出産するまでずっとそれを使いつづけている。妊婦，とくに中期・後期の妊婦に対する管理体制が整っていないため，妊婦に性別選択のための人工中絶を行なう機会を与えているのである。違法な胎児の性別判定と人工中絶に対する管理不足が，性別選択のための人工中絶を増加させている直接的原因である。現在中国で，超音波検査と人工中絶技術を提供できる医療機関の種類は非常に多い。たとえば，計画出産政策サービスセンター，衛生医療機関，個人診療所などであるが，これらは異なる部門に属するため，統一的な管理・監督を行なうことが非常に難しい。

多くの医療従事者は，故意に法律に違反しようとしたわけではなくても，法律の意識が薄かったり，それ以外にも，技術操作が標準化されていなかったり，あるいは一部の医療従事者の職業道徳と技術水準が高くなかったり，といった理由で，客観的に胎児の性別を判定し，妊娠中期・後期に人工中絶をする機会を提供してきた。たとえば，法律では「非医学的な理由で，性別選択のために人工中絶することは禁止する」と規定してはいるが，実際にどこまでが性別を選択するための（故意の）人工中絶で，どこまでが医学的な（自然な）需要による中絶なのかを区別するのは難しい問題である。

男児が欲しいという強い願望があるために，胎児の性別判定の市場需要は非常に大きい。したがって，現代の医療技術や伝統的な民間の秘法を含む様々な方法が用いられている。このような混乱局面に対する管理体制は，各地で遅れている。出生性比が異常に高い地域では，各部門による協調した科学的・総合的な出生性比の管理体制はまだ出来上がっていない。

5　出生性比の深刻な不均衡による潜在的な危機

人類社会の持続的な発展にとって男女両性の均衡は前提条件である。出生性比の持続的な不均衡状態は婚姻市場だけでなく，婚姻と家族の調和と安定にも一定の負の影響を与え，さらには社会の安定と持続可能な発展にも危害

をもたらすだろう。

1 婚姻市場に対する深刻な圧力と婚姻関係の不安定化

　出生性比の持続的な上昇は，まず婚姻市場に圧力を作りだし，男性過剰による婚姻圧力を徐々に深刻化させている。前述の分析によると，毎年新たに100万人以上の独身男性が増加しており，独身男性は数千万人の集団となった。これが婚姻関係に与える衝撃は想像もできない。ある学者の推定によると，中位推計の出産モデルおよび死亡モデルの条件で，2030年以降，20～34歳の結婚ピーク期人口の性比は118～119に達し，男女の人口差は2000～2200万人で安定する。しかし，2025年には2449.4万人とピークに達し，同年齢人口の8.14％，同年齢男性人口の15.06％を占めることになる。言い換えれば，20～34歳男性100人につき15人は結婚相手がみつからないということである[19]。

　したがって，出生性比が比較的高い状態が続いた場合，人口に与える直接的な影響とそれが引き起こす人口問題とは，男性人口が女性人口に比べ絶対的に過剰となることである。中国の21世紀前半30年の人口は，現在の人口年齢性別構造によって決定されるため，結婚問題がもっとも厳しくなる時期である。もし現在の出生性比の上昇傾向を有効に抑制することができなければ，累積効果の作用によって問題はさらに深刻化するであろう。

　実際の生活では，経済的な推力と引力によって婚姻移動が存在するため，貧困農村の結婚適齢期の男性は，結婚相手の選択肢のなかでは「弱者」である。したがって，独身男性はもっとも貧困な農村地域に集中する。新たな一つの貧困形式，「婚姻貧困」は貧困地域の発展の大きな制約となる。もしこの問題が有効に解決されなければ，一連の深刻な社会問題が引き起こされるだろう。一部の学者は，結婚年齢差を大きくすれば，将来の結婚適齢期の男女不均衡問題は解決できると主張した。しかし，この方法では個別の年齢層あるいは短期的な性別不均衡は解決できても，持続的な性比不均衡を解決するには至らない。「兄」層と「弟」層間で結婚相手を選ぶ権利を争うことに

---

19) 李建民・原新・王金営『持続的挑戦――21世紀中国人口形勢，問題与対策』科学出版社，2000年版，p.142.

なり，矛盾と衝突がより厳しくなるだろう[20]。

つまり持続的な性比不均衡は，必然的に婚姻関係に一定の衝撃を与え，婚姻関係の安定性にも影響を与える。

2　女性の地位向上や男女平等の実現への悪影響

ある学者は，「男児偏好」による出生性比の不均衡およびその深刻な結果は，女性の地位向上にきわめて不利な影響を与え，しかも，一連の複雑な社会問題を引き起こすと述べている[21]。

第一に，出産前の性別判定と性別選択のための人工中絶は，女児の生存権の侵害であり，男尊女卑，男女不平等を明確に体現するものである。

第二に，「男児偏好」による出生性比の不均衡は，女児の生存権と発展権を侵害している。現在，中国の一部の農村地域では，依然として男児出産を強く希望する夫婦がいる。男児が多ければ多いほどよいというわけではないが，彼らにとって男児が一人もいないということは受け入れがたいことである。したがって，二つの結果が引き起こされた。一つは，複数の子どもがいる家庭では，明らかに女児の数が男児の数より多くなった。もう一つは，このような家庭では，末っ子が男の子である。このような家庭状況では，女児の生存環境と発展条件は非常に不利である。大家族，とくに男児が一人，女児が数人の家庭では，一般的に財力とエネルギーは男児に注がれる。男児は目をかけて育てられるのに対し，女児は，とくに多数の女児がいる場合，生活，教育，医療といった各分野で相対的に不利な生存環境，生活条件に追いやられている。女児の死亡率が男児の死亡率に比べて明らかに高いことは，前述で証明した。多くの場合，女児は経済面および生活面で家族を補助し，自己の能力相応もしくはそれ以上の責任も負っている。しかも家族の消費のなかで，彼女たちの占める割合は男児より少ない。発展の機会は，彼女たちにとって高嶺の花である。したがって，彼女たちは家族の経済状況低下の「犠牲者」となるだろう。これによって多くの女性は同年齢の男性と比べて全体

---

20) 張翼「我国嬰児出生性別比在持続上昇」中国網（ウェブサイト），2002年12月23日。

21) 劉爽「男多女少無助于婦女地位的提高」『人口研究』，2003年(5)。

的な資質と発展能力が低くなり，低レベル職の女性化という現象さえ出現している。

　第三に，男子が多く，女子が少ないことによる婚姻関係の問題は，直接的・潜在的に女性を傷つけることにつながる。出生性比が比較的高い状態は，直接的には「婚姻のひしめき合い」を引き起こす。これについては学界の共通認識である。しかし，この負の面の社会的影響が，大量の結婚適齢期の男性に婚姻圧力をかけるとすれば，女性に対してはどのような結果を引き起こすのかは，考えるべきもう一つの問題である。結婚適齢期の女性が相対的に少ないために，必然的に婚姻市場で女性に対する需要が高まり，女性の「買い手市場」となる。これは女性の社会的地位の向上，女性の全面的な発展，および社会の発展と進歩に有利になるだろうか？

　答えは否である。自らの意思によらず独身となった大量の男性の存在は，すでに結婚した者の婚姻の安定性を脅かす。そのなかでも，まず侵害されるのは女性である。「婚姻のひしめき合い」によって不釣合いな結婚が増加し，婚姻の質と安定性に直接影響を及ぼす。不釣合いな結婚とは，男女双方の差が大きい状況を指し，年齢の差だけでなく，個人条件の差も含む。こうした不釣合いな結婚には往々にして「本質的な脆弱性」が存在するため，その質と安定性が比較的低いことは言うまでもない。社会のなかに，正常な婚姻生活以外に大量の結婚適齢期人口が存在しているとき，婚外の性的関係や非婚出産の増加は避けられないだろう。したがって女性はさらに多くの「婚外性関係」や「非婚出産」による直接的苦痛を受けることになるであろう。また「婚姻のひしめき合い」が深刻な状況下では，女性の人身売買や違法な風俗業の買い手市場が拡大し，一部の若い女性は直接的な被害者になる可能性もある。

3　「雇用の性別圧力」の出現

　出生性比が比較的高い状態は，労働力の供給と人的資本の蓄積には有利である。法律規定と生理的特徴の二つの面からみると，男性のライフサイクルにおける就業期間は女性より長くなっている。総人口の規模が一定，もしくは出生水準が一定という条件下で，男性が女性より多いということは，総人

口の雇用期間を増加させることにつながる。したがって，間接的に労働力資源の供給を増加させ，雇用圧力を増加させる。また，一部の女性に適した産業および職業は衰退し，男性に適した産業および職業の競争はさらに厳しくなる。その結果，「雇用の性別圧力」が出現する。

4 高齢者扶養の難度と複雑性の増大

現在，中国の社会保障制度は「二元制」の段階にある。都市の社会保障制度は整いつつあるものの，多くの農村では基本的な社会保障すら不十分である。都市の高齢者扶養資源は基本的に社会が提供し，安定性が比較的強い。それに対し，農村では依然として家族扶養が中心である。家族扶養中心という条件下で，性比不均衡による大量の生涯独身者が増加すれば，扶養する主体が不足するという問題が生じる。これは，高齢者人口の扶養負担を増加させ，扶養を複雑化させる。予測によると，出生性比の不均衡が高齢者人口に与える影響は，21世紀の中期以降に現われる。この時期はちょうど，中国が高度高齢化社会に突入する時期であり，両者が相まってこの問題はさらに複雑・不確定になるであろう。

6 出生性比の不均衡を解決するための対策の選択

中国共産党第十六回全国代表大会（十六大）は，全面的な小康社会を建設するために，「経済発展，健全な民主化，科学教育の進歩，文化の繁栄，社会の調和，豊かな生活などをさらに追求する」という目標を打ち出した。実はこのなかの「社会の調和」には，男女両性の調和も含まれている。性比の均衡は，両性の調和のための重要な鍵である。中国共産党中央委員会，国務院は「計画出産政策の実施を強化し，低出生率水準の安定的維持をめざす決定」のなかで，「2010年には出生乳児の性比を正常化の方向に向かわせ，新たな結婚および出産意向と出産文化を形成する」という出産管理目標を明確に定めた。これによって，中国の出生性比の持続的な上昇問題に関する政策の雰囲気は基本的に出来上がり，この問題の解決を強く促進している。しかし，中国の異常に高い出生性比の問題を根本的に解決し，出生性比の均衡

を実現するためには，さらなる努力が必要であり，とくに以下の面で対策が必要である。

1　新たな出産文化の育成と積極的な女性の地位向上

女性の地位向上のために，以下の対策を行なう必要がある。

第一に，啓蒙活動を最優先に行なう。啓蒙活動によって，まずは出生性比の持続的な上昇がもたらす危険性を人々に認識させる。現在，中国の出生性比の不均衡は深刻であり，その影響の厳しさも懸念される。しかし，この問題に関する理解は，理論研究に携わる者と政府の管理部門関係者に限られており，この問題と深い関係を持つ多くの人々は，その重要性について認識していない。彼らは男児出産を強く望み，男児は必ず多くの利益を家族にもたらすと信じ，深刻な性比の不均衡が社会にもたらす影響を知らない。したがって，出生性比の不均衡問題を有効に解決するためには，様々な啓蒙活動を通じ，多くの人々に，現在の出生性比不均衡の基本的状況，原因および危害性を理解させることが必要である。人々がこの点について認識すれば，この問題について考えるようになるだろう。これは根本的に性比不均衡を解決するための前提条件である。

第二に，よりきめ細かい丁寧な啓蒙活動を通じて，新たな出産文化の育成を促進し，人々に「男児出産と女児出産は同じように良いことである」という新たな出産意向を形成させる。新たな出産文化は先進文化の有機組成部分であり，出産文化の前進を表わしている。現在の低出生率は出産文化転換の結果であり，新たな出産文化を全面的に育成するために，良好な社会環境を提供した。これを基礎として，より広範囲で，より深い啓蒙活動を行ない，「人間本位」，「男女平等」，「男児出産と女児出産は同じように良いことである」という新たな出産意向を提唱する。多くのメディアに呼びかけ，社会各界の力を使うことで，社会全体で女性を重視し，女性に関心を払うような世論の雰囲気を作り上げ，これによって社会や家族における女性の地位を向上させ，現実的な困難や問題を解決し，人々の出産意向の根本的な転換を促進する。

第三に，父系親族集団観念を抑制する。父系親族集団観念は男尊女卑思想を生み出す根源である。父系親族集団観念の支配下では，父系を中心とし，

結婚生活では例外なく男性に従って生活し，子どもも父親の姓に従い，男子が父親の事業を継ぐ。女性は結婚すると実家との経済的関係から離脱する。「お嫁に行った娘はこぼした水のようだ」〔結婚したら一生相手の家で過ごす〕という諺は，この観念を非常に的確に表現している。したがって，父系親族集団観念がある程度薄くなれば，出生性比の不均衡の解決に大きな影響を与える。ある学者は，農村の出生性比を低下させ，農民の出産観の転換を促進するために，「婿をとる」という結婚形式を提唱している。「婿をとる」という結婚形式は，女性による高齢者扶養と，女性が代々血統を継ぐことを後押しし，それによって農村の父系親族集団観念と家族観念を徐々に弱めることができる[22]。農村の法制度を整備し，人々の法律意識を高め，法律が農村の社会関係を調整する作用を強化する。子どもが多ければ家族が栄えるという価値観を変えることも，男性尊重の意識を弱める重要な一環である。

　第四に，女児出産に有利となるように計画出産政策を調整し，女児の成長を援助するメカニズムおよび社会保障制度を迅速に設立する。中国は発展途上の人口大国であり，生産力はまだ発達しておらず，社会保障制度もいまだ不完全である。とくに農村では男尊女卑意識が根強く，伝統的な文化観念の影響もあって，困難な現実的問題が存在している。労働力として男性を必要とする需要もあれば，高齢者扶養の面での需要もある。そのため，人々の出産意向を変えるためには，人々に「男児出産と女児出産は同じように良いことである」ことを実感させる必要がある。そしてそのためには，経済を発展させ，貧困から脱して裕福になるよう全力を尽くすとともに，女児出産に有利となるように計画出産政策を調整し，女児および女児を持つ家族に有利となるメカニズムと社会保障制度を設立することが必要である。そうすることで，女児を持つ家族の不安を解消し，女性により多くの教育を受ける権利，知識と情報を得る権利を与え，彼女たちの社会・経済的地位を向上させることができる。

　まずは「女児の中途退学の減少・根絶対策」，「女児を重視する行動」および「計画出産政策」の三つ巴の対策に注力し，貧困家族の援助と計画出産政

---

22) 厳梅福「変革婚居模式，降低出生性別比——以湖北为例」『湖北大学学報』，1999年 (5)。

策を連携させた対策を採ると同時に，一人っ子の実現が困難な家族を助ける対策とも緊密に連携させ，女児のいる家族，とくに女児一人っ子や二人の女児を持つ家族に政治上の地位，生活上の援助，経済的な実利を与える。これに関しては，一部の地域で試験的な実施が行なわれ，一定の経験と有効な効果が得られた。しかし重要な問題は，こうした事業を実施するための予算をいかに準備するかである。この問題に関しては，計画出産政策公益金制度を作ることが有効な方法であると考えられる。各地域は現地の実情を考慮し，積極的に実行可能な方法を探るべきである。一人あるいは二人の娘しかいない家族に経済上の援助を与え，公的年金制度に参加できるように援助するには，実際，一定の費用が必要となる。しかし，長期的にみると社会的経済効果は非常に高いため，このような費用を払う価値はある。こうした措置によって「男児がいなくてもいい」という方向に意識を変化させることができれば，出生人口を減らすことができ，これによって扶養費を節約でき，資源・環境に対する効果も期待できるのである。われわれは，人々の認識が十分であれば，一部の資金を集め，農村の社会保障事業のために投入することは可能であると考えている。

2　出産行為の厳格な管理と妊娠経過の定期健診

現在，中国の多くの人々の出産意向と国の計画出産政策には大きな隔たりがある。そのため，この政策の緩和や管理の不行き届きには，出生率を再び上昇させる可能性が潜んでいる。なかでも，出生性比が異常に高いという現在の現象は，中国の出産に関する管理不足と深い関係があるため，管理強化が非常に重要となる。各級の政府および計画出産政策の管理部門は認識を高め，出生性比の抑制という問題を重視しなければならない。政府指導，部門指導を徹底し，各分野が分業しつつ，民衆が参加する機構を設立して，各部門が相応の責任をとる協力体制を確立することで，総合的に出生性比の問題を解決する必要がある。出生性比を正常水準に維持するという目標を，各級政府および計画出産政策の管理部門の目標に掲げて責任を課し，厳しく審査する。同時に出生性比についての事前警告組織を積極的に設立・健全化し，制度化された日常的な管理を実現する。これによって，人口総数のみを抑制し，

性別構造を軽視してきたこれまでの行動を改めることができる。出生性比の上昇を抑制するためには出産管理を強化すべきであり，具体的には以下の対策を重点的に行なう必要がある。

　超音波診断の管理制度を厳しくする。胎児の性別判定技術の使用に関する審査と登録制度を設立し，この技術の使用手順と範囲を標準化する。各級の計画出産政策サービスセンターと医療保険機構は，胎児の性別判定技術を非医学的な需要で用いることを禁止する責任制度を厳しく実行し，健全な超音波診断の管理制度を設立する。超音波を操作する医療従事者を選択し，訓練を強化する。政治的な資質が高く，規律意識が強く，職業道徳観を持ち，業務技術の高い技術職員のみを選び，超音波技術の操作に従事させる。事前訓練を受け，資格を取得した者のみ超音波の仕事に従事できるようにする。責任契約を結び，法律意識を強化する。個人診療所や村の医療室による超音波装置の購入と使用を断固として禁止する。

　妊婦の妊娠経過を観察するために定期健診を確実に実施し，妊娠経過状況の保存書類と二番目の胎児の妊娠経過状況カードを作成する。農村の幹部責任制度を実行し，責任の所在を明らかにする。二番目の子どもを妊娠している女性の健康診断を定期的に行ない，村の委員会は，二番目の子どもを妊娠している女性と計画出産契約を結び，定期健診を受けるように監督する。検診を受けない者，あるいは計画出産政策部門の許可なしに人工中絶を行なった者からは，「出産許可証」を没収し，再発行はしない。出産可能な場所を厳しく定め，第二子出産を認められた夫婦は，定められた病院で出産する契約を結び，資格を持つ医療機関や計画出産政策サービスセンターのなかから出産病院を一カ所選択する。出産乳児の検査，登録と報告制度を厳格にし，すべての医療機構や計画出産政策サービスセンターは妊婦を受け入れるとき，必ず「出産許可証」か「生殖保健服務証」と本人の身分証明書を検査し，詳細に登録する。

　人工中絶の施術証明書制度を厳格化し，手術施行者，医療機関，計画出産機構はそれぞれ，人工中絶を受ける者の所有する「計画出産手術通知書」を必ず検査し，詳細に登録，ファイル保存する。医療機関や計画出産政策サービスセンターに対する監督も厳格化し，県レベルの計画出産組織が定期的に

職責実践状況の検査・監督を行ない，つねに現状を報告させる。職責不履行については規定に照らし責任を追及する。また，管理を有効に行なうために，法制度をさらに整備する必要もある。違法な胎児の性別判定や性別選択のための人工中絶を行なう者については，刑事責任を追及する。各級の人民代表大会，政府は，出生性比上昇を総合的に解決するための法律，規定および関連文章を作成し，厳格に執行する。違法な性別判定を行なう企業や個人に対しては厳しい制裁を与える。

3 出生性比上昇の温床である社会・経済基盤根絶に向けた社会・経済発展の加速

　出生性比の上昇を根本的に解決できる方法とは，発展である。出生性比の不均衡は，単に人口問題ではなく，純粋な観念問題でもなく，複雑な社会・経済的原因を持つ，発展の問題である。このため長期的視点でみれば，社会の発展・進歩によって出生性比の上昇という問題は根本的に解決することができる。

　男児偏好は主に伝統的文化，風俗習慣，出産意向の影響を受けているが，マルクス主義の認識論によると，社会存在が社会意識を決定し，社会の意識は社会の存在の反映であるため，社会生産と生活方式の改造から離れた，思想観念の改造は不可能である。したがって，発展は思想観念を転換させる基礎である。社会・経済を大きく発展させ，人々の全面的な発展を実現することができれば，出産の際の男児偏好を根本的に転換させることができ，出生性比の上昇現象を矯正することができる。

　諸外国と比較してみると，社会・経済発展水準と出生性比の動きは明らかに相反していることがわかる。社会・経済発展水準の高い国では，出生性比は一般的に正常であり，なかには出生性比が低いという現象すら存在する。それに対し，出生性比が高い国の多くは，基本的に経済発展水準の低い発展途上国である。中国の先行研究はこの点について証明している。一部の研究によると，韓国は経済的には先進国に属するにもかかわらず，出生性比が比較的高いのは，韓国が超音波を利用した胎児の性別判定に干渉してこなかったことと関係があるとされている。超音波による性別判定に干渉しない状況

下の1988年,韓国の出生性比は113.6の最高値に達した。ただし,それでも中国の現在の状況よりは随分低い。この点も,経済・社会発展水準が伝統的な男児偏好に対し,予測できない抑制作用を持つことを説明している。現在,韓国は出生性比を正常水準に戻すために,胎児の性別判定を禁止しはじめた[23]。

一部の研究は,小農という生存方法が変わらない状況で,農民の伝統的な出産意向を変えることは不可能であるとしている。村落社会内部で新たな観念と行動様式が生まれることはありえない。人々の行動様式の観念が転換するのは,村落社会の外,近現代の都市においてのみであり,その新たな観念が村落内部に浸透する。農民の生活様式の変化は,新たな観念を受け入れる客観的基礎となる[24]。現在,中国では都市でも出生性比が比較的高いという問題が起きているが,農村と比べると深刻ではなく,その範囲も狭い。これは,出産意向の転換が生存環境の改善に依存していることを示している。経済と社会事業が発展すれば,人々の資質を向上させることができ,最終的には伝統的な結婚および出産意向を変えることができる。したがって,社会・経済発展と都市化を加速させ,社会全体の発展水準を積極的に上昇させることが,出生性比の不均衡を根本的に解決させる方法なのである。

4　出生性比不均衡がもたらす結果と対策の徹底的な研究にもとづく,将来の被害防止

中国では,1982年の第三回全国人口センサスの際に,出生性比の不均衡問題が出現した。その状況は2000年の第五回センサスまで18年間続いているだけでなく,深刻化しつづけている。これは否定できない事実である。出生性比の持続的な上昇による悪影響は,2011年前後に出現すると予測されている。「婚姻のひしめき合い」問題は徐々に大きくなってきている。このため,出生性比の不均衡がもたらす社会的帰結を系統立てて研究し,一刻も早く適切な対策を実行しなければならない。将来の被害を未然に防止し,泥縄式のやり方を避ける時期に来ているのである。新たな出産文化の理論構

---

23) 馬瀛通ほか『出生性別比新理論与応用』首都経済貿易大学出版社,1998年。
24) 曹錦清『黄河辺的中国』上海文芸出版社,2000年。

築とその実践のなかで,出生性比の持続的な上昇がもたらす結果とその対策を一つの重要な課題として研究しなければならない。

訳注
* １　本章では出生性比が「比較的高い」あるいは「やや高い」といったあいまいな表現がしばしば用いられているが,内容的には性比が「正常範囲より高い」ということを婉曲に表現したものと思われる。
* ２　本章のなかでは出生性比の「正常範囲」の上限として,105と107の二つの異なる値が用いられており,必ずしも一貫していないが,原文のままとした。
* ３　文中,第四子の性比は,「正常範囲内にある」第一子の値より低いが,原文のまま記した。
* ４　第2章訳注＊22を参照。
* ５　関連する記述が,表7-6にもとづいて本章279-280ページでもなされている。
* ６　原文では「1980年代初めから計画出産政策が推進され」となっているが,次の段落との整合性を考え削除した。なお中国の計画出産政策は1973年に,一人っ子政策は1979年に導入された。

第8章 歴史的転機の到来

少数民族人口と西部の大開発

　中国は統一された多民族国家であり，民族問題は国家の将来を左右する重大な問題である。全面的な小康社会を実現するためには，まず各民族が小康を実現しなければならない。

　民族問題については，解決すべき重要な問題が二つある。一つは民族の平等問題，もう一つは民族の発展問題である。中華人民共和国の成立は，民族問題の徹底的な解決に向けた正しい道筋を切り開いた。中国は政治の面では，中国共産党の正しい指導の下で民族の平等と，かつてない各民族の団結をすでに実現し，どちらも未曾有の進歩を遂げた。

　しかしながら，歴史的，地理的な要因によって，各地域の社会・経済の発展は不均衡である。具体的には，東部沿海地区の社会・経済の発展水準は比較的高いが，西部[1]の社会・経済の発展は遅れをとっている。歴史的にみると，改革開放以来，西部地区を含む各地区の経済発展はもっとも速い時期にあたっている。しかし，地域的にみると，東部沿海地区と西部地区の発展格差は拡大する傾向にある。これは，中国の社会発展全体の状況において，突出した問題となっている。

　56の民族を抱える中国において，西部は大多数の民族の発祥地であり，集居地である。西部を居住地としている少数民族[*1]が48あり[2]，少数民

---

1) 西部は地理上では通常西北5省区（陝西，甘粛，青海，寧夏回族自治区，新疆ウイグル自治区）と，西南4省区1市（四川，貴州，雲南，チベット自治区，および重慶市）を指す。社会・経済の発展水準，人口構造および政策対応などの面から，われわれは内モンゴル自治区と広西チワン族自治区も西部とみなしている。
2) この48の民族は，モンゴル族，回族，チベット族，ウイグル族，ミャオ族，イー族，チワン族，プイ族，トン族，ヤオ族，ペー族，ハニ族，カザフ族，タイ族，リース—族，ワー族，ラフ族，シュイ族，トンシャン族，ナーシー族，チンプオ族，キルギ

全体の83.64％を占める。西部の少数民族人口は，全少数民族人口の71.46％を占めている（2000年）。全国五つの民族自治区もすべて西部にある。各民族の実質的な平等を実現しようとするなら，各民族の共同繁栄を実現させる必要があり，これは，西部の社会・経済を急速に発展させることができるか否かに大きく左右されるのである。共産党の第十五回大会の四中全会は「国家は西部大開発戦略を実現すべきである」と明確に打ち出している。また，朱鎔基氏はかつて「中国の少数民族と民族地区は主に西部地区に集中している。西部大開発戦略の実施とは，すなわち少数民族と民族地区の発展を加速させることである」と指摘している。共産党中央が打ち出した西部開発戦略は，西部の経済建設を加速させ，少数民族の発展を加速させる上で，きわめて大きな意義を持っている。

社会発展の根本的な目的は，人間の全面的な発展の促進とその実現である。では西部開発は何に依拠すべきか？　資金，技術といった物的要素ももちろん重要だが，人的要素はさらに重要である。人間の開発を軽んずるようなやり方では，発展の目的からそれるだけでなく，経済発展の目標も実現できなくなる。何らかの経済指標に一時的に到達したとしても，それを維持することはできない。したがって，西部開発を研究する際には，まず西部の人口状況を考慮する必要がある。本章では少数民族の人口問題という視点から，西部の開発問題について述べていく。

西部の少数民族人口について述べるに際し，われわれは主に西部を集居地とする48の民族について分析しているが，ここで説明すべき点は，この48民族の人口は西部以外の，その他の地区にも分布していることである。統計上の理由により，われわれはそれを区別することはできない。したがって，具体的にある民族の人口状況について述べる際には，西部に分布する民族の状況だけではなく，当該民族の全体的な状況について述べることになる。

ス族，トゥ族，ダフール族，モーラオ族，チャン族，プーラン族，サラ族，マオナン族，コーラオ族，シボ族，アチャン族，プミ族，タジク族，ヌー族，ウズベク族，ロシア族，オウンク族，ドアン族，パオアン族，ユイグー族，ジン族，タタール族，トーロン族，ホーチョ族，メンパ族，ローバ族，ジーヌオ族である。

1　少数民族の人口分布

　中国には五千年あまりの文明史があり，長期にわたる歴史の変遷によって，中華の大地の上に，現在のような人口の大部分を占める漢民族と55の少数民族が共同で構成する「多元一体」の中華民族国家を築き上げた。全国的にみると，漢民族のほとんどが，中部と東部の地域に住み，少数民族の多くは辺境に住んでいるが，両者のあいだに明確な境界はない。これまで，漢民族と少数民族間，あるいは各少数民族間の経済・文化交流が滞ったことはない。このように中部地区・東部地区でも一定数の少数民族が居住し，辺境の少数民族の集居地区でも一定数の漢民族が居住していて，少数民族地区によっては漢民族の人口が多数を占める場所もある。したがって，中国全土にわたって漢民族と少数民族が雑居し，「あなたのなかに私があり，私のなかにあなたがある」という状態が形成された。このような状態は，中国の各民族間で，政治，経済，文化といった各分野において密接な関係があることを反映したものである。長期にわたる経済や文化の密接な交流のなかで，漢民族と少数民族は互いに離れることができない内在的な関係を形成してきた。

　第五回全国人口センサスの資料によると，少数民族の人口は1億643万人，実際に調査された人口は1億523万人[3]で，全国の各地区に分布している。もし，西部をさらに西南——広西チワン族自治区（以下，広西）は西南に帰属することとする——と西北——内モンゴル自治区（以下内モンゴル）は西北に帰属することとする——に分けるとすると，各地区中，西南の少数民族人口がもっとも多く，5287万人に達し，少数民族総人口の半分以上（50.25％）に達する。西北の少数民族人口は2232万人で，少数民族総人口の21.21％を占める。各省（少数民族自治区，直轄市，以下区，市とする）のなかでは，広西の少数民族人口がもっとも多く，1721万人である。次いで雲南，貴州，新疆ウイグル自治区（以下，新疆）となる。これらの地区の少数民族人口は合わせて1000万人を超える。現地人口に占める少数民族人

---

[3] 本章では以下，少数民族の人口はすべて実際の調査数を用いる。

口の比率がもっとも高いのは，チベット自治区（以下，チベット）の93.89％であり，次いで新疆が59.38％となっている。現地人口に占める少数民族人口の比率が30％を超えている地区は，青海（45.97％），広西（38.38％），貴州（37.84％），寧夏回族自治区（以下，寧夏）（34.56％），雲南（33.42％）である。少数民族人口の比率が比較的少ないのは，江西（0.31％），山西（0.36％），江蘇（0.36％），陝西（0.5％）である。

1990年と比較して，現地人口に占める少数民族人口の比率が低下しているのは，吉林，黒龍江，広西，チベット，新疆のみである。そのなかでチベットと新疆の低下率はかなり大きく2％ポイント以上である。大部分の省区では，現地人口に占める少数民族の比率は上昇しており，なかでも，青海，貴州では3％ポイントを超え，湖南，内モンゴル，寧夏の三つの省区も1％ポイント以上，上昇している。

少数民族が集中している地区における少数民族人口比率の低下は，漢民族の流入を表わしている。同様に，少数民族人口が比較的少ない中部と東部における少数民族比率の拡大は，少数民族の流入を表わしている。少数民族の拡散は，各地区人口の民族構成に大きな変化をもたらした。1990年，全国各地区のなかで，56の民族すべてを有しているのは北京のみであったが，2000年になると，北京，広東，江蘇，山東，安徽，四川，河南，湖南，雲南，広西，貴州の11省（区，市）で民族構成が揃った。1990年に54の少数民族を有していたのは，広東と河北の二つの省であったが，現在では河北，内モンゴル，福建，新疆，山西，甘粛の6省区となっている。1990年，全国30地区（重慶市は1997年以降直轄市となった）のなかで50以上の少数民族を有するのは12地区であったが，2000年には31省（区，市）のうち，28地区が50以上の少数民族を有するようになった。少数民族の種類が比較的少ない省区は，吉林（48），チベット（43），寧夏（42）である。1990年から2000年まで，北京の民族構成は変化がなかったが，その他のすべての省区では民族の構成要素が増加した。増加の幅が比較的大きかったのは，海南，青海，天津，甘粛で，それぞれ民族が10以上増えた。

事実上，中華人民共和国成立以来，少数民族人口の中部と東部への拡散と，漢民族人口の少数民族地区への流入はとどまることがなかった。とくに改革

開放以来，中国の各民族間の交流はさらに大きく加速し，人々の往来もますます頻繁になった。その結果，各民族の分布状況，各地区の民族構成にも大きな変化が生じた。

各民族間の相互交流の深化，各民族の相互学習と相互補完は，各民族の進歩と発展に有利となり，各民族間の結束を強化するものである。

2 少数民族の人口変動

1 人口規模と人口増加の変動

まず，第二回（1964年）から第五回までの全国人口センサス資料から，全国の人口，西部の人口，少数民族人口，西部の少数民族人口の変化を調べてみよう。

1964年，全国人口6.91億人に対し，西部人口は1.87億人であった。その後，1982年は10.04億人に対し2.88億人，1990年は11.31億人に対し3.22億人，2000年には12.66億人に対し3.50億人となった。全国の人口増加は，1964年から1982年は45.24％，1982年から1990年は12.61％，1990年から2000年は11.97％であった。同じ時期，西部の人口増加率はそれぞれ53.61％，11.90％，8.55％であった。1980年代以前の西部人口の増加率は全国平均より高く，80年代以降は西部人口の増加率は全国平均よりやや低いことがわかる。これは，改革開放以来，東部経済の発展が比較的速く，東西の経済格差が広がり，大量の人口が西部から東部へ移動した結果である。

1964年，全国の少数民族人口が3988万人であったのに対し，西部の少数民族人口は3118万人であった。その後，1982年は6646万人に対し5161万人，1990年は9132万人に対し6625万人，2000年には1億643万人に対し7519万人となった。全国の少数民族人口の増加は，1964年から1982年までは66.65％，1982年から1990年までは37.41％，1990年から2000年までは16.55％であった。同時期，西部の少数民族人口の増加率はそれぞれ，65.52％，28.37％，13.79％であった。それぞれの時期において，少数民族人口の増加率は全国平均よりも高く，西部の少数民族人口の

増加率は，全少数民族の平均よりやや低いことがわかる。東部，中部の少数民族人口の増加率が西部と比べて高いのは，東部，中部の少数民族人口の自然増加率が高いためではなく，社会増加（民族構成の変化，人口移動）によるものである。

二回の調査データからみると，ここ10年来，各民族の人口増加率の差は大きい。民族単位でみた場合，各民族の年平均増加率は1.57％，標準偏差は1.05％であり，つまり3分の2近くの民族が0.5〜1.5％に入ることになる。年平均増加率の高低でグループ分けを行なうと，各民族は以下の数種類に分けられる（表8-1）。

表8-1　1990〜2000年，各民族人口増加率の違い（単位：％）

年平均増加率	民族別	55の少数民族に占める割合
2.00〜4.31	ヤオ，トゥチャ，カオシャン，トンシャン，トゥ，モーラオ，マオナン，タジク，コーラオ，パオアン，トーロン，ローバ，チャン（13民族）	23.64
1.40〜2.00	モンゴル，チベット，ウイグル，ミャオ，イー，プイ，トン，ペー，シュイ，サラ，アチャン，ロシア，オウンク，ドアン，ジン，オロチョン，メンパ，ジーヌオ（18民族）	32.73
1.00〜1.40	回，ハニ，カザフ，ナーシー，タイ，リー，プーラン，ワー，シェ，キルギス，プミ，ユイグー（12民族）	21.82
0.50〜1.00	リースー，ラフ，チンプオ，ダオール，シボ，ヌー，ホーチョ（7民族）	12.73
0.00〜0.50	チワン，満州，朝鮮（3民族）	5.45
＜0	ウズベク，タタール（2民族）	3.63

出所：1990年，2000年の全国人口センサス機械集計総資料をもとに筆者が計算した結果

(1) 急速に増加している民族（年平均増加率2％以上）は13あり，なかでももっとも増加しているのはトゥチャ族（3.30％），カオシャン族（4.31％），チャン族（4.26％），マオナン族（3.85％），パオアン族（3.38％），トンシャン族（3.11％）の6民族である。

(2) 比較的急速に増加している民族（年平均増加率1.4〜2.0％）は18あり，そのうち人口100万人以上は，モンゴル，チベット，ウイグル族など8民族である。

(3) 中程度に増加している民族（年平均増加率 1.0〜1.4％）は 12 あり，そのうち人口 100 万人以上は，回族，ハニ族，カザフ族など 5 民族である。
(4) 低増加および増加率がゼロに近い民族（年平均増加率 1％以下）は 10 ある。そのなかで人口 100 万人以上は，チワン族，満州族，朝鮮族の 3 民族であり，朝鮮族のこの期間の年平均増加率はわずか 0.002％であった。さらに吉林省の朝鮮族は，1990 年に 118.36 万人いた人口が 2000 年には 114.57 万人と，3 万 7879 人減少していて，1996 年からは自然増加率がマイナスに転じている。
(5) ウズベク（−1.69％）とタタール（−0.34％）の両民族はマイナス成長となっている。

指摘すべき点は，ある民族の人口変動に影響を及ぼすのは，人口再生産（出生，死亡）的要素だけでなく，社会的要素もあるということである。社会的要素とは，たとえば民族構成の変動，異なる民族同士で結婚した夫婦の子どもの民族選択，国際移動などである。これらの民族人口の変動をはっきりさせるには，われわれはさらに踏み込んだ調査分析を行なう必要がある。人口のマイナス成長がみられるウズベク，タタール両民族についてはとりあえず言及しないが，人口の低増加に属する民族はその多くが東部に分布している民族である。西部に属する大部分の民族は中程度かそれ以上の増加率を維持している。

2 女性の出産水準

1980 年代初頭，国家は少数民族に対しては緩やかな計画出産政策を実行した。一部の民族地区では着手するのが遅かったり，試行段階であったりしたことにより，1989 年までは多くの民族の合計特殊出生率は比較的，あるいは非常に高かった。43 民族が人口置換水準（合計特殊出生率 2.2 以上）以上であり，合計特殊出生率 3.0 以上の民族は 22 あり，そのうち 9 民族（チンプオ族，カザフ族，サラ族，プーラン族，タジク族，ヌー族，ドアン族，ウイグル族，キルギス族）の合計特殊出生率はさらに高く 4.0 以上であった。

2000年の全国人口センサスの資料によると，各民族の合計特殊出生率は意外にも大幅に低下していた。3.0以上だった合計特殊出生率のデータがすべてなくなり，全体的に低出生率となっていたのである。
　女性の出産が人口置換水準以上だったのは，シュイ族，プイ族，カオシャン族，トーロン族，ローバ族の5民族だけだった。人口置換水準前後だったのはハニ族，ミャオ族，コーラォ族，イー族，ドアン族，プーラン族，アチャン族，プミ族，ジン族の9民族であり，41民族は出生率が人口置換水準より低かった。なかでもとくに注目すべきは，モンゴル，ダフール，朝鮮，満州，シェ，ロシア，タタール，メンパ，ジーヌオの9民族であり，合計特殊出生率が1.20以下という，非常に低水準となってしまった。もしこれらのデータが基本的に信頼できるものであるならば，これらの民族の合計特殊出生率は，2000年の全国水準（1.22）より低く，先進国（1.50）よりさらに低いことから，この現象そのものが，いま注目し，研究すべき新たな問題の一つであるといえる。
　指摘すべき点は，以上の結果は第五回全国人口センサスの結果にすぎないことである。第五回全国人口センサスについては，一般的に，出産の報告漏れがかなりあると考えられている。第五回調査のデータによると全国の合計特殊出生率は1.22であるが，一般的に中国女性の出産水準，合計特殊出生率はおよそ1.6～1.8だと思われる。もしこのとおりであれば，出産の報告漏れは30％以上であることになる。しかし，出産の報告漏れは，各地区，各民族によってまちまちで，各地区や各民族の実際の水準をいかに確定するかは，さらなる研究を待たなければならない。たとえば，政策出生率が2以上のチベット，新疆において，チベット族，ウイグル族，カザフ族の出生率を調査したところ，すべて2以下であったことは研究に値する。たとえ報告漏れを考慮したとしても，中国の女性の出産水準は，各民族を含めて，1990年代から大幅に低下していることは疑いようがない。
　以上，各民族の女性の出産水準からみると，その水準が比較的高い民族は西部に分布しているといえる。

3　人口の性別年齢構造

(1) 人口ピラミッド

「人口は多いが経済基盤は弱い」というのが中国の国情である。資源や環境の束縛により，中国の発展はまさに巨大な人口圧力を受けている。人口増加の抑制は，われわれが堅持すべき戦略目標である。しかし，実際われわれはすでに人口調整（すなわち出産抑制）に大きな力を注いできたにもかかわらず，人口変動とは，すぐさま望ましい方向に推移するとは限らないものである。これは，人口の性別や年齢の構造に規定されるいわゆる「人口の慣性」が作用するからである。したがって，人口変動の状況を把握するためには，性別と年齢の構造を研究しなければならない。

人口ピラミッドとは年齢および性別構造を表わす特殊な棒グラフであり，視覚的，直観的に国家，地区あるいは民族の年齢や性別構造を映し出し，また人口の過去，現在のモデル，および将来の発展動向についても説明や分析をすることができる。

図8-1と図8-2はそれぞれ1990年と2000年の少数民族の人口ピラミッドである。両者を比較すると，とくにピラミッドの底部に，はっきりとした違いが見てとれる。1990年のピラミッドの底部は長方形で，出生がある程度抑制されていることを示しているが，変化はさほど大きくはない。2000年のピラミッドの底部は収縮し，この10年で少数民族人口の出生が大幅に減少していることを物語っている。

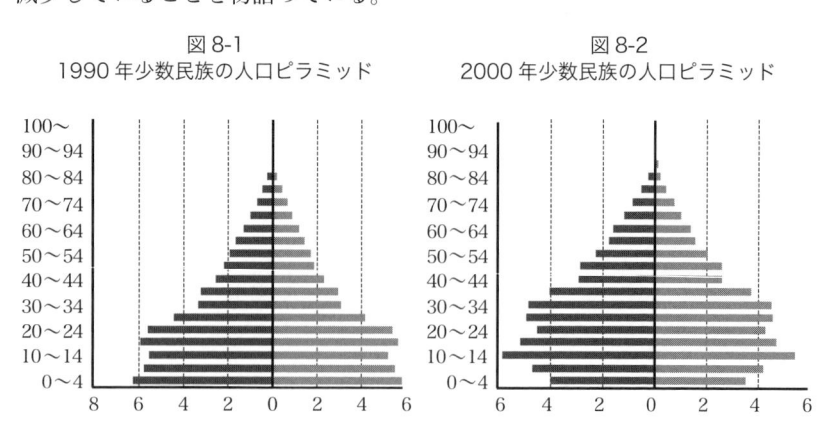

図 8-1
1990年少数民族の人口ピラミッド

図 8-2
2000年少数民族の人口ピラミッド

(2) 人口変動の慣性

スウェーデンの人口学者サダバ氏は，年齢を0～14歳，15～49歳，50歳以上の三組に分け，当時の人口状況にもとづき，どんな人口構造でも15～49歳の人口比率は一般的に50％前後であると考えた。0～14歳の人口比率が40％以上のとき，人口再生産は増加型，30％前後のときは安定型，20％以下のときは減少型であると述べた。実際には，人口変動（増加または減少）は死亡，出産および人口年齢構造がともに作用した結果であり，単一的な要素によるものではなく，どの要素が変化しても人口変動の方向を左右する。極端な例を挙げると，もしある年に出生だけで死亡がなかったら（あるいは死亡のみで出生がなかったら），どの年齢構造も人口は増加（あるいは減少）するのみであろう。したがって，人口が増加しつづける，あるいは減少しつづけることについて論じる際には，どのような死亡や出産の条件にもとづいているのかを明らかにしなければならない。

サダバ氏の時期の低死亡国家とは，ヨーロッパの工業国家であり，平均寿命は50歳であったが，現在，世界の発展途上国の平均寿命はどこも60歳を超えている。たとえ0～14歳の人口比率が30％前後であっても，女性の出産は人口置換水準に安定しており，人口も増加する。研究によると，全国の人口は，死亡率が低下しつづけるという条件で，10年間低出産であった場合，たとえ現在の出産水準（人口置換水準以下）が続いたとしても，人口増加は30年前後続くとされている。1990年の人口センサスの際，全国人口に対する0～14歳の人口比率は27.70％，2000年の人口センサスでは22.90％であった。全国人口を基準として，各少数民族の状況をみていく。

① 0～14歳の人口比率が22.90％以下の民族は朝鮮族のみで，2000年の人口センサスでは15.79％であった。

② 0～14歳の人口比率が22.90％から27.70％の民族は，満州族，チワン族，ナーシー族，マオナン族，ロシア族，ユイグー族，トゥチャ族，シェ族，タタール族，タイ族，ヤオ族，モンゴル族，モーラオ族，シボ族，ペー族，回族，ラフ族，ダフール族，カオシャン族の19民族である。

③ 0～14歳の人口比率が27.70％から33.60％の民族は，チベット族，

ウイグル族，ミャオ族，イー族，プイ族，トン族，ハニ族，カザフ族，リー族，リース一族，ワー族，シュイ族，トンシャン族，チンプオ族，トゥ族，チャン族，プーラン族，サラ族，コーラォ族，アチャン族，プミ族，ヌー族，ウズベク族，オウンク族，ドアン族，ジン族，トーロン族，オロチョン族，ホーチョ族，ジーヌオ族の30民族である。

④ 0～14歳の人口比率が33.60％以上の民族はキルギス族，パオアン族，タジク族，メンパ族，ローバ族の5民族である。

2000年の少数民族における0～14歳の人口比率は27.66％であり，全国人口の90年代初頭の値に相当する。各民族が低出産を保持できるという条件で，すべての少数民族の人口増加は2040年中頃まで続くと予想されている。これは全国平均より10年前後長くなっている。朝鮮族は人口のマイナス成長がもっとも早く出現し，第②グループの19民族は全国と比べて人口増加期間の延長は十年以内である。全国の人口増加の後を追う満州族とチワン族は，どちらも人口1000万人以上であり，少数民族でもっとも人口が多い民族であることに注意すべきである。100万人以上の人口を有する民族は，他にトゥチャ族，タイ族，ヤオ族，モンゴル族，ペー族，回族で，朝鮮族，満州族，チワン族で，これらを加えたこの9民族の人口だけで少数民族人口の半分以上を占めている。さらに第②グループのその他の民族も加えると，人口は全少数民族人口の57.25％を占める。

上記の20民族を除く，その他35民族の人口がマイナス成長を実現するには，少なくとも45年以上かかる。この数字は，これらの民族の出産水準が人口置換水準以下を保ちつづけると仮定したものであり，この仮定が成立しない場合，人口は増加しつづける。

ここでは，「人口の慣性」が比較的大きい民族は第③，第④グループに属する民族であり，基本的に西部の少数民族であることにも注意しなければならない。

(3) 人口高齢化に関して

女性の出産水準の低下と平均寿命の伸びにともなって，必然的に人口の高齢化現象が起きる。少数民族の高齢者人口比率をみると，1990年では60

歳以上が6.89％, 65歳以上は4.44％, 2000年には60歳以上が8.57％, 65歳以上は5.58％であった。高齢者人口比率は明らかに増加しており, 高齢化が進んでいることを示している。

　高齢者の線引きは, 60歳以上とする場合も, 65歳以上とする場合もある。通常, 60歳以上の人口比率が10％を超えているか, あるいは65歳以上の人口比率が7％を超えている場合, 高齢型人口といわれる。60歳, 65歳のいずれでみても, 漢民族は2000年にはすでに高齢型人口となっている。少数民族はまだ高齢型人口とは呼べないが, 大多数の少数民族の高齢者人口比率は, 程度の違いはあっても上昇している。65歳人口で算出すると, 1990年から2000年の比率はローバ族のみ低下しており, その他の各民族はすべて上昇していた。なかでも朝鮮族, ロシア族, ジン族, カオシャン族の増加は速く, 増加率はそれぞれ2.43％, 2.38％, 2.24％, 2.23％であった。65歳以上の高齢化率が4％から7％の民族は1990年には29民族であったが, 2000年には40民族に増加し, 高齢化率7％以上の民族も皆無から2000年には三つの民族（シェ族, ジン族, 朝鮮族）になった。なかでもシェ族の高齢者人口の割合は7.29％（漢民族は7.24％）と全民族のなかで最高で, ジン族の高齢者人口比率も7.16％と全国平均水準を上回った。

　人口高齢化の速度は, 一方では出生率の低下と関係があるが, また他方では, 死亡率の低下, とくに高齢者の死亡率低下に大きく左右される。たとえば, オロチョン族, オウンク族, ダフール族のように高齢者人口比率がもっとも低い民族, およびモンゴル族などのように高齢者人口比率が比較的低い民族は, 出生率は早くから低下しているものの, 高齢者の死亡率が比較的高いため, 高齢化の速度はやや緩やかになっている。

　全体的にみると, 2000年の少数民族の年齢構造係数は1990年の漢民族の年齢構造係数と非常に近似している。これは少数民族も10年後には高齢型人口になることを示唆している。現状をみると, 少数民族では人口高齢化が引き起こす問題はまだ突出していない。だが, 少数民族, とくに西部の少数民族人口の大多数が貧しい農村に居住していることを考慮すると, ひとたび人口高齢化が進行すると, 社会問題がさらに悪化する可能性がある。

3 少数民族人口の資質

発展を持続させる能力の決め手は、人口資質である。少数民族の人口資質について、われわれは主に二つの観点から観察した。それは、人口の健康的資質と人口の教養的資質である。

1 少数民族人口の健康的資質

人口の健康的資質は、多くの側面から捉えることができる。たとえば、人口の栄養状況、青少年の発育状況、総人口のうち身体障害者人口の割合などである。資料の制限から、ここでは人口の新生児死亡率と平均寿命のみを考察する。

(1) 新生児死亡率

二回の人口センサス資料にもとづいて計算すると、少数民族の1989～1990年の新生児死亡率は51.76‰だったが、2000年には45.21‰と、6.55‰ポイント低下した。各民族についてみると、新生児死亡率が25‰以下の民族は、シボ族、朝鮮族、満州族、ダフール族、チャン族、ホーチョ族、タタール族、ロシア族、ウズベク族、ジン族、ユイグー族、モンゴル族、トーロン族、オロチョン族の14民族である。なかでもシボ族の新生児死亡率は最低で10‰以下である。

新生児死亡率が25‰以上50‰未満の民族は、回族、チベット族、ウイグル族、チワン族、ヤオ族、ペー族、トゥチャ族、カザフ族、リー族、シェ族、カオシャン族、キルギス族、トゥ族、モーラオ族、マオナン族、コーラォ族、アチャン族、タジク族、オウンク族、パオアン族、ローバ族の21民族である。

新生児死亡率が50‰以上の民族は、メンパ族、シュイ族、ナーシー族、イー族、タイ族、ドアン族、ミャオ族、トン族、ジーヌオ族、プイ族、プミ族、チンプオ族、サラ族、ヌー族、トンシャン族、プーラン族、リースー族、ワー族、ハニ族、ラフ族の20民族である。そのなかでもプーラン族、リースー族、ワー族、ハニ族、ラフ族の5民族の新生児死亡率は100‰を超えていた。

10年前と比較すると，55の少数民族のうち14の少数民族の新生児死亡率は上昇し，41の民族の新生児死亡率は低下している。ここでわれわれがとくに注目したのは，新生児死亡率が上昇した14民族，つまりラフ族，トンシャン族，ハニ族，リースー族，カオシャン族，ジーヌオ族，ヌー族，トン族，マオナン族，オウンク族，ミャオ族，ペー族，シェ族，ユイグー族である。

(2) 平均寿命

　人口の平均推定余命（平均寿命あるいは推定余命と略称する）は総合指標であり，全体的に，各民族の人口死亡率の大小を反映している。2000年の全国の平均寿命は70.12歳，少数民族は69.03歳であった。そのうち，少数民族男性の平均寿命は67.14歳，女性は71.10歳である。民族別にみると，平均寿命が70歳以上なのは，ジン族，シボ族，ロシア族，満州族，ウズベク族，朝鮮族，回族，モーラオ族，シェ族，チャン族，チワン族，パオアン族，サラ族，ユイグー族，カオシャン族，トゥチャ族，リー族，タジク族の18民族であり，なかでももっとも高いのはシボ族（72.97歳），ジン族（72.94歳），モーラオ族（72.85歳）で，平均寿命は全国の各民族のトップである。

　平均寿命が65〜70歳の民族は，モンゴル族，チベット族，ウイグル族，ミャオ族，プイ族，トン族，ヤオ族，ペー族，カザフ族，タイ族，シュイ族，トンシャン族，ナーシー族，キルギス族，トゥ族，ダフール族，マオナン族，コーラオ族，アチャン族，オウンク族，ドアン族，タタール族，トーロン族，オロチョン族，ホーチョ族，ローバ族の26民族である。

　平均寿命が65歳以下の民族は，メンパ族，イー族，ジーヌオ族，プミ族，ヌー族，プーラン族，チンプオ族，リースー族，ハニ族，ワー族，ラフ族の11民族である。なかでもリースー族，ハニ族，ワー族，ラフ族の4民族の平均寿命は60歳以下である。

　10年前と比較すると，各民族の平均寿命はおおむね，やや長くなっている。
　ここで，平均寿命とは年齢別死亡率を基礎に算出した一つの指標であるため，もし，ある民族の人口が少なければ年齢別死亡率を計算する際，大きな誤差が生じる可能性があることを説明しておかなければならない。したがっ

て，人口が比較的少ない民族については，新生児死亡率，平均寿命の指数自体に大きな誤差が生じる。新生児死亡率が高く，平均寿命の変化が大きいとして，われわれが注目した民族（たとえばワー族の平均寿命は10年前に比べ6.00歳高くなり，プーラン族は5.93歳，キルギス族とオロチョン族はそれぞれ6.85歳と6.18歳，オロチョン，トーロン，メンパ，タジクの4民族はそれぞれ7.0歳，7.32歳，7.53歳，7.99歳高くなっている。とりわけドアン族とローバ族はそれぞれ12.38歳，16.47歳も高くなった。しかしカオシャン族は1990年の70.48歳から70.43歳に下がり，プミ族は63.8歳から63.52歳に，ジーヌオ族は65.58歳から63.91歳に低下した）は，すべて人口の少ない民族である。

われわれはさらに西部の少数民族の平均寿命が70歳より低く，新生児死亡率が25‰より高いことに注目した。平均寿命が65歳以下，新生児死亡率が50‰以上の民族のほとんどが西部の民族である。とくに注意しなければならないのは，国連の統計によると，1990年代後半には，世界の発展途上国の国民の平均寿命はすでに60歳を超えたが，中国ではまだ4民族の平均寿命が60歳以下であり，そのすべてが西部地域に居住する民族であるということである。

2　少数民族人口の教養的資質

人口の教養的資質について，われわれは主に成人非識字率，総人口に占める各学歴水準人口の比率，および平均就学年数から分析する。

(1) 成人の非識字率

民族教育を発展させ，各民族の教養的資質を高めるためのもっとも基本的な目標は，成人（15歳以上の人口）の非識字率を低下あるいは消滅させることである。

少数民族における成人の非識字人口は，1990年の1856万人[*2]から2000年の1113万人へ，743万人減少した。2000年と1990年を比較すると，非識字人口は40.04％減少したことになる。この10年で少数民族は非識字者をなくすという面で，非常に顕著な成果をあげた。

1990年以降，非識字人口が比較的大きく減少した民族は，ウズベク族，カザフ族，チワン族，アチャン族，ラフ族，ダフール族，チャン族，ヤオ族，ウイグル族，チンポオ族，ペー族，朝鮮族，ホーチョ族，タイ族，ドアン族，タタール族，トン族，キルギス族，シェ族の19民族で，これらの民族の非識字人口は50％以上減少した。そのなかでもウズベク族とカザフ族の非識字人口は70％以上減少した。

　非識字人口の減少が20〜50％の民族は，モンゴル族，回族，ミャオ族，イー族，プイ族，満州族，トゥチャ族，ハニ族，リー族，リース―族，ワー族，カオシャン族，シュイ族，ナーシー族，トゥ族，モーラオ族，プーラン族，マオナン族，コーラオ族，シボ族，プミ族，タジク族，ヌー族，ロシア族，オウンク族，ユイグー族，ジン族，トーロン族，オロチョン族，ジーヌオ族の30民族である。

　非識字人口の減少が20％以下の民族は，チベット族，サラ族，メンパ族，ローバ族の4民族である。

　トンシャン族とパオアン族は，成人非識字率は低くなったが，非識字人口の絶対数が増加し，10年前と比較すると，非識字人口は10％前後増えている。

　目下，成人非識字率が依然として高いトンシャン族，メンパ族，ローバ族，サラ族，チベット族といった民族の成人非識字率は45％以上であり，トンシャン族は最高で63％である。

　成人非識字率が比較的高い（20〜35％）民族は，リース―族，ヌー族，プミ族，ハニ族，トーロン族，プイ族，ラフ族，ワー族，プーラン族，イー族，トゥ族，シュイ族，ドアン族の13民族である。

　成人非識字率が比較的低い（5〜20％）民族は，モンゴル族，回族，ウイグル族，ミャオ族，チワン族，満州族，トン族，ヤオ族，ペー族，トゥチャ族，タイ族，リー族，リース―族，シェ族，カオシャン族，ナーシー族，チンポオ族，キルギス族，モーラオ族，チャン族，マオナン族，コーラオ族，アチャン族，タジク族，ヌー族，パオアン族，ユイグー族，ジン族，ジーヌオ族などの民族である。

　タタール族，ウズベク族，カザフ族，シボ族，朝鮮族，ホーチョ族，ダフー

ル族，オロチョン族，ロシア族，オウンク族は，成人非識字率が低く5％以下である。

　成人非識字率が高い，または比較的高いのは，みな西部に住む民族であることがわかる。

　ここでとくに指摘しなければならないのは，各民族の成人非識字率は，女性のほうが男性より高く，とりわけ，非識字率の高い民族の女性非識字率は驚くほど高いということである。たとえば，トンシャン族とパオアン族は，女性の非識字率が75％以上であるため，非識字者一掃政策においては，とくに女性に注意が注がれなければならない。

(2) 教育水準[4]について

　まず，各民族の10万人ごとの学歴水準をみていく。ここで注意しなければならないのは，関連指数を計算する際の分母が，すべての年齢層を含む総人口であり，6歳以上の人口だけではないということである。

　まず，全体の状況をみていく。総人口10万人あたりでみると，各種の教育を受けた人口は8万4202人。漢民族人口でみると8万4910人，少数民族人口でみると7万6449人である。漢民族人口10万人あたりの各種教育を受けた人口は，少数民族人口のそれよりずっと高い。両者の差は8471人[*3]に達する。

　では，このような差はどの水準の教育を受けた人口が引き起こしているのだろうか。どの教育水準の差がもっとも大きいのだろうか。この問題を分析するため，人口センサスの教育水準について詳しくみていく。

　まず，各教育水準は，決して並列関係ではなく高低関係だということを明らかにしておかなければならない。それらは決して「小学」か「中学」かのような並列関係ではない。中学校は小学校の一段階上の教育であり，中学段階の学習に進むには，小学校教育を経なければならない（個別に特殊なケースは除く）。同様に高校，中等専門程度の学習を受けるには，中学教育を経

---

[4] 第五回全国人口センサスの表中の教育水準に関する説明によると，各種教育水準とは，受けたことがある最高水準の教育を指し，卒業，中退，在学など学業の終了状況ごとに分けず，この三者を合わせたものである。

なければならず，短期大学および四年制大学の教育を受けるには，高校あるいは中等専門段階の教育を経なければならない。人口センサスの教育水準とは，個人の最終的な教育水準を指している。たとえば，ある人の教育水準が中学校である場合，彼（彼女）は小学校教育を受け，現在または過去に中学校教育を受けたが，高校以上の教育を受けたことはないことを示している。したがって，現在の教育水準が中学校である者は，必ず小学校教育を受けていることになる。ゆえに，人口センサスにおける各教育段階の人口数，たとえば，小学校教育水準の人口と小学校教育より上のすべての水準の人口の累計（上記の 8 万 4202 人）は，小学校教育を受けたことがある人口が全部で 8 万 4202 人だということも意味している。また，中学校教育水準，および中学校教育水準より上の人口の累計は，そのすべてが中学校教育を受けたことを意味している。分析の便宜上，第五回全国人口センサスのなかの七種の

表 8-2　人口 10 万人あたりの各教育水準の人口（2000 年）

		合計	小学	中学	高校/中等専門学校	高等教育	高校以上	中学以上
全国	合計	84,202	35,539	33,992	11,128	3,543	14,671	48,663
	男性	87,736	33,897	37,176	12,424	4,240	16,664	53,839
	女性	80,445	37,285	30,608	9,751	2,801	12,553	43,160
漢民族	合計	84,919	35,051	34,813	11,414	3,642	15,055	49,868
	男性	88,339	33,240	37,990	12,744	4,366	17,109	55,099
	女性	81,283	36,977	31,434	9,999	2,872	12,871	44,306
少数民族	合計	76,449	40,815	25,118	8,046	2,470	10,516	35,634
	男性	81,208	41,015	28,356	8,958	2,879	11,837	40,193
	女性	71,409	40,602	21,690	7,080	2,036	9,117	30,807
漢民族と少数民族の比率（注①）	合計	90.03	—	—	—	67.81	69.85	71.46
	男性	91.93	—	—	—	65.94	69.18	72.95
	女性	87.85	—	—	—	70.90	70.83	69.53
全国男女比（注②）		—	91.69	—	—	66.07	75.33	80.16
漢民族男女比		—	92.01	—	—	65.79	75.23	80.41
少数民族男女比		—	87.93	—	—	70.74	77.02	76.65

出所：第五回全国人口センサス資料にもとづき算出
注：①漢民族と少数民族の比率は漢民族を 100 とする。
　　②男女比は男性の人口を 100 とする。
　　③表 8-3〜表 8-6 の出典は表 8-2 と同じ。

教育水準を,「小学校」「中学校」「高校および中等専門学校」「高等教育(短期大学,四年制大学,大学院を一つとした)」の四種類とした。現在,小・中学校の教育を受けている者(人口センサスのなかの登記数)と,かつて小・中学校教育(教育水準累計人口数)を受けたことがある者と区別するために,後者を小学校以上,中学校以上,高校以上と呼ぶことにする。各種の教育水準人口は表8-2のとおりである。

教育水準のそれぞれの階層について,卒業,中退,在学といった学業終了状況では区別せず,三者を合わせるものとする。

表8-2のなかの各種教育水準の合計とは,「小学校教育以上」の人口を意味している。漢民族の人口10万人あたりの「小学校教育以上」の人口は8万4919人[*4],少数民族では7万6449人となっており,漢民族と少数民族の比率は100:90.03である。小学校教育を受けた少数民族は,漢民族より10%ほど少ないことがわかる。「中学校教育以上」の人口は,漢民族は4万9868人,少数民族は3万5634人で,漢民族と少数民族の比率は100:71.46である。同様に「高校および中等専門学校以上」の漢民族と少数民族の比率は100:69.85で,「高等教育以上」の漢民族と少数民族の比率は100:67.81である。

上記の数値から,教育水準が高くなるほど少数民族と漢民族の相対的な差は広がっていることがわかる。しかし同時にわれわれは,中学校→高等中学校,高等中学校→高等教育という変化のなかで,上記の格差は決して大きくはなく,小学校→中学校段階の差の拡大のほうが顕著であるということにも注目している。

受けた教育水準の男女差をみると,漢民族,少数民族ともに各教育水準において男性のほうが女性より高い。漢民族と少数民族の異なる点は,漢民族については教育水準が高くなるにしたがって男女差が拡大していることである。少数民族では「高等中学校」教育と「中学校」教育の男女差は比較的近く,縮小しているといっても過言ではない。したがって女性についていえば,少数民族と漢民族の差が最大なのは,中学校教育の段階であり,それに比べて低い段階でも,高い段階でもないのである。

以下では,異なる教育水準段階について,55の少数民族の状況を分析する。

強調しておきたいことは，以下に述べるのは，すべて人口10万人あたりの，各教育水準の人数だということである。

1）小学校教育

小学校教育を受けたことがあるのは，各少数民族平均で7万3127人と，全国平均より1万1075人少なく，全国平均人数の86.85％である。全国平均より少ない民族が39，多い民族が16となっている。民族間の標準偏差は1万4644人，大多数の民族が6～8.7万人で，6万人以下の民族は9ある（表8-3参照）。それらはトンシャン族，メンパ族，ローバ族，チベット族，パオアン族，サラ族，ラフ族，ヌー族，リース一族である。そのなかでもっとも少ないのはトンシャン族である。

8.7万人以上の民族も9ある。ウズベク族，オウンク族，満州族，ダフール族，ロシア族，タタール族，シボ族，ホーチョ族，朝鮮族である。そのなかで朝鮮族がもっとも多い。

表8-3　各少数民族人口10万人あたり，小学校教育を受けたことがある人口の統計（2000年）

	男女合計	男性	女性	男女比(%)
平均	73,127	78,039	67,946	85.76
標準偏差	14,644	12,362	17,546	12.28
最小	34,026	40,786	23,075	49.95
最大	93,516	95,303	91,748	100.62

出所：第五回全国人口センサス資料より作成

女性と男性の比率をみると（男性を100％とした場合の女性の比率），各少数民族の平均が85.76％と，全国平均より5.93％ポイント低く，大多数の民族の男女差は，全国平均より大きいといえる。男女比が全国平均より低い民族は39民族あるが，16民族は全国平均より高くなっている。教育水準の男女比の標準偏差は12.28％で，大多数の民族は75～97％となっている。75％以下の民族は8あり，サラ族，パオアン族，トンシャン族，チベット族，プミ族，シュイ族，ハニ族，プイ族で，男女比が最低なのはサラ族である。

97％以上の民族は11あり，カオシャン族，シボ族，タタール族，ロシア族，ダフール族，ウズベク族，カザフ族，ウイグル族，オウンク族，ホーチョ族，オロチョン族である。

なかでもオロチョン族は最高で（表8-3参照），100％を超えており，中国で唯一，教育を受けた女性人口が男性人口より多い民族となっている。

2) 中学校教育

中学校教育を受けたことがあるのは，各民族平均で3万3800人で，全国と比べて1万4863人少なく，全国平均人数の69.46％である。42民族で全国より少なく，13民族は全国より多くなっている。民族間の標準偏差は1万7342人であり，大多数の民族は1.6万人から5.1万人である。1.6万人より少ないのは10民族であり，トンシャン族，ラフ族，メンパ族，ローバ族，チベット族，リース一族，プーラン族，ドアン族，ワー族，サラ族である。もっとも少ないのはサラ族である。

5.1万人以上の民族は11あり，ウズベク族，満州族，オウンク族，カオシャン族，オロチョン族，ダフール族，シボ族，タタール族，ホーチョ族，ロシア族，朝鮮族である。朝鮮族の人数がもっとも多い（表8-4を参照）。

表8-4　各少数民族人口10万人あたりの，中学校教育を受けたことがある人口の統計
(2000年)

	男女合計	男性	女性	男女比 (%)
平均	33,800	37,439	29,924	75.64
標準偏差	17,342	16,756	18,352	18.56
最小	7,479	10,573	4,198	39.19
最大	73,815	77,857	69,814	111.62

出所：第五回全国人口センサス資料より作成

女性と男性の比率をみると，各少数民族の平均が75.64％と，全国比より4.52％ポイント低く，多くの少数民族で男女差は全国より大きいといえる。男女の比率が全国より低い民族は33，高い民族は22となっている。男女別の教育水準比の標準偏差は18.56％で，大多数の民族は55〜95％である。55％以下の民族は9あり，サラ族，トンシャン族，パオアン族，シュイ族，

プミ族，プイ族，タジク族，リース一族，コーラォ族である。男女比がもっとも低いのはサラ族である。

95％以上の民族は10[*5]で，それらはメンパ族，シボ族，ホーチョ族，ダフール族，ロシア族，タタール族，ウズベク族，オロチョン族，オウンク族，ローバ族である。

最後に挙げた4民族の男女比は100％以上である。つまり，この教育水準を受けた女性の比率は男性を超えているということであり，なかでももっとも高いのはローバ族である（表8-4参照）。

3）高校および中等専門学校教育

高等中学校教育を受けたことがあるのは，民族平均では1万2017人で，全国より2654人少なく，全国人数の81.91％である。40民族で全国より少なく，15民族では多くなっている。民族間の標準偏差は8871人である。大多数の民族は4000〜2万人で，4000人以下の民族は6つである。それらはトンシャン族，ドアン族，ラフ族，リース一族，プーラン族，ワー族で，トンシャン族がもっとも少ない。

2万人以上の民族は10あり，それらはオウンク族，シボ族，ダフール族，オロチョン族，カオシャン族，ウズベク族，ホーチョ族，朝鮮族，タタール族，ロシア族である。もっとも多いのはロシア族である（表8-5参照）。

表8-5 各少数民族人口10万人あたりの，高校および高校以上の教育を受けたことがある人口の統計（2000年）

	男女合計	男性	女性	男女比（％）
平均	12,017	12,908	11,057	78.07
標準偏差	8,871	8,281	9,634	21.77
最小	2,146	2,933	1,311	38.80
最大	35,838	34,768	38,210	131.17

出所：第五回全国人口センサス資料より作成

女性と男性の比は，各少数民族平均が78.07％で，全国と比べ2.74％ポイント高い。男女比が全国より低いのは31民族，高いのは24民族である。男女別の教育水準比の標準偏差は21.77％で，大多数の民族が57〜100％

である。57％以下の民族は9あり，ダジク族，トンシャン族，パオアン族，シュイ族，サラ族，コーラォ族，ミャオ族，プミ族，リー族である。そのなかで男女比がもっとも低いのはダジク族である。

100％以上の民族は11あり，カオシャン族，メンパ族，シボ族，ホーチョ族，ダフール族，タタール族，ウズベク族，ロシア族，オウンク族，ローバ族である。

これらの民族では，高等中学校以上の教育を受けた女性の割合は男性より高いといえる。男女比が最高の民族はローバ族である（表8-5参照）。

4）高等教育

高等教育を受けたことがあるのは，民族平均では3241人で，全国より301人少なく，全国人数の91.49％である。39民族で全国より少なく，16民族では多くなっている。民族間の標準偏差は3222人（平均値と比較すると標準偏差はかなり大きく，民族間の格差が非常に大きいといえる）である。大多数の民族が645〜7500人であり，645人より少ないのは7民族である。それらはトンシャン族，ワー族，ドアン族，ラフ族，リースー族，プーラン族，ハニ族で，そのなかでもっとも少ないのはトンシャン族である。

7500人以上の民族は8あり，シボ族，オロチョン族，朝鮮族，ウズベク族，カオシャン族，ホーチョ族，ロシア族，タタール族である。これらの民族は高等教育を受けた人数が全国の2倍以上である。なかでもタタール族がもっとも多い（表8-6参照）。

女性と男性の比は，各少数民族平均では66.55％で，全国より0.48％ポイント高い。男女比が全国より低い民族が36，高い民族は19である。男女別教育水準比の標準偏差は25.07％で，大多数の民族は45〜100％である。45％以下の民族は10あり，パオアン族，ドアン族，タジク族，トンシャン族，リースー族，ヌー族，サラ族，リー族，アチャン族，トーロン族である。男女比がもっとも低いのはパオアン族である。

100％以上の民族は10あり，シボ族，ダフール族，ホーチョ族，オウンク族，オロチョン族，ローバ族，メンパ族，タタール族，ウズベク族，ロシア族である。男女比がもっとも高いのはロシア族である（表8-6参照）。

表8-6　各少数民族人口10万人あたりの，高等教育を受けたことがある人口の統計
（2000年）

	男女合計	男性	女性	男女比（％）
平均	3,241	3,566	2,894	66.55
標準偏差	3,222	3,039	3,469	25.07
最小	321	458	175	32.82
最大	12,945	12,118	14,204	124.25

出所：第五回全国人口センサス資料より作成

5）教育の進歩

　上記の各教育水準の指数を算出する際，分母は各年齢別人口の合計数としている。これらの指数は，データを簡単に得やすいため，よく使用される。しかしその問題は，使用されているデータの一部には研究対象と無関係の6歳以下の人口が含まれているため，教育を受けた人口を正確に反映しておらず，情報のゆがみを招くこともある点である。たとえば，ある二つの地区の教育水準がどちらも高かったとする。そのうち，一方の地区については，単に0〜5歳人口の割合がやや低かったためにそうなっている。しかし，他方の地区については，0〜5歳人口の割合がやや低いことも原因であるが，それ以外の各種指数から判断しても，前者と比べて教育が進んでいることが原因となっている。したがって，上記の指数を使用して異なる人口を比較する際には，よく注意する必要がある。以下の年代比較と民族比較では，われわれは6歳以上の人口を用いている。

　表8-7は，第四回および第五回全国人口センサス資料にもとづき算出した中国の6歳以上人口のうち，人口千人あたりでみた，受けた（注意：現在ではない）教育水準別の人数である。表8-7の数字が示しているように，2000年と1990年を比較すると，漢民族にしても少数民族にしても，各教育水準において人数が増えている。増加の絶対値（2000年と1990年の差）をみると，小学校，中学校でも比較的大きいが，高等中学校，高等教育でもっとも顕著となっている。少数民族と漢民族について，増加した絶対値を比較してみると，小学校レベルでは少数民族の増加幅は漢民族より大きいが，中学校，高等中学校，高等教育以上では漢民族の増加幅が大きい。増加の相対値を比較してみると，高等中学校を除いたその他の段階では少数民族のほう

が高い。したがって、表中の最後の行をみると、小学校、中学校、高等教育の三つの段階で、少数民族と漢民族の比が、2000年の値のほうが1990年より大きくなっていることがわかり、漢民族と少数民族の格差が縮小しているといえる。高等中学校レベルのみ、漢民族と少数民族の差が拡大している。

表 8-7 人口千人あたりの教育水準別卒業人数（1990 年, 2000 年）

教育レベル	小学校		中学校		高校		高等教育	
年	1990	2000	1990	2000	1990	2000	1990	2000
全人口	794	905	371	523	106	158	16	38
漢民族	802	910	380	534	109	161	16	39
少数民族	701	842	267	393	79	116	11	27
比率	87.47	92.55	70.14	73.46	72.36	71.80	65.88	69.71

出所：第四回および第五回全国人口センサス資料にもとづき算出
注：比率は漢民族と少数民族の比率を指し、漢民族人口を100とする。

表8-7の数字をみると、6歳以上の人口について、2000年の少数民族が受けた各教育水準の人数を1990年の同レベルの漢民族と比較すると、すべての教育水準で少数民族の人数が漢民族より多いという現象を見出すことができる。これは現在の少数民族が受けている教育水準は、10年前に漢民族が受けた教育水準よりすでに高くなっているということを示している。

われわれは異なる教育水準について、各教育水準における各民族の変化を分析した。

小学校教育については、1990年に小学校教育を受けていた人数を千人あたりでみるとき、55の少数民族平均で652人だったが、2000年には808人と、156人分増加した。教育を受けた人数は、民族によって程度は異なるが、増加しており、増加の標準偏差は72人である。

各民族のなかで増加がもっとも速いのはチャン族であり、その順位（高い順）は32位から21位へと11位分上がった。ヤオ族、アチャン族、ドアン族も増加が速く、5～8位分上がった。

増加が遅い民族はカオシャン族で、その順位（高い順）は第5位から12位へ、7位分下がった。シェ族、ヌー族、ナーシー族も増加が遅く、それぞれ5位分下がった。

2000年,小学校教育を受けたことがある人数を千人あたりでみると,もっとも多いのはシボ族で973人,最低だったのはトンシャン族で383人,前者は後者の2.54倍である。

　中学校教育については,1990年に中学校教育を受けたことがある人数を千人あたりでみると,55の少数民族平均で259人であり,2000年には372人で113人分増加した。教育を受けた人数は,民族によって程度は異なるが増加しており,増加の標準偏差は39人である。

　各民族のなかで増加がもっとも速いのはチワン族,トーロン族であり,その順位（高い順）はそれぞれ23位から16位へ,40位から33位へと,7位分上がった。ユイグー族も増加が比較的速く,5位分上がった。

　増加が遅い民族はパオアン族で,その順位（高い順）は38位から45位へと,7位分下がった。コーラォ族,チャン族,カオシャン族,回族の増加も比較的遅く,それぞれ5位分下がった。

　2000年,中学校教育を受けたことがある人数を千人あたりでみるとき,もっとも多いのが朝鮮族で764人,もっとも少ないのはトンシャン族で84人,前者は後者の9.09倍である。

表8-8　各少数民族,千人あたりの受けた教育水準の統計（1990年,2000年）

教育レベル	小学校		中学校		高校		高等教育	
年	1990	2000	1990	2000	1990	2000	1990	2000
平均	652	808	259	372	90	132	16	36
標準偏差	207	153	169	185	79	95	20	35
最小値	190	383	47	84	13	24	1	4
最大値	929	973	658	764	295	387	88	140

出所：第四回および第五回全国人口センサス資料にもとづき算出

　高校,中等専門学校については,1990年に高校,中等専門の教育を受けたことがある人数を千人あたりでみると55の少数民族平均で90人であり,2000年には132人と,42人[*6]増加した。教育を受けた人数は,カオシャン族が2人減ったのを除くと,その他の民族では,程度は異なるが増加し,その標準偏差は23人であった。

　各民族のなかで,増加がもっとも速いのはトーロン族で,その順位（高い

順)は35位から27位へと，8位分上がった。トゥ族の増加も比較的速く，5位分上がった。

増加が遅い民族はリー族で，その順位（高い順）は26位から32位へと，6位分下がった。カオシャン族，シュイ族は5位分下がった。

2000年，高等中学校，中等専門教育を受けたことがある人数を千人あたりでみると，もっとも多いのがロシア族で387人，もっとも少ないのはトンシャン族で24人，前者は後者の16倍である。

高等教育については，1990年に高等教育を受けたことがある人数を千人あたりでみると，55の少数民族平均で16人，2000年には36人と20人[*7]増加した。教育を受けた人数は，民族ごとに程度は異なるが増加しており，その標準偏差は17人である。

各民族のなかで，増加がもっとも速い民族はプミ族で，その順位（高い順）は38位から32位へと，6位分上がった。ミャオ族，プイ族も増加が比較的速く，それぞれ5位分上がった。

増加が遅い民族はパオアン族で，その順位（高い順）は24位から36位へと，12位分下がった。サラ族も増加がやや遅く，6位分下がった。

2000年，高等教育を受けたことがある人数を千人あたりでみたとき，もっとも多いのはタタール族で140人，もっとも少ないのはトンシャン族で4人，前者は後者の35倍である。

(3) 平均就学年数

第五回全国人口センサスの0.1％のサンプルデータから算出すると，全国総人口の平均就学年数は7.54年である。そのうち，男性は8.07年[*8]，女性は6.97年である。女性人口の平均就学年数は，男性より2.10年[*9]短い。漢民族人口の平均就学年数は7.62年と，全国平均水準よりいくぶん高いのに対し，少数民族人口では6.65年である。少数民族人口の平均就学年数は，漢民族より0.97年短く，全国平均水準より0.89年短い。両者の差は，非常に顕著である(p value ＝ .000, F値＝ 5172.8864)。このため相対的には，少数民族人口の平均就学年数はやや短い。この点は，少数民族の非識字率がやや高いということ，および各教育水準の人口がやや少なく，割合が低いと

いうことと関係がある。

　男女別にみると，少数民族女性人口の平均就学年数がもっとも短く，わずか 6.03 年で，小学校卒業程度に相当する。つぎに漢民族女性の平均就学年数もわずか 7.06 年で，中学一年生終了，中学二年生初めに退学した程度に相当する。男性の平均就学年数は，漢民族は 8.16 年，少数民族は 7.24 年で，それぞれ女性より 1.10 年，1.21 年長い。このことから女性の就学年数は男性よりずっと短く，平均水準よりも低いことがわかる。

　分散とは，ある標本が標本平均からどのくらい離れているかを示す値である。女性人口の平均就学年数の分散は，男性や平均水準に比べ高い。全国でみると，女性人口の分散は 13.7930 で，全国平均水準（12.2859）や男性（10.2239）より高い。これは，女性人口のなかで学歴格差が男性より大きいことを示している。同様に，漢民族でも少数民族でも，女性の分散のほうが男性より大きくなっている。少数民族と漢民族人口を比べると，少数民族人口の分散は 13.6069，漢民族の分散は 12.0817 と，前者の分散のほうが大きい。

　表 8-9 は第四回全国人口センサスの 1％のサンプルデータにもとづいて算出した平均就学年数であり，その算出方法は第五回全国人口センサスで用いた方法と同じである。

表 8-9　平均就学年数——第五回全国人口センサスと第四回センサスとの比較

		2000			1990			平均値の差
		平均値	人数	分散	平均値	人数	分散	
総計	男	8.08	558,994	10.2239	6.18	6,097,089	16.0320	1.90
	女	6.97	538,253	13.7930	4.80	5,738,852	16.8488	2.17
	小計	7.54	1,097,247	12.2859	5.51	11,835,946	16.9024	2.03
漢民族	男	8.16	511,150	10.0164	6.27	5,615,481	15.9083	1.89
	女	7.06	492,264	13.6015	4.89	5,278,452	16.8391	2.17
	小計	7.62	1,003,414	12.0817	5.60	10,893,933	16.8348	2.02
少数民族	男	7.24	47,844	11.6628	5.16	478,702	16.3349	2.08
	女	6.03	45,989	14.8855	3.83	457,612	15.9073	2.20
	小計	6.65	93,833	13.6069	4.51	936,316	16.5705	2.14

出所：第五回全国人口センサスの指数は 0.1％サンプルデータにもとづき算出
　　　第四回全国人口センサスの指数は 1％サンプルデータにもとづき算出

表中の「平均値の差（2000年平均値－1990年平均値）」の列をみると，男性，女性，全国総人口，少数民族，漢民族人口といった項目にかかわらず，それぞれの人口の平均就学年数は，程度の差はあるものの，90年代と比べて長くなっていることがわかる。なかでも増加率がもっとも大きかったのは少数民族の女性人口で，1990年の平均就学年数はわずか3.83年であったが，2000年の第五回全国人口センサスのときには6.03年となり，2.20年分延びた。その次は漢民族の女性人口で，1990年の4.89年から，2000年の7.06年と，2.17年分延びた。これは国と政府がすでに教育面における女性の不平等に留意していたことを示している。しかし，中国には男尊女卑の思想が根強いため，女性人口そのものの平均就学年数は，依然として男性より短く，平均水準も下回っている。

同時に，少数民族の平均就学年数の増加幅（2.14年）が漢民族（2.02年）や全国平均水準（2.03年）より大きいことにも注意する必要がある。

各民族総人口の平均就学年数のなかで，もっとも短いのはトンシャン族でわずか2.65年，もっとも長いのはタタール族で9.78年，各民族の平均就学年数は6.46年[*10]である。この結果と全国0.1％データの結果（7.54年）を比較すると，依然としてかなり低く，両者の差は一年あまりある。

平均就学年数を昇順に並べていくと，もっとも短い5民族はトンシャン族（2.65），チベット族（3.53），ローバ族（3.66），メンパ族（3.69），パオアン族（3.79）である。また，平均就学年数が長い7民族は9年以上であり，それらはウズベク族（9.01），オロチョン族（9.09），カオシャン族（9.13），ロシア族（9.41），ホーチョ族（9.41），朝鮮族（9.48），タタール族（9.78）である。平均就学年数からみると，これらの民族は9年制の義務教育を修了しており，中学校以上の教育水準となっている。

また，平均就学年数が全国水準よりも長い民族は14あり，漢民族の平均就学年数よりも長くなっている。その他の41民族は全国および漢民族の水準より短い。14民族のなかで，わずか4民族，つまりモンゴル族，カザフ族，朝鮮族，満州族だけが，人口100万人以上である。

このような順序から，非識字・半非識字率がもっとも高い民族の平均就学年数がもっとも短く，反対に非識字・半非識字率が低い民族は平均就学年数

が長いことがわかる。

　ここ10年の文化・教育水準の変化を比較すると，教育水準の向上が速い民族は，もともと文化・教育が遅れていた民族ではなく，標準的な水準の民族であることがわかる。往々にして先進的な民族はそれを維持しており，後進的な民族は依然として遅れている。これは，文化・教育の遅れには，深刻な社会的・経済的要因があり，文化・教育の遅れを改善することは決して容易ではないということを表わしている。

　分布をみると，文化・教育の遅れている民族は主に西部のチベット高原，甘粛の臨夏地区（トンシャン族の集中地区），雲貴高原に分布している。ここは貧困層が集中している地域で，経済救済の重点地区であるが，今後は，教育救済の重点地区にもすべきであろう。

　女性の非識字率は男性より高く，各種文化水準も男性より低い。このため民族の教養的資質を高めるためには，女性に対しさらに多くの関心を寄せなければならない。

　非識字者の新たな出現を防ぐことにも，さらに注意を払わなければならない。6歳から9歳の教育適齢期の少数民族児童のなかで，未就学者の割合は10％を超えており，そのうち5民族は40％を超えている。

4　少数民族の発展と西部開発

　それぞれの民族の発展は，その民族が生活している地域の社会・経済の発展によって決まる。各民族を比較すると，東部の少数民族は社会発展水準が比較的高く，社会発展水準が緩慢な民族は，ほとんど西部に分布している。これは，中国の民族間の社会発展水準の格差は，地域格差が作り出したものであることを示している。

　西部の環境をみると，社会・経済発展の外部条件としては，有利な点も不利な点もある。有利な点からみると，土地面積は広大で，広西，内モンゴルを含める西部地域の面積は686.74平方キロメートルで，全国面積の71.54％を占めている。また，資源が豊富で多くの未開発の土地や広い草原や牧場があり，気候も多様，光熱資源も豊富，独特な動植物の資源を有し，

農業・牧畜業の発展は将来性がある。西部には豊富な鉱物資源もあり，重要なエネルギーと原材料の基地となっている。水資源は全国の80％以上を占め，天然ガスの埋蔵量は70％以上，石炭の埋蔵量は60％前後を占める。

不利な点をみると，西部地域は広いが，大部分は地勢が高いために寒く，荒漠地帯で，居住に適した地域は決して多くない。西部の資源は豊富だが，主に鉱物資源であり，人間の生活に必要な資源はかなり不足している。たとえば，周知のとおり，西北では水が，西南では土地が不足しているため，西部地域は広大だが，人口容量の面では決して優位を占めているとはいえないのである。歴史的にみても，西部に人家がまばらだったのは，地理的環境によるものである。経済学的にみると，生産力を構成している土地，資源，労働力，資本および技術，情報などの要素は，すべて経済発展に必要不可欠なものだが，それらが同時に機能しなければ，富と価値を作り出すことはできない。したがって，潜在的に資源に恵まれているだけでは，現実的な経済的優位として実現することはできないのである。他方，生産要素は流動できるもので，いわゆる開発とは，生産要素の流入に有利な内部条件と外部環境を創り出すことである。開発を通じて，地元にある一つもしくは複数の要素を十分に発揮させ，現実的な経済優勢に転換させる必要がある。

もちろん西部開発と少数民族の発展は，総合的な問題として様々な側面を持つ。ここでは少数民族の人口問題と西部開発について筆者が認識していることを述べるのみとする。

1　人口増加の抑制と人口・資源・環境の調和のとれた発展へ向けた現行計画出産政策の堅持

中国の西部について言及する際に，人々は往々にして「土地は広いが人はまばら」と表現する。また，少数民族は「少数」であるため，あたかも人口問題が存在しないかのように考える。まず，検討しなければならないことは，西部あるいは西部の少数民族には人口問題が存在するのかどうか，また，どのような性質の人口問題があるのかということである。

人口問題について，一般的には人口が存在すれば問題は存在する。したがって，世界中のすべての国や地域に人口問題が存在するといわれている。しか

し各国，各地域に存在する人口問題は内容も性質も異なる。大局的にみると，人口が問題となるのは，いうまでもなく以下の二点によるものである。第一に，客観的にみて，人口が資源や環境の容量の限界を超えていないかどうか，および社会・経済発展とバランスがとれているかどうかである。第二に，主体的にみて，人口の再生産が人類の生存と発展にとって有利か否かである。目下，大多数の発展途上国では，急速な人口増加や人的資源に対する投資不足によって，貧困，生活水準の低下，経済発展の停滞，生態環境の悪化などさまざまな問題が起きている。先進国では，高齢化や少子化現象が種族の衰退につながることが懸念されている。では，中国の西部は主にどのような人口問題を抱えているのであろうか。

西部の「土地は広いが人はまばら」という問題は，西部の面積が全国面積の71.54％を占めているにもかかわらず，人口は28.13％（2000年）で，人口密度からみると西部の人口密度は全国よりかなり低いということである。しかし詳しく分析すると，西部人口の土地に対するプレッシャーは，全国の他の地域より低くないどころか，他の地域より高くなっている。

人口密度をみてみると，西部の，海抜が低く生態条件が比較的よい地域では，人口密度は決して低くない。平方キロメートルあたりでみると，たとえば重慶が370人，貴州200人，広西186人，陝西172人，四川170人となり，これらはすでに，平方キロメートルあたり129人という全国の平均水準を超えている。雲南の平方キロメートルあたり107人，寧夏の106人は全国平均水準より低いが，雲南の90％以上は山地で，寧夏は多くが砂漠，乾燥地域である。平地面積，耕地可能面積から考えると，この二つの地域の人口密度は全国平均水準よりはるかに高い。チベット，内モンゴル，新疆，青海などの地域の大部分は地勢が高く，寒い砂漠地帯で，人が住むのに適した地域は決して多くない。たとえば全国最大地区である新疆において，オアシスは当該地区のわずか4.2％を占めるのみである。これらの点々としたオアシスと盆地では，人口密度の高さは東部の人口密度が高い地域に決して劣らない。たとえば人口密度がもっとも低いチベットは，一人あたりの平均耕地面積は1.5畝〔ムー：15分の1ヘクタール〕に届かず，全国平均の1.4畝とはわずかの差があるにすぎない。チベットの自然環境を考えると耕地の生

産性は相対的に低く，部分耕地も休耕する必要があるため，チベットの耕地資源は恵まれているとはいえない。

人口の変化からみると，中華人民共和国設立以来，西部人口の増加は全国より速く，西部の少数民族人口の増加は西部人口より速い。西部の自然生態環境は非常に脆弱で，人口の急速な増加は，事実上，生態環境の悪化を招いている。

具体的には，第一に，水土の急激な流失である。中国科学院の国情分析研究によれば，中国の水土流失がもっとも深刻なのは西北地方である。水土流失が深刻な地域を順にみると，上位10省（区）中，西北地域が4つを占めており，それらは陝西省，甘粛省，青海省，寧夏省である。陝西省だけでも毎年8億トンあまりの土砂が黄河に流れ込んでいる。西南の水土流失問題もきわめて深刻である。推定では目下西南地方の水土流失面積はすでに12万平方キロメートルに達しており，50年代と比べて40％前後拡大している。毎年，四川から長江に土砂が10億トン流れ込んでいる。貴州省には平原がない。人口の急速な増加によって，人々は生活のために丘陵地を開墾しなければならず，傾斜25度以上の丘陵耕地が総耕地面積の20％に達している。貴州省86の県・市のなかで64の県・市が長江の上流に，35が珠江の上流に位置している。毎年，貴州から珠江と長江に流れ込む土砂は8100万トンに達する。

第二に，水資源が枯渇している。かつて中央アジア最大の水域の一つだったロプノール湖は，1970年代までは大きな湖だったが，80年代にはすでに干上がってしまった。新疆のアイビ湖は，歴史上「緑色の迷宮」と呼ばれ精河県西北に位置し，ジュンガル盆地西南部の水源が集まるところである。50年代初期の湖面の面積は1620平方キロメートルであったが，80年代にはわずか500平方キロメートルとなり，日ごとに縮小している。一昨年，新疆は大きな洪水に見舞われたが，このときに渇水現象はようやく多少緩和された。新疆全地域の湖の面積は，中華人民共和国設立初期と比べ4952平方キロメートル減少した。四川盆地の一部を除き，近年は「水荒」という深刻な水資源不足がしばしば起きている。人々が「原始的状況が維持されている土地」という印象を持っている青蔵高原は，30％以上の湖が干上がって

塩湖となってしまい，累計の損失水量は148億立方メートルである。

第三に，砂漠化が進み，その面積が日増しに広がっている。80年代末には，中国の草原の減少面積は13億畝となり，毎年2000万畝の速さで縮小している。以前，「風が吹けば草が低くなり，牛や羊がみえる」と言われていた土地はすでに変わってしまい，「ネズミが走り去れば，背中がみえる」といわれるようになった。統計によると，中国の砂漠地帯は全国面積の27%以上を占め，なかでも新疆，内モンゴルの砂漠面積はそれぞれの土地総面積の47%および60%を占めている。チベット草原の砂漠面積は3分の1を占め，チベットを除く西南の大部分は石灰岩山地がカルスト地方となったもので，生態は非常に脆弱であり，植生が一度破壊されると，回復には長い時間を要する。過度な森林伐採と耕地化によって，水土流失は深刻なものとなった。水土の流失によって耕地はしだいに痩せ，最後には剥き出しの石山となってしまう。80年代には，貴州全土の石漠・半石漠化山地は2000万畝に達し，省の総面積の7.6%を占めている。

第四に，大気汚染の深刻化である。たとえば蘭州，重慶，貴州などは中国でも大気汚染が深刻な都市として知られている。環境の絶え間ない悪化により，居住に適した面積がもともと少なかった西部の状況は，さらに深刻なものとなっている。

人口増加が人々の生活と環境に与える影響については，二つの具体例を挙げることができる。

例1──チベットの畜産地区は基本的に単一の遊牧経済となっており，牧畜民は牧畜数の増加に頼って，新たに増加した人口の生産と生活の需要を充足させている。チベット人口の自然増加曲線と牧畜の増加曲線は基本的に平行である。これはすなわち，チベット人口の自然増加と牧畜の増加は基本的に同レベルの速度だということである。しかし，ナッチュ（那曲）のような畜産地区では牧畜の増加が人口増加のスピードに追いついていない。過去40年も経たないうちに人口は四倍となったが，牧畜の増加は50%にとどまっており，これは牧畜民の一人あたりの牧畜量が，民主改革前より大幅に低下したということを意味している。

チベットの草原地帯の負荷超過率は41%前後に達している。草原の深刻

な負荷超過は，草地の減少と砂漠化を直接引き起こす。チベット自治区ではすでに3分の1の草地が退化し，そのうち半分前後が，深刻な退化現象をみせている。さらに，10分の1近くの草地がすでに砂漠化している。

人口が増加し，牧畜規模が拡大したことで，人類の活動は野生動物の活動空間を奪い，野生動物の減少や絶滅を招き，草原の生態系まで破壊してしまった。明らかな例として，ネズミや虫による被害がここ数十年ますます深刻化している。チベット自治区政府の副主席楊松は，「現在のチベットは，草地と牧畜の矛盾ではなく，人・草・牧畜のあいだに矛盾を抱えている」と述べているが，まさにそのとおりである。1997年の雪災害により，ナッチュ（那曲）地区の畜産農家の3分の1近くが被害を受けた。政府による強力な救済措置が採られたが，家畜をなくしてしまった畜産農家の大多数が貧困農家となった。チベットの貧困救済活動は厳しい試練に直面した（扎央，羅絨戦堆「西蔵的人口与土地資源的承載能力」『人口与経済』，2002年第2期）。

例2——寧夏西海固地方は，寧夏回族自治区の南部山地である西吉，海原，隆徳，涇源，彭陽，同心，塩池など8県を指す。黄土高原と風砂乾燥地域の境目に位置する地帯は，生態環境が著しく脆弱である。西海固地方の土地には山地，台地，丘陵地が多く，川，平地はわずか13.8％である。耕地可能な土地は干上がったところが多く，水田や用水地はわずか7.7％である。土壌の質は悪く，収穫の多い田畑の耕地面積の割合は6％に満たない。畑の通常の作柄は一畝あたり穀物100キロ前後である。

西海固は生態環境のよいところではなく，利用可能な自然資源は決して豊富ではないため，受け入れられる人口にも限界がある。しかしながら，もともと豊かでないこの地域でも人口増加のスピードは非常に速い。1982年，寧夏（回族自治区）は，都市と農村，山域と河域，民族の違いによって，出産可能人数に「一人，二人，三人」と違いをつけた計画出産政策を制定した。しかし，1995年までの段階で，政策の執行は理想的なものではなかった。人口は引き続き速いペースで増加していた。西海固地方の農業人口は，農家経営請負制を実行した1980年時点では27万1208戸だったが，1996年の農業人口センサスでは39万1467戸に増加していた。

1978年，国連砂漠化防止会議で，地域別人口圧力の臨界指数が提示された。

乾燥地域の人口密度は平方キロメートルあたり7人，半乾燥地域の人口密度は平方キロメートルあたり20人であった。乾燥あるいは半乾燥地域である西海固地方の人口密度は，平方キロメートルあたり76人であり，国連の臨界指数の4倍近くになっている。このような巨大な人口圧力は，西海固地方の痩せた土地にとっては，むろん受け入れがたいものであった。

　増加する人口は，自身の生存需要を満たすために，手を尽くして荒地・森林地・草地を開墾し耕地にせざるをえず，さらに自然資源を略奪するかのようなやり方でむやみに開墾・伐採・牧畜を進めて森林や植生を破壊した。傾斜度25度以上ある急勾配の場所の多くも，それを免れえなかった。その結果，旱魃，雹，霜害などの自然災害が頻繁に起こるようになり，水土流失や砂漠化が深刻化した。

　西海固地方は，中国政府がもっとも早く大規模な地域ぐるみの貧困救済を始めた開発建設地域である。十数年にわたる貧困救済開発と総合統治によって，住民が衣食に不自由する状況はかなり緩和されたが，依然として25％の貧困率であり，ひとたび災害に遭えば，衣食が満たされるようになったばかりの農家もたちまち貧困に戻りやすい（王慶仁「寧夏西海固的人口与生態問題」『穆斯林人口研討会』，2000年4月）。

　以上述べてきたような，人口増加によって引き起こされた環境悪化，生活貧窮の二つの典型的な例は，人口過剰がもたらす典型的な問題である。西部ではこのような例はどこにでもある。近年，耕地を森林や草地に戻したり，植林を行なったりなどの環境整備によって，中国の環境悪化はある程度抑制された。しかし，全体的にみると，まだ根本的な改善はなされていない。人口の急激な増加は，西部地域の環境悪化を招いた重大な原因であり，また少数民族の生活水準の向上を遅らせ，生産資本の蓄積を遅らせ，人口の教養的資質の向上を遅らせた重大な原因でもある。したがって，人口増加の抑制は，民族の発展問題を解決するのに必要不可欠である。いかなる国家，地域でも人口を無制限に増加させることは不可能である。「面積が広く自然資源が豊富な地域であっても，結局は限りあるものであり，限りある空間は無制限に人口を受け入れることはできない」。これは常識でわかることである。

　目下，西部の一部の少数民族女性の出生率は，いまだ人口置換水準以上と

なっている。これは，もしこのような出生率が続けば人口増加は永遠に止まらないことを意味している。また，出生率がたとえ人口置換水準を下回っても，全国の他の地域と比べて低下のペースが遅いため，その影響は小さく，また人口の年齢構造も比較的若いため，「人口の慣性」の作用により，人口増加がストップするには長い時間を要する。少数民族の発展を実現させるためには，少数民族および民族地区について，障害となるものを排除し，基本的な国策を貫徹しなければならない。計画出産政策については，中国はすでにある程度有効な活動実績を積んでおり，『中国計画出産政策活動の概要』にもとづき，「三つの不変」（すなわち現行の計画出産政策の不変，既定の人口抑制目標の不変，党自ら全責任を負うという姿勢の不変）を堅持し，「三つの主柱」（啓蒙活動，避妊，日常的活動）を実現させ，積極的に「三つの結合」（計画出産と経済発展，農民の勤労による生活水準の向上支援，文明的で幸福な家族の形成を結びつけること）を推し進めている。少数民族の計画出産政策を展開する際，とくに社会の安定，民族の団結，少数民族の宗教・信仰・風俗習慣の尊重に留意しなければならない。

　政府は計画出産政策を基本的な国策と位置づけ，西部開発を実施する際，人口増加の抑制と計画出産を重要な活動内容とすべきである。

2　人口資質の向上と民族の進歩の実現

　事実上，人口問題とは発展問題である。ある社会は，発展の問題を根本的に解決し，社会の継続的な進歩を促進するためのメカニズムを確立してはじめて人口を含む社会問題を解決することができる。現在，中央政府はタイミングよく西部開発の戦略を打ち出している。その目的は西部社会の全面的な進歩を支援し促進することであり，同時に西部の人口問題を徹底的に解決するための基礎を築くことである。

　目下，西部の多くの少数民族の居住地区では，生産はいまだ昔ながらの方式によって行なわれており，原始的な焼畑農業を行なっている地域もある。このような状況は，主にその閉鎖的な環境によって作り出された。交通や情報の閉塞状態は旧習の墨守を招いた。西部開発の際に，国はまず交通，通信などのインフラ建設を重点的に行なったが，これは非常に重要なことである。

これが閉塞を打破し，開放を促進し，人々の遅れた生産方法や考え方を改善する助けとなるのである。同時に，西部は開放拡大を通して積極的に人材，技術，資金を取り入れて経済発展を推進した。経済発展を通じて環境の人口容量が拡大されれば，人口問題の解決に有利となる。

　経済発展の促進を通じて環境の人口容量を増加させるにしても，人口増加の抑制を通して人口と経済の調和を促すにしても，人間を中心にして，人間によって進められていくのである。問題を生み出したのが人間であるならば，問題を解決するのもまた人間であると言うこともできる。現代の経済発展の経験が証明しているように，質の高い人的資源は，高水準の開発や自然資源の有効利用を通じて，自然資源の不足を緩和し，さらには自然資源に代わる新たな物質資源を作り出して自然資源の不足を補う。質の高い人的資源が，経済発展のもっとも重要な資源となっている。西部開発には外部からも支持が必要となっているが，根本的には西部の人々自身の努力に依拠しなければならない。質の高い人的資源の形成は，西部開発が成功するかどうか，西部の繁栄が実現するかどうか，繁栄が実現した後も持続するかどうかの鍵となる。

　人口の健康資質の向上は，主に栄養の改善と衛生的な医療条件の改善に依拠する。貧困救済にさらに力を入れ，少数民族を貧困から脱却させ，豊かにすることは，少数民族の健康資質向上を保証する基本的なルートである。近年，とくに公共衛生資源を西部に配置するような注意が払われており，なかでも農村や民族地域は重点地域になっている。居住環境の改善に注意し，少数民族の衛生医療グループを育成することにより，こうした地域の医者不足や薬不足を改善し，人々が基本的な医療保健サービスを享受できるようにする。

　人口資質の向上は主に教育に依拠しなければならない。教育によって人口の科学技術文化の資質を向上させ，人々の出産意向を変え，自覚を持って計画出産を実行させ，衛生的な文明習慣を身につけさせることは，実際に証明された確かで有効な方法である。したがって，教育は人口問題を改善するための基本である。

　過去10年間で西部では非識字者をなくし，義務教育を普及させるという

面において未曾有の進歩を遂げたが，決して問題がすべて解決したわけではない。一部の民族の成人非識字率はまだかなり高く，また一部の民族では成人非識字者数はいまだ増加しており，一部の民族は学齢期の児童の未入学率がいまだに高い。教育の発展において，西部は多くの困難に直面している。たとえば，西部の大部分の地域が農耕牧畜の県であり，県財政の多くが赤字であるため，基礎教育や人材育成の面で，国はさらに力を入れて支援する必要がある。

3 西部開発における辺境および人口の比較的少ない少数民族集住地区への優先的配慮

西部地域の面積は，中国の陸地面積の70％を占めている。中国のような発展途上国が，物資や財力が非常に限られている状況下で，もし各地域に総花的に開発支援を展開すれば，顕著な成果を上げることは困難であろう。計画的，重点的，段階的に支援を進めることが非常に重要である。

中央の指導者は，西部大開発の戦略を実施するにあたり，経済的な要素，民族的な要素，辺境の要素を考慮しなければならないことを強調している。

中国の陸地における辺境地域は，その大部分が少数民族地区である。少数民族の多くは国境をまたぐ民族である。辺境は中国の国家イメージを示す窓口であり，国家主権と領土防衛の最前線である。また，国際的な敵対勢力のもくろみ，とくに民族問題上の隙間や分裂を促すような動きを挫くための重要な拠点でもある。

しかし，歴史的，地理的な要因によって辺境地域の条件はかなり厳しい。生態環境は悪く，生産方法もかなり遅れており，インフラも整っておらず，社会発展のペースは相対的に緩慢である。改革開放以来，辺境地域と全国平均水準の格差は拡大している。また，冷戦終結後，近隣諸国はすぐさま辺境政策を実行したため，経済・社会発展のスピードが目にみえて速くなった。これが，中国の辺境地域の幹部や住民に対して一定の心理的な圧力をもたらし，一部の辺境地域では人口の流出が起きた。したがって，西部開発においては優先的に辺境地域の発展を考慮し，辺境地域の民族の発展を優先しなければならない。これは，経済的に重要な意義を持つだけではなく，社会的，

政治的にも重要である。2000年，国家民族事務委員会は「辺境を興し，民族を豊かにする活動」を提唱した。これはあらゆる局面に関連し，意義深い事業である。

　人口が比較的少ない民族とは，一般的に総人口が10万人以下の民族を指す。1990年中国の10万人以下の民族は全部で22，合計人口52.59万人である。2000年の人口センサスの際には10万人以下の民族は全部で20，合計人口42.06万人（サラ族，マオナン族は1990年には10万人以下であったが，2000年には10万人を超えた）である。実際に中央の指導者が提出した西部開発の三つの要素は，どれも人口が比較的少ない民族と密接に関係している。中国の人口が少ない民族はカオシャン族を除き，基本的にみな西部に分布している。人口が少ない民族に対する支援を適度に強化することは，西部の開発や建設を促進するだけでなく，民族団結促進事業の発展を促す。

　これらの民族は，人口規模が小さいことにより，各級政府において要職につく人物が少なく，彼らからの要求はおろそかにされがちであった。西部開発においてこれらの民族に対する特別な考慮は，民族団結にとってよい効果をもたらす。これらの民族は人口が少なく，居住が一般的に集中していることにより，基盤設備や貧困救済に必要な資金も比較的少なく済み，短期間で明らかな成果を上げることができる。国際的にも国内的にも良好な影響を生み出し，中国の民族政策をPRするのにも有利である。また，これらの民族は大多数が国境をまたぐ民族であり，これらの民族の発展は，揺るぎない国防と各民族の団結力の増強に有利である。このため，国家民族事務委員会は西部開発において人口の少ない民族を重視する政策を提唱したのである。全国人民代表大会元副委員長の費孝通氏は，それを「小民族・大政策」と称している。

訳注
* 1　本章に多数登場する中国少数民族の表記に関しては，基本的にチャイナネット http://japanese.china.org.cn/ を参照した。
* 2　原文は「1857」となっているが，後の数字との整合性を考え修正した。
* 3　ここに記載されている漢民族の数（8万4910）と少数民族の数（7万6449）の

差を計算すれば 8461 となる。また，本章 330 ページや表 8-2 にも，同じ内容の数値が登場するが，漢民族の数が異なる（8 万 4919）。すべて原文のままの数字を記載した。
* 4　前注 * 3 を参照。ちなみに，その後に出てくる数値を利用して計算しても，76449 ÷ 0.9003 ＝ 84915.02… となり，328 ページの 8 万 4910 にも，330 ページの 8 万 4919 にも合致しない。
* 5　原文は「8」となっているが，修正した。
* 6　原文は「40」となっているが，修正した。
* 7　原文は「19 人」となっているが，修正した。
* 8　表 8-9 では「8.08」となっているが，原文のままを記載した。
* 9　直前の数字から，「1.10」（あるいは，「8.07」が「8.08」であれば「1.11」）であると思われるが，原文のままの数字を記載した。
* 10　本章 338 ページで少数民族の平均就学年数が 6.65 年とされていることと合致しないが，原文のまま記載した。

第9章　資質向上の重視
人口資質とリプロダクティブ・ヘルス

　人口資質とは，人口の健康的資質，文化・教育的資質，思想・道徳的資質を含み，この三つの面の資質が人口の資質を総体的に規定する。どの面の人口資質もきわめて重要であることは疑いようもない。全面的な小康社会の建設と基本的な現代化の実現においては，科学技術がその鍵となるため，とくに教育，人口の文化・教育的資質の向上が重要となる。しかし，中国の過去と現状をみると，程度の違いはあるものの，健康的資質が軽視されており，この点に焦点を当ててみると，新たな問題が少なからず明るみに出てくる。国際社会のこの面における研究は，新たな突破口を開いているため，本章では主に人口健康[*1]の資質について考察していく。

1　人口健康観の発展と健康資質の提起

1　人口変遷過程における人口健康の向上傾向

　1980年代以降，世界では人口の急速な増加という情勢が抑制されはじめたと同時に，健康に対する意識が急速に深化し，以下の五つのような傾向が現われてきている。

（1）疾病に対する注目から健康に対する注目へ

　健康な社会とは多くの意味を含んでいる。「健康とは身体的，精神的，社会的適応において完全に良好な状態であることを指し，単に疾病や障害がないことだけを意味するものではない」（WHO，1948）。この世界保健機関の「健康」の定義は，伝統的な生物医学の枠組みによる制約を一挙に突き破り，この問題に関連する三つの側面を示したものであった。ここ半世紀，人類の

健康概念に対する理解と探求はとどまることを知らず，近年もまた，実質的な進展があった。すなわち，

- 健康とは人間の基本的権利であり，与えられるものではないが，すべての人はその向上と維持について援助を受ける権利がある。
- 健康を実現するためには，その需要をはっきりと理解し，需要を満たす手立てを講じなければならない。
- 健康とは，社会と個人資源のあいだの，ある種の建設的な概念を示すものである。
- 性と生殖の健康（リプロダクティブ・ヘルス）[*2]は，健康面における公平性の実現を促進する。
- リプロダクティブ・ヘルスは，健康状態の格差を縮小させ，平等な機会と資源の確保につながり，これによってすべての人が完全な健康状態を手にすることができる。これは男女に平等に適用されなければならない。

などである。このような健康に関する概念の発展と健全化は，発展にともなったものであり，人類自身の発展の概念を補強するものとして，社会の発展に対するわれわれの理解を大いに豊かにするものである。

(2) リプロダクティブ・ヘルスの概念はすでに各国政府が互いに認識しており，単なる概念からしだいに実際的取り組みへと向かっている

1994年のエジプトのカイロにおける「世界人口開発会議」，および1995年に中国で開催された「国連第四回世界女性会議」の頃から，リプロダクティブ・ヘルスの概念は各国政府の政策決定者に受け入れられはじめ，いくつかの国が人口抑制や人口資質の向上，生活水準の改善などの目標を追求するとともに，ますます重視されるようになった。すでにリプロダクティブ・ヘルスに関する事業を展開し，日増しに高まるリプロダクティブ・ヘルスに対する要求に応じている国もある。発展途上国がいかに自国の国情にもとづいて全面的かつ適切なリプロダクティブ・ヘルスに関する技術とサービスを提供し，人類社会の質の向上と人間的な福祉の全面的な発展を促進させるかという問題に，今世紀，各国が注目している。

(3) 人口構造の変動は人類の「生涯健康の追求」を促進している

われわれは，まさに静かな革命を体験している。21世紀は世界的な高齢化の世紀である。現在（2002年），60歳以上の高齢者人口はおよそ6.29億人に達している。2050年にはこの数はおよそ20億人にまで増えると予測されている。全世界の高齢者人口は毎年2％ずつ増加しており，総人口の増加率よりはるかに高い。高齢者人口（60歳以上）比率は，年少人口（15歳以下）比率の低下にともなって上昇している。2050年には，人類史上初めて，世界の高齢者人口が年少人口を上回ることになるであろう。われわれは高齢者のための健康の増進，豊かな高齢化，望ましい環境の整備（better health, better aging, better living）を提供しなければならない。そのためには，衛生保健体系を人口高齢化に適応させ，障害と疾病という二重の負担に対応できるようにする必要がある。したがって，生命プロセス全体にわたって健康を促すために，高齢者の健康・自立・保障能力を促進させる政策や計画を策定・開発することが，2002年の「第二回高齢者問題世界会議」において策定された「高齢化に関する国際行動計画」の優先事項の一つとなっている。

(4) 生命科学の発展は人口健康に対して有利な技術的支持を提供している

20世紀は人類社会における生命科学発展の第二段階となった。分子生物学，細胞生物学およびバイオテクノロジーは科学技術の発展を大いに促し，人類の健康のために確かな技術的保障を提供した。生命科学の発展における三つの重要な傾向も，健康の発展に対し有利な条件を提供した。第一に，分子レベルでの学問の整合によって，分子医学（Molecular Medicine）が興りつつあり，系統生物学（Systematic Biology）は生命科学をマクロ総合方向へと導き，それによって生命活動の本質とメカニズムを解明している。第二に，生命科学は自然科学の各学問分野のあいだ，科学と技術のあいだ，あるいは自然科学と人文科学のあいだにおいて，交流および融合をもたらし，各学問の交流発展に寄与し，共振共鳴の交差点となった。第三に，科学研究の成果は迅速に社会的効果と経済的効果を生み出し，健康促進，保健，治療，予防や予測などの新技術は日進月歩である。21世紀を展望すると，生命科

学の発展はまさに人々があらゆる面の健康を重視するよう促し，前述したような領域において人々の健康向上に福音をもたらすであろう。

(5) 人口健康および開発研究は新たな国際問題として注目を集めている

国際社会は人口の健康と開発についての研究を非常に重視している。2000年にタイのバンコクで開かれた「開発のための健康研究に関する国際会議（International Conference on Health Research for Development)」では，今後10年にわたる健康研究活動の枠組みとその準則が提示された。会議では，画期的な宣言である「開発のための健康研究に関するバンコク宣言」を全会一致で採択した。人口を健康研究の主体とし，また人口の健康研究を確保することによって，その全員の健康と生活水準の向上が促進されることを認識するとともに，これを推進することを健康研究の中心課題としたのである[*3]。近年，国際社会は人口構造が変化した後の健康（Health Conse-quence after Population Changes：HCPC）とは何かについて議論を展開し，人口と健康の研究にさらに多くの道筋をもたらすことが期待されている。

前述の五つの動向によって，人口の健康は，人口転換のなかでとりわけ注目に値する問題となった。人口健康概念と医学の伝統的な健康概念のあいだには明確な違いがある。人口健康で注目されているのは，三次元の空間[*4]における人口集団の健康である。これは研究および注目の対象となっている人口集団が，「すでに病を患っている人々」から「健康およびやや健康な人々」へと拡張されていることを意味している。同時に，20世紀の社会と科学技術の急速な発展によって，医学そのものは生物医学から心理社会医学へと転化したため，健康はもはや医学分野だけの問題ではなく，社会的範疇における研究の焦点となったのである。人口転換のなかで人口集団の健康に対する関心が高まり，また健康研究においては人口集団が重視されるようになったため，人口健康は20世紀末には国際社会において，社会発展のレベルを評価する重要な概念および指標として広く受けいれられるようになった。

2 人口の健康と開発の進展と健康資質

　人口健康の核心とは，人口集団の健康資質の高さである。健康資質の向上は，人口健康が改善された直接的効果の表われである。したがって，人口健康という新たな概念が人々に深く意識されていくなかで，健康的資質は，単なる身体的な資質の概念ではなく，さらに時代の流れを汲んだ，社会発展の必然的な趨勢を反映する人口資質となった。

　健康的資質とは，身体的資質を含む生物要素だけでなく，さらに広義の要素を内包している。「健康とは身体的，精神的，社会的に完全に良好な状態であることを指し，単に疾病や障害がないことだけを意味するものではない」。この言葉は，健康が単に生物学の概念だけではなくなっていることを表わしている。

　生存と発展は人類社会の永遠のテーマである。健康は，人類の生存と発展を保障する必要不可欠な前提であり，人類の生命の質，生活の質および社会発展においてもっとも敏感かつ重要なシンボルでもある。健康と発展は切り離せず，密接な関係にある。2002年8〜9月に南アフリカのヨハネスブルグで開かれた「持続可能な発展に関する世界首脳会議」では，発展の概念について掘り下げた討論が行なわれ，発展という言葉に新たに重要な意味が付け加えられた。つまり現代社会の発展とは，人間の全面的な発展を包括しており，人間が獲得できるあらゆる機会の重要性を認識し，個人と社会・経済・政治・文化の相互のつながりを重視し，人と自然環境の互いの適応と調和を重視するものである。新たな発展観とは，もはや単なる経済発展を指すものではなく，また社会発展だけを指すものでもなく，人間を重視したものであり，人口，社会，経済，自然環境が一体となった，総合的かつ持続的な発展を指しているのである。誰の目にも明らかなように，発展観のなかで人間が終始中心に位置づけられたのであった。

　国連開発計画（UNDP）はさらに総合的な開発指標体系を示した。これは人口発展，健康状態，衛生状態，教育水準および経済水準といった人文指標を含んでおり，これらの指標を総合し，エイズも重要なパラメータとして加えた上で，国家あるいは地域の発展水準を考察するのである。この指標体系によって判断したところ，目下中国は中程度の発展水準であった（趙白鴿，

2002年)。このように，健康は発展状況を示す重要な指標となったのである。

世界保健機関の1984年A 37号文献のなかで詳しく論じられているように，健康は，社会・経済の発展の重要な指標というだけではなく，重要な手段でもあることが広く認識されるようになった。健康は，社会・経済の発展にとって，先決条件とまでいわなくても，間違いなくその不可欠な構成要素である。国連開発計画，国連人口基金，ユニセフ，世界保健機関，世界銀行，EU，経済協力開発機構といった多くの世界機構は，人口健康が社会・経済の発展に果たす役割をますます重視するようになってきている。

人口・環境・資源は，社会を持続的に発展させる三つの要素である。2002年3月 IISAS（国際応用システム分析研究所），IUSSP（国際人口科学連盟），UNU（国連大学）が共同で発起した，「持続可能な発展戦略において人口要因が果たす役割に関する総合的評価」の研究のなかで，人口要因は持続可能な発展が成功するための鍵であることがはっきりと示された。われわれはしばしば，社会の持続的発展を制約する重要な要素として人口の急速な増加に着目するが，人口要因が持続的発展に与える制約は，人口の数量に限定されるわけではないことを認識する必要がある。研究によると，貧困から脱し豊かになる経済発展過程の制約となっている人口要因は多くあるが，人口資質の低さによる制約が，人口過剰によるものよりずっと大きいことが明らかになっている。人口資質，とりわけ健康資質は人口要因のなかでも重要な影響力を持っている。人口特性で分類した各集団の健康指標がどのようなものであれ，すべて直接的・間接的に人口資質に影響を与える。また，人口健康の水準が改善された後，人口の健康資本ストック[*5]も変化を始める。これは，健康資質が，一世代の健康問題に現われているのではなく，子・孫の世代にまで影響を及ぼすことを示している。

世界保健機関西太平洋局は，世界保健機関の総体的な戦略にもとづき，当該地域の社会，経済，保健水準に関する分析を踏まえ，西太平洋地域の20世紀末および21世紀における人口の健康戦略構想として「健康の新たな地平線」を1995年に打ち出した。この構想は人々の健康潜在能力を最大限に発揮することに力点を置いている。これを実現するための重要な措置として，人の生命過程を，生命の準備段階，中年期の生命の保護段階，晩年期の生命

の質の維持段階という三段階に分け，生命の各段階における健康需要にもとづき，健康を保護・促進することが提唱されている。出生人口の資質は，明らかに人類の健康発展の基礎であり，人口の健康資本ストック向上の必要条件でもある。生命の準備段階は，人の生命のなかでもっとも大切な基礎の段階である。研究によると，体重が低い新生児と正常な新生児を比較すると，知能指数が平均5ポイント低いことが明らかになっており，胎児の発育期を含む生命早期の栄養不良や健康の潜在能力の低下は，中高年が患う高血圧，心疾患，糖尿病といった慢性疾患と密接に関係している。

　健康的な人口は社会発展に必要不可欠な資源であり，健康への投資は他の産業への投資と比べ，ずっと広範囲で持続的な効果がある。リプロダクティブ・ヘルスを例にとると，人口の数と資質は女性の社会活動への参加に多大な影響を与えることがはっきりしている。計画出産を通じて，若年層の無計画な出産，多産，過密な出産を減少させることができ，母子の健康を脅かすリスクを小さくできるのである。こうした母体の健康水準を向上させる過程にともない，母親は単に出産と避妊による産児制限の対象という立場から脱却する。女性が家庭・コミュニティ・社会発展へ参加する能力を向上させるにつれて，その機会も多くなり，女性は社会発展の主力となっていくのである。2000年の国連開発計画『人間開発報告書』のなかで，グローバル化の過程において女性が果たす重要な役割と地位が明確に指摘されている。もしリプロダクティブ・ヘルスという基礎がなければ，女性の社会参加の実現はほぼ不可能である。また，医療サービスとその需要の変化にともない，人口の出生資質が向上し，高齢者の健康生存期間が延長され，疾病負担の大幅な減少が実現されれば，人口の健康水準の向上に有利であり，家族と社会の経済的負担を軽減させる効果がある。

　人口健康で注目される対象は大集団，大きなコミュニティという概念であり，各個人は異なる社会的立場やコミュニティの各階層で生活し，仕事をしている。もし目標としている人口集団の健康水準を改善できれば，その力はコミュニティを主体とした社会発展の各段階において体現される。人口健康の水準を向上させることは，貧困との関係において明らかな効果が期待でき，社会発展の悪循環を断ち切ることができる。

健康問題は貧困を加速し程度を悪化させ，貧困層の人々の教育，就職，所得，社会参加能力に影響を及ぼしつづけ，結果として貧困層の人々が貧困から脱する力を少しずつ削ぎ，貧困からの脱却を阻害してしまっている。したがって，貧困層の人々の健康状態を改善できれば，貧困に陥り，そこから抜け出せないという難題の一つを克服することができる。貧困層以外の人々からも，人口健康によって人的資源の蓄積や人的資源が発揮する作用が向上し，社会・経済の発展を促進することができる。
　このため，共産党の第十六回大会の報告で提示された「健康資質」という概念は，中国の持続的な社会・経済の発展戦略を実現するために必要なものであり，人間の需要を中心に据え，全面的な小康社会の建設という目標を実現し，最大多数の人々の利益を充足させるためにも不可欠なものである。

2　中国における人口健康の基本的状況とその変化

　人口健康に対する需要は，現段階の中国におけるその重要性と位置づけを規定している。人口抑制が世界の注目を集める成果を収め，中国は低出生率国家の列に並ぶこととなったが，人口の急速な転換は，人口構造や疾病パターンの顕著な変化を招き，人口の健康問題をさらに突出させた。われわれが人口健康に注目するのは，国際社会にこれが流行しているためだけではない。もっとも根本的な理由は，中国は人口健康に関わる多くの問題を抱えており，それが改革・発展・安定という大局や，国民の切実な利益に影響を及ぼす可能性があるからである。当面の主な需要を把握し，国民が解決を望んでいる差し迫った問題について有効な指針を示し，真に国民の利益に反映させるよう努力しなければ，全面的な小康社会を建設するという目標を実現することはできない。

1　中国人口の疾病と死亡状況

　大変遺憾なことであるが，中国の医療衛生システムが独自に作成した，中国人口の疾病に関する完全な統計データというものは得られていない。目下利用できるデータのなかでは，病院を基礎としたデータが，人口の疾病構造

を推測できる唯一の根拠となるものである。このデータと人口特性の変化に関する情報から、われわれは、中華人民共和国成立後の数十年間における疾病構造の総体的な変化の特徴と人口特性の関係を理解することができる。

まず1980年以前の疾病構造において上位に並ぶのは、消化器系疾病、呼吸器系疾病、妊娠出産関連疾病および伝染病であったが、1980年以降は、基本的には消化器系疾病、呼吸器系疾病、負傷、中毒、妊娠出産関連疾病である。1980年代が疾病構造変化の分岐点となっていたのである。疾病構造の総体的な水準をみると、それ以後は、伝染病の割合が低下し、慢性疾患の発病率が増加しており、先進国の健康転換と同じ特徴を示しはじめた。同時に、社会の急速な発展段階の特徴である、「負傷、中毒」が首位を占めるという状況もみられる。

疾病構造と人口の特性および社会発展の変化には密接な関係があり、中国の疾病構造の変化と人口変化の過程は比較的よく一致している。ただし、疾病構造の変化がやや滞っている。また、疾病の割合の順位が変化してきたのと同時に、各疾病の差は相対的に縮小するか、または変化が小さいという現象が現われている。1980年代以降は、疾病構造において、それぞれの疾病割合がしだいに均等化し、各疾病の割合の差が縮小を続けている。ある疾病に関しては、発症率の順位に変化はあったものの、発症率そのもの変化はそれほど大きくはなかった。つまり、順位は疾病構造の一面を表わしているにすぎず、順位が上か下かということからは、順位の意義を本当の意味で理解することはできない。重要なことは、順位間の差の大きさと、上位に並んでいる疾病の変化を分析することである。

都市における伝染病を例に挙げ、年代ごとの推移をみると、その順位は下がっているが、その発症率はもっと下がっている。事実、1987年から疾病構造における伝染病の割合は6.25～4.55%を行き来しているが、これは間接的に三つの問題を反映しているためである。第一に、中国の都市における伝染病の減少が鈍くなっている。第二に、中国において伝染病の順位が比較的低いということは、決してその危険性が低いということを意味しているわけではなく、中国のような人口大国では人口の過程が不安定で、いつでも伝染病の流行あるいは爆発的な発生が起きる危険性がある。第三に、疾病構造

の順位を単純に捉え，衛生資源を利用しているため，人々の伝染病への抵抗力を大きく下げてしまっている。このため，都市の伝染病予防対策では，疾病構造を細かく分析し，保健サービスやその利用について，新たな調整を進めているのである。その他の疾病にも類似した問題があるかどうか，さらによく分析する必要がある。

　農村地域人口の受け入れを主としている県レベルの病院に入院している患者の，上位十位までの疾病構造データを分析すると，2001年の農村人口入院患者の疾病構造の首位は，負傷と中毒，消化器系疾病，呼吸器系疾病，妊娠関連の疾病，伝染病，寄生虫による疾病であった。しかし，病気間別の割合の差は都市部のそれよりも大きい。これは，農村人口では疾病発症率，およびその発症要因が集中しており，実際の疾病の種類が都市より狭いことを示している。病院の基礎的な疾病構造の統計だけから，中国の健康状況の変化がすでに終わったと言うことはできない。中国は慢性疾患と急性疾患の並存，非伝染病と伝染病の共存という二重の疾病負担に直面しており，人口健康もこのような疾病の二重性という課題に直面しているのである。

　疾病構造と死亡構造にも非常に密接な関係がある。表9-1をみると，中国人の死因構造のパターンは明らかに都市と農村で差があり，死因構造の上位十位を占める主要な疾病と，入院患者の上位十位の疾病は，順序は異なるが基本的に相似している。2001年の都市における死亡の主要原因は悪性腫瘍，心臓病および脳血管疾患であり，次いで呼吸器系疾患，負傷，中毒であった。病院の死因構造と入院の疾病構造を比較すると，ある疾病では入院率は高いものの治癒率も高く，死亡割合は低くなっているが，ある疾病ではその逆である。都市，農村にかかわらず，上位三位の疾病の総構成割合はかなり高いが，なかでも農村の呼吸器系疾患のコントロールの状況はかなり悪く，死因の第一位となっており，その割合は合計の5分の1以上を占める。これはいまだに発症率が，疾病の抑制対策を促す重要かつ唯一の原則となっておらず，死因となってはじめて健康に影響する重大な疾病であることが認識されることを示している。呼吸器疾患のように，発病率も死亡率も高いような疾病については，重点的に予防策を探る必要がある。このような病気については，罹患要因の寄与度や医療措置の能力，一般的には知られていない公害の

存在などの問題を明確に解明することができるからである。もしそのまま放置しておけば、特定の疾病への抵抗力が低下することで、健康問題の集団化という結果を引き起こすことになるだろう。

表9-1　2001年都市と県の主要疾病死亡率と死因構成

順位	都市病院			県レベルの病院		
	死因	死亡率（10万人あたり）	総死亡者数に占める割合	死因	死亡率（10万人あたり）	総死亡者数に占める割合
1	悪性腫瘍	135.59	24.93	呼吸器系疾患	133.42	22.46
2	脳血管疾患	111.01	20.41	脳血管疾患	112.60	18.95
3	心臓疾患	95.77	17.61	悪性腫瘍	105.36	17.73
4	呼吸器系疾患	72.64	13.36	心臓疾患	77.72	13.08
5	負傷、中毒	31.92	5.78	負傷、中毒	63.69	10.72
6	内分泌、栄養、代謝および免疫疾患	17.18	3.16	消化器系疾患	24.14	4.06
7	消化器系疾患	17.06	3.14	泌尿、生殖器系疾患	9.09	1.53
8	泌尿、生殖器系疾患	8.55	1.57	新生児の疾患	791.21	1.26
9	精神疾患	5.37	0.99	肺結核	7.38	1.24
10	神経疾患	5.20	0.96	内分泌、栄養、代謝および免疫疾患	6.59	1.11
	10種類の死因の合計	92.00	—	10種類の死因の合計	92.14	—

出所：『中国衛生年鑑』編集委員会編、2002年より作成

2　中国人のリプロダクティブ・ヘルスの状況

　世界保健機関（WHO）は、全人類の健康のために努力するという主旨の下、積極的に女性の健康を守る努力をしてきたが、母子の健康を強化する過程で、計画出産を強調するだけでは女性の性と生殖面の健康需要を充足させることはできないことを痛感するようになった。1994年4月、世界保健機関の世界政策理事会で、「人類のリプロダクティブ・ヘルスとは、生殖システムおよびその機能と、それに関わる一切の身体的、精神的、社会的分野での健康状態を指すのであり、単に疾病ではない、あるいは虚弱ではないということのみを指すわけではない。人々は満足かつ安全な性生活をおくるべきであり、出産能力を有し、出産するか否か、いつ出産するか、何人出産するかを決定

する自由がある。男性と女性は同等の権利を持ち，安全かつ有効で負担可能，受け入れ可能な計画出産の方法を選定することができ，安全な妊娠と出産の保健サービスを受けることができる」というリプロダクティブ・ヘルスの定義が正式決定された（張開寧，1995 年；鄭暁瑛，1997 年）。

　この概念は 1994 年にエジプトのカイロで開かれた「第三回世界人口開発会議」で正式に提出され，「行動要綱」に加えられた。これにより，生殖の権利，良質なサービス，男女平等などがリプロダクティブ・ヘルスの中核と位置づけられ，以下の五つの内容が詳細に決定された。第一に，出産の権利とリプロダクティブ・ヘルスに関すること。第二に，計画出産に関する主な内容。第三に，性感染症やヒト免疫不全ウイルス（HIV）の予防。第四に，性行為および両性の関係。第五に，青少年の性の健康問題である（鄭暁瑛，1997 年）。当該会議では，さらに以下のような点が提唱された。

- 今大会では以下のようなリプロダクティブ・ヘルス概念の基本的認識が提唱された。すなわち，リプロダクティブ・ヘルスは人口問題を総合的に解決する道筋を検討するための基礎であり，人口を経済，社会，資源，環境などと結びつけ，持続可能な発展を実現する。
- 計画出産，母子の保健，安全な妊娠出産，性の健康などを含めたリプロダクティブ・ヘルスという概念を確立させる。
- 健康的な生殖と計画出産のプロジェクトは，夫婦と個人の生殖権利を守り，健康的な生殖需要を目的とするものであり，ある種の人口学的指標を達成することはプロジェクトの主旨および目標ではない。
- 自らの意志と責任による出産の決定と計画出産方法の選択という原則を重視する。強要や人工的な流産による計画出産という手段には反対し，規定された数量や指標を強要しない。
- 「行動要綱」に記載された行動目標については，各国の主権が，国家の法律，政策，開発の優先事項とマクロな人口目標に照らし合わせて，国民の宗教，道徳観，文化背景の違いを尊重し，普遍的に公認された国際人権に則って執行すべきである。

　当該会議は，世界の人口と発展の歴史的記録に記載されるほど高く評価できるものである。リプロダクティブ・ヘルスという科学的概念は，1995 年

の「国連第四回世界女性会議」や関連する国際会議で受け入れられたことによって，国際社会に広く認識・受容されるに至り，各国政府が女性のリプロダクティブ・ヘルスという権利を守り，女性の発展と社会発展を促す基本的な準則となった。

リプロダクティブ・ヘルスという概念は，人類の生殖を，伝統的なリプロダクティブ・ヘルス概念から，ライフサイクルの各段階，すなわち幼年期，青春期，結婚育成期，中年期，老年期の保健にまで拡大し，医学的領域から社会学的領域にまで拡大させたのである。

(1) 先天性疾患による負担

先天性疾患（Birth defects）とは，新生児が出生する前にすでに発症していた構造，機能，代謝の面でのあらゆる異常を指す。1986年から1987年までの衛生部機構の，全国先天性疾患監察資料によると，一万人あたり，全国の先天性疾患の総発生率は130.1であり，男性（131.0）は女性（125.5）よりやや高く，農村（163.9）は都市（113.5）よりはるかに高かった。近年においては，ある文献によると（曹紅，1998年；楊樹勤，1998年），出生時にみられる奇形発生率は8.78〜27.52‰である。しかし，この先天性疾患監察資料が示している結果は明らかに低く，中国における先天性疾患の実際の発生水準を反映できていない。国外の研究によると，発展途上国における重度の遺伝性疾病や先天性疾患の5歳までの累積発症率は78.6‰に達し，出生時に発見できるのはそのうちの27.6％にすぎないということである。したがって，中国の先天性疾患の発症率は40〜50‰以上の可能性がある。推測によると，中国で毎年実際に発症している先天性疾患は少なくとも80万件以上，すなわち40秒に一人の割合で起きているのである。

中国の乳児死亡率（Infant Mortality Rate）は，1949年の200‰以上から，1999年には33‰前後まで低下したが，先天性疾患は中国における乳児死亡の主な原因の一つとなっている。たとえば中国の都市部では10年間，乳児死亡のうち先天性奇形が原因である割合は最低でも20％以上となっており，1999年には30％を超えた（国家衛生部，1999年）。先天性疾患は中国の児童と成人の身体障害の主な原因ともなっている。

1987年の全国身体障害者調査によると，先天的および後天的要素による身体障害者は約5100万人（1995年には6000万人前後）で，身体障害者の全人口に占める割合は4.9％，身体障害者を養っている家族は18.1％に達する。先天性の障害者は1000万人あまりで，全障害者数の20％である。障害児と知的障害児をみると，先天性障害者の割合はさらに顕著になっている。800万人あまりの14歳以下の障害児のうち，先天性の障害児は417万で，障害児総数の51.3％を占める。1000万人あまりの知的障害者のうち，先天性によるものは半分以上を占める。

　出生人口の質の問題は，先天性疾患のほか，非健康的な状態での出生が挙げられる。たとえば新生児の窒息，早産，低体重，異常分娩などである。これらも出生人口の質に多大な影響を及ぼしており，乳児死亡率を高くしている主な原因の一つとなっている。また，早産，窒息，低体重状態で出生し，生存している者は，知的障害の発病率が非常に高い。

　先天性疾患は社会・経済と家族にとって非常に大きな圧力となっている。先天性疾患の患者は長期にわたる医療とリハビリ，特殊教育やその他の補助サービスを必要とし，相当な経済的損失を招くと同時に，家族と患者本人に大きな苦痛をもたらす。アメリカの推定によると，1992年にアメリカで発生した18種類の主要な先天性疾患による障害の経済的損失は約80億ドルで，そのうち直接的な経済的損失は30億ドル，間接的な損失は50億ドルである（Waitzmanほか，1996年）。北京小児病院で2003年上半期に行なわれた，重度肝細胞癌の児童に対する手術は100例近い（『北京晩報』，2003年）。現在，手術費用は一例あたり1万元以上である。これを基準に推計してみれば，北京の一つの病院で，毎年ある一つの疾患の手術費用が200万元以上にも達することになる。もし，各種の先天性疾患と手術による治療費以外に，リハビリ費用も合わせると，家族および社会が負うべき経済的負担は莫大なものとなる。

　先天性疾患によって引き起こされる慢性疾患は，中国人口の健康に影響を与えている主要な疾病となっており，中国の人口の急速な高齢化にともなって，慢性疾患の絶対数は急激に増加している。多発している慢性疾患，つまり，糖尿病，高血圧，冠状動脈疾患，精神疾患などの多くは，遺伝素因，あ

るいは遺伝素因と環境要因（生活習慣）が組み合わさった結果であり，明らかな遺伝的傾向がみられる。出生の質は，年少者，成人，高齢者を含む将来の人口健康に対し，非常に重大な影響を与えるのである。ある研究の結果によれば，出生時低体重児童と正常な児童を比較すると，知能指数平均が5ポイント低くなることが明らかになった。また，胎児期を含む生命の早期における栄養不良や，健康に関わる身体機能の低下は，成人後に発症する高血圧，心臓冠状動脈疾患，糖尿病といった慢性疾患と密接な関係がある（ユニセフ，2000年）。人口の出生時の資質がもたらす人口資質問題の重要度は，決して人口数による圧力の問題に劣らない。したがって先天性疾患の対策とは，全人口の健康水準向上に関わる重要なプロジェクトなのである。

(2) 栄養と母子保健水準に関する問題

中国児童の健康水準は，伝染病や急性疾患などによる死亡率の低下によって向上しつづけている。しかし，児童の栄養状況とその問題は軽視できない。栄養失調が引き起こす疾病は，往々にして長期的かつ潜在的であるからである。たとえば，鉄分不足による児童の貧血は，児童の知能の発育に影響を及ぼし，疾病に対する免疫力を弱め，成人後の体質にも影響する。中国では程度の差はあるものの，大都市か発展の遅れている地域かにかかわらず，児童の貧血発病率がかなり高い（表9-2 参照）。児童の栄養失調の各状況は，児童人口の健康に深刻な影響を与えている。

表9-2 栄養調査を行なった6地点における5歳以下の児童の貧血発病率（1998）

地域	ヘモグロビン含有量[*] （g / l）	貧血発病率 （%）
北京	123.5 ± 13.3	10.3
広西	120.0 ± 10.7	20.4
江蘇	119.4 ± 10.8	17.1
山東	122.5 ± 9.7	9.8
広東	118.6 ± 12.0	22.4
青海	127.5 ± 12.6	21.3
合計	120.6 ± 12.1	16.8

出所：楊暁光，2001年より作成

[*] 原書では±ではなく＋となっているが，後の数値は標準偏差とみなし変更した。

中国でヨウ素不足の危険性がある人口は約4.25億人に達している。ビタミンA欠乏症の発症率が高い地域では，いくつかの年齢層で発症率が60％以上に達している。低体重児の発生率は農村で17.8％である。それ以外にも，毎年32万人の乳児および5歳以下の児童の死亡は，栄養面の問題と関係がある。PROFILESモデルにもとづく控えめな推定でさえ，毎年，ヨウ素不足による中国経済の損失額は1.6億ドル，貧血による損失は1.06億ドル，児童の発育不全による損失は0.96億ドルにも達する（中国国家RETA組織，2000年）。同時に，栄養問題は人口健康に深刻なマイナス影響，たとえば，知能低下，死亡，出産問題，職業選択の制限などを引き起こしている。

母子保健水準は国の発展の度合いを判断する指標の一つであり，健康水準を国際間で比較する際の要素でもある。発展途上国を比較すると，中国の母子保健水準は，多くの面で中あるいは上である。しかし先進国と比較すると，

表9-3 中国および外国の母子衛生の状況

	出生時低体重児の割合（%）1990〜1997	新生児死亡率（‰）1998	妊産婦死亡率（10万人あたり）1990〜1998	一歳児の予防接種を完全に受けた割合 1995〜1998			
				BCG（%）	三種混合（%）	ポリオ（%）	はしか（%）
中国	9	33	56	96	97	97	96
日本	7	4	8	91	100	98	94
タイ	6	30	44	98	94	94	91
インド	33	69	410	79	73	73	66
イギリス	7	6	7	99	95	96	95
フランス	5	5	10	83	96	97	97
ロシア	6	21	50	95	97	99	98
ポーランド	—	10	8	94	95	95	91
ルーマニア	7	21	41	100	97	97	97
アメリカ	7	7	8	—	94	84	89
ブラジル	8	36	160	99	94	96	96
オーストラリア	6	5	—	—	86	86	86
エジプト	10	51	170	97	96	96	98
ナイジェリア	16	112	—	21	21	22	26

注：1. 中国の新生児死亡率は1990年全国人口センサスより　2. 妊産婦死亡率は国連児童基金の調整数値。
出所：国連児童基金『世界子供白書2000』より作成

1歳児の予防接種実施率以外の指標はすべてやや低い水準となっている（表9-3参照）。総じていえば，社会的要素の影響が大きい指標，たとえば妊産婦死亡率などはやや低い水準であるが，政府の関与が強い指標，たとえば児童の予防接種実施率などの水準は相対的に高い。こうした指標を用いて社会発展の状況を比較すれば，さらに客観的に社会問題の状況が把握できる。

　中国の既婚者の避妊率は84％，合計特殊出生率は2.0以下と，出生数は効果的に抑制できたといえるが，出産可能年齢人口の健康状態は思わしくない。死亡率指標を例にすれば，大きな成果がみられるものの，政府の婦人と児童の開発綱要に掲げられた目標に比べれば，依然としてかなりの開きがある。母子衛生観察によると，1991年の中国の乳児および5歳以下の児童の死亡率は，それぞれ50.2‰および61.0‰であり，2000年には，それぞれ32.2‰と39.7‰となり，2000年と1991年を比較するとそれぞれ35.9％および34.9％低下している。1998年の，中国の低体重児発生率は5.87％である。1990年，全国の妊産婦死亡率は10万人あたり94.7であり，そのうち都市では49.9，農村では114.9であった。2000年には，全国の10万人あたり妊産婦死亡率は53となり，そのうち都市は29.3，農村は69.6で，1990年より約44％低下した。しかし，政府の計画目標とは依然として開きがある。10万人あたり妊産婦死亡率が100を超える省は西南，西北地域に多くなっている。妊産婦死亡率は経済，社会，文化水準の影響を受ける。中国の貧困層は4000万人あまりで，全国総人口の3.3％を占めるが，全国の妊産婦死亡のうち貧困層の占める割合は20％にのぼる（国務院婦人児童工作委員会，2001年）。妊産婦死亡率は，貧困地区における深刻な衛生資源の不足と密接な関係があり，それが下がらない重要な原因の一つは，総合的な有効措置の実施不足である（北京大学「母の安全」プロジェクト外部審査ワーキング・グループ，2001年）。

(3) 生殖器系感染症と HIV／AIDS

　生殖器系感染症（RTI）は世界的に広く流行している病気で，多発性の病気である。トリコモナス膣炎，カンジタ膣炎といったRTIや，性感染症(STD)の中国における発病率は，かなり高くなっている。

第一に，生殖器系感染症は広く存在している。1950年代以降の資料をみると，生殖器系感染症の発病率は，資料によっては高いものもあり，低いものもあり，比較することが難しい（資料によって40〜70％の隔たりがある。雲南省で1995年に行なわれた部分的地域の調査資料では，生殖器系感染症の発病率は都市と農村でそれぞれ62.79％と70.41％となっている）。既存の調査結果からいえば，女性二人に一人程度の割合で，何かしらの生殖器系感染症にかかっている。

　第二に，性感染症が再び流行している。1964〜1976年の10年あまり，性感染症は効果的に抑制されていたが，1977年から南方のある省で淋病の報告があって以来，性感染症は急速に広まり，報告される症例数も年を追うごとに増えている。1999〜2001年の3年間で，全国31の省，自治区，直轄市における性感染症の症例報告数は毎年平均80万件前後である。症状が軽い患者，あるいは自覚症状のない性感染症患者が治療を受けなかったり，個人の診療所や医者を訪ね歩いたり，自分で薬を購入したりといった様々な原因によって，診察を受けないケースや報告漏れが著しい。このため，実際の感染者数は報告数よりもはるかに多いように思われる。権威ある専門家の推定によると，実際の中国の性感染症患者数は，報告数の5〜10倍あるいはそれ以上である。

　第三に，エイズ（AIDS）が急速に蔓延している。1985年に中国（北京協和病院）で初めてのエイズ患者（外国人）が発見されて以来，エイズは伝染期，拡散期，増加期を経て，目下，急速な増加期に入っており，感染リスクの高い集団だけでなく一般集団まで感染しやすくなってきた。衛生部が提供した資料によると，中国のエイズウイルス（HIV）感染者は約0.05％と，感染率からみれば高くないが，感染発病率は毎年30％で増えつづけている（史梅，2001年）。この状況は楽観視できるものではない。世界保健機関の資料によると，2001年末までに，中国を含む西太平洋地域のHIV感染者総数は120万人となり，なかでも中国は西太平洋地域で第1位，アジアでは第14位，世界では17位であった。ある非公式の統計によると，2000年上半期，中国が報告したHIV感染者は前年同期と比較して16.7％増加し，累計感染者総数は100万人になった（許俠，2002）という。〔公式の統計によ

れば〕2002年末までに，全国31の省，自治区，直轄市の累計エイズ感染者総数はすでに100万を超えている。

　生殖器系感染症は，現在，人類が直面している重大な社会問題，および公共衛生問題であり，その危険性は以下のような様々な面に示されている。

　第一に，人の生殖の健康と生命の安全に深刻な影響と危害を及ぼしている。生殖器系感染症の高い感染率，性感染症の再流行，エイズの急速な蔓延は，リプロダクティブ・ヘルスや生命の形成にとって深刻な脅威であり，莫大な疾病負担と死亡にともなう負担をもたらしている。まず，女性がかかりやすい悪性腫瘍の一つである子宮頚癌発症の危険性が増加していることが挙げられる。研究結果によると，尖圭コンジロームという性感染症は，子宮癌の発症と密接な関係があるといわれているが，これが性感染症の第三位となっている。次に，人口の平均寿命に影響を及ぼしていることが挙げられる。中国のエイズ患者の平均寿命は，全人口の平均寿命より41.2歳低い。さらに，既存の資料および研究結果によると，生殖器系感染症は出生人口の資質と新生児の健康に影響を与えており，①骨盤位〔さかご〕，流産，早産，前期破水，死産，低体重児出生の増加，②早期新生児死亡出生の増加，③梅毒，淋病，エイズなどの母子感染，などの影響が現われている。中国の疾病抑制センターの性感染症・ハンセン病予防治療技術指導センターの資料によると，全国で梅毒の母子感染の症例報告数が，前年と比較して2001年には44.66％，2002年には43.43％増加している。たとえば，淋病を患った妊婦が前期破水を起こし，続いて子宮内感染を起こした場合，胎児や新生児に感染する可能性がある。また，新生児が淋病を患っている母親の産道を通る場合，その多くが両目の結膜に感染し，淋菌性結膜炎となり（通常分娩の2～3日後に症状が表われる），角膜穿孔や失明を引き起こすなど，その後遺症は深刻である。エイズの三つの感染経路の一つは母子感染で，その感染率は15～30％である。

　第二に，人口の生活と生命の質，学習，仕事，夫婦関係および家族の幸福に影響する。生殖器系感染症は，人々の生活の質や生命の質の向上を大きく阻害している。また，生殖器系感染症にかかった人は，通常，病院にかからなければならず，仕事や学業に一定の影響を及ぼすことは明らかである。夫

婦のどちらか一方，とりわけ男性が非衛生的な性生活を送って性感染症に感染したり，あるいは女性が生殖器系感染症を患い，膣分泌物に異臭があったりすると，夫婦仲も不和になり，家族の幸福に影響を及ぼし家庭崩壊につながることもよくある。

　第三に，エイズ感染の危険が増大している。エイズ以外の性感染症に感染している場合，エイズ感染の危険性も上昇することがわかっている。人口理事会が提供した資料によると，①梅毒患者，軟性下疳患者がHIVを発症する危険性は，患者でない者の3〜9.9倍になる。②淋菌，クラミジアやトリコモナス感染者がエイズを発症する危険性は，非感染者の3〜5倍になる。③細菌性膣病患者のエイズ発症の危険性は患者でないものの1.5〜2倍となっている。

　第四に，避妊による産児制限の実行と計画出産事業の健康的発展に影響を及ぼす。15〜49歳の出産可能年齢女性は，計画出産政策の主な対象であると同時に，生殖器系感染症にかかりやすい集団でもある。しかし，生殖器系感染症の予防は，避妊がもっとも有効な手段というわけではない。コンドーム使用の普及は性感染症やエイズ感染防止の有効な方法ではある。しかし現在の避妊方法は，知識があまり普及しておらず，コンドーム自体にも欠点が多いため，コンドームが最良で有効な避妊方法というわけではない。このことは，性感染症やエイズの感染予防や避妊の有効性を損なっている。広く使用され，使用者数ももっとも多い子宮内避妊器具（IUD），およびその他の避妊方法（殺精子剤を除く）には，性感染症やエイズ感染予防の効果はない。性感染症の再流行やエイズが蔓延している今日，性感染症やエイズ感染を予防するために，他の避妊方法を利用するか否かにかかわらず，コンドームの常用を広く呼びかけた人もいる。現状をみると，膣分泌物の異常，性交痛，慢性骨盤痛などの生殖器系感染症でよくみられる症状が避妊の副作用と誤解されていることが多いため，出産適齢女性の避妊の受け容れや，避妊のタイミング，普及率，有効率の向上を妨げており，計画出産政策の執行に対してマイナス影響を及ぼしている。現在行なわれている避妊方法のなかで，IUDは中国の都市や農村で女性の使用者数がもっとも多い避妊方法であるが，2000年末には全国の累計使用者数は1億人以上に達し，避妊方法の46％

以上を占めている。しかし，生殖器系感染症患者がIUDなどの避妊方法を選択することは禁止されている。衛生部と国家人口計画出産委員会が制定した「常用計画出産技術慣例」の規定（「衛基婦発」32号，2003年）によると，生殖器官の炎症，たとえば，膣炎，急性または亜急性子宮炎，急性または慢性骨盤炎や性感染症疾患などについては，治療中や治癒していない者の子宮内避妊器具の放置は絶対に禁止とされている。生殖器系感染症から，骨盤炎，卵管狭窄あるいは閉塞などに至るまで，すべて不妊症や子宮外妊娠の発生率を著しく増加させる可能性がある。

3 高齢者の健康状態

第五回全国人口センサスのデータによると，中国の65歳以上の人口は8811万人で，総人口の6.97％を占め，1990年の第四回のセンサスと比較すると，0～14歳人口の割合は4.80％ポイント低下しているのに対し，65歳以上人口の割合は1.39％ポイント上昇している（国家統計局，2001年）。現在，中国の高齢者の健康状態は都市と農村で大きな格差があるものの，都市，農村にかかわらず年齢の上昇にともない，高齢者の運動機能障害の発生率や慢性疾患の罹患率は上昇傾向にある。調査によると，全人口の慢性疾患罹患率は32.3％だが，高齢者は71.4％である。高齢者の42％は二種類以上の病気にかかっている。なかでも高血圧や心臓，脳血管疾病などの循環器系疾患が主で，知的能力が著しく低下している高齢者は10％を超えている。21.4％の高齢者が，程度の差はあるものの，何かしらの問題や鬱病を抱えており，基本的に心身が健康であると総合的に評価されたのは31.7％にすぎない（湯哲，1999年）。55～64歳の高齢者の運動機能障害発生率は，農村のほうが都市より2.155％ポイント高くなっているが，65歳以上では都市と農村の差はあまりないか，逆に都市のほうが農村より0.5％ポイント前後高くなっている[*6]。慢性疾患の罹患率をみると，都市は農村よりはるかに高く，農村の2倍前後である。都市の身体障害発生率は農村より5.8％ポイント高い。年齢の上昇にともない，運動機能障害率，および身体障害率は上昇しており，運動機能に問題を抱える多くの高齢者は医療上の治療だけでなく，長期の看護や介護を必要としている。人口高齢化は疑いようもなく

こうした需要を大幅に増加させており、このため、誰がこうした高齢者の看護や介護をするのか考えなければならない。伝統的に，長期看護は家族によって行なわれてきたが、それを続けるのはますます難しくなってきている。公共・民間が提供する長期看護は、中国ではいまだに初歩段階である。人口の高齢化にともない、この分野の需要は将来膨大なものとなり、費用負担や介護圧力も非常に大きなものとなるであろう。

運動機能障害や身体障害の状況は長期介護需要を決定する要素であるため、ここでは中国の高齢者の運動機能障害の実態について考察してゆく。「運動機能障害」〔中国語では「失能」〕は世界保健機関の定義によると、「日常生活における主な活動が、長期にわたって制限されること」となっている[1]。「身体障害」〔中国語では「残障」〕は運動機能障害よりさらに重く、「長期的に活動が制限され、社会的支援や介護がなければ日常生活を維持することが困難である」と表現されている（「1998年国家衛生服務調査分析報告」）。ここで示されている高齢者の運動機能障害の多くは、高齢期の生理的な自然老化にともなって発生するものであり、この時期は多くの高齢者が他人の介護なしで生活することが困難になる。高齢者の運動機能障害および身体障害の程度は、高齢者の他人への依存度によって表わされるため、間接的に家族あるいは政府にもたらされる負担の大きさを反映している。多くの高齢者に影響を及ぼす運動機能障害と身体障害の疾病のなかで、血管疾患、知力退化、関節炎はもっとも多い疾病である。

運動機能障害や身体障害率の大小については、それぞれの国家が採用している定義や基準が異なるため、国際間の比較が難しい。家計調査における運動機能障害や身体障害も、設問が異なれば、結果にも違いがあり、このことは同一集団についても起きてしまう。たとえば中国で1993年と1998年に行なわれた二回の国家衛生サービス調査では、高齢者の運動機能障害状況についての設問の違いが大きかったため、結果を比較することができなかった。一般的に運動機能障害と身体障害率は年齢の上昇にともなって高くなり、高

---

[1] 世界保健機関の身体障害についての記述は、国際障害分類（ICIDH, International Classification of Impairments, Disabilities and Handicaps）を基本的な枠組みとし、国際疾病分類（ICD, International Classification of Diseases）で補完している。

齢者の運動機能障害と身体障害率がもっとも高くなる。死亡直前の一年間は運動機能障害や身体障害がもっとも重い時期であり，依存度ももっとも高く，医療費や看護の必要時間ももっとも長い。

　1998年の国家衛生サービス調査で，高齢者の運動機能障害や身体障害の状況について分析が行なわれた。表9-4は都市と農村ごとに年齢別の運動機能障害率を示している。結果は都市，農村にかかわらず高齢期はみな明らかに上昇しており，全人口の平均水準の6倍近くである。

表9-4　1998年国家衛生サービス調査による年齢別運動機能障害率（%）

年齢	都市・農村合計	都市	農村
0～4歳	0.86	0.65	0.91
5～14歳	0.46	0.53	0.45
15～24歳	0.60	0.73	0.56
25～34歳	1.03	0.79	1.11
35～44歳	1.75	1.24	1.97
45～54歳	3.45	3.01	3.62
55～64歳	8.21	6.81	8.97
65歳以上	19.55	19.83	19.37
合計	3.38	4.20	3.11

出所：『1998年第二回国家衛生サービス調査分析報告』上巻より作成

　中国のような発展途上国では，経済発展水準の向上にともない，栄養や医療面が大幅に改善されるため，健康的に過ごせる期間はさらに延びる可能性がある。もしこのような仮説が成立するならば，平均寿命が伸びたうえ，運動機能障害期間が一定あるいは短くなるため，運動機能障害率が低下することになり，図9-1に示されている推計は高すぎる可能性がある。しかし一方で，65歳以上はすべて高齢者として分類されており，年齢の低い高齢者と年齢の高い高齢者が区別されていない。後期高齢者の運動機能障害は，年齢の比較的低い高齢者より重くなるため，高齢になるにつれて運動機能障害率も増えていくという観点からみると，上の推計は低すぎる可能性もある。また，これが生活と医療条件の改善によってもたらされた運動機能障害率の低下を，ある程度帳消しにしているともいえる。

　推計の結果は，中国における65歳以上の高齢者の運動機能障害者数が急

速に増え，2000年の1742.88万人から2050年には5902.34万に増加することを示している。運動機能障害者数の割合はさらに高くなり，2000年の45.28％から2050年には66.15％に増加する。45～64歳の年齢層では運動機能障害者数は同様に増加しているが，運動機能障害者数に占める割合は低下している。

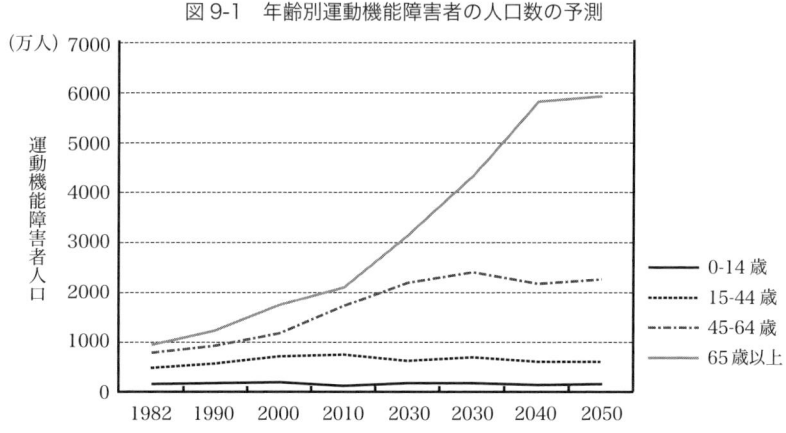

図9-1 年齢別運動機能障害者の人口数の予測

表9-5 年齢別運動機能障害者数（万人）と年齢分布

年	1982	1990	2000	2010	2020	2030	2040	2050
0～14歳	193.02	190.56	186.55	163.22	163.2	158.64	150.42	146.11
総運動機能障害者数に占める割合（％）	7.93	6.41	4.85	3.42	2.66	2.09	1.72	1.64
15～44歳	470.03	603.95	697.06	752.08	676.74	682.09	616.74	597.35
総運動機能障害者数に占める割合（％）	19.31	20.31	18.11	15.75	11.01	8.99	7.06	6.69
45～64歳	807.27	948.11	1,222.21	1,747.2	2,193.25	2,422.98	2,190.14	2,276.95
総運動機能障害者数に占める割合（％）	33.17	31.88	31.76	36.59	35.69	31.95	25.07	25.52
65歳以上	963.21	1,231.26	1,742.88	2,112.38	3,111.97	4,320.75	5,779.37	5,902.34
総運動機能障害者数に占める割合（％）	39.58	41.40	45.28	44.24	50.64	56.97	66.15	66.15
合計	2,433.53	2,973.86	3,848.71	4,774.88	6,145.16	7,584.43	8,736.66	8,922.74
運動機能障害率（％）	2.42	2.63	3.02	3.51	4.28	5.13	5.87	6.13

年齢別運動機能障害率の水準は不変であると仮定しているが，実際には，人口構造の変化，すなわち人口高齢化の過程は総運動機能障害率の上昇（表9-5参照）を招く。したがって，総運動機能障害率は2000年の3.02％から2050年には6.13％に上昇すると推測される。

3　中国の人口健康の発展傾向

1　健康と開発の新たな枠組みの構築

　人口健康の現状からみると，中国には少なからざる問題が存在する。しかも，それらは鍵となる重要な問題であり，迅速な解決を要する。もちろん人口健康の発展には，多くのチャンスも開かれている。主なものは，人々の健康に対する認識の向上，需要の拡大などであり，人口健康は民心に即した一大事業となる可能性をもつ将来有望な産業でもある。中国共産党と政府は人口健康を重視しており，なかでも共産党第十六回大会の報告では健康資質の概念が重視されており，人口健康はすでに継続可能な発展戦略の重要な構成部分となっている。対外開放や交流の深化によって，世界範囲で戦略を考えるなかで，国際的発展の潮流やその経験を中国の人口健康の発展の手本とするような機運が高まっている。SARS事件の反省は，人口健康と公共衛生システムの構築に対する注意を促した。

　2000年，世界保健機関は，加盟191カ国の健康サービスについて総体的に評価し，その順位を発表した。中国は144位で，エジプト（63），インドネシア（92），イラク（103），インド（112），パキスタン（122），スーダン（134），ハイチ（138）よりも低いが，これらの国の一人あたりのGDPは中国よりも低く，世界でもっとも開発が遅れている国である。この結果は大変ショッキングである。なぜ経済基盤が改善されつつあるにもかかわらず，公共衛生への支出割合が低くなるのだろうか。これは，政策決定層が真剣に省みるに値する点であり，SARS危機もわれわれにとって重要な警告となった。支出の低さは，認識の低さを反映している。健康と発展に対する認識には，いまだ根本的に様々な偏りや偏見がある。このため発展を背景に，人間を本位とし，人間の全面的発展を中心に据えた，健康と発展の新たな枠組み

の構築を呼びかける必要がある。

　図9-2は筆者が設計した，人間を本位とし，人間の全面的発展を中心に据えた健康と発展の新たな枠組みである。その要点は，第一に，人間の全面的な発展が，社会・経済発展の出発点であり，終着点であるということ。第二に，健康サービスの開発には，まず健康への投資を増やし，衛生資源の配置と整合性，サービスの公平性と質に注目すること。第三に，経済・社会発展は人間の健康と発展を支える条件であり，その結果でもあること。この枠組みの核心とは，「人口と健康」が発展の制約要素にならないように予防措置や対策を練り，三者の好循環を促し，継続的な発展を実現することである。

図9-2　人間を主体とする全面的発展を実現するために中心となる
健康と発展の新たな枠組み

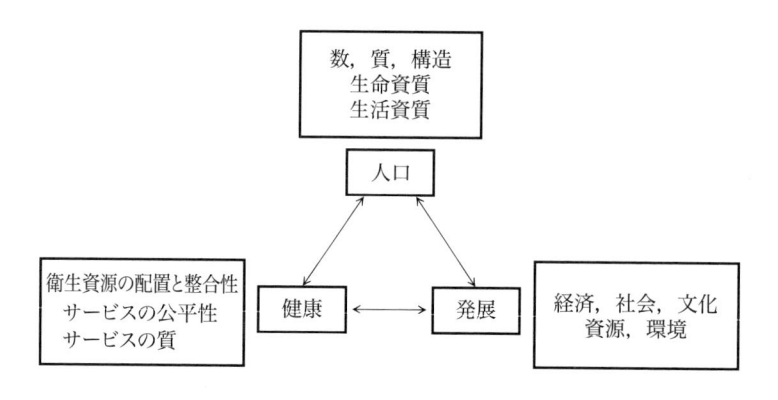

```
                  ┌──────────────┐
                  │  数，質，構造  │
                  │   生命資質    │
                  │   生活資質    │
                  └──────────────┘
                         │
                      ┌─────┐
                      │ 人口 │
                      └─────┘
                       ↑   ↑
┌────────────────────┐ │   │ ┌──────────────┐
│ 衛生資源の配置と整合性 │ ┌────┐   ┌────┐ │ 経済，社会，文化 │
│    サービスの公平性   │ │ 健康 │←→│ 発展 │ │   資源，環境    │
│    サービスの質     │ └────┘   └────┘ └──────────────┘
└────────────────────┘
```

　国連人口基金が発布した『2002年世界人口白書』は，最新の研究成果を用いて人口と貧困および発展との関係について説明し，「リプロダクティブ・ヘルスを含む保健と教育を向上させることは経済発展に寄与し，貧困からの脱却を促進する」という報告を初めて示した。この白書は，われわれが人口健康と発展の新たな枠組みを考え，説得力あるデータを提示する上で手助けとなった。

　この白書は以下のような警告を発している。発展途上国における貧困を減らすためには，早急に行動を起こし，リプロダクティブ・ヘルスを向上させ，女性が望まない出産を回避できるよう援助し，非識字率を引き下げ，性差別

をなくすことである。

(1)『2002年世界人口白書』(以下『白書』)は以下の三点について詳述している

　第一に，低い出生率が高い経済成長を促進する。『白書』では，「人口と経済発展には密接な関係があり，出生率と人口増加率が鈍化した発展途上国の多くは，やや高い経済成長を実現していることが証明されている」と指摘している。出生率の低下は次のような効果をもたらす。すなわち，大量の労働年齢人口が，比較的少数の老年・若年の従属人口を支えるという時期の到来である。このような「人口の好機」は一つの国家には一度だけ出現し，人口の高齢化にともなって終息する。この機会をうまく利用し，多方面からの支持が得られれば，非常に大きな進歩をもたらす。東アジアのいくつかの国々はすでにこのような機会から利益を得ている。ブラジルでは，このような効果によって一人あたりのGDPが0.7%増加した。

　貧困，健康不良状態，および高出生率といった問題は，発展途上国につきものである。これらの国家の人口は，1955年以降，すでに三倍に増加しており，50年後にはさらに三倍に増えるだろう。

　健康不良状態，非識字，性差別は，すべて貧困を招く。健康状態を端的に示す指標である平均寿命の延長は経済成長を促す。1953～1990年の53カ国の発展に関する研究では，比較的高い成人生存率が，8%の経済成長率をもたらしたことがわかっている。したがって，健康状態と社会参画水準とを合わせて貧困状態を評価することは，政策決定に根拠を与え，よりよい政策立案に寄与する。

　第二に，リプロダクティブ・ヘルスは国家の発展に関係がある。リプロダクティブ・ヘルスは富裕層と貧困層とで大きな格差があり，最貧困層の女性の妊娠・出産期における死亡リスクは，裕福な女性と比較して最大で600倍に達する。出産によって死亡する女性は，アフリカでは死亡者数全体の19分の1，アジアでは132分の1，ラテンアメリカでは188分の1，先進国では2976分の1である。貧困層の女性ほど出産年齢が若くなる。発展途上国の多くでは，女性は15～19歳で結婚，出産する。ラテンアメリカと

カリブ海地域および東アジアや太平洋地域では，貧困家族の子どもの数は富裕層の五倍である。

発展途上国では基本的な保健サービスに対する支出がかなり少なく，低所得国家では一人あたりの平均保険医療費は年わずか21ドルで，ほとんどが治療費で，予防や看護のためには使われない。

エイズは貧困国家の開発に大きな脅威をもたらしており，毎日1.4万人がエイズに感染している。新たな感染者の半数は15～24歳の若者で，彼らの多くはエイズ予防の情報や知識を持たない。アフリカ7カ国で進められている研究によれば，15～19歳の若者の少なくとも40％が，危機的な状況に置かれていることを認識していないことがわかった。

エイズは経済発展を阻害する。1990年代，エイズによってアフリカの経済成長率は年平均0.8％ポイント減少した。計量モデルによると，感染が深刻な国家では，今後，経済成長率が年平均1～2％ポイント低下することが示されている。これは，多くの国々の経済水準が，20年後には，エイズのない状況下より20～40％縮小することを意味している。

貧困層の人々はあまり予防や防護措置を採っておらず，感染から自らを守るための情報を入手し，そのサービスが利用できるのはわずか5人に1人であり，抗生剤を必要とする人たちのうち，その薬を入手できるのは5％以下にすぎない。こうした状況がもたらす深刻な危険性を，各機関は認識しなければならない。2015年までに貧困層を半減させ，発展目標を実現させるためには，人口抑制政策とリプロダクティブ・ヘルスを向上させる対策を実施しなければならない。

第三に，男女平等が貧困を減らす。女性は男性よりさらに貧しい状況に置かれているため，女性が平等な就業機会と所得を獲得し，平等に社会や政治に参画する能力を得る必要がある。男女格差を是正するなかで，権利，栄養，健康，時間配分などの面はおそらく所得よりさらに重要であろう。調査では，ほとんどの国家で，女性は男性より労働時間が長いことが示されている。性別間の不平等を縮小すれば，明らかに経済成長を促進することができる。『白書』では，もし1960年代，アフリカのサハラ以南地域，南アジア，西アジアにおいて，男女の就学割合が東アジアと同等水準だったならば，平均年収

はアフリカのサハラ以南地域で1.7%，西アジアでは2.2%増加したであろうことが示されている。

(2)『白書』は以下の三点に関連する行動についても提言している

第一に，貧困層に対して直接援助を向けること，彼らの経済的負担を減らし，政策制定の際に彼らが参画できるように，その声を聞くことである。政府，コミュニティ，民間セクターおよび国際社会は，さらに緊密に協力しなければならない。政府とNGOとの連携を奨励すべきである。第二に，リプロダクティブ・ヘルスについては，家族計画，エイズの予防，産前・産後のケア，安全な出産にかかわるサービスといった各分野にわたる総合的対策がもっとも有効である。第三に，貧困をなくすことは貧困層に直接的な効果があり，農村や小都市の貧困層，ホームレス，外地からの人口および青少年に対しても良好な結果をもたらす。

『白書』では，目標を実現するには目標自体に注目すると同時に，関係分野にも注意する必要があることを強調している。リプロダクティブ・ヘルスの向上，教育の普及，女性の権利向上の実現は，目標であるだけではなく，貧困をなくすための前提条件でもある。

2　中国の健康研究の模索[*7]

(1) 人口健康の研究領域

人口健康は新たな研究分野であり，一つの学術概念でもある。これまで，健康についての理解は往々にして健康水準について述べたものであるか，ある集団の医学的指標を総和したものであった。近年，健康の研究内容や対象の範囲は，人口を基礎としたもの（Population-based）に拡大され，人口健康は一つの新たな学術研究領域となった。いまだに，これに対する国際的な統一定義はないが，多くの人口健康についての研究は，すでに多くの関連問題の研究のなかで応用されている。とくに先進国では，学者は以下のような考え方をはっきりと持っている。すなわち，人口健康とは，ある人口集団の健康について各種の視点から研究することであり，ただ病人について研究するだけではない。人口健康は健康促進や公共衛生とは異なっており，健康

問題を研究する際には，健康状態ではなく様々な健康の指標に注目する。同時に，非医学的要素が健康に及ぼす影響についてもさらに注目しなければならない (Glouberman, 2003 年 ; Kindig, 2003 年 ; Michael ほか, 1989 年 ; WHO, 1986 年)。北京大学人口研究所の人口研究グループは，数年前に人口健康の研究考察と健康人口学という構想を打ち立て，実質的には，人口健康という研究分野の対象と定義を議論した。国内外の関連研究をまとめると，人口健康研究の定義とその対象領域は以下の四点となっている。

　第一点，人口健康の研究対象は総人口であり，これには，健康な集団，ある程度健康な集団，健康でない集団を含む。

　第二点，人口健康の研究内容は総人口の健康であり，注目するのは人口の健康の結果であり，医学的な健康状態の研究ではない。健康の結果とは，集団の生理的な健康と社会的な健康を含む。健康の結果は変数であるため，その他の生物，医学，社会，経済要素もみな独立変数である。つまり，異なる人口特性を示す集団の健康の結果に関しては，その分布の特徴や社会反応の程度について研究を進め，同時に健康の結果を決定する要素のモデルを構築する必要がある。人口健康を研究する際には，医学的要素以外に多くの非医学的要素，たとえば，社会，経済，環境といった要素の総合的効果が健康な人体に及ぼす影響について検討し，新たな健康指標と判断基準を構築しなければならない。

　第三点，人口健康の研究方法は，関連する多くの学科の理論や方法を利用し，健康や健康に関連する行為，および異なる人口特性集団による衛生保健サービスの利用分布と変化の過程を総合的に研究し，これによって人口特性の変化と健康の変化の相互作用および相互制約のパターンを解明する（鄭曉瑛ほか，2000 年）というものである。

　第四点，人口健康の研究目的は，人口と健康に関連する開発戦略や方針，政策に対し理論的,実践的根拠を提供すること,衛生保健や計画出産政策サービスの位置づけ，区別，ならびに開発計画の制定のための方法やデータを提供すること，さらに，人口の健康状況を維持，改善するための，具体的な方策や実施細則を制定すること，などである。

　上記の内容は，現在までの研究成果の蓄積によってもたらされた健康に対

する認識と理解であり，将来的にはさらに多くの新たな内容が追加され，人口健康についての定義はさらに充実，完成するだろう。これを基礎として，人口の健康資本ストックや，その世代間継承といったいくつかの重要な人口健康の研究定義について，さらなる議論が十分になされる必要がある。

第一に，健康資本ストックとその世代間継承である。健康資本ストックとは，ある集団が持つ，健康リスクに対する抵抗力を示している。ある集団の健康リスクに対する抵抗力は，特定時期における疾病特性と人口特性の組み合わせによって表わすことができ，これを当該集団の当該時点における人口の健康資本ストックという。この指標は〔社会，経済，環境などの〕各要素の変動にともなって変動し，それをみることで，その集団の健康資本ストックの変動状況を知ることができる。

その手法を具体的に説明すると，ある年齢，性別，民族，婚姻，経済といった人口特性をもつ集団が，特定期間で罹患した疾病あるいは死因の構成要素のうち，ある重大な疾病の状況を指標として，健康変動を観察する。その集団の人口特性が変動したことで，異なる健康結果が出現した場合，これは新たな指標が現われたことを意味する。

たとえば，「悪性腫瘍（癌）」は疾病・死因構造のなかでも重要な疾病（病種）であり，数ある疾病・死因のなかで癌が占める位置は医学研究分野においても重要な参考指標となっている。これについて人口健康の角度から分析してみると，同じ悪性新生物に罹患した人，もしくはそれが死因となった人でも，人口特性が異なる場合は，遺伝子変化の規則と社会環境要素の総合作用によってもたらされる効果も異なり，その後の世代で現われる結果も異なってくる。たとえば，短期間ではその罹患割合・順位に変化はないものの，一定の職業・年齢層に限って発生していた悪性腫瘍が，しだいに若年層や他の職業でもみられるようになる，といった状況が現われることがある。これは，「悪性腫瘍」の発生を変化させる要素にはすでに変化が起こっていることの警告であり，これに応じて予防措置も変化させなければならないことを示している。

しかし，この過程によって疾病構造・死因構造に明確な変化が現われるようになるのには，往々にして長い時間を要する上，歴然とした指標となる頃

には，すでに別の新たな指標が生み出される過程が始まっているのである。このことから，人口の健康資本ストックについての研究とは，健康の潜在的変化が予定より早く発生するか，あるいは遅れて発生するかを相対的に評価するための研究であり，その絶対水準を数量化しようとするのは誤りであることがわかる。ある人口特性をもつ集団について，共通の社会的背景に照らし，二つ以上の指標の変化を比較することで，健康資本ストックの相対的な増加と減少の傾向を明確にすることができ，その集団の健康の結果を予測することが可能となったのである。

また，医学的もしくは非医学的な異なる要素を新たに組み込むことで，特定の集団の健康状態の変化とこれらに影響を及ぼす要素の関係を導き出すことも可能となった。さらに，異なる人口特性を持つ総人口集団の健康の結果について，人口転換の時系列的な比較分析をしたり，異なる国家や民族と比較したりすることで，その健康状態を解明する研究が進められている。

これらはともに，総合的な要素がもたらす健康資本ストックへの影響の解明に貢献する研究である。こうした比較は，多くの変数の影響を受ける場合でも有効である。したがって，複雑な変数分類であっても人口学的手法を用いることで，ある人口特性指標とできるため，「異なる時期（時間変数）における社会・経済発展が人口の健康に与えた影響」も，人口健康を比較する標準化変数となったのである。

健康資本ストックの世代間継承とは，人口の健康資本ストックが親の代から子の代へと受け継がれていくことを指す。集団の健康資本ストックの減少あるいは増加については，二つの可能性が考えられる。一つは親の代の生物的な初期健康資本と非医学的要素がともに作用した結果であり，もう一つは子の代に遺伝した初期健康資本と，子の代の生存環境のなかの非医学的要素がともに作用した結果である。子の代は親の代の生物的基礎を受け継ぐだけでなく，親の代の生活方式も継承する可能性がある。このことから，親の代の健康リスクとは，その疾病状態，もしくは健康状態によって表現できると推定できる。しかし，いったんそのリスクが子の代に遺伝すると，子の代の初期健康資本ストックを低下させてしまう。先天性疾患がその典型的な例である。

先天性疾患は四つのパターンに分けられる。①出生時に機能，構造，代謝に異常がみられる場合，これは医学的な意味での先天性疾患である。②出生時に異常はみつからなかったものの，それを誘発させるような環境要素（非医学的要素）と潜在的な生物的欠陥がともに作用して，疾患が発生した場合である。これは後発的な先天性疾患であり，遺伝性精神疾患，精神発達遅滞，多因子遺伝性疾患（心血管疾病など）などが挙げられる。③出生時にすでに親の代の健康リスクを受け継いでいるため，生存過程で親の代と同種の疾病にかかりやすくなる場合。これは健康資本ストックの継承によってリスクが転移した結果であり，心血管疾患，代謝性疾患などが挙げられる。④たとえある種の生物的初期欠陥を有していても，出生時，および一生涯その疾病が発症しない場合，次の世代にもこの状況が遺伝し，そこで終わる可能性もある。

　上記の先天性疾患についての四パターンのなかで，出生前の生物的欠陥が出生時に生理的な現象として出現するのは，その一部にすぎず，出生前の欠陥の大部分は出生時にみつからず，長期間あるいは短期間「健康」な状態を保つ。しかし，世代間継承によって健康リスクが子の代に遺伝した場合，子の代の健康資本が低下するということは間違いない。したがって，先天性疾患についての研究において，生物医学的研究はごく限られた範囲での研究であり，本当の意義は，いかに人口健康資本の蓄積を向上させ，健康資本ストックの世代間継承の際にマイナス要素を減少させられるかである。

　第二に，医学敏感人口，人口健康リスク比率，潜在的疾病リスクについてである。医学敏感人口とは，5歳以下および50歳以上の疾病リスクの高いグループである。人口健康リスク比率とは，医学敏感人口と，それ以外の人口（6～49歳）の比率である。中国はすでに低出生水準になっているが，人口の慣性と出生規制が人口構造に与える総合的な影響は長期間にわたって続いており，ここに人口高齢化の影響も加わるため，80年代以降，中国の医学敏感人口は増加傾向にある。予測によると，中国人口の人口健康リスク比率は現在の40％から2025年には60％に上昇し，医学敏感人口も3.33億人から6.03億人に増加する。しかも，このような上昇傾向は2015年以降加速し，人口健康と公共衛生に対し警鐘を鳴らしている。医学敏感人口に

ついては，その健康状態にかかわらず，早急に措置をとり，すべての人の健康資本ストックを増加させることが転ばぬ先の杖であり，大きな利益が見込まれる賢明な選択である。

潜在的疾病リスクとは，疾病の重さを判断する一つの指標である。医学では疾病の深刻さを発病率，治癒率，入院率，診察率，死亡率などによって判断するが，人口学では潜在的疾病リスクによって測り，上記した医学的指標以外にいくつかの総合的な指標も加わっている。疾病の発生強度と疾病による潜在的な社会的危険性は，われわれが現在の認識水準にもとづいて提示した新たな概念である。疾病が発生する過程で，同じ種類の疾病について人口学的指標と生物学的指標が示す内容が異なるのは，後者には疾病対象の特徴が反映されておらず，つまり人口的特徴が欠けているためである。人口的特徴を反映していない疾病評価基準は，健康資本ストックやその世代間継承の事実を反映しておらず，当然，ある人口群の健康水準の変動状況を把握することができない。生物学的な疾病発生指標が低下したと歓喜しているその瞬間に，実は別の新たな疾病が発生しており，ある人口グループの健康リスクに対する抵抗力に危険が生じている可能性もある。疾病の発生強度と疾病によってもたらされる社会的損害は，生物学的指標の背後に潜んでいるため，その本質〔つまり潜在疾病リスク〕を示してはじめて，人口健康の量的変化の影響が，はっきりと認識可能となるのである。もちろん，疾病の発生強度と疾病による潜在的社会的リスクの相互作用は，生物的疾病の指標にも大きな影響力を持つが，効果的な総合施策によってその影響を抑えることができよう。

(2) 健康研究の基本的な方向性について

人口健康についての研究内容を詳しく検討する前に，健康研究の基本的な方向性を理解することが非常に重要である。社会発展にともない，人々の物質的要求は徐々に満たされ，健康に対する様々な要求はさらに拡大している。これにともなって，それまでは疾病とその治療のための新技術のみが注目を集めてきたが，その基本的な方向性は総合的な健康研究へと向けられるようになった。

第一に，21世紀は，健康研究の領域が日ごとに拡大し，伝統的な医学分野の対象とはならなかった，社会生活様式と行動についての健康問題が，健康研究の重点となる。つまり，健康研究の内容に社会発展も組み込まれなければならないということである。しかも，人口健康はすでに，社会の発展を規定する鍵となる要素の一つになっている。健康とは，医学の範疇内であるだけではなく，医学的な意味での健康を含めた，社会，環境，政策などの発展と調和のとれた，広義の健康を指している。これらは社会の発展と健康を研究する共通認識であり，健康研究の位置づけとその方向性についての疑いようのない基本的戦略となっている。

　第二に，上記の観点を基礎に，健康研究と社会，経済，法律，政治，宗教など多くの学術分野が組み合わされることにより，健康研究の過程において，非常に応用性のある新しい学術分野がつぎつぎと形成される。新たな総合学術分野を作らなければ，狭義にも広義にも健康問題の解決は不可能である。リプロダクティブ・ヘルスや人口健康はまさに健康研究の分野において絶え間なく成熟している二つの学術分野であり，両者は内容的には重なり合った部分もあれば，相互補完的，相互促進的な部分もある。とくに人口健康という研究分野におけるいくつかの新たな研究の焦点は，リプロダクティブ・ヘルス研究を補填する役割を果たしている。

　母子の保健問題は医学研究の重要な構成部分であり，リプロダクティブ・ヘルスにおける重要な研究対象の一つでもある。一方で母子の研究は，人口健康研究における上述したような研究意義の拡張に従い，人口の健康ストックおよび人口の出生資質の世代間継承と緊密な関係を築いてきた。医学分野では母子の健康に関して，その疾病と保健に多くの注目が集まっている。リプロダクティブ・ヘルス分野では母子の健康に関して，疾病に関連する保健とサービスに注目するだけでなく，関連する社会的影響とその対策についても検討しなければならない。人口健康分野における母子の健康に関して，先行研究を基礎に，さらに問題の本質，すなわちライフサイクルおよび世代間継承のなかでの社会的・生物的問題，およびそれらを制御する可能性について，学際的研究が進められており，その研究成果を応用して人口健康という目標を追求している。これは，単に患者を治療したり，母子の健康水準やサー

ビスの質を向上させたりするのではなく，人口健康研究の成果を政策の具体的内容に対応させ，すべての人々の健康を解決するための予防措置を用意することである。こうした活動は各分野ですでに実践され，成功を収めた事例も一部みられる。しかし，関連ある学術分野が連携して難問の解決に取り組まなければ，人口健康を予測するという大きな目標に到達することは非常に困難になるであろう。

　第三に，健康水準の向上を重視すると同時に，衛生に関する資金調達や管理，政策評価および社会公共政策についても，いっそうの考慮が必要である。健康研究の内容は，さらに多くの人々の関心を，疾病，サービス，技術，保健といった「健康問題」へ向けさせたが，実際には，健康と衛生に関する有効な資金調達や管理がなければ，健康に関連あるすべての政府計画や実施機関の行動は机上の空論となるであろう。計画経済体制か市場経済体制かによって，衛生に関する資金調達と管理には異なる政策と方式があるが，目標はただ一つ，健康管理の達成である。したがって，健康研究において，われわれは衛生に関する資金調達と管理を非常に重要なものとして位置づけている。同時に，それに関連する監督指導，評価，計画，政策なども重要な研究内容として取り上げている。

　第四に，リプロダクティブ・ヘルスの研究を基礎として，中国の健康研究は狭義の健康研究からしだいに広義の健康研究へと発展しはじめている。リプロダクティブ・ヘルスの研究は，生物医学にとって大きな課題を提示することとなり，また，人文社会分野に自然科学を取り入れる試みでもあり，世界的な健康研究のために，広義の健康研究の発展の堅実な基礎を打ち立てている。現在，世界的な健康研究の発展傾向をみると，広義の健康研究の分枝領域は活況を呈し，人口健康の状況を改善する面で大いに貢献している。

　第五に，人口健康は，健康研究のなかでもっとも基礎的な研究分野となりつつある。その理論と方法の成熟が速く，実用性も高く，健康研究のなかでその進捗状況も比較的進んでいるからである。わずか数年のうちに，多くの国際的に著名な大学や機関が人口健康に関する研究機関を設立した。中国でも，ますます多くの機関や学者が国際健康研究や人口健康研究の組織に参加している。2000年の「開発のための健康研究に関する国際会議」では，中

国の政府，学界，非政府組織から20名以上の代表が参加し，著名な「開発のための健康研究に関するバンコク宣言」の編集に携わった。この会議は，世界規模で人口の健康と開発に注目したメルクマールの一つであり，健康研究について高水準の戦略的，総合的目標を打ち出している。ある意味では，健康研究の全体的な方向性は，人口健康における研究の重要点を相当程度まで網羅するものとなろう。

(3) 健康研究と発展について

学術界では，健康の定義についての異論はほとんどなく，ほぼすべてが世界保健機関の提示した「健康とは身体的，精神的，社会的」健康である，という定義を引用している。しかし具体的な研究のなかでは，その多くは健康研究と医学研究が同一視されている。「バンコク宣言」において健康と開発について新たな表現が加えられたことにより，国際社会は，健康研究が生物医学の枠組みから社会学の枠組みへ転換することについて共通認識を持ち，このような偏りを是正しはじめているように思われる。これは，「医学」が「健康」に変わったとういうだけではなく，重要な点は，健康研究の基礎は社会の発展であり，その内容は「人間と開発を中心に据える」という趣旨を十分に体現し，その理論と方法は多くの学術分野にまたがっているということである。新たな健康研究の要請に応えるためにも，学術分野を超えた研究はもっとも重要な前提条件である。健康研究の目的は，ある国家あるいは民族の人口健康の変化の過程をより科学的に，より理想的な状況に導くことである。

人口健康の変化についての研究は，人口再生産パターンの転換，疾病パターンにおける流行病の変化，健康リスク要因の変化，地域や社会と経済発展度合いの違いによる健康問題の差やその変化など，様々な側面を包括している。これらの諸側面が相互に作用し一定の結果を生み出す。このような結果は，医学的ではなく人口学的意味での健康パターンの転換が完了することにほかならない。人口健康研究とは，健康研究および開発の枠組みと戦略のうえで，先駆けとなる実践といえる。過去のいかなる学際的健康研究も，人口健康研究には及ばず，人口健康研究は多くの学術分野を基礎としたうえで全人口の健康を網羅し，幅広く有効な影響力を有している。「開発のための健康研究

に関するバンコク宣言」では，当該研究は実験室や病院に属するものではなく，社会と向き合ったものであり，もっとも多くの人々がその恩恵を享受できるものであると述べている。したがって，健康研究と開発は現在創設されている健康人口学にも，とくに以下の各点について新たな思想と方向性を示している。

第一に，社会科学と自然科学の連携である。社会・経済の発展と人口健康には密接な関係があり，発展とはまさに人口の健康を向上させるものである。人口の健康水準の向上は，同様に社会・経済発展を推進するものであり，両者が相まって発展していくのである。これについては，世界保健機関が1984年のA 37号文書のなかではっきりと述べている。健康は社会・経済発展の重要な目標の一つであるだけでなく，社会・経済発展の重要な手段である。健康は発展の前提条件でないとしても，必要不可欠な構成部分である。国連開発計画，国連人口基金，ユニセフ，世界保健機関，世界銀行，EU，経済協力開発機構などのような多くの国際機関は，人口健康が社会・経済発展に及ぼす影響をますます重視している。

人口の急速な増加は経済発展を制約する重要な要素の一つだが，人口要素が経済を制約するのは人口数だけではないことを認識するべきである。研究の結果が示しているように，人口要素は社会が貧困を脱し豊かになる過程を多方面から制約しているが，資質の低い人口が経済発展に及ぼす制約作用は，人口数の過多によるものよりもさらに大きい。先天性疾患は二つの「資本」を通じて社会・経済発展に影響を与えている。一つは「生存資本」であり，出生人口の資質向上は，社会の医療負担を軽減させることができる。もう一つは「人的資本」であり，出生人口の資質向上は人的資本の蓄積を高めることができる。

学術分野の交流について，人々は往々にして大きな科学分野であればあるほど，その学科内において異なる学術分野が交流して研究が進められていると考えている。実際，大きな科学分野の相互間においても，交流や協調は十分必要なことである。人口健康の研究領域において，この点はさらに突出して体現されている。

長きにわたって蓄積されてきた多くの科学的認識は，その運用過程におい

て文化，教育，経済などと非常に密接な関係を持っていることが，われわれの研究によって確認されている。たとえば，ヨウ素が欠乏すると知能低下などのさまざまな疾病が引き起こされるが，環境を通じたヨウ素補充のプロジェクトの結果が明らかにしているように，経済活動や農業活動を通じて，水や農作物などを経由して人々へ補充することが可能であり，死亡率などの健康指標を大きく改善させることができた。これによって医学的には解決しがたい問題が解決されたのである。

　第二に，基礎的な医学研究のミクロとマクロの結合である。基礎研究の大部分は実験室で行なわれるが，これは実験結果の人間への適用にとっては往々にして理想的な環境ではない。先天性疾患を例に挙げると，国内外で数十年にわたって研究が行なわれてきたが，効果はそれほど大きくはなかった。その原因は，先天性疾患を引き起こす要因が非常に複雑であるのに，実験室で扱う病因は，攪乱要素や様々な偏差を制御した状況下での擬似病因だからである。他方，人類は自然の生活環境における様々な要素が共同作用するなかで生活しており，これらの要素の相互作用について実験室で解明するのは難しい。人口群のなかでの社会学的な病因診断と，実験室での病因診断を結合させてはじめて，人類の先天性疾患を引き起こす病因を探ることができるのである。

　また，伝統的な医薬研究は，臨床と実験室のみで行なわれてきたので，医薬研究成果を応用する際に，一連の想定外の問題が生じた。もしWHOが提起した「新技術導入のための戦略的方法」が採用されるなら，薬物の開発から患者が利益を得るまでの過程は，さらにヒューマニスティックにそして合理的なものへと変化するだろう。しかし，こうした過程では人口学の予測，計画，評価の理論と方法を応用する必要がある。とくに新技術の導入過程では，単に人々に新技術を押しつけるのではなく，需要を把握した上で開発目標を設定し，知識，技術，政策，管理，評価によって一つの総合的方法を作り上げ，様々なレベルの管理に適用させることができる。

　第三に，疾病の発生と健康状態の関係についての研究である。人口の研究において，疾病と健康の関係に関する研究はかなり多い。たとえば健康寿命[*8]の研究では，平均寿命を基礎にして，疾病，運動機能の低下，身体障害など

の非健康状態が健康寿命に及ぼす損害の度合いについても検討し，さらに踏み込んだ分析を行なう。このような研究と分析の方法は，様々な疾病が人口集団の健康および生活の質に及ぼす影響の範囲，特徴，程度をはっきりと認識させるのに役立った。それと同時に，たとえば喫煙が平均寿命に与える影響，性別や地域の違いといった社会的要因が平均寿命に及ぼす影響についても分析することができる。これは医学だけでは解決し難い問題である。しかし，学術分野を超えた研究としてみた場合には，疾病と健康の関係は，単に転帰の関係の問題だけでなく，人口健康における健康資本の蓄積と世代間継承という相互関係の問題でもある。

　第四に，健康転換の人口学的研究である。健康転換は医学研究上の重要な領域の一つであり，ある国家における現時点での罹患，死亡の情報の大部分を反映している。人口学的健康研究の領域では，われわれは主として人口および社会学的視点から健康転換研究の内容を区分しているが，上述のように健康転換研究とは人口，疾病，健康，社会，経済といった各分野にわたる影響要素を包括するものであり，なかでももっとも重要な変数とは人口学的な研究内容である。

　人口と健康の密接な関係はいうまでもない。人口の増加，資源分配の減少，生存環境に対する過度な開発利用などによって，環境汚染，食糧不足，経済停滞，貧困の深刻化などといった一連の問題が引き起こされ，人口健康の状態にもマイナス影響を与えている。両者のあいだにはきわめてはっきりとした関係がみられる。しかし，人口増加が基本的に抑制された後になっても，人口の健康問題は全面的な解決には至らなかった。これは，健康とは人口総数の問題以外に，その他の人口的特徴とも広い意味で関係があるということを示している。人口特性に変化が生じる過程では，人口健康の水準，パターン，影響要素などに，一連の新たな組み合わせが現われる。人口数量は健康へ大きな影響を与えるが，それ以外の人口要素である人口年齢構造，分布，状態および開発は，健康とさらに密接な関係にある。不安定な人口変化の過程で，人口特性と健康の相互関係とその規則性について理解し，それを予測することはきわめて複雑であるが，重要なことでもある。これは，人口特性と健康との関係を分析する視点を，単なる数量への注目から，より多くの人

口変数に広げることを求めることである。このような新たな切り口と，相関する変数との関係をみつけてこそ，中国における健康転換の特徴を認識し，健康問題の性質を的確に定義することができる。

　高齢者人口の増加にともなって，高齢者の従属人口指数はしだいに先進国の水準に近づいてきた。国全体における，医学敏感人口は着実に上昇しており，1980年の3.96億人から，2025年には6.03億人に増加する[*9]。これは5歳以下および50歳以上の病気にかかりやすい集団の対労働年齢人口の比率が40%から60%に上昇するということを意味している。医学敏感人口の増加にともない，集団の健康ストックは減少するため，有効な対策をとらなければ，平均寿命が伸びつづけるとしても健康寿命は低下するだろう。したがって健康研究では，疾病パターン，死亡パターン，人口構造が変化した後の集団の健康に影響を及ぼすリスク要素などを重点的に研究し，それによって集団の健康ストックの低下を最小限に抑制するのである。人口学の研究方法を応用すれば，これらの問題を解決するための有効な対策を得られる可能性が大きい。

　健康ストックの向上に対する需要が高まる一方で，医療衛生資源の不足は深刻で，その分配は不均衡であり，両者には大きな隔たりが存在している。これは，健康研究において経済学的側面から研究，解決すべき問題，すなわち疾病負担の問題の解決が求められているということである。健康問題が違えば，疾病負担の問題も異なり，衛生資源の投入も異なる。今ある衛生資源を健康需要がもっとも大きい分野に有効に投入することができれば，人々が受けられるサービスが向上し，間接的に健康寿命が拡大し，人々の健康水準向上の促進に有利となるだろう。

　健康転換の研究や疾病負担の研究には，どちらも確立された方法というものはない。人口構造は変化するものであり，人口年齢構造は現在公認されている疫学疾病モデルを転換させる重要な要素である。また，経済・社会発展のなかで，人口，環境，行動が変化することにより疾病リスク要素も変化してきている。たとえば，人口移動は，直接的・間接的に，都市化や人々の居住環境に影響を与えており，交通事故などの健康リスク要素の増加や，都市化の加速とも直接的な関係がある（饒克勤など，2000年）。社会発展段階が，

管理と発展の並存段階にある時点では，人口の健康に影響を与える要素の変数は非常に多く，異なる人口特性を持つ人口健康の問題を解決するには，異なる集団の人口特性の変化傾向や影響要素を理解しなければならない。

第五に，健康経済学[*10]という学際的な研究分野についてである。この分野の研究は資金調達，保健，管理といった諸側面に及び，外国の人口学研究はすでにこの領域に踏み込みはじめ，過去の医学研究では得られなかっためざましい成果を上げている。これによって政府は健康投資の短期的収益と長期的収益について理解を高めた。健康投資は長い周期を要する変数であり，通常，発展途上国の情況では，健康投資に関する資金調達は非常に困難である。しかし健康経済学という分野の研究によって，衛生・健康投資の資金調達における視野やルートが拡大される。この領域の研究内容には，まだ大きな潜在力がある。たとえば公衆栄養経済の研究，出生資質のコスト・便益の分析，環境改善による健康利益の研究，健康投資によるコスト・便益の研究などである。

第六に，人口健康の官，産，学の結合である。人口健康の研究対象は人間であり，受益目標も人間であるため，人間に対し調整可能なメカニズムがなければ健康研究の展開はおそらく絵空事となってしまう。たとえば，ある栄養素補充のプロジェクトでは，学際的な研究の手法を導入することにより，医学的な大規模栄養計画の困難を克服することができることが証明された。この成功は政府と産業界の支持に頼ったものでもある。こうした連携がなければ，健康研究と計画もまた，学術的な事例研究に終わり，集団レベルの健康研究ではなくなってしまう。

上述したこれらの研究内容は，もともとは医学的意義での健康問題研究を基礎として，しだいに発展・拡大してきたものである。したがって，医学領域による健康自体についての研究は，依然として健康研究の基礎であり，主要な部分である。つまり，病院を主体とする健康研究と，社会を主体とする健康研究は，ともに同等の重要性を持つのである。しかし，どこに力点を置いた健康研究であろうとも，両者は緊密な関係でなければならない。単一学術分野のみの研究は，新しい健康研究の枠組みにも，科学研究の発展原則にもそぐわないのである。

3　人口健康の制度的探索——公共衛生システムの再構築

(1) 公共衛生システムの再構築について

　2000年6月に国家計画委員会，財政部，衛生部と，国務院研究室の関連司局連合組織は，中国の衛生改革と開発戦略について，ハイレベルのシンポジウムを開催した。この席上で一部の外国人専門家は，「中国の衛生状態と人民の健康開発は経済発展より進んでいたため，衛生医療面は国際的に公認される水準にあると認識されていたが，この成果はすでに過去のものであり，現在の衛生と健康の開発は経済発展に遅れをとっている」と強く指摘した（国家計画委員会社会発展局，2000年）。SARS流行を検証した結果は，事実によって，中国の公共衛生システムはまだ薄弱であり，改善の必要があることを証明している。

　中華人民共和国成立以後，中国は疾病の予防活動に大きな力を注ぎ，なかでも伝染病などの予防と抑制といった基本的な公共衛生サービスに重点をおいてきた。同時に，国際的に高く評価されているような比較的健全な公共衛生保健システムを構築してきた。中国では予防接種，伝染病の抑制，初歩的な衛生保健，計画出産，および栄養，教育，住居，環境衛生などの面が改善され，とりわけ伝染病の抑制面での成功は，他の発展途上国をはるかに凌ぎ，低い経済水準のなかで急速に「第一次衛生革命」を完成させ，人民の健康水準はめざましく向上した。この成功は，政府の資金援助と強力な指導の下で疾病予防戦略と初期衛生保健網が作り上げられた結果であり，1970年代，国際的に提唱された初期衛生保健という概念は，かなりの程度，中国における疾病予防の経験を総括した内容になっている。

　しかし1980年代以降，経済体制の改革にともない，公共衛生システムは打撃を受け，基本的に抑制されていた結核，梅毒などの伝染病が再び流行しはじめた。現在の公共衛生システムは，疾病を予防し，基本的な衛生サービスを提供するという基本的な衛生目標から離脱してしまっている（World Bank，1992年）。

　まず，衛生システムのマクロ経済環境に根本的な変化が生じた。政府は改革の過程で，コストの回収を衛生資金調達の基礎と決め，衛生機関が経済的に自力で活路を見出すよう奨励したため，政府資源が衛生部門から離れ，生

産部門へ傾斜する結果を招いた。財政体制の改革と権限の移譲にともなって，政府は衛生部門の給与や日常経費をも削減した。

　表9-6は，中国の1990年から2000年の各年度の衛生部門の総費用およびその構成を示している。この表から，中国の衛生総費用の絶対値は上昇しつづけ，1990年の734億元から2000年には4764億元に増えたことがわかる。国内総生産（GDP）に占める衛生総費用の割合は，1990年から1995年までは基本的に4％前後を維持していたが，1995年から上昇傾向をみせはじめ，2000年には5.3％に達し，発展途上国では5％という世界保健機関が示す指標を超えた。しかし衛生総費用の構成をみると，過去十数年間，衛生総費用のなかで政府予算による衛生関連支出の割合はかなり少なかったことがわかる。中国の衛生総費用には主に三つの柱がある。政府予算による衛生支出，社会的衛生支出，個人的衛生支出である。1990〜2000年，中国の政府予算による衛生支出の割合は低下しつづけ，1990年の25％から2000年には15％となった。社会的衛生支出の割合も低下しつづけ，1990年の38％から2000年には25％となった。その結果，個人的衛生支出の占める割合は顕著に上昇し，1990年の37％から2000年には61％となり，衛生総費用の最重要部分となった。高所得の先進国政府による衛生総費用投

表9-6　中国における衛生総費用およびその構成　1990〜2000年

年	衛生総費用（億元）	衛生総費用構成（％）		
		政府衛生支出	社会衛生支出	個人衛生支出
1990	743.0	25.0	38.0	37.1
1991	888.6	22.8	38.4	38.9
1992	1,090.7	20.8	38.1	41.1
1993	1,370.4	19.7	36.9	43.4
1994	1,768.6	19.1	35.2	45.6
1995	2,257.8	17.0	32.8	50.3
1996	2,853.5	16.2	29.5	54.4
1997	3,384.9	15.4	27.7	56.9
1998	3,776.5	15.6	26.6	57.8
1999	4,178.6	15.3	25.5	59.2
2000	4,764.0	14.9	24.5	60.6

入は71％となっているが（国家衛生部，1999年），中国では2000年にわずか15％であり，社会的衛生支出の部分を加えても39％であった。この部分の経費は，伝染病抑制などが中心となる公共事業や貧困層の衛生サービスの充実に用いることが求められるため，経費不足によって疾病抑制や基本的な衛生サービスの発展は大きく制限されている。

　第二に，中国の衛生活動は一貫して「予防主体」という方針を堅持しているが，衛生事業費の支出構造は「予防主体」と「すべての人が享受できる衛生保健」という国の政策目標に合致していない。全国第二回衛生サービス調査の結果によると，調査対象の県や市（市区）の平均衛生事業費は，都市で1994年の1359万元から1997年の2003万元に，農村では1994年の619万元から1997年の887万元に増加している（表9-7参照）。しかし衛生事業費の支出構造は合理性に欠けている。1997年の県および県以上の衛生事業費総支出において，病院事業費が占める割合はもっとも多く，都市では64.1％，農村では56.5％であった。郷鎮（街道）衛生院への補助の割合は，都市では9.6％，農村では23.8％，予防保健（予防治療および母子保健）の割合は，都市では13.2％，農村では15.6％であった。衛生予防部門の収入構成をみると（表9-8参照），政府の衛生予防部門に対する資金投入の割合は年々低下しており，都市では1994年の46.3％から1997年の39.0％に，農村では1994年の42.3％から1997年の34.2％になっている。これらの

表9-7　中国の都市と農村における衛生事業費※およびその支出構成

	都市		農村	
	1994年	1997年	1994年	1997年
衛生事業費支出合計　（万元）	1,359	2,003	619	887
衛生事業費支出構成　（％）				
病院	65.0	64.1	50.8	56.5
衛生院補助	8.6	9.6	31.1	23.8
予防治療	9.6	8.6	9.7	10.5
母子保健	4.5	4.6	4.6	5.1
中等教育機関	11.1	11.0	3.1	3.0
薬物検査機関	1.2	2.0	0.8	1.1

※　調査した県，市（市区）の平均衛生事業費を示す

表9-8 1994〜1997年，都市および農村の衛生予防部門収入のうち政府による投資が占める割合

地区	1994年	1995年	1996年	1997年
都市	46.3	42.4	40.6	39.0
農村	42.3	35.5	35.8	34.2
都市・農村合計	45.2	40.0	39.1	37.6

データは，伝染病抑制といった公共事業方面への政府の調整能力が弱まったことを示している。

　第三に，もっとも深刻な衝撃を受けたのは第三級予防保健サービス・ネットワーク，とりわけその底辺である。こうした部門は，予算不足，疾病予防と公共衛生部門のコスト上昇によって，やむをえず「収入の創造」に頼って，財政難を解決せざるをえなくなった。同時に利益追求の衝動によって，もともとは多くの人々が基本的な予防サービスを受けられていたものが，少数の人しか受けられない，収入の創造を中心とする予防活動に変わってしまったのである。これは予防保健活動の縮小を招いた。たとえば，一部の地域においては法律に定めた伝染病の発生についての報告を取りやめ，計画された免疫率も低下し，住民，とりわけ貧困層の予防衛生サービスの利用も少なくなった。中国の第三級予防保健ネットワークは，国際的に認められ賞賛されたことがあり，農村にもっとも広く普及し根を張っていたシステムであったが，1980年代以降，各地で，とくに農村において，このネットワークは影響を受けた。市場経済体制になってから，農村では経営請負制が実行され，集団経済に頼ってきた過去の医療体制は困窮に直面し，村の集団経済と合作医療によって支えられてきた農村第三級予防保健ネットワークの底辺部分は大きな損害を受けた。近年になって，政府は合作医療を回復させる旨の政策を実施しているが，現在，回復しているのはわずか20％前後である。

　SARSの制御は時間の問題であり，また新たな伝染病が出現するかもしれない。Brookesmith（1997年）は，『未来の疫病』と題する本のなかで，「伝染病が流行する時代が再びやって来たのではないか」という問題に人類は向き合わなくてはならないと指摘した。WHO事務局長は，『1996年世界保健報告書』のなかで，「われわれは伝染性疾病によって世界的危機にさらされ

ており、どの国もそれを免れることはできず、どの国でも枕を高くして寝ることはできない」と警告している。同時に、われわれが向き合わなければならないことは、中国は人口が多く、人口密度が高いといった要因のために、このような脅威によるリスクが他の国よりも高いことである。Laver と Garman は 2001 年の *Science* に発表した論文のなかで、次のように述べている。「A 型インフルエンザの世界的流行はいつでも発生する可能性がある。このような状況は人類が免疫を持たない新たなウイルスによって引き起こされ、過去の経験が示しているように、このような新たなウイルスは中国から発生する可能性がある」(Laver & Garman, 2001 年)。このため、中国は新たな公共衛生システムを構築する必要がある。

いわゆる「再構築」も決して簡単な回復、つくり直しではない。過去 20 年間で、中国の社会・経済、人口状況、生態環境、科学技術水準、人々の生活様式、疾病リストなどの各領域で、すでに深刻な変化が起きているからである。いかに公共衛生システムを再構築するかは、非常に複雑な問題であり、さらなる研究と社会的な協力が必要である。しかも大変重要な点がいくつかある。

第一に、政府が衛生領域に公共製品を提供する役割と責任を明確にし、衛生開発をマクロ経済発展の枠組みに入れる必要がある。

第二に、体制と理念に力を注ぎ、「予防主体」、「農村重点」という方針を確実に実施する。これが中国の国情に合致するものである。投資を増やしつつ、その方向性を改め、投資の効率を向上させる必要がある。

第三に、公共衛生システムの構築は、「サービスの対象者に身近な」(close-to-client) (WHO, 2002 年)、地域コミュニティの衛生サービスを基礎としなければならない。

第四に、過去の経験や教訓を体系的に総括する必要がある。中国では、過去、とくにここ 20 年間、効果的な政策手段が数多く形成されてきた。この点は必ず堅持しなければならない。そして同時に国際的な先進手段を取り入れていかなければならない。

第五に、「官・学・産」の共同参画を強調すべきである。政府、大学、研究機関、サービス機関、社会、民間組織などの共同参画は、実行の可能性が

高く，きわめて価値あるやり方である。各部門の意見，とくに民衆の視点が十分に反映されることは非常に重要である。

　第六に，多くの学術分野，とくに社会科学の参画という趨勢に乗じて，中国の人口の健康状態や衛生サービスの提供に影響を及ぼす人口学的要素，疫学的要素，社会と行動様式の要素，生態環境要素，およびその相互作用を含む様々な要素について，共同で深く研究すべきである。こうした要素についての認識と理解は，これらを基礎に制定される予算，財政，公共衛生，環境，法規，教育，人的資源といった各種の政策，およびその政策の経済的有効性や公平性に影響を与え，中国国民の将来の健康保障を決定する上で非常に大きな要素である。

4　人口の健康活動の展開——リプロダクティブ・ヘルスの促進を例として[*11]

(1) リプロダクティブ・ヘルスの概念を導入する意義について

　人口健康の資質は，大きく「先天的な遺伝」と「後天的な養育」の二つに分けられる。人的資質の向上に大きな作用を果たす要素の一つは，出産の選択であり，出産する子どもの数が少ないことは人的資質の向上につながる。リプロダクティブ・ヘルスと計画出産が出産の質に与える影響は，マクロ的側面・ミクロ側面にかかわらず，あきらかにプラスである。リプロダクティブ・ヘルスと計画出産政策にともなうサービスは，出産可能年齢の女性の出産にともなう危険性を大きく低下させた。あるいは彼女たちの「危険をともなう出産」の確率を低下させた。選択可能な避妊による出産抑制措置の実施は，多くの出産可能年齢の女性の不必要な妊娠，およびこれによって引き起こされる人口中絶を回避させ，彼女たちの心身の健康を促進させた。しかも，リプロダクティブ・ヘルスは次世代の健康，人口数，資質，人口構造にも関係しており，人類の健康の中核なのである（蕭紹博，2002 年）。

　リプロダクティブ・ヘルスという概念は，20 世紀における世界人口の開発状況の変化，国際社会の人口問題に対する認識の深まり，および人口問題解決の道筋と方法の新たな発展などを反映している。全世界がすでに認識しているのは，経済成長，貧困の排除，文化教育の普及，女性の地位向上，経済・社会の全面的な発展の促進，および環境保護を実現するという大きな枠

組みのなかで，人口資質の向上を追求しなければならないということである。人口増加率の緩和だけに頼って人口問題を解決するという主張はすでに否定されており，人口の資質の問題を経済・社会の全面的な発展という大きな枠組みのなかで考察し処理しなければならない。これは人口と発展，健康と開発という領域における，人類の認識と実践の質的な飛躍である。

　リプロダクティブ・ヘルスという概念は，いままで以上に，民衆の健康意識が強まり，健康権利の獲得が切迫し，国際社会と各国政府が人類の健康を維持し向上させる重要な責任を意識していることを示している。これは，人類の健康の開発に対する認識が新たな段階に達し，なかでも女性の権利に関する内容が新たに加えられ，現代社会の進歩と文明の進化を投射していることも示している（趙白鴿，2002年）。

　リプロダクティブ・ヘルスという概念の導入は，中国の人口と計画出産政策活動に以下のような新たな理念と内容を注ぎ込んだ。

- 人口と計画出産政策方針の制定，執行の際には，人口数の抑制を重視するだけでなく，民衆のリプロダクティブ・ヘルスの需要を満たすことにも注意し，彼らのリプロダクティブ・ヘルスの状況を改善し，その法的権利を保障すること。
- 人間の全面的な発展を中心に据え，人間の多岐にわたる需要を満たし，計画出産政策活動の着眼点を家族に提供される生産，生活，出産の総合的なサービスにおき，多くの人々を少産，裕福，文明化，健康といった「小康」へと導くこと。
- 法的管理，村民（住民）自治，良質なサービス，政策の推進，総合的統治による人口と計画出産政策の発展の新たなメカニズムを構築すること。
- 計画出産政策の技術サービスの機関とスタッフを充実させ，サービス水準を向上させ，母子保健，計画出産，避妊による出産抑制，人的資質の向上，不妊症の治療，性生活の改善，性感染症の予防などを含む，増加しつづけるリプロダクティブ・ヘルスに対する人々の需要を満たすようにすること。
- リプロダクティブ・ヘルスに関する全面的で良質な情報，教育，サービスを民衆に提供し，避妊による出産制限や「優生・優育」といった結婚，

出産に関する知識の普及に力を入れ，人々が十分な情報にもとづいて選択できる条件をつくること。
- 全力で計画出産政策サービスを推進させ，人々の満足度を計画出産政策の活動の質や水準を評価する重要な基準とすること。

リプロダクティブ・ヘルスは一つの科学的概念，理想的状態であると同時に，発展の過程でもある。これは，経済，社会，文化，環境といった多くの要素の影響を受けると同時に，計画出産政策のサービス能力，サービス水準，サービスの質や，女性の権利意識，権利行使能力とも，直接的な因果関係を持っている。リプロダクティブ・ヘルスは，中国の人口と健康に対し戦略発展の方向性を示すと同時に，中国の人口政策に対し厳しい課題を投げかけている。

各層の党委員会と政府は，社会発展の戦略という視点からリプロダクティブ・ヘルスの重要性を認識し，女性の社会および家族における地位の向上に着眼し，女性に頻繁にみられる疾病の予防に着手し，その措置を講じて，人民の健康権益を守り，人口健康の資質を根本的に向上させなければならない。

(2) リプロダクティブ・ヘルス戦略とその目標について

『中国21世紀の人口と発展』という白書は，人口と経済・社会の発展との関係や，資源利用と生態環境の調和などに関する成果や経験が客観的に紹介している。現在直面している人口問題およびその発展状況について分析し，リプロダクティブ・ヘルスを含んだ人口と発展の問題を解決するための戦略的目標について，以下のように系統立てて述べている。

——2005年，全国人口総数を13.3億人以内に抑制し（香港，マカオなど特別行政区および台湾は含まない），人口の年平均自然増加率は9‰を超えないものとする。全面的に医療衛生とリプロダクティブ・ヘルスサービスを推進し，避妊措置について情報にもとづく選択の普及を展開し，妊産婦死亡率を10万人あたり42人前後にまで低下させ，乳児死亡率を31‰前後まで下げる。9年制義務教育を確実に実施し，その成果を向上させ，貧困地区および少数民族地区における9年制義務教育の普及活動を強化する。都市と

条件を備えた農村地区では，高校教育への社会的需要が基本的に充足されるように，中学校入学率を90％以上，高等教育の入学率をさらに向上させる。都市と条件を備えた農村地区では基本的な社会保障制度を構築する。

──2010年，全国人口総数を14億人以内に抑制し，人民の生活水準をさらに向上させる。人口資質を向上させ，全国の人口が受ける教育年数を発展途上国の先端水準に到達させ，人々が基本的な医療保健やリプロダクティブ・ヘルスサービスを享受できるようにする。避妊措置の知識を普及させ，情報にもとづく選択が広く実施されるようにし，出生性比を正常にする。人口の高齢化がもたらす問題の解決に努力し，全社会をカバーする基本的な社会保障制度を構築する。

──21世紀半ば，全国の人口総数はピーク値（16億近く）に達した後，緩やかに減少していく。人口資質と健康水準は全面的に向上し，高校教育および高等教育は一般に普及する。比較的高水準の社会保障制度が構築される。人口分布と就業構造はある程度合理的となり，都市化率は大幅に向上する。人民の生活は豊かになり，平均年収は中等先進国のレベルに達し，社会教養水準は明らかに向上する。人口と経済，社会，資源，環境の調和のとれた発展，および国家の現代化が基本的に実現する。

国家人口と計画出産委員会はこれにもとづき，第十次五カ年計画期間における人口と計画出産政策の主要目標と基本路線を打ち出した。その主要目標とは，全国の人口を13.3億人以内に抑え，人口の年平均自然増加率が9‰を超えないようにし，計画出産率を85％以上にし，出生率を人口置換水準以下に安定させることである。避妊措置の「知識と情報にもとづく選択」を広く普及し，既婚の出産可能年齢の女性の総合避妊率を83％以上で維持させ，出産年齢層が基本的なリプロダクティブ・ヘルスのサービスを享受できるようにする。予防可能ながら多発している先天性疾患発生率を大幅に低下させ，出生性比の拡大傾向を抑制する。計画出産政策の「三つの主軸」方針を全面的に実行し，人口・計画出産政策の方向性および活動方法において「二つの転換」を基本的に実現する。

基本的な路線としては，「低出産水準を安定させる」，「出生人口の資質向上を目標に掲げる」，「法による管理，村民自治，良質なサービス，政策推進，

総合的管理のためのシステムの構築・完備」,「改革・革新および科学技術の進歩を動力とする」,「農村,とりわけ中西部の農村の移動人口を重点的対象とする」,「出産年齢層の基本的利益を保障,維持し,人間の全面的発展の促進を出発点と終着点とする」,「中央政府の"決定"が提起した活動要求を全面的に実行する」ことで,人口・計画出産事業の発展を推進する。

(3) プロジェクトを通じて,リプロダクティブ・ヘルスの促進を図る

リプロダクティブ・ヘルスという概念が真の意味で社会発展の領域に組み込まれた結果,人口・計画出産に関する政策活動でも,かつては主に人口の数量の問題にのみ向けられていた視点が,しだいに人口数とその資質へも向けられるようになり,人口資質に関する面にさらなる注目が集まるようになった。

国務院が年末に発表した「西部大開発戦略の政策措置に関する若干の説明」は,「中央政府の財力増強にともない,中央政府の西部地区に対する一般財源の移転規模をしだいに拡大させ,農業,社会保障,教育,科学技術,衛生,計画出産,文化,環境保護といった分野の補助金を西部地区に重点的に配分する」,「西部地区の衛生体系および計画出産政策の確立へ向けた支援規模を拡大し,農村部における健全な衛生保健システムの構築に重点をおく」と述べている。これは中国のリプロダクティブ・ヘルス事業が西部に傾斜していることを示唆している。

経済が十分発達しておらず,伝統的観念が根深く残っている現状では,中国政府はもっとも多数で広範囲にわたる民族の基本的な利益の確保から着手し,国民のリプロダクティブ・ヘルスと計画出産政策を確固として促進させるという政策を採ってきた。中国において,リプロダクティブ・ヘルスと計画出産政策についての良質なサービスを展開する際,経済,社会,文化,計画出産の現状の多様性と発展の不均衡は,もっとも大きな課題となっている。広大な中西部のように発展が遅れた貧困地区において,良質なリプロダクティブ・ヘルスと計画出産の政策サービスを展開できるのか? できるとすれば,どのようにすればよいのか? これは,真剣に研究し適切に解決しなければならない二つの重要な問題である。このため,国家計画出産委員会は,

「中西部地区における良質なリプロダクティブ・ヘルスと計画出産政策サービスの模範事業のプロジェクト」を始動させた。二年あまりの実践を通して，中西部地区におけるリプロダクティブ・ヘルスと計画出産の政策サービスのための基本的な手順を模索した。その流れとは，

- 敷居を低く設定し，安定的に発動し，少しずつ前進させ，しだいに深化させる。
- 資源の質を向上し，技術を規範化し，サービスを良質なものとする。
- 分野ごとに指導をし，分野ごとに活動を展開し，一歩一歩実施する。
- 重点を把握し，難問に挑戦し，特徴を出す。
- 実施，調整しながら完成させる。

こうした流れは，経済・社会の発展が相対的に遅れている中西部地区においても，リプロダクティブ・ヘルスと計画出産政策の良質なサービスの展開が十分に必要とされており，それを完全に執行することが可能であることを示している。成功の鍵は，方針をはっきりと定め，適切な方法と確かな足取りで実施することである（趙炳礼，2002 年）。中西部地区のリプロダクティブ・ヘルスと計画出産政策の良質なサービス活動の推進は，この広大な地域の人口資質に積極的かつ明らかな影響を与えるであろう。

中国は世界でもっとも人口が多い国で，人々が基本的なリプロダクティブ・ヘルスを享受するという目標を達成することは決してたやすいことではない。そのためには，新たな考え方，新たなモデルが必要である。中国政府は，計画出産政策や科学技術活動とリプロダクティブ・ヘルス促進活動の結びつきを強調し，避妊による出産抑制について，良質なサービス事業，先天性疾患関係事業，生殖器系感染症関係事業という三つの事業の推進を掲げ，リプロダクティブ・ヘルスと計画出産政策の良質なサービスにおける「三大プロジェクト」と総称した。

新たな人口政策の目標のもとで，中国の人口・計画出産政策は，しだいに人間を本位とする良質なサービス・ネットワークを形成してきた。計画出産政策のネットワーク機能強化とその機能転換は，中国が小康社会を構築する過程で重要なものとなった。目下，リプロダクティブ・ヘルスのサービス・ネットワークは都市や農村に広く普及・形成され，省レベルの科学研究機関

は32, 県レベルのサービスセンター2457, 郷レベルのサービスセンター3万8629となっている。リプロダクティブ・ヘルスのサービスに従事する職員は当初規模で, 技術者12万, 計画出産政策活動員40万, 郷レベルの職員100万を有しており, 専門訓練を経て, すべての人口グループにサービスを提供する能力を備えている(趙白鴿, 2002年)。

　もし, われわれが合理的かつ着実に, 人口・計画出産政策ネットワークの能力を強化させることができれば, その良質な機能と潜在力を最大限に発揮させて, 社会発展の需要にサービスを提供し, 国家の公共事務管理による社会的支援システムを作り上げることができる。これにより, 人口と計画出産政策のネットワークは人口と社会の継続的な発展に対しさらなる貢献を成し遂げることになる。リプロダクティブ・ヘルスと計画出産政策の「三大プロジェクト」の実施と展開とは, この認識をはっきりとさせ, 理念を深化させる過程なのである。

　2000年3月に公布された, 「中国共産党中央委員会と国務院による, 人口・計画出産政策活動を強化し低出産水準を安定させることに関する決定」を遂行するため, 国家計画出産委員会は同年6月に, リプロダクティブ・ヘルスと計画出産政策の「三大プロジェクト」, すなわち, 「避妊による出産抑制の良質なサービス事業」, 「先天性疾患関連事業」, 「生殖器系感染症関連事業」を提起した。この「三大プロジェクト」は, 世界保健機関の認可と大きな協力を受けた。2001年4月, 山東省煙台市において, 「三大プロジェクト」の実施と管理についてのシンポジウムが開催された。6月には北京で, 世界保健機関との共催で「中国におけるリプロダクティブ・ヘルスと計画出産政策の良質なサービスの三大プロジェクトに関する国際会議」が開催され, 第十次五カ年計画期間で, リプロダクティブ・ヘルスと計画出産政策の良質なサービスの「三大プロジェクト」を実施し, 技術サービスに重点をおいた計画出産政策の良質なサービスを全面的に推進することを国際社会に対して正式に宣言した。

　「三大プロジェクト」は, 中国における人口のリプロダクティブ・ヘルスの三大需要[*12]を満たしているため, 各レベルの政府や関係部門の注目を集め, 全国31の省(直轄市, 自治区)が, それぞれのレベルで「三大プロジェ

クト」を組織し，めざましい進展をみせている。

　第一に，計画出産政策について科学研究を強化し，現存の各種科学技術研究プロジェクトを十分に利用して，新たな科学技術プロジェクトを研究開発しつづけ，「三大プロジェクト」に対して技術的支援を提供することである。1999，2000，2001年に，国家科学技術部は「生物医学材料の基本科学問題に関する研究」，「リプロダクティブ・ヘルスの基礎研究」，「中国人口の先天性疾患に対する遺伝と環境による制御の研究」を承認し，避妊による出産抑制の良質なサービスのための基本的な保障を提供した。また，計画出産政策とリプロダクティブ・ヘルスの分野における国家の重要問題に取り組むプロジェクト，863プロジェクト，新規ハイテク技術産業模範プロジェクト，中小企業が新たに創設した基金プロジェクトなどは，そのすべてが，「三大プロジェクト」を展開するために大きな科学技術的保障を提供した。

　第二に，全国に展開されている「三大プロジェクト」活動を指導するための文献を整備し，各省のB類プロジェクト文献の作成を指導した。実験地となっている県では基礎調査を展開し，啓蒙，研修，コンサルティングといった面の規範的な技術文書，冊子，科学普及図などを編集し，各省の「三大プロジェクト」活動の展開を強く推進した。

　第三に，2001年12月末までに，全国各省（直轄市，自治区）はプロジェクト意見書を提出し，そのなかで避妊による出産抑制に向けた良質なサービス活動の展開を申請した省は16，先天性疾患関連活動の展開を申請した省は19，生殖器系感染症関連活動の展開を申請した省は26あり，プロジェクト申請文書は全部で61であった。プロジェクト資金は約5000万元集まった。申請を行なったすべての省（区，市）が，2〜3県で試験的なプロジェクトを実施することを決めた。

　第四に，まずは足がかりとして，「避妊による出産抑制に向けた良質なサービスプロジェクト」を行なう地区として，遼寧，浙江，河南，湖北，四川，甘粛，山西の7省が，「先天性疾患関連プロジェクト」を行なう地区として，山西，吉林，河南，山東，広東，湖南の6省が，「生殖器系感染症関連プロジェクト」を行なう地区として，北京，天津，江蘇，広東，湖北，雲南，吉林，江西，広西，上海，山東，黒龍江，四川の13の省，区，市が選ばれた。

第五に，企業の「三大プロジェクト」への参画を積極的に奨励することで，計画出産政策の科学技術の革新能力と水準を向上させ，リプロダクティブ・ヘルス産業を発展させた。50近い企業がプロジェクト申請（C類プロジェクト）を提出し，そのなかには遺伝子分野，新型漢方薬，デジタル化医療機器などの開発研究も含まれる。

　第六に，国際シンポジウムを開催し，国際的な支持を得た。世界保健機関はリプロダクティブ・ヘルスの専門家と研究部主任を含む，8名の専門家を顧問として派遣し，文献の作成に参画した。2002年6月，国家計画出産委員会は北京で「三大プロジェクト」国際会議を開き，国連人口基金，ユニセフ，UNAIDS（国連合同エイズ計画），世界銀行，南・南協力機構（South-South Cooperation），フォード基金，国際産婦人科学会，アメリカ疾病予防管理センター，アメリカ人口理事会などの機関が委員を派遣して参加し，このプロジェクトを積極的に評価した。国連人口基金は，第五期共同プロジェクトに「三大プロジェクト」の内容を加えることに同意した。世界保健機関は，このプロジェクトとそのなかの九つの協力センターの「三大プロジェクト」に対して支援を行なうとし，2～3の省を総合的プロジェクト実施地域として選択した。

　第七に，各関連部門が協力して積極的に参画することである。国家計画出産委員会は積極的に科学技術部，衛生部，国家計画出産委員会，財政部などの関連部門と共同で「三大プロジェクト」を重点とするリプロダクティブ・ヘルス推進計画を制定した上で，合理的にプロジェクトを分割し，共同組織を発足させ，資源を合理的に利用して，「三大プロジェクト」を実施した。科学技術基地の設立に力を注ぎ，技術的サービスに重点を置いた計画出産政策の良質なサービスを全面的に推進し，基本国策に忠実に全国民のリプロダクティブ・ヘルス水準を向上させた。全国婦人連合，中国優生優育協会など非政府組織も協力を強く希望し，共同で「三大プロジェクト」を展開した。現在の任務は，認識，投資，政策，管理，研究，サービスの水準を絶え間なく向上させ，さらに広範囲にわたって継続的に，民意にかなったプロジェクトと善政プロジェクトを推進させることである。

参考文献 [*13]

[1] Brookesmith, P., 1997, *Future Plagues,* Brown Packaging Books Ltd.
[2] Glouberman S, Millar J., 2003, Evolution of the Determinants of Health, Health Policy, and Health Information Systems in Canada, 93: 388-392.
[3] Laver, G. and E. Garman, 2001, The origin and control of pandemic influenza, *Science,* 1776-1777.
[4] Reich, Michael R., Eiji Marui, 1989, *International Cooperation for Health: Problems, Prospects, and Priorities,* Auburn House Publishing Company, Dover: Massachusetts.
[5] Waitzman, N. J., Scheffler, R. M. and Romano, P. S., 1996., *The Cost of Birth Defects, Estimates of the Value of Prevention,* Lanham: University Press of America, Inc.
[6] WHO, 1948, A New Health Organization Is Born. *World Health,* No. 1998.
[7] World Bank, 1992, China: Long Term Issues and Options in the Health. Transition. Washington. D. C.
[8] 北京大学の「母親安全」プロジェクト外部審査ワーキング・グループ, 国家「母親安全」プロジェクト外部審査報告, 北京, 2001 年
[9] 「生後二カ月の新生児の成功手術」『北京晩報』2003 年 7 月 26 日
[10] 曹紅・修新紅・万愛華・李勇智・黄俊芬「青島市囲産期嬰児出生欠陥監測情況分析」『斉魯医学雑誌』, 1998 年 (2)
[11] 国家計画委員会社会発展局『中国衛生改革与発展戦略高層研討会専集』, 北京, 2000 年
[12] 国家衛生部・国家衛生サービス研究『1998 年国家衛生服務調査分析報告』, 北京, 1999 年
[13] 国務院母子活動委員会『中国婦女発展綱要 1995〜2000 年』『九十年代中国児童発展規画綱要』実施状況報告, 国務院母子活動委員会事務室, 2001 年 10 月
[14] 国務院人口普査事務室『2000 年第五次全国人口普査主要数据』中国統計出版社, 2001 年
[15] 胡善聯編集主幹『衛生経済学』復旦大学出版社, 2003 年
[16] ユニセフ『世界子ども白書 1999』国連, 2000 年
[17] 全国身体障害者サンプル調査事務室『中国 1987 年残疾人抽様調査資料』, 1989 年
[18] 史梅「了解艾滋病知識対予防艾滋病的影響」, 21 世紀第 1 回中国人口科学論壇『人口発展与人口科学全国学術研討会論文摘要』中国人口学会, 北京, 2001 年
[19] 湯哲『人口老齢化与老年衛生保健』経済科学出版社, 1999 年
[20] 衛生部「1999 年全国衛生統計年鑑資料」, 1999 年
[21] WHO (世界保健機関), マクロ経済と衛生『投資衛生領域, 促進経済発展 (中文版)』人民衛生出版社, 2002 年
[22] 蕭紹博「試論科学技術在中国人口与健康領域的戦略地位」『中国計画生育学雑誌』

（増刊），2002 年
［23］許俠編訳『全球 HIV ／ AIDS 的流行情況，計画生育科研動態』中国協和医科大学，中国医学科学院医学情報研究所，国家計画出産委員会科技局，総 414 期／ 415 期，2002 年
［24］楊樹勤編集主幹『出生欠陥的統計監測方法和季節性分析および医学用統計監測と周期性分析方法』四川科学技術出版社，1998 年
［25］楊暁光『中国公共栄養状況』中国公共栄養と社会経済発展高級論壇，北京，2001 年
［26］張開寧「以婦女為中心的生育健康——概念，背景及多学科研討的価値」，趙捷・張開寧・温益群・楊国才主編『以婦女為中心的生育健康』中国社会科学出版社，1995 年
［27］趙白鴿『執行開羅人発大会精神——中国リプロダクティブ・ヘルス／計画生育事業的発展』中国計画出産学雑誌増刊，2002 年

訳 注

＊1 「人口健康」とは，英語の「population health」の中国語訳で「地域住民の保健」を総称的に捉えた概念である。

＊2 リプロダクティブ・ヘルス（「性と生殖の健康」）——リプロダクティブ・ヘルスの定義については，後述（本章363 ページ「2 中国人のリプロダクティブ・ヘルスの状況」）の説明を参照。

＊3 バンコク宣言の原文では，「人口」という用語は使用されておらず，「市民社会」が用いられている。

＊4 「三次元の空間」とは，本章353 ページのWHO の健康定義の「身体的，精神的，社会的」の三次元であると思われる。

＊5 健康資本——現在の医療経済学では，人間の健康状態を一つのストック変数として捉え，それが家庭内での資源配分，環境，年齢などの影響を受けて，時間とともに変化すると考える（Grossman, M. "On the concept of health capital and the demand for health care," *Journal of Political Economy,* 80, 1972, pp.223-255）。単位時間あたりの健康状態の変化はフロー変数であるが，それに対して，疾病の罹患，喫煙，肥満などはマイナスの影響を，疾病の治療，適度な運動，正しい食生活などはプラスの影響を，それぞれ与えると考えることができる。各個人は，出生時において両親から与えられた初期健康資本を保有しており，これはある時期を過ぎると加齢ともに減少し，ゼロになると死亡する。こうした観点からは，医療サービスやさまざまな疾病の予防策，あるいは健康な生活習慣などはすべて健康資本の減少を抑える投資活動であるとみることができるので，健康投資と呼ばれる。

＊6 原文の数値は「21.55％」「5％」となっているが，表9-4 を踏まえ，それぞれ一桁繰り下げて「2.155％」「0.5％」に修正した。

＊7 原文では第2 節を意味する表記になっているが，内容的に，第3 節の2 にあたるとみなし，そのように目次構成を変更した。

＊8 健康寿命——健康で心身ともに自立した状態で生存できる期間を示すもの。平均

寿命から，病気や怪我で健康が損なわれた結果，日常生活に支障をきたした期間を差引いて計算される。WHO は 2000 年から公表しているが，計算方法はいくつかある。

*9　原文では，1980 年「39.6 億」人，2025 年「60.3 億」人となっているが，それぞれ，「3.96 億」，「6.03 億」の誤植として，訂正した。本章 385 ページにも似たような記述があり，そこでは 2025 年は 6.03 億人とされている。ただ，その 385 ページでは，「1980 年以降の現在」で「3.33 億」という数字が挙げられているので，この 1980 年の数値と考えられる「3.96 億」とは矛盾する。

*10　健康経済学——日本では医療経済学という言葉の方がなじみ深いが，ここでは「学術分野を超えた」としている原文に準拠し，上位概念の"健康経済学（Health Economics）"を用いた。

*11　原文では第 4 節を意味する表記になっているが，内容的に第 3 節の 4 にあたるとみなし，変更した。

*12　計画出産，先天性疾患の予防，および性病予防。

*13　文中で挙示された文献がすべて網羅されていないという不備があるが，原文のままとした。

第10章　持続可能な発展の基本問題

人口・資源・環境

「持続可能な発展の能力を絶え間なく増強させる」ことは，全面的な小康社会を建設するための，四つの努力目標の一つである。持続可能な発展の能力を増強させる上で重要なのは，経済発展の維持，社会の全面的な発展だけではない。もっとも重要なことは「人間本位」を基本に，人と自然の関係を改善し，人類社会の絶え間ない発展のなかで，資源の永続的な利用，環境との良好な関係を実現することである。言い換えれば，ある国家や地域の持続可能な発展の能力は，最終的には人口・資源・環境状況という三者の関係のなかで評価されるのである。

1　持続可能な発展の基本問題

持続可能な発展観の提起とその確立は，従来の発展観に対する総括および再認識を示している。人類の発展観の変遷を概観してみると，単なる経済要素の重視から環境要素へと注目が移り，最終的には社会的な要素を強調するという過程であった。発展の概念を経済領域から社会領域へと拡大させ，環境問題を工業汚染の抑制から自然環境と社会環境を含む全方位的な環境保護の領域へと拡大させた。また発展の目標を単純な経済成長の追求から，人間の全面的な発展ニーズの充足へと転換させ，伝統的な発展観から持続可能な発展観への転換を成し遂げた。

持続可能な発展には主に人口，資源，環境，経済発展，社会発展という五つの領域が関わっている。この五つの領域が，持続可能な発展という全体のなかで占める位置および相互関係にどのように重点を置くかは，研究によりそれぞれ異なっている。持続可能な発展においては，人口が主要要素である

と認識する「人口中心論」もあり，資源・環境問題がその核心問題であると認識する「生態核心論」もあり，経済発展がその根本であると認識する「経済決定論」などもある。われわれは持続可能な発展における五つの領域の位置と相互関係について，以下のように説明しようと思う[1]。

　資源は持続可能な発展の起点であり条件である。いわゆる資源とは，自然界と人類社会にある，価値を有するすべての物質を指す。これは，土地，鉱産物，水，森林，草原などといった人類の消費対象および生態系のバランスを維持するための自然資源だけではなく，人的資源，技術資源，管理資源，文化資源，情報資源といった，すでに保有しているか，あるいは保有することが可能な，生産・技術条件を含む社会的資源がすべて含まれている。

　人類の資源に対する需要は，まず経済発展のニーズとして現われる。自然資源は経済成長の重要な物質的基礎であるが，その一方で，技術進歩，科学教育，情報サービス，資源の有効管理といった社会的資源も経済成長に影響を与え，それは経済の発展速度にまで直接関係するという点で重要である。そして次の段階では，社会発展のニーズとして現われる。資源とは単に，文化，情報，科学技術の誕生や形成の物質的な基礎であるだけでなく，社会生産各部門の基礎産業──「資源産業」──として，外資の吸収，就職の安定，社会の全面的な発展に積極的な役割を果たしている。自然資源は，地球生態環境の重要な構成部分であり，局部または全地球上のエネルギーのバランス，物質の循環，気候の変化，生物の維持と遺伝を調整する，多様な「生態機能」を有している。資源は，人類があらゆる社会・経済活動を行なうための基本的な物質的基礎と生態環境条件を提供している。それゆえ，資源の角度から発展をみると，人類社会の一切の活動は資源の物質への転換に帰結するといえる。それには自然資源の物質への転換と，社会資源の物質への転換が含まれ，それ以上に，自然資源と社会資源を結びつけたうえで物質へと転換させたものが多く含まれる。資源の物質への転換をなくして発展を論ずることは不可能であり，資源は持続可能な発展の起点であり条件である。

　人口は持続可能な発展全体の鍵である。人類はもともと自然界を起源とす

---

1) 楊魁孚・田雪原編集主幹『人口，資源，環境与可持続発展』浙江人民出版社，2001年参照。

るが，人類の誕生があったからこそ社会の生産活動が生まれ，そのうえに社会の絶え間ない発展が成し遂げられたのである。人類が自らの目的の遂行のために物質転換に参加するがゆえに，発展といえるのである。持続可能な発展という問題提起がなされたのも，人類社会が一定の段階まで発展した結果であり，伝統的な発展観の弊害について改めて考えたためである。国際連合の「環境と開発に関する世界委員会」(WCED ＝ World Commission on Environment and Development) が1987年に発行した最終報告書 *Our Common Future*（邦題『地球の未来を守るために』，通称「ブルントラント報告」）では，持続可能な発展を，「将来の世代のニーズを満たす能力を損なうことなく，今日の世代のニーズを満たすような発展」であると定義している。このように世代間関係から持続可能な発展を定義すると，持続可能な発展において人口と人口再生産が占める地位と，それが果たす役割が明らかになる。人間の全面的な発展のニーズを満足させるには，経済発展に支えられるだけではなく，同時に良好な社会環境および自然環境によって，「生産が発展し」，「生活が豊かになり」，「生態環境も良好である」という，"三生共栄"の発展の道を歩むことを追求しなければならない。人口が，自身の数，質，構造変動，すなわち人口の生産と再生産に対し大きな影響を与えることは疑いようもないが，それ以外にも，資源の転換，環境の整備，生産活動，社会活動の主体であるがゆえに，物質資料の生産，環境の生産，精神の生産に対しても大きな影響を及ぼし，持続可能な発展を制約する鍵ともなる要素なのである。

環境とは，持続可能な発展の終点であり目標である。原始経済の時代であれ，農業経済の時期であれ，あるいは工業経済の初期であれ，1960年代直前までは，経済の高成長を追求すること，民衆の衣食住の問題を解決すること，基本的な生存需要を満足させることが，一貫して社会発展の主要な目標であった。とくに18世紀の産業革命以後，資本が急速に蓄積され，その増強が強烈に求められた結果，世界では前例のない「成長ブーム」が出現した。GNP，国民所得の増加が根本的な目標となり，発展を測る主要な指標となった。しかし，経済成長とは地球の資源を支柱とし，生態システムの完備を基礎としているものである。したがって，このように経済の成長のみを発展と

みなす方式は，資源の危機，環境汚染，生態系の破壊を招き，一連の社会問題を引き起こした。人々は自らの社会・経済的行為と，その歩んだ歴史について反省せざるをえなくなり，発展の目的と目標について改めて考えたのである。1970年代以来，一連の国際環境会議では，環境と持続可能な発展について問題提起され，討論が行なわれてきた。これによって，環境問題は全世界が持続可能な発展を考える契機，持続可能な発展戦略を模索する原動力，あるいは「触媒」となった。環境問題とは，環境状況とは明らかに異なる発展方式が引き起こした結果であり，ひいては発展方式の持続可能性を検証する試金石もしくは警報機となったのである。持続可能な発展の根幹とは，人間の全面的な発展に有利な環境を創り出すことにある。

経済発展と社会発展は持続可能な発展の道であり調節機である。持続可能な発展は人口・資源・環境の相互調和を必要とする。では，それらを何にもとづいて調和させるのか。それは経済と社会の発展である。経済発展は量的拡張，質的向上，発展方式の転換という三つの段階を踏む。量的な拡張段階においては，資源の消費が増加し，資源不足が深刻になる。質的な向上の段階においては，技術進歩にともない人々は資源開発能力を向上させ，その利用深度を深め，範囲を広げ，資源消費中心型から資源拡張中心型へ転換する。伝統型の経済成長方式が現代型の方式に転換する際には，技術進歩，科学管理によって労働生産性が大幅に向上することで，資源の利用効率が低く，浪費が深刻であったそれまでの局面が逆転する。

人類社会は原始経済時代，農業経済時代，工業経済時代を経験してきた。生産水準の違いによって，異なる生産方式が決定され，ひいては人類が自然へ関与する程度も決定される。したがって経済段階の違いにより，異なる環境問題が生じた。経済と社会の発展が，資源と環境に与える影響と調整は次のように現われる。現時点での資源物質の転換能力と環境の状況は，過去の経済と社会発展の結果であるが，その一方で，経済と社会発展の方式を通じて，構造などを調整し，資源の転換方式および環境への影響を変えることによって，持続可能な発展に有利な方向へも，不利な方向へも向かわせることが可能である。

以上のように，人口・資源・環境問題は持続可能な発展の基本問題である。

人口・資源・環境の調和を追求して持続的な発展を可能にし，最終的には人と自然の調和と統一を実現することが，持続可能な発展戦略の最終目標である。人口・資源・環境の関係の変化は，マクロ局面において，人類社会の発展の歴史を反映している。人類発展の歴史を鳥瞰してみると，人類と自然の関係は，完全な依存からある程度の影響，改造あるいは「征服」という段階を経験してきた。とりわけ，約200年前から科学技術は急速な進歩を成し遂げ，人類は広く深く自然に関与し，自然を改造してきた。自然界との大規模な物質とエネルギーの交換によって，計り知れない物質的，精神的な富を創り出してきたのである。

　人口とは，人類の総体を指す抽象的な概念であり，資源を開発し，能動的に自然を改造する主体であると同時に，消費の主体でもある。資源，環境にとって，多すぎる人口は大きな圧力になりつつある。アメリカの環境学者ポール・エンリッチ（Paul Enrich）とジョン・P・ホルドレン（John. P. Holdren）はかつて，$I = P \cdot A \cdot T$という簡単な公式で人口と環境の関係を説明した。Iは環境への影響（Impact），Pは人口（Population），Aは豊かさ（Affluence：一人あたりの消費水準あるいは生活水準で説明可能），Tは技術の質（Technology）である。この公式は，ある地域における資源，環境への負荷は人口の数量と一人あたりの消費水準に正比例することを示している。人口が多く，一人あたりの消費水準が高いほど，資源と環境に対する圧力も大きい。技術の進歩は二つの側面を持っている。すなわち，人々の資源の利用効率を高め，生態環境を保護・改善する一方で，人々の資源の開発利用能力を高め，資源の消費と破壊を加速し，環境の悪化，生態の退化を加速する面もある。したがって，人口が資源・環境に与える圧力は，人口の増加だけではなく，個人の資源消費量の増加，人口の平均消費水準の上昇などにも影響を受ける。人口自体の絶え間ない増加と，消費財や生活水準向上に対するあくなき欲求は，生産方式の変化，生産力水準の向上，人類社会の永続的な進化と発展を促進しているが，それと同時に，資源と環境に対する圧力も日増しに強くなっているのである。

　1980〜90年代以来の中国の発展を回顧すると，われわれは現代化建設の「三段階」戦略の第二段階までの歩みを成功させ，2000年に人民生活は

全体的に小康水準に達した。しかし伝統的な発展観にもとづいたこの20数年間の急速な発展はGDPを主な目標としており，いまだに大量消費，低効率，粗放型の発展の道から脱却できずにいる。「中国21世紀行動計画（アジェンダ21）」のなかで設定された1994～2000年の環境目標はそもそも高いものではなかったにもかかわらず，実際の達成度合いは満足できるものではなかった。資源・環境情勢は依然として厳しく，しかも一部は悪化傾向にある。過去20数年の経済の持続的な急成長の大部分は，事実上，資源の大量消費と環境の質的低下を代価に得たものなのである。

中国の生物多様性の状況に関する研究報告では，1986年の汚染による生物多様性の損失は121.7億元，生態破壊による経済的損失は831.5億元で，合計は953.2億元であり，その年のGNPの9.84％に相当することが示されている。1997年，国家環境保護総局の政策研究センターは，1992年の中国の環境汚染による損失は986億元で，その年のGNPの4％に相当すると推計した。同97年，中国社会科学院の環境・開発センターは，1993年の中国の環境汚染による損失が963億元で，その年のGNPの2.8％に相当し，生態破壊による損失は2394億元で，その年のGNPの6.9％に相当すると推計した。また世界銀行の推算によると，中国の1997年の大気および水質汚染による経済的損失は540億ドルに達し（1995年から物価水準は一定と仮定），これは同じ時期のGDPの8％に相当する。2001年，国家環境保護総局が実施した西部の生態状況調査では，西部九つの省・自治区の生態破壊による直接的経済損失は1494億元で，当地域の同じ時期のGDPの13％に相当していたことが明らかになった[2]。

これらを受けて，21世紀に入る際に，党の第十六回大会は，持続可能な発展能力の増強を全面的な小康社会の建設目標の一つにし，生態環境の改善を通じて，資源利用の効率を向上させ，人口・資源・環境を調和させることによって，最終的には人と自然の調和を実現することを強調した。胡錦濤総書記は2004年3月9日の中央人口・資源・環境座談会での講話で，全面的な小康社会を建設するという雄大な目標を実現するには，必ず持続可能な発

---

2) 張維慶・孫文盛・解振華編集主幹『人口資源環境与可持続発展幹部読本』浙江人民出版社，2004年参照。

展を重要な地位に位置づけ，適切に人口・資源・環境の調和を進めなければならないと強調した。その上で，これは国民経済の持続的・健康的な高速発展，経済成長の質と効果・利益の向上，人民生活の質の向上，人の全面的な発展の促進，さらには生態環境の改善，人と自然の調和の促進といったすべての分野にとって重要な意義を持っていると指摘した。

2　現状と特徴

全面的な小康社会を建設し，全面的で調和のとれた持続可能な発展の道を歩むためには，まず，中国の人口・資源・環境の現状とその特徴について，明確な認識が必要である。

1　人口の現状と特徴

中国の人口増加の歴史を回顧すると，王朝の交替にともない，人口の増減は基本的に波型を描いている。唯一，康熙19年(1680)から道光20年(1840)までの「乾隆盛世」において，人口が大幅に増加し，中国の人口発展史上，前例のない出産ピーク期を迎えた。全国人口は1億人から4億人前後まで増加し，人口の多い国・中国の基礎を定めた。中華人民共和国建国後は，1953～57年および，1962～1973年の二度にわたって，出産ピーク期があり，全国人口は1949年の5.42億から1973年の8.92億人に増加した。急速な人口増加が経済，科学技術，社会発展に与える制約と，日増しに重くなる負担に直面した政府は，人口増加の抑制に力を入れ，計画出産政策を開始，強化した。30年間の全国挙げての努力の結果，ようやく有効な人口増加抑制を実現し，1974年以降は出産の低潮期となった。

全国の合計特殊出生率は1970年の5.8から，現在は1.8前後まで低下した。出生率と自然増加率はそれぞれ1970年の33.43‰と2.58％から，2002年には12.86‰と0.65％まで低下した[3]。国連の資料によると，2000～2005年の世界の合計特殊出生率は2.68で，先進国は1.50，発展途上国

---

3)『中国統計年鑑2003』中国統計出版社，2003年。

は2.92である。世界の出生率と自然増加率はそれぞれ21.2‰と1.23％であり，先進国では10.4‰と0.16％，発展途上国では23.70‰と1.48％である[4]。中国は，先進国と発展途上国の中間に位置している。合計特殊出生率は1990年代半ばに2.1という人口置換水準以下に低下し，先進国と同等の低出生水準となり，将来，人口がゼロ成長となる条件が創出された。これについては，本書のこれまでの各章において，中国の人口の数量，質，構造の面から全面的かつ体系的に論じられている。

現在，中国人口の現状と特徴は以下のように要約することができる。

① 人口数は大きいが，増加速度は衰えている。予測によると2033年の総人口は14.47億人となり，ゼロ成長が実現可能となる。

② 労働力人口が膨大で，その総数は2015年前後まで増加し，全人口に占める労働力人口の割合がピークとなるのは2010年以前である。

③ 人口転換の速度が加速し，年齢構造が高齢型になった後，2050年にはピーク値に達し，世界でも高水準となる。

④ 人口資質の向上は顕著だが，全体のレベルは依然として高くない。

⑤ 都市化の加速によって，移動人口が大量に増加し，全面的な小康社会の建設が達成される2020年には，都市部人口は60％以上に達し，世界の平均水準を上回る。

⑥ 人口の地域的な分布はバランスを失っているが，基本的な構造は変わりにくい。

2 資源の現状と特徴

資源というのは自然界と人類社会にある，価値を有するすべての物質を指す。このような価値を有する物質は，基本的に自然資源と社会資源との二つに大別することができる。本章では，「自然資源」「社会資源」と個別に明記する以外に，一般的に「資源」と述べた場合は，自然資源を指すこととする。

中国は領土面積が広く，自然資源が豊富な国である。960万平方キロメートルの国土には広大な土地，豊富な水資源，豊富かつ多種類の鉱産物，森林

---

4) United Nations, *World Population Prospects, The 2000 Revision,* New York, 2001.

を有し，草地，海域も広く，自然景観も豊かである。このことは，中国の経済・社会の長期的発展の基礎を提供した。しかしながら，中国は人口が多く，膨大な人口がもたらす資源に対する巨大な需要を短期間で根本的に変化させることは難しい。中国の資源の総量が多く，種類が豊富であっても，一人あたりの資源占有量はわずかである。また，資源分布が空間的にアンバランスで，組み合わせや構成が非合理的なため，開発が困難で停滞資源が多いといった特徴から，われわれは長期的な資源不足という圧力に直面せざるをえない。

(1) 土地資源

　土地資源の総量は多いが，一人あたりの占有量は少ないという現実は，中国の土地資源のもっとも重要な特徴である。中国の領土面積は960万平方キロメートルであり，ロシア（1770万平方キロメートル）とカナダ（997万平方キロメートル）に次ぎ，世界第三位である。耕地は世界の耕地総面積の9.5％を占め，世界第四位である。牧草地は世界の牧草地総面積の7.8％を占め，世界第2位である。林地は世界の林地総面積の5.5％を占め，世界第5位である。それに対し，中国の人口は2000年に12.95億に達し，世界第1位となっている。人口密度が高く，一人あたりの土地，耕地，林地，草地の占有面積は，それぞれ世界平均占有面積の3分の1，3分の1，5分の1，2分の1である。その上，中国の開発利用に提供可能な土地の潜在力は非常に小さい。土地利用の現状調査によると，1998年10月31日までの全国の未利用の土地面積は2.45億ヘクタールで，全国土地総面積の25.8％を占める。そのうち，利用可能ではあるが未利用の土地は約0.6億ヘクタールで，全国未利用の土地面積の24.6％を占め，全国土地総面積の6.3％を占める。しかもこれらの土地の大部分は質があまりよくなく，開発難度が高い。

　土地は人類の生存と発展の基礎となる物質的条件であり，人口の絶え間ない増加が，有限な土地に重い圧力をかけつつあることは疑いようもない事実である。加えて，土地の非合理的使用と浪費は，土地の量と質の低下を引き起こしている。

　第一に，耕地の減少である。中華人民共和国建国以来50数年，人口が急速に増加する一方で，社会・経済発展にともない，多くの耕地が都市，道路，

企業の整備に占用され,大量の耕地が失われた。1957年と比較して,現在の一人あたりの占有量は5分の3近く減少した。

　第二に,土地の質の退化である。長期にわたる過度な使用により,肥沃であった土地の有機質は著しく低下した。農業生態系の深刻な不均衡により,全国では毎年,災害のために大量の耕地が損失・破壊されている。過度な放牧により草地の退化も著しく,草原の被覆比率は低下しつづけ,水土流失の悪化を招いた。

　第三に,その水土の流失である。中国は水土の流失が世界でもっとも深刻な国の一つであり,現在まで全国の水土の流失面積は367万平方キロメートルで,国土面積の約38％に達している。しかも,その量は毎年100万ヘクタールずつ増加している。西南と西北地域は水土流失の被害がもっとも深刻な地域であり,全国の耕地水土流失面積の47.24％を占める。

　第四に,土地の砂漠化である。現在,荒漠化した土地は262万平方キロメートルであり,国土面積の27.3％を占める。しかも日々加速傾向にある。1950～60年代,砂漠化した土地の面積は年平均で1560平方キロメートルであったが,70～80年代になってからは2100平方キロメートルになり,90年代に入ってからは2460平方キロメートルに達した。国は砂漠化の防止策を講じてはいるものの,過度な人為的活動により,砂漠化の速度が対策の速度より速いのが現実である。砂漠化の影響を受け,中国の乾燥・半乾燥地域の40％の耕地は,程度の差はあるものの退化し,生物多様性も破壊されている。

(2) 鉱産資源

　中国は世界で鉱産資源の総量がもっとも豊富な国の一つであり,種類も比較的豊富な数少ない資源大国の一つである。すでに明らかになっている鉱産資源総量は世界の約12％を占め,アメリカとロシアに次いで世界第3位である。ところが,一人あたり占有量をみると世界平均の58％で,世界で第53位である。さらに,中国の鉱産資源には三つの特徴がある。第一に,石油,天然ガス,ウラン,鉄,マンガン,クロム,銅,ボーキサイト,金,銀,硫黄,カリ岩塩といった中核的な鉱産資源において,採掘が可能であることが

確認されている埋蔵量の，世界の総量に占める割合が低い。第二に，中国の鉱床の地質条件が比較的複雑なため，開発利用全体の効率と利益に直接影響を与えている。そのため，国の経済と人民の生活に関わる中核的な鉱物の鉱床規模は，中小型が中心であり，大型，超大型の鉱床は少ない。第三の特徴は，鉱産資源の分布は地域的な格差が顕著であり，その分布は現在の生産力の配置と適合していない。

中華人民共和国建国以来50数年，鉱産資源の開発利用は中国の社会・経済発展の重要な柱となっていた。石炭，原油，鉄鉱石，鋼鉄，十種の非鉄金属，黄金，未精製塩，セメントといった主要な鉱産資源の生産量は急速に成長し，なかでも原油は1358倍，セメントは904倍，鋼鉄は857倍，非鉄金属は596倍もの成長を遂げた。全国の鉱業総生産額は3573億元で，国民総生産の4.4％を占めている。ここに，関連エネルギーと原材料加工業を加えると，国民総生産の30％を占めることになる。しかしながら，鉱産資源の分布という自然条件と，鉱産資源の探査に対する国家の投資削減などのために，中国の鉱産資源の備蓄と採掘量は低下傾向にある。鉱産の探査がいっそう困難になっている状況下で，投資額1万元あたりの探査埋蔵量は大幅に低下し，採掘が可能であることが確認された主な鉱産資源の埋蔵量はほとんど増加していない。ある鉱産資源については，採掘可能と確認された埋蔵量の増加が採掘にかかった費用を補うに足りず，埋蔵と採掘の比率は減少した。たとえば石油の場合，埋蔵と採掘の比率は1984年の19.5から1997年の14に下落した。近年になって埋蔵と採掘の比率はある程度上昇しているが，石油資源の埋蔵量については，いまだに楽観視できない。

(3) 水資源

中国は世界でも水資源が相対的に乏しい国の一つであり，水不足が深刻である。中国の陸地における水資源の総量は一年あたり2兆8124億立方メートルであり，世界の水資源総量の6.9％を占める程度である。一人あたりの水資源占有量は，世界の平均水準の4分の1である。この20数年来，工業化と都市化の進行が加速するにともない，工業廃水と生活汚水の排出量も急激に増加し，水質汚染によって水資源の緊張はさらに高まっている。これと

同時に，中国の自然地理，気候条件の影響を受け，水資源は時間的，空間的に分布がきわめてアンバランスであり，このことが地域的な水資源の欠如をいっそう深刻にしている。

水は，工業，農業生産，人民の生活において欠かせない重要な資源である。人口増加と社会・経済の発展にともない，さらには非合理な使用も相まって，中国における水資源不足の問題は日々深刻になりつつある。1980年代，中国が毎年実際に使用する水量は5000億立方メートルに達し，これは利用可能な水資源の約46％を占めた。水資源の利用率は世界でも上位に入り，世界の平均水準の2.6倍であり，すでに水資源利用の臨界値に達している。地域によっては河が断流し，地下水の水位が下がり，水の需給に矛盾が生じている。中国の700近い大中都市のうち，300あまりの都市は水が不足し，そのうち100あまりの都市はとくに深刻である。農業においては，毎年300億立方メートルの水が不足し，干害被害面積は20万平方キロメートルで，干害は農業災害のなかでも重要な問題になっている。水資源の欠如は経済成長のボトルネックであり，人類の生存を直接脅かしている。

(4) 海洋資源

海洋中の，人類にとって開発利用可能なすべての物質とエネルギーを総じて海洋資源と呼ぶ。これには生物資源，非生物資源および空間資源という三種類が含まれる。中国は海洋大国に属しているが，一人あたりの領海面積は0.0027平方キロメートルで，世界の一人あたり平均面積の10分の1であり，世界137の沿海国家のなかで，第122位となっている。

中国の沿海砂浜資源は比較的豊富であり，総面積は2.17万平方キロメートルである。海に流れ込む河が大量の砂を運び，その堆積による砂浜の拡張は毎年2.67万ヘクタールに達する。砂浜資源は増加しつづけ，中国発展の種である養殖業の重要な基地になり，国民の食物構造の改善に大きく作用するだろう。海域の天然ガス資源開発については，比較的楽観視できる。渤海，黄海，東海，南海には，豊富な天然ガス資源が埋蔵されており，近海域には約240億トンの石油資源と13兆立方メートルの天然ガス資源がある。これは今後の資源の巨大な将来性を示している。しかしながら，現在中国の海洋

資源の開発利用程度はまだ低く，水深の深い港湾と海岸線の多くはまだ十分に利用できず，外海漁業資源も利用不足で，近海の養殖に適した浅海水域の砂浜利用率は高くない。海水資源の利用は塩作りに限られ，海洋エネルギーの利用率はさらに低い。

(5) 生物資源

　生物資源には，大きく分けて動物資源，植物資源，微生物資源が含まれる。生物資源は人類の食用とその他の使用に供されるだけではなく，自然界の生態バランスを維持している。

　中華人民共和国の建国初期には，全国の森林被覆面積は全陸地面積の5%であった。その後，全国で大規模な植樹造林活動を展開し，森林面積は年々拡大，1991年には森林被覆比率が13.4%，2002年には16.6%となった。森林蓄積量をみると，1980年代初期には毎年0.3億立方メートルのマイナスであったが，現在は0.39億立方メートルのプラスに転じた。しかし全体的にみると，中国の森林面積は世界の4%前後を占めるのみであり，林木の総蓄積量は世界総量の3%よりも少ない。一人あたりの林地の占有面積は0.11ヘクタール，蓄積量は8.6立方メートルで，世界平均水準のわずか12.6%，14.2%に相当するだけである。森林の質をみると，材木林のうち成熟林および過熟林資源は減少しつづけ，樹齢構造は低齢化し，面積あたりの蓄積量も低下している。森林資源は量的には増加していても，質的には改善していないのである。森林構成をみると，材木林の面積と蓄積の割合はそれぞれ66.08%，74.20%である。防護林は12.50%と19.56%で，防護林は非常に少なく，生態環境の保護に不利である。

　中国の草地総面積は約4億ヘクタールで，オーストラリアに次いで世界第二位になっているが，一人あたり草地面積は，世界一人あたり平均水準の2分の1である。利用可能な草地のうち，優質牧草地は18%，中等牧草地は約40%，低質牧草地は36%であり，86%以上の牧草地は西北の乾燥，半乾燥地域に分布している。牧草地域の畜産業は，基本的に自然放牧と粗放経営という状態にとどまり，生産能力は低い。1ヘクタールあたり平均的に生産される畜産品は，牛羊肉が1.5キログラム前後，牛羊乳は3.75キログラ

ムである。それに対し，オランダではそれぞれ300キログラムと7500キログラムで，オーストラリアでは6キログラムと15キログラムである。粗放経営状態と牧草地の非合理的な利用は，草地の生態をさらに破壊し，牧草地の深刻な退化を招いてきた。砂漠化，アルカリ化による退化面積は，利用可能な草地面積の約4分の1を占める。

中国は豊富な物質資源を保有しているものの，森林の減少，草原の退化，土地の砂漠化，水質汚染，自然災害の激化などによって，多くの動植物が絶滅寸前となり，生物多様性は深刻に脅かされている。近年のある統計によると，中国の脊椎動物総数の7.7％を占める約398種の脊椎動物，全国の高等植物総数の3.4％を占める1009種類の高等植物が絶滅の危機に瀕している。

人口が資源に与える圧力は，その数の増加によるものであり，生活の質の向上によるものでもある。中国は資源大国でありながら，資源小国でもある。中国の自然資源は比較的豊富で，総量は世界各国の上位に属する。種類も比較的豊富に揃っており，土地も広く物産も豊富である。しかしながら，人口が多いために資源の絶対的，相対的な不足が同時に起こる。資源総量の供給はこの人口の需要に比べて絶対的に不足しているだけでなく，非効率的な構造が相対的な不足も生み出しているため，中国は資源小国となり，社会・経済の発展が制約されている。

3 環境の現状と特徴

環境とは広義では人類以外の一切の事物であり，それには自然環境と社会環境が含まれると理解できる。狭義の意味で環境とは自然環境を指す。すなわち，人口の再生産を行なう上で特定される，大気環境，水環境，土壌環境と生物環境である。本章ではとくに指摘する場合以外，一般的に自然環境を指すこととする。

環境問題は，人類の生存や発展，あるいは社会の進歩に関係する全体的な問題である。中国政府はこの問題について一連の環境保護の措置を取り，数年間の努力を経て，全国の主要な汚染物の排出量については有効に抑制できるようになった。環境汚染の深刻化は，基本的に抑制され，一部の都市や地域の環境の質はある程度改善し，生態保護は強化され，整備が進んだ。これ

により，環境の全面的な悪化は防止され，国家の環境安全は基本的に保障された。しかしながら，中国は人口が多く，発展水準も相対的に低い。さらには環境資源に対する歴史的な負債や人為的な破壊といった諸要因が加わり，現在，環境問題は非常に深刻で，現実的には，生態が悪化する可能性は否認できない。

(1) 水環境

中国が直面している水環境問題の現状は以下のとおりである。汚染物質の排出量が水環境の容量を越えている。日々深刻になっている窒素とリンによる面汚染源[*1]が，水環境の悪化を加速させている（富栄養化）だけでなく，非合理的な水資源の開発が水質汚染を悪化させている。地域的な生態系の破壊と水源の保水能力の低下は，水環境の悪化をいっそう深刻化させている。

統計によると，2002年，全国の廃水排出総量は439億トン（そのうち工業廃水の排出量が207億トン，生活排水の排出量は232億トン）であり，廃水中の「化学的酸素要求量」[*2]の排出量は1367万トンである[5]。十大水系の年平均水量から計算すると，中国の地表水すべてが国のIII類水質基準[*3]を達成するためには，化学的酸素要求量は800万トン以下に抑える必要があるが，実際の排出量はこの容量を71％超えていることになる。七大水系について，汚染が深刻な順に並べると，海河，遼河，淮河，黄河，松花江，長江，珠江となる。

また，深度の浅い地下水はすべて汚染の被害を受けている。沿岸海域では，IV類水質基準を達成した海水は34.5％であり，赤潮の発生回数とその面積が顕著に増加している。窒素，リンなどの栄養塩類を効果的に抑制できていないことが富栄養化の主な原因であり，そのうち95％は生活・農業廃水による汚染である。

2001年，全国都市部の生活排水の処理率はわずか18.5％で，農業における化学肥料利用率は30％である。しかも，牧畜養殖業の急速な発展にともなって，窒素とリンを大量に含む汚水が直接流入し，程度は異なるものの，

---

5)『中国統計年鑑2003』中国統計出版社，2003年。

全国の湖の75％が富栄養化し，住民の飲用水の水源も汚染されている。2001年，都市の飲用水源の45.6％は水質が悪く，農村飲用水の衛生合格率は62.1％であり，3.6億人の農村人口が標準的な飲用水を飲めていないことになる。水質汚染は水資源の不足をいっそう悪化させ，生態用水の欠如が深刻になり，環境の安全に深刻な危険を招いている。

(2) 大気環境

総体的にみると中国の都市の大気汚染の進行は緩やかになっており，一部の都市ではむしろ大気の質は改善に向かっている。しかし，全体的な汚染状況はいまだに深刻である。

2002年の全国の煙塵排出量は1012万トン，工業粉塵の排出量は941万トン，二酸化硫黄の排出量は1927万トンである[6]。専門家の計算によると，空気中の二酸化硫黄の濃度について，国の二級基準を達成させるには年あたり1200万トン以内に抑制する必要があるが，2002年の実際の排出量はその容量を61％超えている。この最大の要因は，中国がエネルギーの約70％を石炭に頼っていることにある。また，大中都市における自動車の急速な増加によって，排気ガスによる汚染も悪化しているため，都市の大気汚染は主に煤煙型，あるいは煤煙型から煤煙と窒素酸化物の複合型汚染に転換している。

国が観測した341の都市のうち，2001年に国の二級大気汚染基準を達成した都市は33.4％である。三級基準を超えた都市は33.2％あり，少数の都市においては大気汚染は依然として悪化する一方である。1.16億の人口が三級基準に満たない空気のなかで生活していることになり，これにより観測した都市総人口の40％が心身健康に被害を被っていることは間違いない。大気汚染，とりわけ大気中の二酸化硫黄の濃度の上昇は，酸性雨の増加につながる。中国の酸性雨地域は全国土面積の30％にのぼり，世界三大酸性雨地域の一つとなっている。

---

6) 同前。

(3) 土壌環境

現在，水土流失，土地の砂漠化，土壌の塩害化などといった，主な土地の退化現象は局部的には抑制されているが，全体的な悪化傾向は根本的に変化していない。毎年新たに増加する水土流失面積は100万ヘクタールで，土壌流失は50数億トンに達する。過去50年間で，全国の水土流失面積は356万平方キロメートルに達し，これによって4000数万畝の耕地が破壊された。退化，砂漠化，アルカリ化した草地は100万平方キロメートルにのぼる。

土地の荒漠化は依然として蔓延傾向にある。1999年末，全国の荒漠化した土地面積は267.4万平方キロメートルであった。西南山岳地帯の土地の石漠化は拡張し，その程度も日々深刻になっている。旧態然とした非効率な灌漑[*4]や非合理な農耕制度によって，二次的な土壌の塩害化問題は全土に存在し，一部の地域においては，塩害化した土地面積は増大する一方である。さらに，大量の農薬，化学肥料，農業用プラスチック・フィルムの使用と，堆肥肥料の長期的な使用などに加え，汚水灌漑，油田開発，汚染漏れといった原因によって，土壌汚染は深刻になる一方である。土壌環境の悪化は，限りある土地資源と，日々低下している土地の生産力に巨大な脅威を与えている。

(4) 生物環境

中国は，世界でもっとも生物多様性に富んだ国の一つである。全国の高等植物は3万種類以上，脊椎動物は6347種類，陸地生態系類型は600種類である[7]。しかしながら，歴史的，現実的な自然資源の過度な開発・利用および環境破壊が原因で，野生生物の生息面積は縮小または破壊されつづけている。それに加え，一部の地域における乱獲や過剰採取によって，野生動植物の数量は減少しつづけ，生物多様性は深刻な脅威に直面している。

統計によると，全国で絶滅の危機に瀕している，またはそれに近い高等植物は4000～5000種あり，中国の高等植物総数の15～20％を占めている。また，258種類の野生動物の絶滅がすでに確認されている。「絶滅のおそれ

---

7) 国家統計局・中国環境統計専題組『中国環境統計2000』中国環境科学出版社，2003年。

のある野生動植物の種の国際取引に関する条約（ワシントン条約）」に登録されている 640 種に及ぶ絶滅危惧種のうち，156 種類は中国に存在し，全体の約 4 分の 1 を占める[8]。さらには，外来種の侵入，遺伝資源の流失や盗難，生産量増加のための人為的な耕植面積の拡大，品種改良，遺伝子組み換え作物の出現などが原因で，多くの原始的で稀少な品種は排除され，減少し，ついには絶滅に至った。これは中国の種質資源構成の安全性にとって深刻な脅威である。

　以上述べてきた点をまとめると，中国の環境問題は，歴史的に残されてきた問題でもあり，発展の過程で新たに出現した問題でもある。国内の問題，または一部地域での問題，あるいは地球環境全体の問題も存在している。中国は人口が多く，生産力は発展段階であり，成長のあり方も粗放で，経済システムの調整も未完成である。それゆえに，長期的な経済の急成長過程においては，ある程度，環境を代価として支払うことは避けられない。しかしながら重要な点は，発展のさなかにあっても環境保護を一貫して重視し，環境問題の解決策を積極的に模索し，現在の発展水準にふさわしい持続可能な発展の道を探ることである。

3　発展趨勢と政策の選択

　人類の生存と発展は，必ず社会・経済の発展がその拠り所となる。資源という視点からみると，発展とは資源の物質への転換に帰結し，それには自然資源の物質への転換，社会資源の物質への転換，および自然資源と社会資源を結びつけた上での物質への転換が含まれる。社会・経済発展とは，資源の物質への転換を実現する重要なプロセスであり，手段である。現在の資源の物質への転換能力と環境状況は，いままでの経済・社会発展の結果であり，現在の社会・経済発展方式は，将来の資源の物質転換の方向と環境の質に影響を及ぼす。全面的な小康社会の建設を目指した 20 年は，人口の数量が継続的に増加し，社会・経済は急速に発展し，国民が徐々により豊かな生活を

---

[8]『中国環境保護 21 世紀議程』中国環境科学出版社，1995 年参照。

求めてきた 20 年でもある。これが中国の資源，環境にさらなる圧力と影響を与えてきたことは疑うべくもない。

1 背景——社会・経済発展による圧力

(1) 食糧の安全

食糧は国家経済の安全性を保障する戦略的な資源である。食糧の安全は国家政策と国民生活に関係しており，安定した国家運営を行なう上で非常に重要な課題である。21 世紀に入った中国では，食糧の需要と供給の問題が大きな注目を集めている。ある研究が明らかにしているように，1978 年の改革開放以来，中国では人口が一億人増加するごとに，食糧の総消費量は約 1300 万トン増加し，両者には非常に密接な相関関係がある。また，都市化水準が 1 ％上昇するごとに，食糧の総消費量は 1054 万トン増加し，一人あたりの国民総生産が 10 ％成長するごとに，食糧の間接消費量は 430 万トン増加すると指摘されている[9]。中国の人口は，今後半世紀においても増加を続け，工業化と都市化も加速しつづけるため，一人あたりの所得水準の上昇と生活様式の変化によって，食糧生産に対して空前の強烈な需要が生じることは必至である。

中国の食糧自給率は一貫して高水準を維持しているものの，食糧の安全状況にはつねに変化がみられる。事実，中国では 1995 年以降は 4 年間連続して食糧増産が続き，作付面積は 15 億畝以上となり，年間生産量は 5 億トン前後にまで達した。人口 12 億人で計算すると，一人あたり年平均食糧は 400 キログラム程度となる。ところが，1999 年以後は生産量の減少が続き，2001 年までの減産量は累計で 5965 万トンとなった。食糧産地の面積も 14 億畝まで減少し，年平均生産量も 4.5 億トンに，一人あたりの食糧はわずか 375 キログラムにまで低下した（図 10-1 を参照）。

2000 年以降の中国の食糧消費需要はおおよそ 4.8 億〜4.9 億トンで，一年あたりの需要に対する供給の不足量は 0.25 億〜0.35 億トンとなった。備蓄食糧の市場への大量放出によってこの供給不足は賄われたものの，現在

---

[9] 朱傑等編集主幹『21 世紀中国糧食問題』中国計画出版社，1999 年参照。

図 10-1　中国の食糧生産量の変化

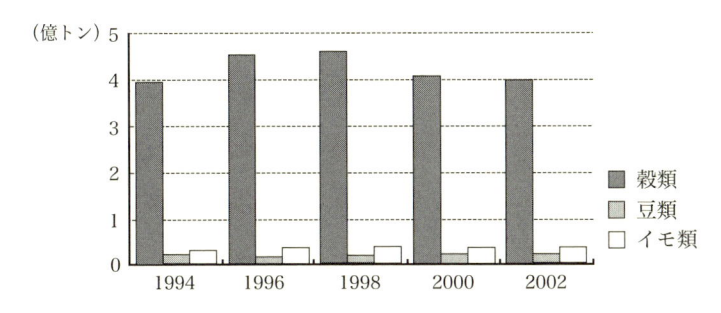

の市場の供給過剰状態は備蓄食糧の放出によって支えられているにすぎない。食糧生産の不足による現実的な需要超過は，国の備蓄によって3年間は満たされたものの，これもすでに使い尽くされつつある。食糧の供給過剰状態が続くと，一般的に"豊作貧乏"という現象が起こるため，農民は食糧生産を減少させようとする。一，二年の減少は深刻とはいえないが，もし食糧生産の基本資源が減少しつづければ，土地，水などの資源は他に転用されるようになり，食糧の安全が脅かされる。

事実が明らかにしているように，食糧栽培面積の大幅な減少は，食糧生産量が低下するもっとも重要な原因である。産業構造の調整，休耕地における造林や草地化は，食糧栽培面積を減少させる鍵となる要素である。とくに注意すべき点は，調整によって減少させた農地を再び回復させることは困難であり，長期的に食糧の生産能力を低下させてしまうことである。

食糧栽培面積の減少の主な原因は以下のとおりである。第一に，開墾して作った耕地を再び林に戻す「退耕還林政策」による耕地面積の減少である。全国の退耕総面積は，2002年度だけでも2138.3万畝にのぼる。第二に，産業構造調整過程における，耕地の経済林，材木林，生態林への転用，あるいは養殖池の造成である。これにより，土壌の耕土層は破壊され，耕地の使用方法も変更されてしまい，短期間で耕地へ戻すことは困難になった。第三に，都市化の進展，小都市と鎮の建設，交通などの公共施設や農村の家屋の建設によって，耕地を永久的に占用することである。それ以外にも，絶滅危惧種の保護地域内での繁殖活動や，文化財を異郷へ移築して保存する「異郷保護」のために使われる耕地の多くは，良質で肥沃な土地であり，その代替

地として提供される耕地は，一般的に山の斜面の耕地，アルカリ性の土地，未墾地などが選ばれ，実際には「肥沃な田畑を質の悪い土地と交換する」ことになっている。代替地の提供によって量的には均衡しているものの，質的には著しく低下している上，こうした耕地に対する投資は少ないため，食糧の生産能力は保証されていない。国土資源部の最新の調査では，中国の耕地面積は 1996 年の 19.51 億畝から，2002 年には 18.89 億畝に減少したことが明らかになった。

われわれは常々，"中国は世界の耕地面積の 7％足らずの土地で，世界人口の 5 分の 1 を養っている"と自慢しがちではあるが，日増しに増加する人口と，日々大きくなっている需要を目にすると，この自慢は重荷に変わってしまう。中国の農業生産状況が"農産物の量はバランスを保ち，豊作の年には余裕がでる"という歴史的段階に入り，やっと衣食の問題を解決した昨今，食糧問題に潜んでいた"安全"の危機がひっそりと近づいてきた。耕地資源の制約を受けるなかで，化学肥料の使用量を増加させ，灌漑面積を拡大し，大量生産可能な優良品種を導入し，耕地の輪作周期を上昇させることは，中国が安定した食糧生産量を維持するために，依然として有効な手段である。しかしながら，水資源の不足，とくに土地の増産潜在力が大きい北方地域の水資源の欠如は，食糧増産の深刻な制約要因となる。今後も化学肥料，農薬の使用量は増加しつづける見込みであり，2005 年にはそれぞれ 4600 万トンおよび 42 万トンとなり，2000 年の消費量と比較すると，12％，31％増加すると予測されている。面汚染源が原因の水質汚染は日々悪化している。化学肥料の投入によって得られる利益は徐々に減少する傾向にあり，今後は，化学肥料に頼った食糧生産増加も限界に近づくため，中国は長期的な食糧不足という課題に直面しなければならなくなる。

(2) 工業化の加速

2020 年の国内総生産を 2000 年の四倍にするという目標を実現するためには，国民経済の成長率を年平均で 7％以上に維持しなければならない。なかでも，第二次産業の貢献度は依然として大きな割合を占める。ところが現在，中国の工業化が置かれている発展段階，発展水準からみると，伝統的な

高汚染産業がこれからも発展を続ける見込みである。汚染物質の排出量は，科学技術の進歩にともなって徐々に低くなってはいるものの，総生産量の増加によって，汚染物質の総排出量は依然として高い値を維持したままであり，より高くなる可能性すらある。工業化の加速が環境汚染に与える圧力は拡大しつづけている。

　われわれは情報化によって工業化を推し進めることを強調しているが，中国現有の工業は基礎が弱く，構造的な矛盾が大きい。伝統的な高汚染産業が発展しうる余地が依然として大きいなか，新型工業化をさらに加速させ，その実現のために尽力することが求められている。国家経済貿易委員会が発表した「第十次五カ年計画，工業構造調整計画要綱」と「工業業界短期発展指導方針」は，伝統的に高汚染産業である鉄鋼，セメント，非鉄金属，石炭，石油工業，化学工業，電力，交通運輸といった原材料工業および基礎工業は，今後も相対的に平穏な成長傾向を維持すると計画している。今後20年も，これらの業界は依然として国民経済発展の重要な支柱産業であり，さらに発展する可能性がある。食品，服装，医薬，家電といった業界は着実かつ急速に発展し，「世界の工場」の状態が続くといわれている。伝統的な高汚染産業が成長を続けるという状況と，こうした業界の技術進歩にはしばらく時間を要するという状況からみると，工業部門は依然として「三廃（廃水，廃ガス，廃棄物）」の排出源になるであろう。

　2002年の工業廃水の排出総量は207億トン，工業排気ガスの排出量は17兆5257億立方メートル，工業固体廃棄物の総量は9億4509万トンである。また，工業部門は二酸化硫黄と化学的酸素要求量（COD）の主な排出源でもあり，2002年の中国のCODと二酸化硫黄の排出量は，それぞれ1367万トンおよび1927万トンで（図10-2，図10-3参照），ともに世界第一位となっている。しかもGDPあたりの二酸化硫黄の排出強度は先進国の水準より高い。アメリカの二酸化硫黄の排出強度はGDP千ドルあたり2.3kgであるのに対し，中国はGDP千ドルあたり18.5kgである。現在の排出強度で計算すると，工業成長モデルに根本的な転換がない場合，2010年には二酸化硫黄の排出量は2002年より17％増加し，CODは62.8％増加する見込みである。2005年に両者の総量を抑制するという目標が実現し，2010

年の汚染物総量を 2005 年と比べさらに 10％削減したとしても，これらの汚染物の排出総量は依然として世界第一位にとどまるだろう。

(3) エネルギー資源消費の増加

将来の経済発展を支えるためには巨大なエネルギー資源が必要である。中国は工業化のさなかにあり，社会・経済の発展がエネルギー資源へ依拠する度合いは先進国より大きい。国際エネルギー機構（IEA）が『エネルギー危機回避に向けた，中国に対する国際的要請』と題した報告書では，これから 2020 年まで，中国のエネルギー資源需要の増加量は地球全体のエネルギー資源需要増加量の 23％を占め，その数値は，OECD（経済協力開発機構）29 加盟国分に相当するものであると予測されている。2001 年中国のエネルギー資源費用支出は 1.25 兆元に達し，GDP の 13％を占める。現在のエネルギー消費方式から予測すると，2020 年に中国が必要とする一次エネルギー資源は標準炭換算で 32 億トン以上であり，エネルギー資源の消費量は 2000 年の 2.5 倍以上に増加する見込みである。たとえ中国がエネルギー効率を向上させ，再生産可能なエネルギー資源を開発する，といった持続可能な発展戦略を実施したとしても，2020 年のエネルギー需要は標準炭換算で 24 億トンに達する。

ある研究は，中国の年平均 GDP の成長傾向，人口の発展状況とエネルギー節約率の変動状況にもとづいて，中国の最終的なエネルギー資源の需要について予測した[10]。その結果，2010 年，2020 年の一次商品エネルギー資源に対する需要は，それぞれ標準炭換算で約 20 億トン，25 億トンとなった。石炭はそれぞれ 20 億トン，23 億トン，原油は 2.8 億トン，3.5 億トン，天然ガスは 600 億立方メートル，1200 億立方メートルである。中国の国民経済の命脈と直接関係がある鉱産資源，とりわけ石油資源が長期的に欠如することは，すでに動かざる未来である。ここからもわかるように，中国のエネルギー資源の採掘，転換および利用が，近い将来，地球規模の環境や気候の変化，さらには経済発展，エネルギー資源の安定供給などに大きな影響を及

---

[10] 風鳳起「中国能源消費和能源発展戦略」『邁向 2020 年的中国』中国計画出版社，1997 年参照。

図10-2 化学的酸素要求量（COD）排出量の変化

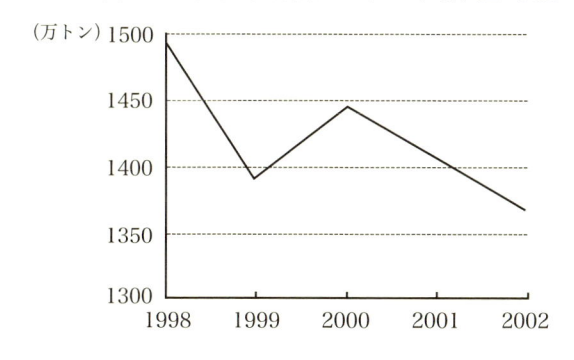

図10-3 二酸化硫黄排出量の変化

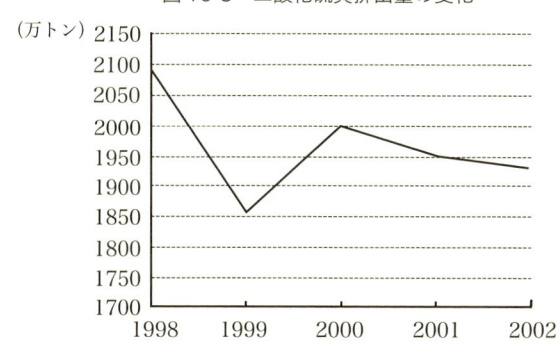

ぼすことが予測できる。

　石炭の生産と消費は，中国の経済発展において非常に重要な位置を占める。ただし，経済構造の調整と環境保護による圧力にともない，エネルギー資源のなかで石炭の占める消費割合は少なからず変化している。1957年の92.3％から，2002年には66.1％に下落し，天然ガス，水力発電，原子力発電の占める割合が徐々に大きくなっている（表10-1参照）。しかし長期的なスパンでみれば，石炭資源はまだまだ豊富で，それと比較すると石油，天然ガス資源は乏しい。それに対し，経済発展によるエネルギー資源に対する需要が大きいため，中国のエネルギー資源において石炭が果たす主体的な地位は動揺しにくい。その消費量は，1985年の8.16030億トンから，2002年の12.62113億トンへと1.5倍に増加した[*5]。毎年2000万トン前後のスピードで増加し，2020年にピークに達すると予測されている。新しいエネ

ルギー資源の開発利用とエネルギー効率の向上により，中国の石炭に対する需要は標準炭換算で16万トン前後という水準を長期にわたり維持すると予測されている。石炭主体のエネルギー資源構造によってもたらされる煤煙型主体の大気汚染は，大気環境の改善を長期にわたって制約する要素である。二酸化硫黄の排出は深刻な問題であり，現在中国の排出量は世界第二位であるが，近い将来には第一位になるだろう。

表10-1　中国エネルギー資源消費構造（単位：％）

年度	石炭	石油	天然ガス	水力発電
1957	92.3	4.6	0.1	3.0
1970	80.9	14.7	0.9	3.5
1980	72.2	20.7	3.1	4.0
1990	76.2	16.6	2.1	5.1
2000	66.1	24.6	2.5	6.8
2002	66.1	23.4	2.7	7.8

出所：『中国統計年鑑』1999，2003，中国統計出版社より作成

(4) 消費の増加

　全面的な小康社会の建設が加速するにつれ，長期的に存在してきた内需不足，消費水準の低迷という局面が大きく変化し，工業製品・食品などの消費は増加しつづけている。また改革開放以来の国民所得の増加にともない，所得の格差も拡大している。高，中，低という異なる所得階層のうち，高，中所得階層の割合は小さく，中の下および低所得階層の割合が大きい，ピラミッド型になっている。国家統計局，都市調査グループの世帯調査によれば，現在，中国では中所得世帯は全体のわずか18％である。今後20数年でこの割合は38％まで増加し，中所得者層が社会の主流階層になると予測されている。一人あたりの年間所得は5～8万元で，0.6～1万ドル前後に相当する。エンゲル係数は現在の37.7％から25％前後まで低下するという[11]。国民所得の増加とともに，消費水準，消費方式，消費の質も大きく変化している。消費の際に，より多くの国民が文化・サービス消費を求めるようになり，教

---

11) 李培林・朱慶芳『中国小康社会』社会科学文献出版社，2003年。

表 10-2　中国国民生活水準の変化状況

指標名称		1989 年	1997 年	2002 年
都市部の一人あたり消費支出	（元）	1,211	4,186	6,030
都市部住民世帯エンゲル係数		54.5	46.6	37.7
都市部一人あたり生活電力消費量	（キロワット時）	77.4	191.4	237.9
都市部一人あたり生活用水量	（千／日）	—	220	219
都市部一人あたり国内旅行費用	（元）	—	599.8	739.7
都市部一人あたり住宅建築面積	（平方メートル）	13.5	17.8	22.8
都市部 100 世帯あたり自家用車所有台数	（両）	—	0.19	0.88
携帯電話普及率	（台／百人）	—	1.1	16.1
都市部世帯コンピュータ所有量	（台／百戸）	—	2.6	20.63
都市部家庭文化教育と娯楽支出割合	（％）	11.12	10.71	14.96
都市部住民世帯医療保健支出割合	（％）	1.32	4.29	7.13
農村部一人あたり消費支出	（元）	535	1,617	1,834
農村部住民世帯エンゲル係数		54.8	55.1	46.2
郷村部*一人あたり生活電力消費量	（キロワット時）	20.6	61.3	105.5
農村部一人あたり生活用水量	（千／日）	—	84	94
農村部一人あたり国内旅行費用	（元）	—	145.7	209.7
農村部一人あたり住宅面積	（平方メートル）	17.2	22.5	26.5
農村部 100 世帯あたりオートバイ所有台数	（両）	0.95	10.89	28.07
電話普及率	（台／百人）	1.0	8.1	33.6
農村部世帯コンピュータ所有量	（台／百戸）	—	—	1.1
農村部家庭文化教育と娯楽支出割合	（％）	5.72	9.16	11.47
農村部世帯医療保健支出割合	（％）	3.07	3.86	5.67

出所：『中国統計年鑑 2003』中国統計出版社，2003 年版より作成
＊　原文のまま。

育，文化，通信，交通，保健，住宅などが注目される消費対象となっている。消費構造も，生存需要を満足させることから，発展需要を満足させる方向に変化し，流行を追い，個性を追求する傾向は日々明確になっている（表10-2 参照）。

しかしながら，このような消費の絶え間ない成長を維持するために，巨大な人口数，およびそれが加速度的にもたらす消費は，資源，環境に対しては大きな圧力となる。統計によると，先進国において，毎年一人あたりが消費

する自然資源の総量は 45 〜 85 トンである[12]。これらの自然資源を用いて，最終的に製品を生産する過程には，大量の浪費と汚染がともなう。また，生産技術の条件や管理レベルの高低によって，浪費と汚染の程度は異なる。したがって，発展途上国が先進国と同じ量の製品を生産する場合，それにともなう浪費と汚染が資源と環境に与える影響は，より深刻なものとなる。中国を含む多くの国では，自然資源の消耗が少ない持続可能な経済発展の道を模索し，あるいは実践しているが，持続可能という目標の実現にはいまだ時間を要する。

都市化と現代化の進展が加速するにともない，自動車産業が主柱産業となってきたが，これは必然的な現象であり，中国も例外ではない。中国の車両台数は，5 年ごとに倍増という速度で，急速に増加してきた。民用自動車台数は，1978 年の 135.84 万台から，2002 年には 2053.17 万台と，1917.33 万台増加し，年平均 11.9％で増加した。なかでも，自家用車はここ数年増加が著しく，1985 年の 28.49 万台から，2002 年の 968.98 万台と，940.49 万台増加し，年 23.1％で急増した[13]。2003 年前期の 10 カ月間で販売された乗用車台数は累計で 150.74 万台であり，前年同期と比較して 67.67％増加した。

しかし，自動車は社会・経済の発展に大きな利益をもたらすと同時に，ガソリン消費の主体であり，その消費量は商用エネルギー資源使用量の 4 分の 1 を占め，都市の大気汚染と温暖化の主要汚染源となっている。メタン，オゾン，一酸化炭素，一酸化窒素，そして二酸化炭素は自動車排気ガスの主成分である。北京，広州の一酸化炭素のうち約 80％，窒素酸化物のうち約 41％は自動車からの排出が原因であった。2010 年までに，上海市の大気中の窒素酸化物の 75％，一酸化炭素の 94％，炭化水素の 98％は自動車排気ガスが原因になると予測している。将来，一部の都市の大気汚染は，煤煙型から窒素酸化物型との混合型に転換し，なかには窒素酸化物汚染型に転換する都市が出現する可能性もある。

同様に，電子産業，包装産業といった，現代型産業の発達と生活様式の変

---

12) 『1998/99 世界資源報告』中国環境科学出版社，1999 年。
13) 『中国統計年鑑 2002』中国統計出版社，2002 年。

化によって，紙は新聞，書籍および雑誌，筆記用紙といった伝統的な製品に使われる以外に，現代製品の基本材料，家庭紙用品として広範に使用されるようになり，生活用紙の使い捨て消費は現代生活の一種の流行となった。多くの西洋国家にとって，紙の高消費は，現代社会の過度の消費と浪費の一種のシンボルとなっている。発展途上国において，一人あたりの紙の消費量はまだ低いが，急速に増加している。2010年には紙の消費量は約50%増加し，その増加率が最大となるのはアジアの発展途上国である見通しである[14]。紙の大量生産は，森林，人工造林にとってさらなる圧力を意味する。同時に，紙パルプの生産および製紙過程は汚染度が高く，製紙工場から排出される汚水は様々な有機物，有毒物質，有機塩素化合物が含まれているため，水質と水生生物に深刻な影響を与え，致命的な危機をもたらすのである。

　大量消費は，必然的に大量廃棄につながる。人々が生活の利便性を享受し，新製品に対する新鮮感と占有欲を満足させることは，一方で大量廃棄物によって，生態環境の受け入れ能力に重い負担をかけることでもある。現在，中国はすでに家電の生産と消費がもっとも多い国になっており，生活水準の向上と都市化の加速にともない，家電，住宅，自動車といった家庭用耐久消費財の生産・消費も急速に成長し，加速する一方である。こうした消費財の廃棄処分のピーク期が到来することは必至であり，今後，無視できない重要な環境問題になる。これについては先進国の失敗の経験がよい参考になる。

2　将来の人口・資源・環境の発展趨勢

　21世紀初めの20年間は，全面的な小康社会を建設し，社会・経済の急速な発展を成し遂げ，人々の生活水準をさらに向上させる20年である。同時に，人口増加が続き，資源・環境が大きな課題に直面する20年でもある。人口変動の発展趨勢については，別項においてすでに分析済みのため，ここでは言及しないこととする。資源と環境の変動趨勢について分析すると以下のようになる。

---

14)『1998/99世界資源報告』中国環境科学出版社，1999年。

(1) 資源の発展趨勢

資源が経済・社会発展を保証できる程度，すなわち，一定の採掘強度の下で，資源が順調に提供される期間がどのくらいあり，今後の社会・経済発展から生じる需要を満たせるかどうかは，小康社会を全面的かつ順調に建設できるかどうかに関わる問題であり，きわめて重要な物質的保障である。

資源ごとにその保証の程度についてみてみる。第一に，土地資源。土地資源，とりわけ耕地資源の保証程度は，国家経済と国民生活に直接関連し，生産される食糧によって15億人という中国人口を養えるかどうかにもかかわってくる。2002年，全国の耕地面積は1億3004.0万ヘクタールで，一人あたり0.10ヘクタールであった。これは世界平均水準のわずか40%前後であり，600あまりの県では，国連世界食糧計画が規定している警戒線（一人あたり耕地面積0.053ヘクタール）よりも低くなっている。全国土地詳細調査資料と，全国土地利用に関する全体計画の予測によると，都市部で2030年までに居住地域，独立工業・鉱産企業，および都市基盤整備によって占用される耕地は732万ヘクタールに及ぶ。また，傾斜25度以上の耕地，砂漠化した耕地，むやみな開墾地などで，植林，養殖池の造成，牧草地化などの処置が必要な耕地の面積は755.3万ヘクタール，災害により減少する耕地は約200万ヘクタールに及ぶ。2030年の中国の耕地面積は，2002年に比べ1678万ヘクタール，13%減少すると予測されている。専門家たちは，中カロリー，高蛋白，低脂肪という食物栄養モデルを仮定し，一人あたりの食糧を460〜470キログラムで計算した場合，養える人口は，中国国土で15.71〜16.05億人と分析している。500キログラム前後で計算すると14.77億人，550キログラム前後で計算すると13.42億人である。こうした数字からわかるように，21世紀初めの20年間，人口増加と耕地・食糧供給の矛盾は無視できないものである。

第二に，鉱産資源。採掘が可能であることが確認された45種類の主要鉱産資源の埋蔵量が2010年の経済建設をどの程度保証できるかについて論じた最新の分析によると，27種類の鉱産資源の一人あたり占有量は世界の平均水準より低く，22種類は経済建設を保証することができない，もしくは最低限の保証は可能だが不足が深刻になると予測されている。供給が保証で

きる鉱産資源はタングステン，アンチモン，水銀，錫，モリブデン，亜鉛，バナジウム，チタニウム，グラファイトなどだが，このような鉱物の多くは大量に使用されるものではない。基本的に保証程度が低いものには，石油，鉄，マンガン，銅，アルミニウム，ニッケル，雲母，アスベスト，リン，硫黄，天然ガス，銅，カリ岩塩などがあるが，これらは逆に，経済建設において要となる支柱型の鉱物である。こうした鉱産資源の構造的かつ長期的な不足局面は変わらないと予測される。

　第三に，水資源。現在，中国の年間取水量は5000億立方メートルを超えている。水利専門家の予測によると，2010年，全国の年間使用水量は5850億立方メートルとなり，2030年には約7000億立方メートル，2050年には約8323億立方メートルに達する[15]。現在の水資源の状況から考えると，新たに増加する使用水量は主に地表水に頼ることが決定づけられており，これには各種の貯水工程の建設が必要とされる。このプロジェクトの規模や，それに対する投資が巨大なものとなると想像される。

　第四に，森林資源。中国は森林資源が乏しい国の一つであり，大量の木材の輸入は避けられない。生態的効果，社会的効果を考えると，良好な自然環境を作ることが必要である。国内で必要とされる森林面積は3億1333万3000ヘクタールであり，必要とされる森林被覆比率は32.64％である。しかし，全国の森林面積は2億8017万ヘクタールであり，森林被覆比率はわずか26.3％にしかならず，大量に不足している。森林被覆比率32％を達成するには，林業に対する莫大な投資が必要となる。しかも，これを実行しても，木材に対する国家建設と国民の生活需要を満たせるといった程度であり，生態的効果と社会的効果の需要に応えることはできない。

　第五に，草地資源。現在，中国の草地面積は4.04億ヘクタールで，利用可能な面積は2.87億ヘクタールである。しかし，耕地と森林資源が不足しているため，将来的には一部の草地が耕地もしくは林業，農林業地として開墾され，それに荒漠化，草地の退化などが加わり，2010年には7000万ヘクタール前後の草地面積が減少する見込みである。また，人口増加，生活水

---

[15] 高志剛・郎一環・王礼茂『我国21世紀劣勢資源的多元化進口和接替戦略』中国21世紀全球資源戦略分報告之三。

準の向上，食物構造の改善は，肉類，乳類に対する需要を増大させるため，畜産物は一定の不足が生じ，その需要は満足できなくなるであろう。

第六に，海洋資源。前述したように，中国は比較的豊富な海洋資源を保有しているものの，現段階ではさほど開発利用されていないため，明るい将来性を持っている。科学技術の進歩にともない，海洋資源に対する開発，利用の能力が増強し，豊富な海洋資源を全面的な小康社会の建設のために使用できるようになると予測することができる。

全体的にみれば，現在，中国の各種資源は，経済・技術が及ぶ範囲で，比較的高い程度の開発利用が行なわれている。しかし今後の発展圧力からみると，中国が保有している資源総量の絶対的な不足と，構造面での相対的不足により，予備資源は明らかに不足しており，社会・経済発展に対する保証の程度は比較的低いといえる。

(2) 生態環境の発展趨勢

社会がいくら進歩したとしても，人類の生態環境に対する依存と影響は永遠に続く。生態環境の負担可能容量は，社会・経済発展の速度に影響を与え，持続可能な発展を実現していく際の難易度を決定し，最終的には人類の生存と発展に関わっている。生態学理論からいえば，自然生態系中のある種の生物群の数は，その周囲の生態環境の負担能力による制限を受けており，この法則は人類生態系 (human ecosystem) にも，同様に適用される。しかし，人類生態系における人口の環境容量と，自然生態系における動物の環境容量は根本的に異なっている。人類は耕地という生態系を自ら作り上げ，水，肥料，エネルギー資源，交通などを投入することで大量生産を行なっているため，自然生態系の条件下で許される本来の環境容量を超えることが可能となっている。

しかしながら，耕地の拡張，水，肥料，エネルギー資源の量は，最終的には自然生態環境が提供する資源の能力によって決定される。生態環境の負担能力は，生態環境の脆弱性の大小によって直接影響を受けることが研究によって示されている。生態環境とは，地質，地形，気候，水文[*6]，植生，土壌，動物，および微生物などが共同で構成する環境の総合体である。これは

人類の生息環境に対し生態調整機能を働かせると同時に，人類の生産活動の対象でもあり，資源の役割も果たしている。したがって，生態環境の形成と変化は，生態の各構成要素の特性と関係があり，人類の活動および資源開発とも密接に関連している。地質構造，地形の特性，地表の構成物質，生物群の類型，気候状況といった要素は，生態環境の脆弱性に影響を与える自然的要素である。また，人類の土地に対する過度の開墾，放牧，採掘，採集，さらには長期にわたる非合理的な灌漑，鉱産開発，農業汚染などは，生態環境を弱体化させる社会的要素である。

中国特有の自然構造と地理的な特徴は，中国の自然生態環境の先天的な脆弱性を決定づけている。また，中国は多くの人口を抱える国であるため，人々の様々な活動が自然生態の均衡を攪乱させ，環境汚染，生態系の破壊を加速させ，生態環境の脆弱性を増大させている。われわれが技術，法律，経済，行政などの手段を用いて，生態環境の保護と改良を強化したとしても，全体的にみれば，その破壊の速度の方がはるかに速い。世界的にみても，中国は依然として生態環境がもっとも脆弱な国の一つであり，今後20年間の発展趨勢は以下のようになるだろう。

第一に，土地の砂漠化と水土流失を根本的に抑制することは困難である。砂漠化についてみると，休耕地における造林，草地化，牧場の造成，天然林の保護プロジェクトなどによって，土地の砂漠化面積の拡大速度は徐々に抑制されつつある。しかしながら国土が広大で，改良の難度が高いことを考えると，より有効な保護措置の実施を前提にしても，土地の砂漠化のゼロ成長を実現できるのは2010年になり，2030年になっても改良可能な砂漠化地の60％しか改良できず，2050年になってやっと砂漠化した土地を効果的に改良することが可能になる。しかし，その間にも新たに砂漠化する土地は絶え間なく発生する。

水土流失についてみると，『全国水土流失報告』と『全国生態環境建設計画』によれば，中国は毎年5万平方キロメートルの水土流失を総合的に防止している。しかしこの速度から予測すると，2010年までに全国の水土流失面積は301万平方キロメートルに及び，全国土地面積の31.4％を占める。今後10年から20年で，水土流失を根本的に解決することは困難である。土

地の砂漠化，水土流失は依然として生態環境を脅かすもっとも重要な問題の一つである。

第二に，森林植生構造が単純なため，機能が退化していく状況を短期的に変えることは困難である。『中国資源利用戦略研究』の報告によると，2010年には中国の森林総面積は1億5150万ヘクタールになり，そのうち，成熟林および過熟林は材木林総面積の20.0％および4.3％を占める。森林生態系はいまだ構造が単純で，機能が低い状況にある。このような状況は2020年になっても根本的に変えることは困難であろう。

第三に，河川の表流水が海まで到達しない断流現象や，地下水の過度の採水が日々深刻になっている。現在の発展趨勢から予測すると，2030年前後に中国は水不足のピーク期を迎える。地下水の過剰採水と，河川の中上流における水利施設の大量建設により，地下水位の低下・海水の逆流・河川の断流といった現象が発生しており，これは今後相当長い期間にわたり深刻化するだろう。

第四に，土壌汚染の潜在的な危機が徐々に顕在化するだろう。農薬，化学肥料の大量利用，農業用プラスチック・フィルムやゴミ堆肥の長期的使用，さらには汚水灌漑，油田開発，汚染漏れといった様々な原因により，中国の土壌汚染は日々深刻化し，今後10年以上，汚染が続く見込みである。長期間にわたる堆積によって土壌汚染はより顕著になり，被害は日々深刻になる。

第五に，赤潮発生の頻度と強度が高くなる。陸地の汚染がいっそう激しくなるにつれて，海洋開発が強化され，それによって近海汚染も悪化する。これは赤潮の発生を頻繁にし，被害をさらに悪化させることにつながる。

新世紀に入ってから，天然林の保護，休耕地における造林・草地化と田畑や湖の復元，生態機能保護区の設立や保護のための政策措置が実施されるにつれて，重点区域における生態環境の悪化傾向は徐々に抑制され，一部の区域については，しだいに改善する傾向にある。しかしながら，生態環境の改善は周期が長く，歴史的な蓄積が多いため，難度が高い。この現状を踏まえれば，今後10年，あるいはより長期間，生態環境は依然として厳しい課題に直面し，その未来は不透明である。

3　マクロ発展戦略の政策的選択

　以上，今後 20 年間の人口・資源・環境の発展趨勢，特徴，およびそれが全面的な小康社会の建設に及ぼす影響について述べてきた。資源利用の効率を高め，生態環境を改善し，資源の永続利用と生態環境の良好な循環を実現することは，人口・資源・環境が相互に調和し，最終的には人と自然の調和が実現し，社会全体の生産が発展し，生活が豊かになり，生態が良好な状態を保つといった文明発展の道を歩むための基本的な条件であり，物質的な保障でもある。資源の永続的な利用を実現することは，後の世代の需要を満たすための自然資源の基礎を損なわないことを前提にしつつ，現在生きている人々の資源に対する需要も満たすことである。これは，資源に対する世代間の合理的な配分，部門間の適切な配置，さらには，経済，社会，環境の効果などにも十分に配慮することで実現される。生態環境の好循環とは，資源の合理的な利用と再利用，廃棄物による環境汚染の減少または軽減，生態環境の自浄作用と更新能力の増強および保護，生態系の良性な循環の維持などを通じて実現される。

　中国は発展途上にある人口大国である。人口，経済，社会，資源，環境の特徴のために，人口・資源・環境の持続可能な発展を実現するには，先進国が直面した困難よりもさらに多くの困難を克服しなければならない。人口増加，工業化，都市化の加速が，資源や環境に与える巨大な圧力は，今後長期にわたって存在する。また，いまだに非合理な産業構造，脆弱な農業基礎，未発達の技術，および低水準の管理といった粗放型経済成長方式が存在している。社会主義市場経済体制をさらに進めることは，一方で資源と環境価値の市場化をもたらし，他方では生態環境の保護に対する態度を受動的にさせた。資源・環境保護には社会，経済，政治，文化などの複雑な領域がかかわっている。法体制の未完備，公衆道徳観念・意識の欠如，価値観の違いなどは，人口・資源・環境の持続可能な発展を実現する上で巨大な障害となる。現在，人口をコントロールし，環境を保護し，資源を節約することは，中国の三大基本国策であり，それに関する行動計画が作成され，政策的な選択が行なわれている。われわれが全面的な小康社会を建設し，全面的かつ調和のとれた，持続可能な発展の道を歩むためには，上記の問題と障害について総体的に把

握し，総合的な管理体制が必要となる。現段階の中国の実情を考えると，下記の三つの問題を重視すべきである。

(1) 意識改革

持続可能な発展という観点から人類社会と自然生態環境の関係をみると，互恵性，総体性，長期性という三つの特徴を持つ。人類は実践活動を通じて生態環境を転換させ，自然を人に適応させる。その一方で，自然環境も人類に働きかけ，人類を自然のルールに従わせ，自然の権益を保護し，人類の自然化を実現する。このような自然と人間の相互形成により，社会システムと生態環境システムは総体的に分離できない一つの有機体を形成している。人類の自然利益に関する保護は，実際には自己利益の保護であり，人類の自然利益に対する損害は，自己利益の損害でもある。人類の利益と価値ばかりを重視し，人類中心の意識をもって世界の価値を評価・調整するという一方的な思考方式は，最初は劣悪な自然条件の下で生存を追求した初期の人類社会で芽生え，私有制の誕生によって発展しつづけ，その後の資本主義社会の誕生でもっとも発展し，顕在化した。

しかしながら，地球規模の環境危機の出現によって，こうした思考方式はその限界を露呈し，人類の思考方式の改革を促した。このような一方的な思考方式から互いの利益を考える思考方式への転換が変革の鍵である。人類は自身と自然の関係について再認識する必要がある。過去の自然に対する征服や，人類を中心として目の前の物質的利益を最大限に搾取・占有するという功利的な思考方式と行動方式から新たな価値観に転換すべきである。新たな価値観とは，自然界自体の存在と発展のしくみの尊重，環境保護，資源の合理的な利用を通じて，自然に対して人類の道徳的な責任を果たせるような，互恵的な思考方式と行動方式を指す。中国の実情から考えると，以下の二つの仕事から着手すべきである。

第一に，実践面において，生態学的な生産方式および生活方式を積極的に提唱し，エコロジー工業，およびエコロジー農業という発展の道を歩み，新しい思考方式へ転換する条件を創り出す。

全面的な小康社会の建設に際して，われわれは経済・社会の発展と資源環

境の保護という二つの目標を，同時に立てなければならない。われわれは多くの先進国が経験した，自然資源の不足，生態環境の悪化といった問題に直面すると同時に，人口過多，経済発展の遅れ，経営管理の粗放，生産力の低水準といった状況にも直面している。中国の工業発展と資源・環境の特徴が明示しているように，中国経済の持続的かつ穏健な発展を維持するためには，産業構造を改善し，投入から得られる生産効果と利益効果を向上させ，粗放型発展モデルを捨て，環境に配慮した生産とグリーン製品の生産を展開し，技術を進歩させ，経済効果を向上させ，資源を節約し，環境と生態を保護する発展モデルを創らなければならない。最小限の環境代価と最小限の資源消費で，最大限の経済発展効果を実現しなければならない。

　中国は発展途上の農業大国である。中国の農業の健康的かつ迅速な発展を保証するためには，中国の実情に合わせ，発展と保護，当面の利益と長期的な利益を結びつけた持続可能な発展の道を歩まなければならない。中国が提唱，実施しているエコロジー農業というのは，食糧生産とその他の経済作物生産を結びつけ，栽培業と林業・畜産業・漁業を互いに結びつけて発展させるというものである。そして，このような農業と，第二次，第三次産業が結びつき，伝統的農業の真髄と現代技術，さらには人工的な生態プロジェクトの設計を通じて，経済発展と環境，資源利用と保護の関係を調和させ，生態的にも経済的にも良好な循環を形成するという，持続可能な発展モデルである。生態農業は，中国農業の伝統的な経験を継承した上に，現代科学技術の成果を吸収することで，中国の実情にも適合しており，また将来の農業発展にとっても先導的な意義がある。政府の指導者たちは，形式が多様で内容が豊富なエコロジー農業の育成，開発，および研究プロジェクトを相互に調和させながら，統一的な管理を行なうべきであり，これはエコロジー農業の普及に有利となる。

　生活行動様式の変化は，社会・経済の持続的な発展において重要な作用を持つ。異なる生活行動様式は異なる消費モデルを形成し，合理的な消費モデルおよび適度な消費規模は，経済の持続的な成長に有利となる。それと同時に，人口増加によって生じる様々な圧力が軽減され，資源環境が保護，改善される。全面的な小康社会の建設が加速するにしたがって，人々の生活水準

は大きく向上した。生活水準の向上は合理的な消費モデルを基礎とする必要がある。適度な消費，グリーン消費モデルを提唱し，文化的生活を重視し，国民精神を文化的消費へと誘導し，資源・環境保護に有益な生活方式を選択するように導くのである。そして環境保護意識を日常生活の様々なシーンに浸透させ，これを個人の文化道徳水準を測る基準だけでなく，社会全体の共通認識にし，社会全体の自覚行動にすべきである。

　第二に，思想観念の面において，現代的な資源・環境意識，人類利益観を確立し，関連する道徳，法規によって人々の生産と生活行動を制限し，互恵的な思考方式の形成を促進する。

　人口増加の圧力によって，資源・環境の状況はいっそう厳しくなっている。この原因について探ると，人々の認識という次元にまでその根源を遡ることができ，人々の資源・環境に対する意識と密接な関係があるといえる。今日に至るまで，自然生態環境の破壊は主に人類の生産，生活，その他の活動の影響によるものであった。これにより，人々は成長意識，人口意識，平等意識，資源意識，環境意識，需要意識を持つことが求められ，こうした意識を持つことは，いままで人々が認識したなかで，もっとも優れた持続可能な発展意識となる。

　資源・環境の人口収容量には限界があり，この容量は資源・環境の破壊によって縮小する。人口の数は増加しつづけ，個人の活動エネルギーは技術の進歩にともなって増強しつづける。したがって，人口をベースとする非常に強い加速反応が生じる。このような「下落」と「増加」を意識しながら，互いに「衝突」しないような持続可能な発展の道を模索すべきである。すなわち，人口による生産，資源の開発利用，経済発展と社会発展は，そのすべてが環境の質と量を損なわず，ひいてはその向上に有利になることを原則にすべきである。これは人口生産においては人口を抑制し，人口の資質を向上させ，人口構造を調整するという「抑制」，「向上」，「調整」の融合という原則に従うことを意味する。資源不足の意識を確立し，資源の総合利用を強化しながら，再利用可能な資源の開発を加速することによって，節約と総合利用の道を歩むべきである。環境意識を高め，それと人口，資源，経済，社会の発展を結びつける。そして，ある分野が発展するたびに，環境に対する効果

と影響を考慮し，一方的な効果と利益のみを重視するのではなく，必ず経済，社会，環境の効果と利益について同時に配慮する，「三つの効果」の鼎立原則を貫くべきである。

(2) 政府の役割と政策

人口増加と社会・経済の急速な発展からなる二重圧力に対応しつつ，人口・資源・環境の持続可能な発展が実現できるか否かは，生態環境保護を無視してきた政策や制度の調整，生態環境の保護に有利な関連政策や法体系の構築・整備によって決められる。中国の社会・経済発展の歴史が十分に説明しているように，生産資本という「内部的利益」と公共生態環境・公共資源という「外部的利益」の断絶や，経済過程における各種の非合理な社会的・政治的運営といった，伝統的な経済利益観によって導かれた要素は，すべて自然資源の過度な消費，生態環境の悪化，持続不可能な開発を生み出す制度的な原因となってきた。持続可能な発展の実現に有利な制度を構築するためには，市場メカニズムという経済的手段に頼った調整作用以外に，立法・政策の策定・生態環境保護に対するマクロ的次元からの企画・調整・管理・監督といった政府行為が依然として必要とされている。とくに，中国は市場経済システムの構築過程にあるため，行政の直接的管理と制度的調整は，経済活動の調整，とりわけ生態環境保護やその他の外部不経済な行為の抑制に対して非常に有効な作用を及ぼす。

1994年に中国政府が公布実施した「中国21世紀行動計画（アジェンダ21）」で提起された，国民経済と社会発展の第九次五ヵ年計画の実施，第十次五ヵ年計画，2010年目標綱要の登場，全面的な小康社会を建設するための目標の確立などをみると，中国はすでに資源保護管理の実施について明確な戦略と計画を持っていることがわかる。これらの戦略と計画には，以下のような内容が含まれている。

- 国民経済の迅速な発展・経済構造に対する戦略的調整・経済成長の質と効率の向上
- 人口数の抑制，資質の向上，構造の調整によって，人口と経済・社会・資源・環境の調和のとれた発展を追求する

- 社会の全面的な発展を追求し，社会保障制度を整備し，効率を優先させると同時に，公平な所得分配制度の構築にも配慮する
- 文化的革新に力を注ぎ，民主的な政治環境を改善し，安定と団結を保持する
- 持続可能な発展能力を増強し，生態環境を改善させ，資源の利用効率を向上させる

　こうした総体的な計画に適合する，関連法律・法規・制度・政策・メカニズム・技術などを含んだ具体的な行動計画も同時に登場した。現在の課題は，こうした行動計画の実施を強化し，適切な政策を保証し，その成果を上げることであり，それによって，全体的な資源・環境戦略の有効な実施を保証することである。

　第一に，体制を改革し，持続可能な発展に有利な総合的な管理，政策決定のメカニズム，および政府の協調機構を構築すべきである。政府の政策決定の科学化と民主化は，持続可能な発展を管理する基本原則であり，これこそが失敗を回避し，遠回りせずに政策制定水準の向上を可能にする。総合的な管理，政策決定のメカニズムを構築するための基本的要求，および現在解決しなければならない根本的な問題とは，合理的な政策決定の規則，規範的な政策決定の手続き，効率のよい政策決定の機構，透明性の高い政策決定過程の構築である。市場のルールと持続可能な発展の原則にもとづいて，個人の行為も団体の行為も，公衆の利益に服さなければならない。

　第二に，低出生水準を安定させ，農村，とりわけ中西部地域の農村の計画出産政策を徹底的に実施しながら，法にもとづいた管理，村民自治，優れたサービス，政策の促進，総合的な管理メカニズムを構築し，人口と計画出産政策の法整備を強化する。

　第三に，自然資源の補償と環境税の徴収政策を策定し，「汚染者が責任を持って管理する」「汚染者が補償する」「管理する者が徴収する」という原則にもとづき，納税者，税金基準，税率，税金の徴収と管理，税金の使用などについて明確に規定する。自然資源と環境要素も国民経済の計算指標に組み込んだ計算体系を構築し，実情を国民経済の発展水準と質に反映させる。

　第四に，クリーン技術とグリーン生産を普及させ，環境保護産業を発展さ

せる。工業汚染管理の基本は，クリーン技術とグリーン生産を普及させることであり，まずは末端を重点的に管理し，徐々に生産の全過程に対する管理へ転換していく。技術改良と技術革新を融合させ，環境にやさしい商品を開発し，資源の総合利用を促進する。生態環境を保護する産業の発展を国民経済の計画に取り入れ，経済・社会活動の生態学化と環境保護化を徐々に推進する。

持続可能な発展の戦略構想を有効な社会行為に転換させるためには，政府が企画を立て，関連する政策を制定・実施する以外に，強力な法的手段を背景とした監督・管理の機能を強化すべきである。法律の制定の際には，経済，人口，社会保障などに関する立法理念に持続可能な発展の原則を組み込むべきである。法律の実施にあたっては，まず，政府の法律執行機能を強化し，各級政府指導者の法制意識を向上させ，持続可能な発展に関する法律を行政プログラムや司法プログラムに組み込み，つぎに，政府の法律執行部門を強化し，法律の執行能力と効率を向上させ，民主監督体制を改善し，法律が持続可能な発展を保護・促進・維持する役割を確実に保証することが重要である。

(3) 市場原理の活用に向けた取り組み

現段階の中国の環境問題の性質は，伝統農業型の環境問題から徐々に現代農業型の環境問題に転換している。また，工業型の環境問題に比べ都市型の環境問題が突出している。排気ガス，廃水，固体廃棄物の大量増加，しかも経済成長にともなってその程度はいっそう深刻になる可能性がある。これと同時に，われわれは社会主義市場経済体制の改革を加速推進している。市場経済は資源・環境保護に対していかなる影響を与えるのか。われわれが直面している資源・環境問題の焦点は，開発と保護・管理の矛盾にある。まず開発してからその後で保護・管理するのか？　それとも開発しながら保護・管理するのか？　あるいは開発するだけで保護・管理しないのか？　そしてこれは完全に政府行為に頼るのか？　それとも改革と関連づけ，市場原理の活用をめざす改革が必要なのか？　答えは明確である。市場の資源・環境に果たす役割を拡大し，改革を保護することである。

市場経済では，資源は市場を通じて分配される。市場経済とは効果と利益の経済である。利益の支配によって，多くの商品生産者と経営者は市場のルールに則して取引活動を行ない，収益の最大化を追求する。一部の環境資源については財産権がないか不完全なため，人々の環境保護・管理・投資に対する積極性は阻害され，広範囲に短絡的行為が引き起こされた。すなわち空気，河，海洋などは財産権を持たないため，企業や個人はこれらの資源を合理的に使用することに無関心であった。一部の環境資源は市場化されず，あるいは市場競争が不足し，無償であるか価格が低すぎるため，過度に利用された。現在，中国の公共資源が無償あるいは低価格であるという状況は，資源利用率の低さ，資源の浪費の根本的な原因となっている。したがって，資源使用メカニズムの改革を行ない，資源の有償使用メカニズムを構築・整備し，市場を通じてその価格を設定すれば，資源の有償利用を実現し，資源の節約，資源利用率の向上につながる。

　資源を購入する際の価格には，環境破壊のコストは含まれていない。したがって「市場の失敗」という現象が起き，様々な環境問題が発生した。工場は大量の排気ガスを処理しないまま空気中に排出し，農民は大量の地下水を採水し畑に灌漑した。彼らが支払った費用には，その行為が資源環境に与えた損害の費用が含まれていない。彼らは自らが環境に与えた汚染行為が，人類の健康に損害を与え，人類が生存している生態環境を破壊していることすら知らない。

　アメリカの経済学者コース (Ronald Coase) が打ち立てた「コースの定理」では，ある環境問題は政府による解決法に頼らずとも市場原理を活用して解決することが可能であるとされている。彼によると，損失を与える側（すなわち外部コストを引き起こす者）と損失を受ける側が交渉する際，政府は関与する必要はない。取引費用が不要な場合は，交渉を通じて当事者たちの総合収益が最大化するような効率的な取引が成立する。彼は社会的費用の視点から，政府の行政関与について新たな分析を行なっている。それによると，政府は個人に重点を置くべきではなく，社会全体の公益に重点を置くべきであり，社会生産総額の最大化を政府行為の起点および終点にすべきである。外部不経済の問題については，市場メカニズムを通じて外部効果を内部効果

に転換するかたちで解決できるとした上で，汚染者と被害を受けた者が自発的に交渉できる制度，両者に所有権を共有させ合併後の共同利潤の最大化をめざす方法，汚染物質排出権取引制度といった手段を通じて環境問題は解決できると指摘している。

現状から考えると，中国は時間と客観的条件からみても，先進国のように「まず汚染し，後で管理する」という道を歩むことは許されない。現在，中国の環境問題の焦点は開発と管理の矛盾である。環境保護を基本国策の一つにしたものの，資金面の不足によって，「まず管理し，後に開発する」は戦略上の理想計画となってしまい，実現には困難が多い。「まず管理し，後で開発する」，「開発しながら，管理する」，「まず開発し，後に管理する」，「開発するのみで，管理しない」といった各状況が同時に存在している。

しかし，「コースの定理」を参考に市場化という改革の道を模索することは可能である。これは，ある地域で認可されている，一定レベルの汚染について市場を通じて数量化するという方法である（汚染物質排出権取引制度）。この方法では，排出削減目標を設定した上で入札を行ない，市場参加者はこれを買い取ってから汚染物質の排出をともなう生産活動を行なう。市場は同等な機会を提供し，排出枠を超える，もしくは超える可能性がある市場参加者は，排出枠に余裕がある参加者から排出権を購入することができる。また，排出権の取引のみを行なう取引参加者（ブローカーや団体，個人）も参加可能である。たとえば環境保護団体が排出権を購入し，その権利を放棄することで，実質的に環境保護を行なうこともできる。複数の参加者が同時に排出権を購入しようとする場合は，市場原理にもとづいて高い価格を提示している者に販売する。

しかしながら，実際の運用に際しては，ある地域において一定の排出削減目標を設定するというのは難しい問題である。したがって，国際基準を参考にしながら，中国の実情と照らし合わせて社会的に受け入れ可能な排出削減目標を確定する必要がある。この削減目標を承諾できない組織は，環境に対する影響が深刻すぎるため市場取引に参加できない。排出削減目標が低すぎると，汚染の危険が大きすぎて社会が受け入れられない。逆に，排出削減目標が高すぎると，排出枠を使い切ってしまい，余裕が生じないため，市場取引

が実現不可能となる。したがって，必ず実情にもとづいて判定・設定し，異なる種類，異なる等級の汚染について，科学的に市場評価を定めなければならない。また，健全な取引のメカニズムを構築し，法的規範と科学的管理を強化すべきである。排出権取引市場における取引メカニズムの構築は政府の指導と協力を必要としているが，政府がすべてを取り仕切ってはならず，一般的には相対的に独立している法人が管理の主体になるべきである。技術鑑定，紛争の処理など法律的な規定については，専門機関の処理が必要となる。

　すべての主体で実際の排出量と排出枠の量を一致させることは非常に困難である。市場経済が高度に発達している西洋の先進国においても不確定要素が多い。しかし環境問題は経済的利益に大きく関わっているため，環境問題の解決は経済的手法に頼るべきであるとわれわれは認識している。党の第十六回三中全会では，社会主義市場経済の改革方向をさらに明確にし，環境問題の解決は市場の助けを借りるべきであると明記した。現在，環境問題は行政の手による伝統的な解決が主体となっており，紛争処理についても各級政府の助けが求められている。これは今後も一定期間必要であり，行政の関与なしでは多くの問題の解決は困難である。

　しかし，これが永久唯一の解決策ではない。市場原理の活用に向けた改革がある程度安定した場合，これに相応しい改革を積極的に模索することができる。経済的手段や法的手段を用いて，政府の資源・環境に対する管理監督機能を，徐々に市場主体のサービス部門や，良好な発展環境を創造する部門へ移行させ，各分野の積極性を引き出し，市場が資源配分や環境保護において基礎的な役割をさらに発揮できるように，厳密な調査研究，科学的実験の成果にもとづいて普及させる。行政手段と市場手段を兼ね合わせつつ，徐々に市場化を進め，市場による解決の度合いを向上させる。これが，資源保護を追求し，環境の質を向上させ，人口・資源・環境の持続可能な発展を実現するための基本的構想である。

参考文献
[1] 楊魁孚・田雪原編集主幹『人口，資源，環境与可持続発展』浙江人民出版社，2001年

［2］張維慶・孫文盛・解振華編集主幹『人口資源環境与可持続発展幹部読本』浙江人民出版社，2004年
［3］張維慶編集主幹『新時期人口和計画生育工作読本』中国人口出版社，2003年
［4］李培林・朱慶芳『中国小康社会』社会科学文献出版社，2003年
［5］中国現代化戦略研究課題組『中国現代化報告2003』北京大学出版社，2003年
［6］中国科学院可持続発展研究組『2003中国可持続発展戦略報告』科学出版社，2003年

訳注

＊1 面汚染源――非特定汚染源，非点源汚染源，面源などとも呼ばれる。工場からの排水や排煙など比較的排出源を特定しやすい汚染源を点汚染源と呼ぶのに対して，排出を特定しにくい汚染発生源を指す。具体的には，道路の交通に起因する騒音等，屋根・道路・グランド等に堆積した汚濁，農地・山林・市街地などにおける落ち葉・肥料・農薬などを含む。汚染源が面的に分布し，風雨などによって拡散・流出して環境負荷の原因となる場合もある。点汚染源に比べて，汚濁発生源が広範囲でしかも負荷流出のメカニズムが極めて複雑であるため，面源負荷量の定量化が難しく，日本でも対策が遅れている（(財)環境情報普及センター「ECIネット」『環境用語集』）。

＊2 化学的酸素要求量――より具体的にはCOD値（Chemical Oxygen Demand）として知られており，水中の有機物を分解する際に消費される酸化剤の量を酸素量に換算したもので，海水や湖沼水質の有機物による汚濁状況を測る代表的な指標である。一般には，COD値が高いほど水質が悪い（有機物が多い）ことを示している（(財)環境情報普及センター「ECIネット」『環境用語集』）。

＊3 中国の水質基準は次のとおり。地表水水域の使用目的と保護目的に従い，これを機能の高い方から低い方へ五種類に分類する。
　Ⅰ類：主に源流の水，国家自然保護区に適用。
　Ⅱ類：主に一級保護区の集中型生活飲用水の水源，貴重な魚類保護区，魚類・エビ類の産卵場，稚魚の餌場などに適用。
　Ⅲ類：主に二級保護区の集中型生活飲用水の水源，魚類・エビ類の越冬地，回遊地，水産養殖区等の漁業水域，および遊泳区域に適用。
　Ⅳ類：主に一般の工業用水区，および人に直接接触しない娯楽用水区に適用。
　Ⅴ類：主に農業用水区，および一般の景観に必要な水域に適用（中国国家環境保全基準「地表水环境质量标准（地表水の環境基準）」（GB 3838‐2002），中国国家環境保護総局，2002年4月28日公布・2002年6月1日実施より）。

＊4 原語は「大水漫灌」。「大水漫灌」とは農業生産のなかの一種の伝統的灌漑方法で，途中の漏水が深刻なため，水と時間と費用を浪費する。

＊5 原文は「増長了1.5倍」とあり，このような場合，通常日本語には「2.5倍」と訳す必要があるが，本文の数値から「1.5倍」のままとした。

＊6 水は海や地表から蒸発し，水蒸気として大気中にとどまるが，やがて降水し，海や地表に戻るという循環を繰り返すが，このような循環系を「水文循環」(hydrologic cycle)と呼ぶ。

第11章　拡大した格差の縮小

都市部・農村部の人口問題と調和のとれた発展

　中国共産党の第十六回大会（十六大）で「全面的な小康社会の建設」という目標が提起されて以降，党と政府は都市部と農村部の格差問題をますます重視し，本格的な問題解決に取りかかっている。中国の都市部と農村部の格差は現段階でどれくらいあるのか？　全面的な小康社会を実現するために，解決すべき最重要課題とその解決の難しさとは何であろうか？　まずこうした問いに答えなければならない。

1　都市部・農村部の格差と全面的な小康社会の実現

1　中国の都市部・農村部格差の現状

　中国の都市部と農村部の格差は主に次の三点に現われている。第一に，都市部・農村部住民の一人あたり所得の格差。第二に，生活水準の格差。第三に，教育を受ける機会の格差である。以下ではこれらの格差について分析する。

(1) 都市部・農村部住民の一人あたり所得の格差

　表11-1 に示されているように，1978〜1984年，農家生産請負制（承包制）[*1] の普及にともない，都市部と農村部住民の所得格差はある程度縮小した。しかし，1984年に都市部の経済体制改革が実行されて以来，都市部・農村部住民の一人あたり所得の格差はしだいに拡大した。1994年，都市部・農村部住民の一人あたり所得格差は，改革実施以来最高の2.86倍に達したが，これは改革以前の時期と比較しても最大の格差となっている。

　1994年以降，都市部・農村部住民の一人あたり所得格差はやや縮小したが，2001年からは再び拡大している。総じていえば，中国の都市部・農村部住

表 11-1　都市部・農村部住民世帯の一人あたり所得の比較

年度	農村部住民世帯 一人あたり純所得（元）	都市部住民世帯 一人あたり可処分所得（元）	都市部と農村部の比較（農村部住民の一人あたり年収を1とする）
1978	133.6	343.4	2.57
1985	397.6	739.1	1.86
1992	784.0	2,026.6	2.57
1994	1,221.0	3,496.2	2.86
1997	2,090.1	5,160.3	2.47
1998	2,162.0	5,425.1	2.51
1999	2,210.0	5,854.0	2.65
2000	2,253.0	6,280.0	2.79
2001	2,366.0	6,859.0	2.89

出所：『中国統計年鑑』中国統計出版社，1999，2000，2001，2002年版より作成

民の一人あたり所得格差は非常に大きいものであり，今後も拡大する趨勢をみせている。

(2) 都市部・農村部住民の生活水準の格差

　国連食糧農業機関（FAO）は，エンゲル係数を用いてある国家あるいは地域の生活水準を測るための相対的基準を提供している。エンゲル係数が59％以上の場合は「絶対的貧困型」，50〜59％は「やっと生活ができる（温飽型）」，40〜50％は「ややゆとりのある生活（小康型）」，30〜40％は「ゆとりのある生活（富裕型）」，30％以下は「裕福な生活（最富裕型）」と定義している。それでは，このエンゲル係数を用いて中国の都市部と農村部住民の生活水準を分析することにする。

　表11-2をみると，1995年にはすでに中国の都市部住民のエンゲル係数は50％以下であり，「小康レベル」に達していたことがわかる。ところが1998年になっても農村住民の生活は依然として「やっと生活ができる」レベルにとどまっており，2001年になってようやく50％以下の「小康レベル」に達している。このことから，全面的な小康社会を建設するためには，農村住民の生活レベルの向上が不可欠であることがわかる。

表11-2 都市部・農村部住民のエンゲル係数一覧表

年度	都市部の住民（％）	農村部の住民（％）
1985	52.2	57.8
1990	54.2	58.8
1995	49.9	58.6
1998	44.5	53.4
2001	37.9	47.7

出所：『中国統計年鑑』[M] 中国統計出版社，2002年版より作成

(3) 都市部・農村部住民の教育を受ける機会の格差

　国家財政の教育支出は都市部に偏っており，農村部の義務教育に対する支出は相対的に不足している。そのため，教育水準の低下現象が生じ，教育に対する農民の需要は満たされていない。調査によると，他の条件が同じ場合，都市部住民は農村部の住民より平均4.5年長く教育を受けている。教育を受ける機会と年数の格差は，所得格差やその他の格差をさらに拡大させる原因にもなっている。2000年，農村部の生産年齢人口（15〜64歳）一人あたりの平均教育年数は7.33年で，都市部の10.20年より2.87年も短かった。こうした格差の背後には，両者の教育の各段階における分布の違いがある。たとえば農村部の生産年齢人口の場合，高校以上の教育水準の人口は比較的少なく，小学校以下の教育水準の割合が比較的高かった。

表11-3　2000年，都市部・農村部別，生産年齢人口（15〜64歳）が受けた各教育水準の占める割合および教育を受けた平均年数（％，年）

	教育をまったく受けていない者・非識字者をなくすために設置されたクラス	小学校	中学校	高校	短期大学およびそれ以上	教育を受けた平均年数
都市	2.49	14.34	39.98	29.22	13.97	10.20
鎮	4.20	21.37	44.31	23.79	6.33	9.14
農村	8.74	38.88	43.92	7.75	0.71	7.33

出所：第五回全国人口センサス資料より作成

　農村部の生産年齢人口のなかでは，小学校以下の教育水準の人が47.62％，そのなかに非識字者が8.74％を占めており，都市部と比較してそれぞれおよそ31％ポイント，6％ポイント高かった。一方，高校以上の教育水準の人

はわずか8.46%にとどまり，都市部より35%ポイントも低かった。短期大学以上の教育水準の人は1%足らずであり，都市部より13%ポイントも低い。都市，鎮，農村の生産年齢人口における，各教育水準人口の占める割合の三者比は，短期大学以上で20：9：1，高校水準で4：3：1，中学校水準で0.91：1.01：1，小学校水準で0.37：0.55：1であった。このように，中国の都市部と農村部では，労働力が受けた教育に大きな格差が存在しており，とりわけ中・高等水準の教育を受けた人口の占める割合において格差が目立つ。

(4) 都市部・農村部における小康達成度とその過程の格差

専門家の分析によると，小康基本指標に照らした場合，1990年全国の小康達成度は46.3%，2000年には95.6%に達し，年平均4.9%ポイントずつ増加している。表11-4に示されている全国都市部と農村部の小康実現過程をみると，全国都市部の小康達成度は1990年の61.3%から2000年には96.0%に達し，年平均3.5%ポイントずつ増加していることがわかる。農村部の小康達成度は1990年の53.1%から，2000年には92.0%に達し，年平均3.9%ポイントずつ増加している[*2]。

周知のように中国は農業大国である。したがって，真の意味で中国が豊かになったといえるのは，大多数を占める農民が裕福になったときである。つまり農民の小康水準が向上してはじめて，中国の小康水準が向上したといえるのである。しかし今後，農村と農民の小康水準をどのように向上させるかは，非常に困難な課題となっている。近年，農民の所得増加は鈍化しており，全面的な小康社会を建設する際のボトルネックとなっている。したがって，三農問題（農業，農民，農村）の解決に，引き続き精力的に取り組まなければならず，農村における小康建設の新思考・新措置が求められている。それと同時に，都市化戦略を推進し，都市部の現代化水準を引き上げることによって，都市に農村の発展の牽引力という役割を発揮させるべきである。小康社会の建設を通じて，都市部と農村部の連携と融合を促進し，格差を縮小することで，長期にわたって形成されてきた都市部と農村部の二元構造を打破し，都市部・農村部がともに現代化を実現できる段階へと導くべきである。

表11-4 1990～2000年,全国都市部と農村部の小康達成度の推移(%)

区分	1990年	1995年	1997年	1999年	2000年
全国	46.3	77.0	85.6	94.6	95.6
都市部	61.3	86.9	90.0	94.0	96.0
農村部	53.1	71.9	81.5	88.5	92.0

出所：顔廷鋭・毛飛編著『小康中国』，中国発展出版社，2003年，の第47頁表1.4にもとづいて筆者が作成

2　全面的な小康社会建設の鍵は農村部にある

　十六大では，2020年までに全面的な小康社会を実現させるという目標が掲げられ，全国の国民を奮い立たせる一大事業となった。すでに述べたように，中国の経済は都市部と農村部の発展格差が大きく，いわゆる二元構造が形成されており，「三農問題」は長年にわたって農村経済の安定的発展を妨げる障害となっている。現在，農村人口は全国人口の3分の2を占めている。それゆえ，農村部における小康の実現は，全面的な小康社会を実現する前提である。言い換えれば，全面的な小康社会建設の重点も難点も，ともに農村にあるのである。この現実を踏まえ，問題の所在を明確にし，解決策を練ってはじめて全面的な小康目標が実現可能となる。現在，農民が抱えている主な難題には以下のようなものがある。

（1）農民一人あたり純所得の成長が鈍化している

　改革開放後，農民一人あたり純所得は，1978年の134元から2002年には2476元に達し，比較可能価格にもとづいて計算すると，実質年平均7.2%という比較的高い上昇率を記録した。段階別にみてみると，上昇速度がもっとも速い時期は1979～1985年であり，年平均上昇率は15.2%であった。1985年以後の17年は速度が落ちており，年平均上昇率は4.0%となっている[*3]。とくに1997年以後は，上げ幅が年々低下し，1997～2002年の上昇率は，それぞれ4.6%，4.3%，3.8%，2.1%，4.2%，4.8%となっており，年平均は3.8%[*4]にとどまっている。なぜ初めの7年間の上昇率と，その後17年間の上昇率の差がこれほどまでに大きいのか？　この問題を真摯に受け止めるべきであろう。全面的な小康社会の建設目標によると，2020年

に一人あたり純所得 6860 元を達成するためには，今後 20 年間，年平均 5.5 〜 6.0％の増加率を維持しなければならない。言い換えれば，今後 20 年間の平均増加率はここ 17 年の平均増加率より 1.5 〜 2％ポイント上昇させなければならない。これがたやすい目標ではないことは明らかである。

(2) 都市部と農村部住民の所得格差が拡大傾向にある

農民一人あたり純所得の上昇率が都市部の住民より低いため，両者の所得格差は引き続き拡大している。1978 年，都市部住民一人あたり可処分所得は，農民一人あたり純所得の 2.57 倍であった。1985 年には同 1.86 倍に縮小したが，1991 年には同 2.4 倍に拡大し，その後，毎年拡大している。2002 年には都市部住民の可処分所得が農民の純所得の 3.11 倍に達し，その差は 1985 年より 1.25 倍分も拡大している。しかもこれは名目上の格差にすぎない。中国の農民は基本的に社会福祉サービスを享受していないのに対し，都市部住民は各種福祉サービスと補助金を享受しており，これらは一人あた

表 11-5　中国の都市部と農村部における主要指標の推移

主要指標		1978 年	1985 年	1990 年	2001 年
都市部人口が総人口に占める割合	（％）	17.9	23.9	26.5	37.7
農村人口	（億人）	7.90	8.08	8.41	7.96
農村就業人口	（億人）	3.06	3.71	4.20	4.82
非農業就業人口比率	（％）	10.1	18.1	20.7	32.6
農民一人あたり純所得	（元）	134	398	686	2,366
一人あたり純所得が 800 元以下の農民世帯の割合	（％）	—	95.0	69.8	7.7
600 元以下の農民世帯の割合	（％）	—	87.0	49.0	3.9
都市部と農村部の所得格差（農民の純所得を 1 とする）		2.57	1.86	2.20	2.90
エンゲル係数　都市部	（％）	56.6*	52.3	54.3	37.9
農村部	（％）	67.7	57.7	58.8	47.7
消費財売り上げ総額に占める都市部の割合	（％）	48.0	43.5	46.9	62.6
農村部の割合	（％）	52.0	56.5	53.1	37.4

出所：『中国統計年鑑』2002 年版にもとづいて筆者が作成。李培林・朱慶芳『中国小康社会』社会科学文献出版社，2003 年の p.149，表 5-1 も参考
注：＊は 1981 年のデータである。

り年間約3000元に達する。こうした要素を勘案すれば，都市部と農村部の実際の格差は5〜6倍にも達する。都市部と農村部は所得格差だけでなく，その他エンゲル係数など様々な面で格差が存在する。都市部・農村部についての主要指標の推移は，表11-5を参照のこと。

　中国共産党の十六大の報告は，さらに高水準の小康目標を実現するために，「工業労働者と農業労働者の格差，都市部と農村部の格差，地域格差の拡大傾向に歯止めをかける」ことが必要であると指摘している。国際労働機構（ILO）が36カ国に対して実施した調査の資料によると，大多数の調査対象国の都市部・農村部の所得格差は1.6倍以下であった。中国の場合，今後20年間，農民一人あたり純所得が毎年5.5〜6％ずつ増加したとしても，都市部住民の所得成長が6％程度であるため，その格差は依然として3倍以上になる見通しである。したがって，農村部に対して，何らかの特別な社会保障措置を実施しないと，実際の所得格差も縮小できず，依然として5倍強を維持することになるだろう。2020年になっても，都市部・農村部の格差がこれほど大きいままであれば，全面的な小康社会の実現は疑問視されざるをえない。

(3) 農民の文化・科学技術的資質が低い

　2000年に実施された第五回全国人口センサスによると，農村人口のうち中学校以上の教育を受けた者は全体の39.1％にとどまり，都市部人口の65.4％という水準には遠く及ばない。小学校段階の教育のみ受けた者は42.8％，15歳以上の非識字率は8.3％に達しており，都市部の23.8％，および4.0％と比較していずれも高くなっている。農村の技術者もかなり不足している。1949年の中華人民共和国成立以来，国が養成した中高級農林技術者は累計247万人[*5]に達するものの，都市部と農村部の大きな格差，農村部の劣悪な生活環境が原因で，これらの技術者の多数は転業してしまったか，都市に居住しており，農林業と農業分野に残っている技術者は76.8万人しかいない。その結果，農業労働者1万人に対し平均21人の技術者しかおらず，工業労働者1万人に割り当てられる専門技術者2800人にはるかに及ばない。農村部の文化や科学技術の資質低下は，農業新技術の応用と普及

や労働生産性の向上を妨げており，全面的な小康社会の建設にも負の影響を及ぼしかねない。

(4) 農村部の社会保障水準が低いため，農民たちの生活安心感が弱い

近年，都市部では社会保障面で「二つの保障」を実現した。一つは退職者と一時解雇者の基本生活保障の実現であり，給付金は基本的に額面どおり支給され，一時解雇された人の99％も額面どおりの基本生活費を受給している。もう一つは，都市部の貧困者に対する保障であり，生活保護の必要な人々への対処・尽力を実現し，2002年には計2054万人が最低生活保障待遇を享受した。

しかし，農村部ではすでに6000万人の農民が保険に加入しているにもかかわらず，まだ効果が現われていない。現在，一部沿海地域の計108万人の高齢者が年金を受給しているにすぎず，その金額も一人あたり481元しかない。農村では生活保護を必要としている世帯の3分の1が扶養を受けることができないでいる。貧困者救済においても，民政部の統計によれば，2002年，農村部で最低生活保障金を支給された人数は404万人にとどまり，最低生活保障対象人数の25％でしかない。推定によれば，農村の社会保障の普及率はわずか3％である。

農民は医療保険にも加入していないため，基本的に自己負担で受診しており，所得が低いために高い医療費を支払えないのが実情である。衛生部のサンプル調査によると，貧困地域における罹病者の未受診率は72％，入院すべきだが入院していない人の割合は89％に達し，貧困に陥ったり，貧困に戻った者のなかで病気が原因の者が50％を占める。

関連する統計資料によれば，近年来，農村の社会保障支出は毎年，GDPのわずか0.5％に相当する約400億元あまりしかなく，その3分の2が郷鎮企業と農民個人の自己調達で賄われている。すなわち，基本的には農民の自己保障である。都市部と農村部の社会保障普及率の比率は22：1，一人あたり社会保障費の比率は24：1にそれぞれ達している。このように都市部と農村部のあいだには社会保障の面でも巨大な格差が存在する。

2 小康を実現するための都市部・農村部住民の基本的条件の比較

生活水準は一般的に，住民の所得水準，エンゲル係数など八つの指標を用いて評価する。2001年，中国の国民生活水準指数は，1978年と比較して4.1倍増加し，年平均6.3％増を記録した。これは改革開放以前の26年間の年平均増加率2.5％より2.5倍も高い数値であり，各種指標のなかでもっとも成長の速いものの一つである。生活水準の主な変化は次のとおりである。

1 住民所得水準の向上による，「絶対的貧困型」「温飽型」から「小康型」への変化

大部分の地域では基本的に小康を実現し，一部の地域はより高水準の小康や，ゆとりのある生活を実現しつつある。1957〜1978年の20余年，住民所得はほとんど変化がなかったが，1978年以降は著しく増加した。1978年に343元だった都市部住民の可処分所得は，2002年には7703元に増加し，物価上昇要因を差し引いた実質でも4.7倍増であり，年平均増加率は6.7％に達した。

農民は，以前は生産自主権がなかったために，生産力がひどく妨げられたが，1978年より農家生産請負制（承包制）が実施され，所得水準は大幅に向上した。1978年に農民一人あたりの所得は134元であったが，2002年には2476元に増加し，物価上昇要因を差し引いた実質でも5.3倍増，年平均7.2％の増加率を記録した。

所得水準の向上にともない，都市部と農村部住民の消費水準も24年間年平均7.1％増加した。都市部と農村部住民の生活はすでに貧困から脱却し，温飽水準から小康生活水準へと変わりつつあるといえよう。

2 消費構造の生存維持型から発展型への変化

エンゲル係数は生活水準の程度を表わす重要な指標である。20数年来，中国のエンゲル係数はしだいに低下する傾向にある。都市部のエンゲル係数は1981年の56.7％から2002年には37.7％に低下し，農村においても

61.8%から46.2%に低下した。都市部・農村部全体では65.9%から43%へ，20数年間で計23%ポイント低下した。それにともない，文化教育，娯楽，レジャー，医療保険および交通通信などの消費支出が占める割合はかなり上

表 11-6　中国都市部住民の消費構造の変化（単位：％）

一人あたりの平均年間生活消費支出（合計100とする）	1981年	1985年	1990年	1995年	2000年	2001年	2002年
1．食品（エンゲル係数）	56.7	52.3	54.3	49.9	39.2	37.9	37.7
2．服飾	14.8	14.6	13.4	13.5	10.0	10.0	―
3．住居	4.3	4.8	7.0	7.1	10.0	10.3	―
4．家庭用品，設備およびサービス	15.2	8.6	10.1	8.4	8.8	8.3	―
5．文化・娯楽・教育・医療・通信の合計	4.8	12.8	14.3	16.7	26.9	28.7	―
医療保健	0.6	2.5	2.0	3.1	6.4	6.5	―
交通・通信	1.4	2.1	1.2	4.8	7.9	8.6	―
文化・教育・娯楽用品およびサービス	2.8	8.2	11.1	8.8	12.6	13.6	―
6．その他の商品とサービス	4.2	7.0	0.9	4.3	5.2	5.4	―

注：『中国統計年鑑』各年版にもとづいて筆者が作成

表 11-7　中国農村部住民の消費構造の変化（単位：％）

一人あたりの平均年間生活消費支出（合計100とする）	1981年	1985年	1990年	1995年	2000年	2001年
1．食品（エンゲル係数）	61.8	57.8	58.8	58.6	49.3	47.7
2．服飾	12.3	9.7	7.8	6.9	5.8	5.7
3．住居	13.9	18.2	17.3	13.9	15.5	16.0
4．家庭用品，設備およびサービス	9.4	5.1	5.3	5.2	4.5	4.4
5．文化・娯楽・教育・医療・通信の合計	2.6	8.1	10.1	13.6	22.0	23.0
医療保健	―	2.4	3.3	3.2	5.2	5.6
交通・通信	―	1.8	1.4	2.6	5.6	6.3
文化・教育・娯楽用品およびサービス	―	3.9	5.4	7.8	11.2	11.1
6．その他の商品とサービス	―	1.1	0.7	1.8	3.1	3.2

注：『中国統計年鑑』各年版にもとづいて筆者が作成
訳注：表中，「1995年」の「1.食品（エンゲル係数）」の値は，原著では「28.6」となっていたが，前後の関係と表11-2，表11-5に照らして訂正した。

昇している。こうした消費構造の変化は，生存維持型から発展型への方向転換を示すものである。ここ20数年間の消費構造の変化は表11-6，表11-7を参照されたい。

3　家庭用耐久消費財における「老四件」からさらに高度な現代的生活への転換

改革開放以前の家庭用品である，自転車，ミシン，腕時計，ラジオは「老四件」と呼ばれていた。1990年代になると，テレビ，冷蔵庫，洗濯機，ラジカセ，カメラ，バイクが裕福の象徴となり，最近ではエアコン，DVD，ビデオカメラ，システムコンポ，携帯電話，パソコン，自動車の需要が急増している。都市調査グループが2002年7月に実施した調査結果によれば，都市と鎮では100世帯あたり平均3台の自動車を保有していた。携帯電話もこの数年間ヒット商品になり，2002年末現在の保有台数は2.07億台に達した。全国の固定電話および携帯電話の使用者は合計4.21億人に達しており，電話普及率もすでに33.7％に達している。

農村では所得水準が依然として比較的低いため，家庭用電化製品の普及率も低く，都市部と比較して10〜15年程度の遅れをとっているが，ここ20

表11-8　中国都市部と農村部の100世帯あたりの家庭用耐久消費財の保有台数

都市部	年度			農村部	年度			
	1985	1990	2001		1985	1990	2001	2002
洗濯機	48.3	78.4	92.2	洗濯機	1.9	9.1	29.9	31.8
冷蔵庫	6.6	42.3	81.9	冷蔵庫	0.06	1.2	13.6	14.8
カラーテレビ	17.2	59.0	120.5	カラーテレビ	0.8	4.7	54.4	60.5
DVD	—	—	42.6	テレビ	11.7	44.4	105.2	—
カメラ	8.5	19.2	39.8	カメラ	—	0.7	3.2	—
ビデオカメラ	—	—	1.6	ビデオデッキ	—	—	3.3	—
携帯電話	—	—	34.0	携帯電話	—	—	8.1	13.7
パソコン	—	—	13.3	固定電話	—	—	34.1	40.8
エアコン	—	—	33.8	扇風機	9.7	41.4	129.4	134.3
ピアノ	—	—	1.3	バイク	—	0.9	24.7	28.1
システムコンポ	—	—	23.8	自転車	80.6	118.3	147.0	—

注：『中国統計年鑑』各年版にもとづいて筆者が作成
訳注：左右の消費財の項目は，相互に比較しやすいよう，原書とは上下の順番を変更した。

数年間で，着実に改善されてきた。住民の生活現代化の程度は一人あたり電気使用量によって示すことができるが，1978年はわずか16.4KWh（キロワット時）であったが，2001年には8.5倍増の140KWhに達し，年平均9.8％の増加率を記録してきた。表11-8には，ここ十数年間の都市部と農村部の家庭用電化製品の100世帯あたりの保有台数が示されている。

3　都市部・農村部の調和のとれた全面的な小康社会建設の展望と対策

1　2020年の都市部・農村部の小康生活の展望

20年後，中国の小康生活はどのような状況になっているのか？　所得，および消費水準はどうなるのか？　多くの人が関心を寄せる問題であるに違いない。以下では2020年に達しうる小康生活を説明するために，都市部と農村部の生活水準と質について初歩的予測と展望を行なうことにする。

(1) 2020年の都市住民の小康生活の展望

　二つの面からおおよその予測をする。第一は社会構造からの予測である。国外の歴史的経験が証明しているように，現代社会の階層構成は中間層が大きく，両端の層が小さくなる樽型であり，中所得階層が大多数を占めている。こうした階層構造の下では，比較的高い税収入を確保できるだけでなく，住民所得の極端な格差を防止できるため，社会安定にも有利である。中国の現在の社会構造は，高・中所得階層の割合が小さく，中所得者層の下位層と低所得層の割合が大きい「ピラミッド型」で，両極が分化する傾向にあり，社会安定には不利である。小康目標を実現するためには，中所得者の割合を上昇させ，現代的社会構造へ転換させることが必要である。

　国家統計局都市調査グループの世帯調査によると，現在，中所得階層に属する世帯はわずか18％で，一人あたりの平均年収は0.8～1万元である。国際的に比較すると，この割合は低いと言わざるをえず，所得水準も中所得階層のなかでは低い次元にとどまっている。では，中所得者がどれくらいの割合になれば合理的構造といえるのか？　国外の状況をみると，先進国諸国は一般的に40％以上に達しており，米国は70％に達している。アルゼンチ

ン，ブラジルなどの発展途上国もすでに35％程度に達している。

　中国の今後20年の全面的な小康社会の建設の過程で，中所得者層を毎年1％ずつ増加させることができれば，20年後には38％に達するだろう。これは全国，約2.5億人以上の就業者が中所得者層入りを果たすことを意味する。20年後の中所得者の個人年収水準はおおよそ5〜8万元になり，ドル換算で6千〜1万ドル前後に相当する。個人金融資産は30万元以上となり，エンゲル係数は25％前後まで低下するであろう。その時点での都市住民の一人あたり可処分所得は2〜3万元あまりとなり，これは現在の社会構造より合理的である。

　では，どのような人々が中所得者層を構成し，率先して富裕型の所得水準に達していくのであろうか。現在の人気職種，各業種の景気状況と所得水準から判断すると，おおむね以下のような職種であると考えられる。

- 科学技術研究者，科学技術起業家
- 金融，IT，不動産などの人気業界，あるいは好業績の企業の管理職
- 弁護士，作家など自由業者，および会計士，建築士，その他高級技術者
- 党政府機関および学術団体の中高層管理職
- 外資系企業および外資企業専門のサービス提供機関の中高層管理職
- 個人経営起業家，および経営状況が良好な個人経営者
- 俳優やスポーツ選手

　第二の予測方法は，国家統計局の都市調査グループによる2002年の世帯調査にもとづいたものである。この調査データの上位10％高所得世帯の所得水準を，2020年に達成しなければならない小康生活目標と仮定し，現在の高所得世帯の消費構造をみることで，2020年の小康生活を展望する[*6]。

　高所得世帯の食品消費をみると，2002年の豚肉，牛肉，羊肉，鶏卵，魚介類の年間消費量は一人あたり平均67.4キロで，下位10％低所得世帯の消費量37.2キロと比較して81％多くなっている。乳製品と飲料の消費量もかなり高く，栄養構成を重視し，自然食品や保健機能食品が追求される傾向がみられた。

　耐久消費財については，高所得世帯にはカラーテレビ，冷蔵庫がすでに普及し，新型モデルへと買い替えられ，高性能なものとなっている。100世帯

あたりの平均パソコン保有台数は54台，ビデオカメラ7台，カメラ80台，エアコン128台，携帯電話128台，自動車は4.2台であった。

住居面については，「小康か小康でないかの鍵は住居である」といわれるが，国務院建設部は，小康社会の住宅について次のような基準を提示した。"2020年までに，住居は生存需要を満たすことから快適さを実現する方向へ機能転換し，「機能的で設備を完備している住宅を，一世帯あたり一軒，一人あたり一部屋配分」できるようにする"というものである。調査によると，2002年，2DK以上の住宅が都市住宅全体の73％を占めており，2020年までに，都市では2DK，3DK住宅を基本的に普及させることが求められている。また，一人あたりの住宅建築面積は，2002年の22平方メートルから2020年には30平方メートル以上に増加させることが求められる。これは18年間で年平均1.5％ずつ増えれば達成可能な目標である。高所得世帯のなかには二つ以上の物件を所有する世帯もあり，都市調査グループの調査によれば，現在大都市住民のなかで二つの物件を所有している世帯がすでに8.7％に達しており，三件以上所有している者も含めると約10％に達するという。この割合は2020年には20％前後に達する見込みであり，一部の高所得世帯は優雅な環境で空気が澄んだ，レジャー用の別荘まで所有するようになるだろう。

サービス消費や無形消費の面をみると，これらは都市の高所得世帯の支出の比較的高い割合を占めている。2002年の消費支出のうち，娯楽・教育・文化・サービスは16.5％を占め，交通通信は13.3％，医療保健は7.2％，この三つを合わせて37％を占めている。これは低所得世帯の13.3％，6.6％，6.9％，合計26.8％より10％ポイントほど高い。高所得世帯の一人あたり平均支出は4813元で，低所得世帯と比べて6.5倍となっている。いずれにしても，所得水準の向上にともなって，娯楽・教育・文化・サービスの消費は急速に拡大し，2020年には総支出の40％以上を占める見通しである。

個人金融資産は住民の豊かさを測る重要な指標であり，預金，各種有価証券，現金などが含まれる。2002年3月現在，都市部世帯が保有している金融資産は平均8万元に達している。しかし，金融資産は都市部世帯のなかでも非常に不均衡である。所得水準に応じて段階的に分けると，世帯平均年

収が10万元以上の世帯の保有金融資産は平均93.5万元に達し，年収1万元以下の世帯の2.2万元と比較して42倍にもなる。業種別では，株式会社の責任者が最高で，世帯保有金融資産は平均69万元に達し，次いで個人経営企業主の62万元，芸術家の40万元，証券・銀行業務従事者の24万元となっている。2020年にはこのような高所得世帯と高所得業種の金融資産は2倍あるいはそれ以上に増加するだろう。

(2) 2020年の農村住民の小康生活の展望

中国の農村経済の発展はきわめて不均衡である。東部沿海地域は自然条件に恵まれ，経済発展が早く，一足先に豊かになったが，西部辺境地域は劣悪な自然条件，貧弱な経済基礎といった様々な原因によって相対的に発展が遅れており，そのため東部と西部の生活水準の格差はかなり大きい。国家統計局が2002年，6.7万の農村世帯を対象に実施した調査によると，農民一人あたり純所得について，所得水準に応じて五段階に分けると，上位20%高所得世帯の平均純所得は5896元で，下位20%低所得世帯の平均純所得859元[*7]の6.9倍にも達していた。もし2020年に農村世帯平均純所得5896元に達するのであれば，年平均増加率は5%となり，この数字は，さきに予測した2020年には6860元に達し，増加率が5.8%になるという数値に比較的近くなる。詳しくは表11-9を参照のこと。

表11-9 所得水準に応じて五段階に分けた場合の農民一人あたり純所得

	2000年	2002年	低所得層を100とした場合の指数	
			2000年	2002年
平均	2,253元	2,476元		
低所得世帯	802元	857元	100	100
中の下所得世帯	1,440元	1,548元	178	181
中堅所得世帯	2,004元	2,164元	250	253
中の上所得世帯	2,767元	3,030元	345	354
高所得世帯	5,190元	5,896元	647	688

地域別にみると，2002年東部地域の上海，北京の一人あたり純所得はそれぞれ6224元および5398元に達し，浙江省は4940元，天津市は4279元，江蘇省と広東省は3900元以上となっており，いずれも11年間平均11～

14%の高増加率を維持してきた。一方，西部地域のチベット，貴州省，陝西省，甘粛省の一人あたり純所得はわずか1400〜1600元にとどまっている。詳しくは表11-10を参照されたい。

表11-10　農民の地域別一人あたり純所得

高所得地域	2002年	対1991年比（％）	11年間の年平均増加率（％）	低所得地域	2002年	対1991年比（％）	11年間の年平均増加率（％）
上海	6,224元	312	10.9	甘粛	1,590元	359	12.3
北京	5,398元	361	12.4	陝西	1,596元	300	10.5
浙江	4,940元	405	13.6	貴州	1,462元	317	11.1
天津	4,279元	365	12.5	チベット	1,462元	207	6.9
江蘇	3,980元	433	14.3				

表11-9と表11-10によると，高所得世帯，および高所得地域の所得水準は平均して5000元以上であり，各省市では4000〜6000元前後であることがわかる。この所得水準は2020年の小康目標である農民一人あたりの平均純所得6860元より低くなっている。現在の農村世帯調査のなかには，所得水準にもとづいて五分割された農民の生活状況データが存在しないため，高所得地域の生活状況を手がかりに分析を行なった。つまり，今日の高所得地域における生活水準を，2020年に向けた中西部地域の発展目標とし，その間に東部地域がさらに発展することによって，2020年全国農村部の一人あたり平均所得が6860元に達することが可能になるということである。

現在の高所得地域の生活水準を2020年の中低所得地域の発展目標とし，現在の高所得地域の生活状況を分析することによって，将来の中低所得地域の生活状況を展望することにする。

第一に，現在，高所得地域のエンゲル係数は低く，サービス消費の割合が高い。消費支出全体に占める食品支出の割合をエンゲル係数と呼ぶが，一般的にはこれが50％[*8]以下の場合小康水準（ややゆとりのある水準）であるといわれている。2002年北京，上海のエンゲル係数はすでに34〜35％まで低下しており，浙江省，江蘇省は40％前後，甘粛省は46％，貴州省とチベットはそれぞれ58％，64％であった。食品支出割合の相対的な低下により，衣，住，物，および非商品であるサービス消費支出の割合が上昇している。

高所得地域では，医療保険，交通通信，文化・教養・娯楽・サービス支出の割合がすでに30％程度に達しており，低所得地域よりも高い。

　第二に，高所得地域の一人あたり肉類・水産類・鶏卵の消費量と家電製品の保有量がかなり多いことが指摘できる。2002年の世帯調査結果によると，一人あたりの肉類，水産類，鶏卵の年平均消費量は，上海が最高で52キロに達し，次いで浙江が49キロ，広東45キロ，北京，天津，江蘇が30～32キロとなっており，低所得地域の2～3倍という水準であった。高所得地域では家電製品も基本的に普及しており，都市部の平均水準に接近，もしくは超過しているものもあり，種類は豊富で性能もよい。たとえば100世帯ごとのカラーテレビ保有台数は，上海，北京ではすでに100台を超え，他の各省でも92％以上に達しているが，低所得地域ではわずか50％前後である。電話の普及率も高所得地域では70～100％に達しているが，低所得地域ではわずか10～30％程度で，たとえば陝西省，甘粛省の場合それぞれ36％，28％にとどまっている。

　第三に，高所得地域は住宅の品質が高く，一人あたり面積も広い。高品質で広々とした住居は農民たちが追求する目標でもあり，小康生活の重要な指標でもある。一人あたりの居住面積は上海近郊ではすでに57平方メートルに達し，浙江は49平方メートル，江蘇35平方メートル，北京32平方メートルで，低所得地域の20平方メートル前後と比較して約二倍の広さとなっている。高所得地域の住宅は建造費が高く，鉄筋コンクリートもしくはレンガ構造がすでに95～99％を占めており，そのほとんどが二階建て以上である。しかも設備と機能が揃い，内装もしっかりしている。とりわけ富裕世帯の居住条件は都市部の平均水準を超えている。

　第四に，高所得地域の家族は比較的人数が少なく，扶養負担も軽く，文化的資質が比較的高い。一世帯あたり人数の全国平均は3.8人だが，北京ではわずか2.8人，その他の各省市は3人前後であり，低所得地域の4.2人より約1人少なくなっている。労働力一人あたりの扶養人口は平均で，上海で1.4人，浙江では1.7人となり，低所得地域の2.2人より0.5人少ない。労働力人口の教育水準の差も大きく，高所得地域では中学以上の教育水準が労働力100人あたり40～60人を占めており，低所得地域と比較して二倍以

上となっている。

　2020年，中西部低所得地域が東部高所得地域の現在の消費水準と消費構造に到達する一方，高所得地域がさらに向上できれば，全国の農村部は全体として小康生活水準に達することができよう。

2　都市部と農村部の均衡のとれた発展と全面的な小康社会建設のための対策

(1) 全面的な小康社会の建設は「三農問題」の解決を前提としなければならない

　農業，農村，農民の発展問題を，中国では「三農問題」と総称している。農業人口が70%近くを占める農業大国である中国を，工業化，近代化に導くためには，「三農問題」の解決が欠かせない。都市部経済と農村部経済は相互依存関係にある。農村部の人口資質の向上，脱農業化の進展，農民所得の増加，農産品の都市部への流通などは，都市部産業を拡大させ，それにともなう労働力需要を満たし，工業製品に広大な市場を提供する一方で，都市部の工業品と都市文明の農村部への伝播は，農村部の生産と生活様式の変化を促すことにつながる。「三農問題」を解決するために，農業発展モデルを転換させ，農業の近代化を実現することが求められる。

(2) 農民の所得を着実に増やし，今後20年間の農民一人あたり純所得の上昇率を年6%前後に保たなければならない

　まず，制度上，国家，集団，個人の利益関係を整えることで，根本的に農民の負担を軽減しなければならない。たとえば「費改税」改革[*9]が挙げられよう。同改革を試行した安徽省と湖南省では，農民の負担が30～50%減軽され，その効果が著しかった。同改革措置による農民の負担の軽減額は2002年計300億元に達したという。この改革措置が全国範囲で実施された場合，巨額の財政赤字が生じることが考えられるが，その分は国家財政支出で補填すべきである。この措置は農民所得増加のかなり決定的な要因になりうる。それと同時に，郷政府の機能転換を早め，郷鎮機構の簡素化と余剰人員の削減を促し，行政管理費支出を大幅に減らさなければならない。そのほか，農業増産を促進し，市場の需要にもとづいて産業構造を調整しなければ

ならない。すなわち資源の合理的配置を実現し，比較優位性のある地域と産業を育成し，農業産品を大量生産型から高品質・高付加価値型へと転換させるように手を尽くさなければならない。

(3) 制度の刷新を通じて都市部と農村部の二元構造を打破しなければならない

生産資源・生産要素の合理的配分システムが欠けていることが，中国の都市化の進展を阻む制度的な原因となっている。新制度派経済学の観点からいうと，現実的な人間は現実的制度の下で社会・経済活動に従事するため，経済成長の鍵となる要素の一つとして制度的要素が挙げられる。そのため個人に適切なインセンティブを提供するような効果的制度は，経済成長を促す決定的要因になる。現在の社会・経済環境の条件下では，依然として都市部と農村部の二元的戸籍制度が存在し，農民の都市進出を阻んでいる。しかし，さらに根源的な問題は，農民が都市部に進出した後，どうするのかという点である。すなわち，就業体制，社会保障制度，農村部の土地管理制度などがボトルネックとなっているのである。したがって，二元的戸籍管理体制を改革して戸籍障壁を取り除くと同時に，都市部と農村部の就業体制，農村土地管理制度，社会保障制度を改革して，都市部と農村部の統一した労働市場を形成し，都市部と農村部住民が就業と所得の面で平等な機会が保証されるような制度環境を整えなければならない。

(4) 大都市，大都市圏を積極的に発展させるべきである

都市規模，構造，収益と外部コストの関係に関する研究によれば，都市の人口規模が100〜400万人に達したとき，規模による経済効果がもっとも大きいという。中国は大都市を必要としている。中国の大都市は多すぎるのではなく，少なすぎるのである。先進国の都市化経験によると，都市化の加速発展段階で，大都市の都市化率が1%高まるごとに，国家（地域）全体の都市化水準も0.35〜0.4%ポイント高くなる。しかし，国家全体の都市化に対する小都市の寄与は同0.003〜0.005%ポイントにとどまるという[1]。一時期「大都市の規模を制限し，中等都市を合理的に発展させ，小都市は積極的に発展させる」という方針が唱えられ，農村部の小都市化の重要性を過

度に強調したことは，むしろ都市化の進展を著しく阻害したといえよう。

中国の都市化の歴史的流れをみると，中小都市が発達した地域はおおよそ大都市，特大都市の周辺である。たとえば上海を中核とした長江デルタ地域，香港・広州を中核とした珠江デルタ地域が代表的であった。現在の状況をみると，すでに姿を現わしている大都市圏の典型は，長江デルタ地域，珠江デルタ地域，京津冀経済圏（北京・天津・河北からなる首都経済圏），瀋大経済圏（瀋陽から大連にかけての経済圏）などである。2030年，中国の人口は16億人に達することが予想されるため，都市化率が60％になれば都市人口は9.6億人に達することになる。そのうち8億人が大都市圏に居住すると仮定し，各大都市圏の平均人口を0.8億人として算出すれば，計10個の大都市圏が必要となる。これは完全に実現可能な数値である。総じていえば，大都市圏の発展は中国の都市化発展方向として妥当であり，都市化を大いに促進させ，小康社会の建設に有利に働くであろう。

(5) 小都市化戦略を実施し，都市部と農村部をともに発展させる

中国は20年内に2.2億人の農村人口の都市化を実現することで，農民の小康実現を保障しなければならない。政府は効果的な移転措置をとるだけでなく，公平・公正で廉価な就業仲介組織を立ち上げ，教育あるいは専門的訓練を通じて農民の資質と技能を向上させるべきである。

都市化水準を向上させ，農村人口を都市部へ移転させることは，農民の所得を増やすことだけでなく，有効需要を生み出し，経済発展のための広大な市場を提供することも可能にする。これによって，都市部と農村部の経済構造を合理化させ，国民経済の良好な循環と調和のとれた社会発展を促進できるのである。改革開放以来，農業生産力水準の向上と工業化の進展にともなって，中国の都市化推進諸条件はすでに揃っているといえよう。時機を逃さず都市化戦略を実施するべきである[2]。

重点地域を定め，小都市を発展させることは都市化の重要な手法である。小都市建設は科学的計画にもとづき，適切な規模と実効性重視の原則に沿っ

---

1) 呂書正『全面建設小康社会』新華出版社，2002年。
2) 中華人民共和国国民経済和社会発展第十個五年計画綱要。

て行なうべきである。重点発展地域は，県庁所在地，並びに基礎条件が良好で発展の潜在力が大きい鎮にすべきである。こうした小都市に諸機能を整え，人口を集中させて，農村部における経済・文化の中心地として育成すべきである。小都市の発展においてもっとも重要な点は，小都市の経済発展を促進することで，農村の各企業の合理的配置を指導し，農村市場体系を整備し，農村の産業化経営と社会化サービスの発展を促すことである。都市化の障害となる体制と政策を取り除くためには，都市部と農村部の二元構造を打破し，市場経済体制の下で都市部と農村部の新たな関係を構築しなければならない。すなわち，都市部の戸籍制度を改革して，都市部・農村部人口が合理的に流動するようなメカニズムを構築するべきである。さらに農村労働力が都市部へ進出する際の，その他の非合理的な制限を廃止して，農村余剰労働力が都市部と農村部のあいだを合理的に流動できるようにしなければならない。

(6) 農村教育事業を発展させ，農村の人口資質を向上させる

2003年9月，国務院は農村教育問題に関する専門研究部署を召集，会議を開催した。これは中華人民共和国成立以来，初めての出来事である。この会議では「農村教育のさらなる強化に関する国務院の決定」が採択された。

それによれば，農村教育の発展と農村学校の良好な運営は，「三農問題」の根本的解決の決定的な手がかりになるとされた。農村教育の強化は，8億の農村人口の多様化した学習需要を満たすことができるだけでなく，農村の余剰労働力の移転，工業化と都市化の推進につながり，過剰な人口による圧力を人力資源という優れた財産へ転化させる効果的なルートだからである。農村教育を発展させることは数多くの農村住民およびその子どもに良好な教育を受ける機会を与えるだけでなく，教育の公平性の実現と社会の公正の体現に有利であり，さらには国民経済の持続的発展にも有利である。全面的な小康社会の建設において，農村教育が基礎的・先導的・全局的な役割を発揮し十分な成果を上げられるように，全力を挙げて農村教育を着実に推進しなければならない[3]。

また，教育カリキュラムの実用性と実効性を強化し，農村人口の多様化した学習需要を満足させる必要がある。さらに，農村学校の教育学習改革，運

営体制改革，小・中学校の人事制度改革，「農業・科学・教育の結合」と「義務教育・職業教育・成人教育，三種の全体的計画」などを網羅した総合的改革を推進しなければならない。

　党の十六大と第十六期三中全会で提起された全面的な小康社会建設の目標と，その戦略をガイドラインとして，21世紀初頭の20年間で農村経済をますます繁栄させ，農民所得も引き続き増加させれば，農村部と都市部の住民がともに小康社会に入ることができるだろう。

　(7) 農村部の都市化を推進し，農村経済と社会の発展を促す
　まず，全面的な小康社会の建設において，都市化が果たす重大な役割を十分に認識しなければならない。世界各国の都市化の経験が示すように，農業人口が大きな割合を占める農業国が，非農業人口が多数を占める現代社会へ変貌することは，工業化，近代化過程にともなう一種の法則的な経済・社会現象である。工業化需要の高まりによって，人間活動が集中して工業生産コストが下がり，集積効果が現われる。そのため，都市化は工業化の必然的産物といえよう。都市化をともなわない工業化は効率が低下するだろうし，逆に工業化をともなわない都市化は根拠のないものとなり，発展の牽引力を失うだろう。

　また，第三次産業の発展も都市化に頼らざるをえない。社会発展にともない，第三次産業の地位と役割はますます大きくなっている。工業化の後期段階においては，第三次産業の就業者数は第二次産業を凌駕し，国民経済に対する貢献度も第二次産業より大きくなる。言うまでもなく，人間活動の集積需要も第二次産業より高い。したがって，都市化は第三次産業の繁栄と発展を促進させる作用がある。都市化の進展なしには，工業化，近代化は実現不可能であるといえよう。

　こうした認識を踏まえた上で，都市化推進に対する緊迫感を強めなければならない。中華人民共和国設立当初，中国の都市化率はわずか12％前後であった。その後工業化の進展にともない，都市化もしだいに進展したが，長

---

3)「国務院関於進一步加強農村教育工作的決定」。

いあいだ工業化に遅れをとっていた。1978年の国内総生産に占める工業総生産高の割合は44.3％を占めていたにもかかわらず，都市化率は17.9％，都市部人口は1.72億人にとどまっていた。改革開放以来，中国の都市化の進展はしだいに速くなり，第五回全国人口センサスの最新統計データによると，2000年の都市化率は1990年の26.23％より9.86％ポイント上がって，36.09％に達した。しかし国際的に比較してみると，中国の都市化水準は，一人あたりGDPが同等水準の国家や地域と比べて11％ポイント低い。有効な措置によって都市化を加速化しなければ，中国の工業化と近代化の歴史過程はひどく妨げられるだろう。そのため，党の十六大の報告は2020年，工業化を基本的に実現すると同時に，都市部人口の割合も大幅に引き上げなければならないと明確に提起したのである。

　小康社会とは，中国が工業化と都市化を実現する特殊な歴史的段階である。体制転換に不可避的にともなう数々のリスクと弊害もあり，都市部の貧困層からは社会摩擦と影響が噴出し，農村貧困層のそれよりずっと目立っている。都市の果たす役割を決定的にするためにも，都市部貧困層の問題は重視されねばならない。また，経済発展と同時に都市部・農村部住民，とりわけ低所得者の所得を確実に増加させなければならない。生活を改善し消費を拡大する前提は，所得の増加である。国民の小康生活がさらに「ゆとりのある」段階に到達するためには，経済発展と効率の向上をもって，住民所得，なかでも農民と都市部の低所得者の所得を向上させていく必要がある。また，都市部住民の一人あたり可処分所得と，農民の一人あたり純所得の持続的増加を実現するために引き続き努力することが，さらに豊かな生活を実現するための基本的環境を整えるのである。

　雇用拡大は所得を増加させる重要な道筋である。また，経済効率を大幅に向上させ，経済発展にともなって，住民所得が漸増するようなメカニズムを構築すべきである。同時に，社会の分配秩序を規範化し，国による徴税・分配によって，所得分配の調節機能を強化すべきである。社会保障制度をさらに整備し，都市部勤労者の年金，医療保険，失業保険制度を整える一方，貧困支援活動を大いに推進・強化し，農村の貧困人口の衣食問題の解決を早め，彼らがしだいに小康生活を送れるようにしなければならない。

総じていえば，全面的な小康社会の建設過程において，経済発展を土台に大衆の物質的・文化的生活水準をいっそう向上させることが必要であり，これを一つの長期的な戦略課題として，たゆみなく努力することが求められる。

参考文献

［1］顔廷鋭・毛飛編『小康中国』中国発展出版社，2003 年
［2］呂書正『全面建設小康社会』新華出版社，2002 年
［3］王偉光編集主幹『全面建設小康社会百問』人民出版社，2002 年
［4］馮光明「人力資本投資与経済増長方式転変」『中国人口科学』，1999 年（1）
［5］李培林・朱慶芳『中国小康社会』社会科学文献出版社，2003 年
［6］兪錦龍「提高人口素質是中国 21 世紀的重要任務」『南京人口管理幹部学院学報』，2000 年（4）
［7］韓雷ほか「対貧困人口実施医療救助」『中国衛生経済』1999 年（11）
［8］陳光金・劉小珉『小康之路』江西人民出版社，1999 年
［9］『中国小康之路』中国統計出版社，1999 年
［10］中国教育与人力資源問題報告課題組『従人口大国邁向人力資源強国』高等教育出版社，2003 年
［11］国家統計局『中国統計年鑑』中国統計出版社，1999，2000，2001，2002 年
［12］辜勝阻・簡新華編集主幹『当代中国人口流動与城鎮化』武漢大学出版社，1994 年
［13］盧岳華「扶助城市貧困人口的思考」『理論前沿』，2000 年（11）
［14］漆莉莉「我国人口素質影響因素的統計分析」『江蘇統計』，2002 年（5）
［15］黄栄清「城市人口研究的視点」『市場与人口分析』，2003 年（1）
［16］楊立勛『城市化与城市発展戦略』広東高等教育出版社，1999 年
［17］王勝今『人口社会学』（第 2 版）吉林大学出版社，1998 年
［18］叶裕民『中国城市化之路』商務印書館，2001 年
［19］李輝『中国人口城市化的進程，問題与対策』吉林大学東北亜研究院 1999 期人口学専業研究修士論文
［20］田雪原「全面建設小康社会中的人口問題」『人口学刊』，2003 年（5）
［21］張純元編集主幹『中国農村人口研究』中国人口出版社，1994 年
［22］蔡昉編集主幹『2000 年——中国人口問題報告農村人口問題及其治理』社会科学文献出版社，2000 年
［23］蔡昉編集主幹『2002 年——中国人口与労働問題報告　城郷就業問題与対策』社会科学文献出版社．
［24］王勝今編集主幹『中国人口与全面建設小康社会』吉林大学出版社，2003 年
［25］劉錚「論農村労働生育率，家庭教育投資，人口質量関係」『中国人口科学』，1989 年（6）
［26］孫敬之編集主幹『80 年代中国人口変動分析』中国財政経済出版社，1996 年

[27] 田遇春「農村人口発展与小康建設──陝西農村人口,経済,社会協調発展研究」『人口与計画生育』, 1997 年（5）
[28] 陳廷煊「城市化与農業剰余労働力的転移」『中国経済史研究』, 1999 年（4）
[29] 呉群「促進農村剰余労働力転移的戦略構想」『求是学刊』, 2003 年 9 月
[30] 曹金祥・郭謙「農村剰余労働力転移的現状,困難与対策」『山東経済』, 2003 年（9）
[31] 趙紅「中国農村剰余労働力転移問題研究」『農業経済』, 2000 年（5）
[32] 占俊英「如何実現農村剰余労働力的有効転移」『中国経済時報』, 2003（10）
[33] 黄楠森「弘揚革命道徳伝統,推進精神文明建設」『求是』, 2000 年（9）

訳 注

＊1　第2章訳注＊22 を参照。
＊2　原文では,「農村部の小康達成度」の数値が「都市部の達成度」と同じ「61.3%」(1990 年),「96.0%」(2000 年) となっているが,表 11-4 に照らし,修正した。
＊3　原文は「段階別にみてみると,上昇がもっとも速い時期は 1979～1985 年であり,年平均上昇率は 4.0% となっている」だが,文意が通らないため,第 2 章（44 ページ,72 ページ）にある同じ内容の文章を参考に文中に「年平均上昇率は 15.2% であった。1985 年以後の 17 年は速度が落ちており,」を補った。
＊4　第 2 章に同じ内容の文章が 2 回登場するが,44 ページでは,この数値は「3.9%」,72 ページでは,「3.8%」になっている。
＊5　第 2 章訳注＊16 を参照。
＊6　原文にはこの段落はないが,前後の文脈から,第 2 章の対応する部分（51 ページ）から補った。原文において,本章は第 2 章と内容的に重複する箇所が多数あるが,この箇所も第 2 章の対応する内容（「2020 年の都市住民の小康生活の展望」）の一部を削除して,再掲したものとなっている。
＊7　表 11-9 では「857 元」となっている。
＊8　原文では「40%」となっているが,「50%」の誤記とみなし修正した。本章 457 ページに記載されている国連食糧農業機関（FAO）の基準も参照のこと。
＊9　第 2 章訳注＊20 参照。

解　題

菊池道樹

本書の背景

　高成長が続く中国経済，2007年度の国内総生産額（GDP）は前年比実質11.4％増の24兆6619億元（約365兆円）となり，1979年に市場経済体制への移行を開始して以降29年間の年平均実質成長率は9.6％に達した。特に，2003年から昨年07年までの5年間は毎年，実質GDPで前年比10％を上回る水準の成長が続き，08年にはドイツを抜き世界第3位のGDP大国になることは確実視されている。日本を追い越すのも時間の問題であろうし，2041年にはアメリカと肩を並べGDP超大国になるであろうというゴールドマン・サックス社の予測も現実味を帯びてきた（Goldman Sachs, Global Economics Paper, "Dreaming with BRICs; The Path to 2020," Oct. 2003）。

　1980年代はじめ，鄧小平氏は市場経済体制への移行に踏み切るにあたり，国家の発展の長期目標として，21世紀中頃までには中国の国民一人当りのGDPを中進国の水準にまで高めることを掲げた。さらに2002年11月の中国共産党の第16回党大会では，江沢民総書記が2020年には一人当りGDPが3000ドル強に達するような持続的な成長の実現を訴えた。近年の成長のペースではこうした歴代の中国の最高指導者たちが掲げた目標の繰り上げ達成も可能となるような勢いである。

　このようなGDPベースの指標で示される成果は，沿海大都市部でマイカー，マンションを購入する中間層の形成となってあらわれ，また第16回党大会で私営企業家にも共産党への入党を容認するなど，同党の国民政党への転換を促すきっかけともなり，中国における民主主義社会の到来，成熟した国家への変貌をも予感させた。

しかしその反面，成長がもたらした歪みも年々拡大しつつある。とりわけ都市と農村との間の格差や所得格差，貧困，および環境破壊の問題は放置できないほど深刻な課題となってきた。所得格差の実態については，わが国のメディアでもしばしば報じられてきたが，一国の経済成長の過程において一人あたりのGDPが増加するにつれていったん所得格差は拡大し続け，その後は縮小に向かうというクズネッツが提起した逆U字型カーブに沿う経路に沿って歩んでいる，とみることができる。つまり，今日の中国は格差が縮小する天頂に至るまでの，未だ格差が広がる，右上がりの曲線に沿った位置を通過している，と。むしろ，本書80頁でも紹介されているような農村地域において義務教育の費用を賄えずに学校から中退を余儀なくさせられる子供たちが広い範囲に存在するような貧困問題をどのように改善すべきかが重要な課題と言える。

　環境問題については，オリンピック開催を控えた北京をはじめ各地の大気汚染，工場排水の実情は，1960年代後半から70年代初めにかけての，高度経済成長の絶頂期に公害が深刻化した日本の状況を髣髴とさせるものがある。砂漠化の浸透，拡大の結果としての黄砂現象の影響は，国境を越えて日本や韓国にも及び，宅地・工場用地向けの乱開発や農薬，化学肥料などの過剰な投入，散布も日常の生活環境を悪化させる一因となっており，もはや環境保護対策は，経済面で先進国並みの余裕ができてから，などという口実で先送りをすることは許されなくなってきた。

　さらに，社会保障制度の構築が喫緊の課題となっている。昨年末の段階で13億2129万人を抱える人口大国，中国においては経済成長を優先させるために，強権的な人口抑制策をとり続けてきたが，ここへきてその影響が雇用・失業，食糧，社会保障など人口動態に関わる諸問題に現われてきた。なかでも開発途上にありながら急ピッチで進む高齢化社会，「豊かにならないうちに老けてしまう」（「未富先老」）という他の国では経験しなかった困難な局面が目前に迫り，社会保障制度を整備することが切実な課題となっている。

　1990年代になると，先進国，途上国を問わず，こうした所得格差・貧困，環境，さらには人口高齢化の諸問題は，今日地球的な規模で，持続可能な社

会の実現へ向けた取り組みとして議論が活発となり，具体的な行動も開始されてきた。中国においては，2002年11月に開催された，中国共産党第16回大会で当時の江沢民総書記が行なった，その後5年間の国家の基本政策を決める大会報告において，初めて持続可能な社会の建設の重要性を訴えた。具体的には，格差，環境問題の解決に加え，生活全般の質の向上をめざし，国民全体がまずまず余裕をもつ「全面的な小康社会」の実現を国家目標として定めた。1978年の年末に始まる，市場経済体制への移行開始後，GDPの拡大によって豊かさが実現できるという素朴な考えが立場の違いを超えて中国の人々の間で支配的であったことを考えると，「全面的な小康社会」の実現とは，開発戦略の大きな転換を意味する。その後，昨年2007年10月には第17回党大会が開催され，胡錦濤総書記がその後5年間の経済政策のベースは自らが唱える科学的社会観に基づくべきこと，格差是正や環境保護を重視し，国民生活全般の質の向上をめざし，「全面的な小康社会」の実現を国家目標とすることが再確認された。

　本書はこの「全面的な小康社会」を実現するために具体的な目標と，それを実現するうえでの課題とその解決方法を，中長期的な見通しで人口と発展という観点から取り上げた研究書である。中国人口学会の大御所，田雪原氏はじめ，30余名の執筆者は中国の人口学会の中核的研究者であり，本書に掲載されている論文は，今日の中国の人口学会の最高の水準を示している。しかも，人口問題に関わる，経済，社会の広い範囲の重要な諸課題に取り組んでおり，中国の経済に関心を持つ者にとって有益な論点を提供している。そうした執筆陣，内容であるだけに，本書のもととなった党大会後さらに新たな大会が開かれたとはいえ，本書の学術上，政策上の価値は失われるものではない。以下においては，章ごとの要約はせずに，今後の中国経済に関わる議論の活性化につながる素材となることを願い，本書が提起した重要な論点を整理して示すこととする。

本書の提言

　これまでタブーとされてきた人口抑制策，並びにそれに関わる制度改革は，より純粋な市場経済体制に向けての最後のステージとみることができよ

う。「国有企業を優勝劣敗の原則によって淘汰しなければならない」、「公平にも配慮し，効率を優先させる」，1997年に開かれた中国共産党の第15回党大会での報告で当時の総書記，江沢民氏はこう述べ，純粋な市場経済体制の確立が党の方針として，したがって国是として承認された。以後，制度改革が進み，市場原理は大幅に拡大されることになるが，中国固有の人口をめぐる経緯があり，かつまた人口政策に関わる制度の改革は一度失敗すれば取り返しのつかない混乱に陥るだけに慎重にならざるを得なかった。市場経済体制に向けての大きな流れのなかで，人口に関連する領域で，政府はどのような役割を果たすべきかについて，コンセンサスを見出すことが中国の研究者，政策担当者に課せられた課題と言える。

1 一人っ子政策の修正

中国政府が，一人っ子政策という名で知られている「計画出産」＝厳格な産児制限政策を実行してほぼ30余年，この政策を遂行し続けてきた理由は，中国の人口の基数が圧倒的に多く，人口増加を抑制しなければ食糧確保のために大量の資金，資源を必要とせざるをえず，その結果，貯蓄の余裕がなくなり，工業化に必要な資本形成が滞り，「離陸」ができなくなる，と警戒したことにあった。その背景には有名な人口学者，馬寅初が1956年に発表した『新人口論』で展開した，経済成長のためには，年平均2％の増加率とする適度の人口抑制策が必要とする主張が，人口を国力とみなし，増加させるべきだとする毛沢東の考えに反するとして徹底的に批判されたという事情もあった。このことは後に，「1人を批判する過ちをおかしたために，3億人が増えるという誤りが生じた」という風刺で政策の誤りが後悔されるに至っている。

徹底して実行しなければ意味がない政策だけに，集権的な政府があってはじめて人口抑制は可能であった。それだけに国民の反発も強く，特に農村では労働力の確保が農産物の生産に直接影響することから，より多くの子供，しかも男子を望み，非合法的な出産が少なからずみられた。そのため多額の罰金を科せられたり，強制的に堕胎を迫られるなど数々の悲劇が生まれた。本書においても，80年代中期に政策を少し緩めたところ，忽ち出生率

が上がり (116頁),「実際の国民意識は計画出産政策ほどの人口抑制は望んでいなかったため, 結果として政策で想定していた以上の家庭が二人以上の子どもをつくった。これは, とくに農村部で計画出産政策に対する抵抗感が強」(155頁) く, 政策と国民一般との間の, 意識のギャップが大きかったことを認めている。また人権に深く関わる政策であるだけに, 国際的にも波紋を投げかけてきたデリケートな問題でもあった。

しかし, これまで中国国内の有識者の間では「保守派」,「改革派」といった経済体制改革についての立場, 思想の違いを超えてこの政策は支持されてきた。本書でも繰り返し述べているように, 中国の研究者, 政策担当者の間では, この間の人口抑制策により, 本書で繰り返し紹介しているように, 3億人を増やさずにすみ (37頁など), その養育分だけ資本形成が可能となり, 高度経済成長の基礎を築いたと評価する向きが多い。なお, その後発表された, 国家人口発展戦略研究プロジェクトチームによる,「国家人口発展戦略研究報告」によれば, 人口抑制策により生まれなかったのは4億人と推計している (『人口研究』第31巻・第1号, 2007年1月, 2頁)。

こうした厳格な人口抑制策も今日, 曲がり角に来たと言える。現在の政策を続ければ, 人口, 労働者数の減少が加速化し, 高齢化社会を維持する社会保障制度を確立できなくなる。だからといって抑制策を一挙に解除すれば, これまでの反動も加わり, 人口爆発をもたらしかねない。爆発を避けつつ, 安定した高齢化社会への軟着陸をいかにして果たすか, これが今日の中国に課せられた重要な課題であり, 本書はこれに答えるための政策提言の試みである。

本書の結論は, 現在 1.8 程度と推定される合計特殊出生率を幾分上方修正し, 一人っ子同士の夫婦や農村地域では2人まで許容するなど, これまでの抑制策をやや緩和すべきことを主張する。ただし, そう明言しているわけではなく,「現在, 中国が直面する人口問題およびその変化の傾向からみると, 人口増加を抑制する力加減を適度に緩和させることは, 問題解決のための有効な手段であろう」(155頁) などと本書の随所で極めて慎重な言い回しがみられる。これは, これまで批判をすることはタブーであった政策に関わる議論であるだけに, 過去において馬寅初が毛沢東に徹底的に批判され

た二の舞を演じることを避けるための知恵なのであろう。

　それはともかく，本書第3章で示される，2000年に実施されたセンサスの結果とその修正値を基にした今後の人口推移の中位推計によれば，中国の人口は2023年にピークを迎え，14.47億人に達する。労働人口は2007年から増加数が激減し始め，2015年からはマイナスに転化し，減少し始める。2050年には逆ピラミッド型の，典型的な高齢者型人口構造となり，「豊かにならないうちに老けてしまう」時期が到来することが予想される。いずれにせよ，合計特殊出生率1.8を若干上回る程度の水準に抑え，中位推計に沿って従属人口指数，労働人口をコントロールすることが，政策の継続性，安定性を維持し，高齢化社会へのペースを緩慢にするうえで望ましい選択ということになる。

　こうした政策転換に踏み切ることを提言する，他の要因として，男女の出生性比の異常さ，人権についての国際的圧力，があげられる。前者については，100人の新生女児に対する新生男児の数で示される男女の出生性比が1980年代以降，正常範囲を超えて上昇傾向にあり，2000年センサスでは119.9，農村では121.7と異常に高い水準に達している。将来，男性の結婚難から生じる社会問題が懸念されている（第7章）。

　後者については，1994年にエジプトのカイロで開催された，第3回世界人口開発会議，通称，カイロ会議の影響が大きい。同会議では健康，文化，教育，モラルといった人間の質の向上をめざすreproductive healthについて初めて本格的に議論され，採択された行動要綱はその後，開発における人権の重視など，政治，経済，社会など各分野の活動に新たな枠組みを与える役割を果たした。その要綱には，出産計画において「規定された数量や指標を強要しない」と明記されており，国際社会の一員たらんとする以上，この趣旨を無視するわけにはいくまい（第9章）。

2　「人口ボーナス」論からみた雇用，社会保障問題
　そうした高齢化社会への推移と軟着陸の可能性を，「人口ボーナス」論を基に雇用，社会保障の面からそれぞれ第4章，第6章で取り上げている。
　90年代末頃から，「人口ボーナス」（Demographic dividend）という概

念を用いて東アジア諸国において経済の高成長をもたらした要因を分析し，将来の見通しを検討する論文が，IMF・世界銀行の専門雑誌や国連のレポートなどに発表されるようになった。その嚆矢となったのが本書でも引用されている (235 頁), Bloom, David E. and Jeffrey G. Williamson, 1998, Demographic Transitions and Economic Miracles in Emerging Asia, *World Bank Economic Review,* 12: 419-455. である。「人口ボーナス」とは，人口転換において，高出生率，高死亡率の局面から低出生率，低死亡率の局面へ至る高出生率，低死亡率の時期に，労働供給の増加率が人口増加率を上回ることにより，労働供給が十分に確保されたうえで，労働人口の幼少従属人口に対する負担が軽減され，貯蓄率は上がって資本形成が進み，経済成長を牽引する，という仮説である。やがて，高齢者が増加し，全人口に占める高齢者の比率が上昇すれば「人口ボーナス」が消滅し，経済成長も停滞するということになる。

　中国の人口政策に関わる研究者，政策担当者の間では本書にもみられるとおり，今日の高成長をもたらした要因を「人口ボーナス」の観点から捉えようとすることが一つの潮流となりつつある。それは，日本を含む東アジア諸国はいずれも経済成長と「人口ボーナス」とは相関性があるうえに，間近に迫りつつある高齢者社会への対応を検討するうえで，どのような人口構成が望ましいのか，そのためにはどの程度の人口増加率が適当かを割り出すうえで重要な手がかりが得られるからである。

　従属人口指数 50 以下をボーナスとみなすと，今後，2011 年に従属人口指数が 38.04 と最低を示すまでの 10 年間は「人口ボーナス」がもっとも大きい時期となり，そこで底を打ってその後は，2030 年前後に 1990 年前後の水準にまで戻り，以後はマイナスとなる見込みである。今後 20 年間が社会保障制度を確立するための好機であり，特に雇用面ではこの 10 年が安価で豊富な労働力を武器に，競争力を発揮できるチャンスということになる。

　先進諸国においては，人口高齢化にともない，労働力の減少，貯蓄率の低下，消費の減退，高齢者福祉のための負担増加が社会，経済問題を引き起こしているが，これは中国にとっての戒めとすべきである。この悪循環の罠から脱出するためには，経済成長を維持し，雇用を確保する一方，人口，労

働者数を適度に上方に調整する政策が必要となる。

現在の都市部での失業率は8.2％，就業希望者を含めるとさらに高くなる。都市部での新規労働者，農村からの出稼ぎ労働者，それに国有企業を実質上解雇された「下崗」層が膨大な数にのぼるにもかかわらず，GDP成長率に対する雇用成長率は低く，つまり雇用弾性値が低下傾向にあるままに，長期にわたり労働の過剰供給が続く。そのうえ，アセアン諸国のキャッチアップ，中国国内の賃金水準の上昇による競争力の低下は避けられない。その一方，高齢者の介護費用はこれまでとは逆転し，「養老は社会が主，家庭が補助」となることから，財政面では高齢者向けの支出が増加する。このような厳しい見通しのなかで「人口ボーナス」を利用するためには，人口政策を上方に適正に調整しながら，非公有セクターの労働集約型産業を振興し，雇用機会の拡大を推進すべきことを提言する。

3　労働移動の自由化

この雇用問題に歪みをもたらし，都市化の停滞を引き起こす元凶が，中国独特の戸籍制度である。社会主義体制のもとで，重工業化を急速に進めるために農村に農民を緊縛して都市への移動を禁止し，低価格に据え置いた農産物に対する工業製品の有利な価格差を梃子として利用し資本形成を進めるという独特のシステムの基礎となったのが，都市，農村の住民を区別する戸籍制度であった（ただし，社会主義計画経済体制のもとでの重工業部門の資本形成が農工間の鋏状価格差によるという定説は，石川滋，中兼和津次の両氏によって批判されている）。

都市部の人口比でみた都市化率は37％と世界平均はおろか，途上国と比較しても遥かに低く，工業化の進展と比較しても立ち遅れは歴然としている。その一方で，2000年センサスによれば，1億人あまりの農村戸籍を持つ人々が都市に半年以上居住している。こうした出稼ぎ農民の存在が象徴するように，大量の過剰労働力の存在，農業生産性の停滞，農民所得の伸び悩みといった，農村経済の発展を制約する要因について本書は，「中国の計画出産政策実施以後，政府は農村人口の出産を抑制することが，この問題を解決する重要な手段であるとしてきた。しかし，中国の現実と先進国の経験か

らみると，この問題の抜本的解決策は計画出産政策ではなく，農村から都市への人口の大規模な移動である」(199-200頁) と断言し，戸籍制度の撤廃による人口移動の自由化を提案している。

1989年の春節明けから，非合法でありながら，農村から都市への出稼ぎが始まり，その後中央の共産党，政府が黙認するなかで，徐々に出稼ぎに向かう農民の数は拡大し，やがては移住を伴う人口移動が全国的に広がり既成事実と化した。こうして戸籍制度は実質上，形骸化してきたのであるが，受け入れる側の都市においては行政当局でさえ，出稼ぎ者に対する蔑視，差別が根強く (211頁)，共産党の第16回党大会において，農民の都市への移動は自由であり，都市での住民としての対等な地位，権利を持つべきことが強調されている (200頁)。

しかし，農民は自由な移動を妨げられている一方的な被害者というわけではなく，戸籍制度から恩恵も享受している。農家にとっては農村戸籍を持ち，農村に在住すれば，農地は実質上の所有地として確保することができるだけに農村を完全には離れたがらないのである (204頁など)。他方，都市住民の側では従来より恩恵に預かる余地が狭まったとはいえ，「都市の戸籍に付随する各種福利制度」は魅力的なフリンジ・ベネフィットである。

本書では「最終的には各種福祉サービスおよび優遇を廃止し，戸籍本来の機能，つまり，人口に関する情報を登録するという機能に戻すべきである」(207頁) ことを提言している。本書の改革案は戸籍制度の改革に留まらず，社会主義体制の残滓とも言える，農地の所有制，都市住民の社会保障制度の改廃につながる抜本的な改革であるだけに注目される。

4　食糧・資源・環境問題の深刻さ

本書の総括とも言うべき第10章では，中長期的な観点から，持続可能な社会の実現のために，いかにして人口をコントロールし，環境を保護し，エネルギーの節約が可能かを展望する。

食糧については，2000年以降，供給不足を備蓄食糧で補うなど需給関係は万全ではなく，豊作貧乏による農民の耕作意欲減退が心配される。深刻なのは，環境保護のために耕地を森林へ復元させたり (「退耕還林」)，宅地，

養魚池などへ転換したりすることによる耕地の減少である。今後は化学肥料に頼った食糧生産増加も限界に近づくため，中国は長期的な食糧不足という課題に直面しなければならなくなる。

「われわれは常々，"中国は耕地面積の7％足らずの土地で，世界人口の5分の1を養っている"と自慢しがちではあるが，日増しに増加する人口と，日々大きくなっている需要を目にすると，この自慢は重荷に変わってしまう……やっと衣食の問題を解決した昨今，食糧問題に潜んでいた"安全"の危機がひっそりと近づいてきた」（432頁）とまさに，『誰が中国を養うか？』とレスター・ブラウンが警告した危機が迫りつつあることを強調する。

エネルギー資源については，石油資源が長期的には枯渇し，「中国のエネルギー資源の採掘，転換および利用が，近い将来，地球規模での環境や気候の変化，さらには経済発展，エネルギー資源の安定供給などに大きな影響を及ぼすことが予測できる」（434-435頁）と地球的な規模の問題であることを明言している。水資源の不足も深刻である。地下水の過剰採水，地下水位の低下，海水の逆流，河川の水が海まで到達しない断流といった現象などは，解決が難しいだけに長期間，深刻化すると予測しているが（444頁），水資源は代替不可能であるだけに，長江の水を北方へ引くような（「南水北調」）大掛かりな工事が現実に不可欠となるのであろうか。

環境保護のために本書で具体的に提言されているのは，国民の意識改革，政府の役割と市場原理の活用である。市場原理の活用については，京都議定書で目標の二酸化硫黄，二酸化炭素の削減のための手段として現実に活用され始めた汚染物資排出権取引制度の国内での導入を提案している。そのうえで次のように結んでいる

「行政手段と市場手段を兼ね合わせつつ，徐々に市場化を進め，市場による解決の度合いを向上させる。これが，資源保護を追求し，環境の質を向上させ，人口・資源・環境の持続可能な発展を実現するための基本的構想である」（454頁）。

本書で取り上げた2002年以降，中国国内での乗用車の販売台数は2006年に日本を追い抜くなどさらに急ピッチで増加し，排気ガスによる大気汚染が深刻化し，環境問題は一層厳しくなってきている。省エネルギー技術の改

良，代替エネルギーの開発に期待するところ大であるが，一国で解決することは不可能な問題である。資源に関しては経済ナショナリズムが絡むだけに複雑な様相を呈している。中国の企業が世界各地で油田，鉱山資源を直接，買収する動きに各国は警戒心を募らせているが，人類的課題として各国が共同歩調をとることが極めて重要であるはずである。

本書後の課題

04年6月の本書の刊行からすでに4年が経過し，冒頭で述べたとおり高成長が持続する一方で，本書でその非合理性を批判している農業税（77頁）は2006年1月に廃止され，農村，農業，農民の「三農」問題を改善するための予算支出も年々増加する傾向にあるなど，本書の提言に適う方向に制度改革が具体的に進み，経済政策も展開している。

しかし，本書刊行後の経済面での推移は本書の予想を超えた展開をみせ，本書が描く高齢化社会へ向けての軟着陸のシナリオを修正する必要があるように思われる。特に以下の2点は広く中国に関心を持つ研究者たちにとって重要な課題となると思われるので注意を喚起しておくこととしたい。

1)「1998〜2002年の五年間の（成長率の）平均は7.6％と逓減傾向をみせており，1978年以来の，経済の高投資・高生産という高度成長期はすでに過去のものとなったといえる」(36頁)とマクロ経済の総括をしてあるが，その後2003年から07年までの5年間は対前年比実質で連続して10％を超える成長が続いている。無論，10％台の成長が無限に続くわけではないが，一時的な落ち込みはあるにせよ，当面成長率が逓減する可能性は少ないとみられる。成長の持続こそ高齢社会の問題を解決する道とする本書の立場からすれば，将来の見通しは明るくなるはずである。低成長に向かうことを前提にした様々な予測は，このような高成長が持続する状況ではどのように修正されるのであろうか。

2)「現在の中国では，労働力の供給過剰が主な就業問題として挙げられており，労働力不足という問題は今後も長期にわたって発生しないと考えられている」(24頁)と予測しているが，本書が刊行された2004年夏頃から，単純労働に従事する農村からの出稼ぎ労働者が不足する「民工荒」現象が広

東省を中心に広がり始めた。この現象をめぐってはアーサー・ルイスの「無限労働供給」が解消し，労働需給からみた一国の近代化の「転換点」に到達したことを意味するのか，それとも一時的なアンバランスであるのか，中国の研究者の間でも見解の分かれるところである。いずれにしても，日系企業はじめ外資系企業のみならず，中国の企業も生産拠点を沿海地域から内陸部へ移転したり，ベトナムなど中国国外にも工場を確保する，いわゆるチャイナ・プラス・ワンの動きは，「世界の工場」を支え，比較優位の源泉であった，豊富な低賃金労働が消えつつあることを物語っている。この事実は，過剰労働力の消滅，すなわち労働需給関係の好転と受け止めるべきなのか，それとも本書で予測している以上に，雇用機会の縮小，賃上げによる競争力の低下が深刻化したとみるべきなのであろうか。

　日本と中国との間の経済関係が量的にも，質的にも拡充の一途を辿るなかで，中国の人口政策，人口動態が日本の経済，社会に及ぼす影響もますます大きくなるであろう。そうであるがゆえに，われわれも中国の人口に関わる諸問題から目を離すわけにはいかない。

　　　　　　　　　　　　　　（きくち・みちき／法政大学経済学部教授・
　　　　　　　　　　　　　　　日本現代中国学会関東部会理事）

索　引

あ　行

藍印戸籍　190
アイビ湖　344
アジア開発銀行　86
アジアの四小竜　239-40, 242
アチャン族　319, 322, 324-5, 327, 334, 336
アナン　216
アメリカ疾病予防管理センター　408
アメリカ人口理事会　408

イー族　319, 322, 324-5, 327
医学敏感人口　385, 393
一大二公　286
医療資源占有率　66
インフレ率　91

ウイグル族　273, 284, 317-9, 322, 324-5, 327, 332
請負経営管理制度　209
ウズベク族　318, 322, 324-5, 327, 331-4, 340
内モンゴル自治区　149-51, 166, 169, 182-3, 314

衛生資金　80, 395
衛生支出　43, 79, 396-7
衛生部機構　365
　　──全国先天性疾患監察資料　365
越省人口　176-8
『エネルギー危機回避に向けた，中国に対する国際的要請』　434
エンゲルス　35
エンリッチ　416

王慶仁　347
応保尽保　86
オウンク族　322-5, 327-8, 331-4
オリーブ型　49
オロチョン族　322-8, 332-4, 340
温飽人口　73, 86

か　行

外向型経済　58, 94
外生変数　290
回族　315, 318, 321-2, 324-5, 327, 337, 346
開発のための健康研究に関する国際会議　356, 388
開発のための健康研究に関するバンコク宣言　356, 389, 410
カオシャン族　317, 319, 321, 323-7, 332-4, 336-8, 340, 351
化学的酸素要求量　426, 433, 435, 455
下崗　67, 137
カザフ族　273, 284, 318-9, 322, 324-5, 327, 332, 340
加重総合指数計算法　67
可処分所得　7, 43, 50-1, 61, 67, 70, 72, 84, 457, 461, 464, 468, 478
カルスト地方　345
環境と開発に関する世界委員会（WCED）　414
　　── *Our Common Future*　414
環境保護水準　67
漢民族　271, 314-5, 323, 328, 330, 335-6, 338-40, 351-2

技術普及の原則　293
基本建設投資　77, 88-9
逆指数　66-7, 95

逆相関　150
逆都市化　171, 185
仇保興　193
教育センサス　101
教育発展要綱　41
郷鎮企業　36, 39, 40, 75-6, 93, 186, 290, 463
郷鎮機構　79, 81, 473
許俠　370
キルギス族　318, 322, 324-7

クズネッツ　83
グリーン消費モデル　448
黒田俊夫　246, 263

計画出産証　299
計画出産政策　20, 29, 31, 37, 97, 100, 102-3, 105-7, 114, 117-8, 120, 125, 131-3, 154-5, 199-200, 237, 240, 244-5, 261, 265, 281, 283-6, 288, 295, 297-300, 304-8, 311, 318, 342, 346, 348, 372, 382, 400-8, 418, 450
経済協力開発機構（OECD）　139, 434
経済決定論　413
経済離陸　239, 240
京津冀経済圏　475
結婚適齢人口　268
研究開発支出（R&D）　66
県郷機構　79
健康経済学　394, 411
健康の新たな地平線　358
現代化大生産方式　186
乾隆盛世　418

公共教育支出　7, 41, 63-4, 69, 79, 89
工業企業総資産貢献率　66
工業業界短期発展指導方針　433
工業廃水処理率　61, 67
広西チワン族自治区　60, 62, 273, 314
購買力平価（PPP）　38, 63, 93, 94
高齢化速度　24, 220
高齢者権益保障法　258
高齢者人口比率　18, 22-3, 110, 112, 132, 217-8, 220-1, 226, 241, 257, 322-3
コース　452

──コースの定理　452
コーラオ族　319, 322, 324-5, 327, 333-4, 337
胡錦濤　265, 417
国際エネルギー機関（IEA）　434
国際産婦人科学会　408
国際的分業体制　132
国際労働機関（ILO）　72, 247, 251, 462
国務院婦人児童工作委員会　369
国連開発計画（UNDP）　357-9, 390
国連砂漠化防止会議　346
国連児童基金　368
国連食糧農業機関（FAO）　45, 94, 457, 480
国連人口開発委員会　220
国連人口基金　123, 238, 358, 378, 390, 408
国連第四回世界女性会議　354, 365
国家衛生サービス　255, 374, 375, 409
国家科学技術部　407
　──生物医学材料の基本科学問題に関する研究　407
　──中国人口の先天性疾患に対する遺伝と環境による制御の研究　407
　──リプロダクティブ・ヘルスの基礎研究　407
国家環境保護総局　417, 455
国家計画出産委員会　288, 294, 404, 406, 408, 410
国家人口・計画出産委員会　219, 220, 265
国家統計局　16, 19, 21, 25, 46, 54, 88, 91, 139, 373, 436, 470
　──人口局　38, 43
　──中国経済景気月刊統計　87
　──都市調査グループ　49, 51-2, 84, 86, 436, 467-8, 470
　──農村調査グループ　73, 74, 86
国家民族事務委員会　351
五保戸　75, 95
雇用吸収力　137-9
婚姻市場　265, 285, 300-1, 303
婚姻貧困　301

さ 行

扎央　346

最低住宅水準保障　193
挫折した労働者　141, 144, 148
サダバ　321
サラ族　318, 322, 324-5, 327, 331-4, 338, 351
賛助費　195
三生共栄　414
酸素分圧　267
三大プロジェクト　405-8
　——生殖器系感染症関連事業　406
　——先天性疾患関連事業　406
　——中国におけるリプロダクティブ・ヘルスと計画出産政策の良質なサービスの三大プロジェクトに関する国際会議　406
　——避妊による出産抑制の良質なサービス事業　406
三農問題　10, 46, 71, 80-1, 205, 459-60, 473, 476
三廃　76, 433
三歩走　4, 5, 23, 32, 34, 225

ジーヌオ族　319, 322, 324-7
シェ族　319, 321, 323-5, 327, 336
四川盆地　344
持続可能な発展戦略において人口要素が果たす役割に関する総合的評価　358
持続可能な発展に関する世界首脳会議　357
疾病抑制センター　371
ジニ係数　46-9, 84
死亡水準　104, 121
シボ族　321, 324-5, 327, 331-4, 337
社会安定指数　91, 92
社会開発総支出　89
社会構造指数　57, 66
社会秩序指数　90-1
社会発展投資比率　88
社会保険補助政策　157
社会保障基金　210, 253
社会保障税　241, 252-3
社会保障普及率　75, 91, 463
社会労働生産性　39, 63
借読費　195-6
シュイ族　319, 322, 324-5, 327, 331-2, 334, 338
「十五」計画期間　90, 214, 263

集団土地所有制度　208
珠江デルタ地域　475
出産適齢女性　106, 114, 178, 284, 372
朱鎔基　313
ジュンガル盆地　344
商業保険　260
饒克勤　393
小社会　259
小農経済　286-8
消費財市場　228
承包地　82, 96
小老人　223, 264
ジョージタウン大学　243
新疆ウイグル自治区　60, 62, 182, 314
人口健康リスク比率　385
人口高齢型国家　220
人口自然増加率　60, 66, 97-8, 107-8, 129
人口死亡年齢中位数（the median age at death）　255
人口死亡率　104, 325
人口純増加率　7, 98
人口性別構造　266, 268-1, 273
人口中心論　413
人口転換モデル　246
『人口与経済』　171-2, 181, 214, 267, 292-3, 175, 346
人口の慣性　320, 322, 348, 385
人口の教育的資質　324, 326, 347
人口の健康的資質　324, 353
人口の好機　33, 216, 234-5, 237-43, 247-8, 262
人口のリプロダクティブ・ヘルスの三大需要　406
人口発展の法則　105
人口変数　292, 392-3
人口ボーナス　22-24, 28, 33, 132, 135, 152-3, 235, 247
人口抑制政策　115, 156, 380
人口論　245
新三歩走　34, 242
ジン族　319, 322-5, 327
瀋大経済圏　475
森林蓄積量　76, 424
森林被覆面積　76, 424

スティグリッツ　165, 250

生活困難人口　86
生活用消費電力量　45
税金徴収制度　253
政策許容出生率　106, 115
生殖器系感染症（RTI）　369-73, 405-7
生存保障機能　209
生態核心論　413
静態指標　269
性と生殖の健康（リプロダクティブ・ヘルス）　354, 410
政府活動報告　261
生物学的法則　267
『世界開発報告』　38, 39, 41-2, 47, 84, 238
世界銀行　38-9, 41-2, 47, 84, 238, 358, 390, 408, 417
　——World Bank　238, 263, 395, 409
『世界子供白書』　368
世界人口開発会議　354, 364
　——行動要綱　364
世界保健機関（WHO）
　——世界政策理事会　363
　——1996年世界保健報告書　399
世代間分配　227
絶滅のおそれのある野生動植物の種の国際取引に関する条約（ワシントン条約）　428-9
セマル運動（新農村促進運動）　189
全国計画出産対策会議　265
全国再雇用問題対策会議　138
全国身体障害者調査　366
『全国水土流失報告』　443
『全国生態環境建設計画』　443
全国婦人連合　408
潜在的競争優位　135
潜在的疾病リスク　385-6
戦略と国際問題研究センター　243

相関係数　278
曹紅　365, 409
総合経済社会産出率　66
粗死亡率　99, 104-5, 121-2, 130
粗放型発展モデル　447

た 行

第一次衛生革命　395
耐久消費財　52, 174, 439, 466, 468
退耕還林政策　431
第三次産業就業者比率　40, 58, 64
第十六期三中全会　6, 454, 477
大数の法則　267
タイ族　284, 321-2, 324-5, 327
第二回高齢者問題世界会議　355
大躍進　4, 100
多元一体　314
タジク族　318, 322, 324-5, 327, 333-4
タタール族　318-9, 321, 324-5, 327, 331-4, 338, 340
ダフール族　321, 323-5, 327, 331-4
多民族国家　312

地域間移動モデル　181
チベット自治区　60, 62, 169, 182, 315, 346
　——「西蔵的人口与土地資源的承載能力」　346
チベット族　272, 284, 319, 321, 324-5, 327, 331-2, 340
チャン族　317, 322, 324-5, 327, 336-7
中国計画出産執行効果研究　294
中央人口資源環境対策会議　265
中央政治局常務委員会　116
中華人民共和国戸籍登録条例　135
中華人民共和国人口と計画出産法　299
中級医師　42, 94
中国科学院　344
中国共産党第十六回全国代表大会（十六大）　1-2, 5-6, 9, 11, 34, 46, 72, 80, 200, 304, 456, 460, 462, 477, 478
『中国資源利用戦略研究』　444
中国人口情報センター　260
中国21世紀行動計画（アジェンダ21）　5, 417, 449
『中国21世紀の人口と発展』　402
中国優生優育協会　408
中国RETA組織　368
中国老齢科学研究センター　250, 260
中等先進国　32, 57, 63, 403

中老人　　223, 264
張維慶　　265, 455
張開寧　　364, 410
長江デルタ地域　　475
朝鮮族　　284, 318, 321-5, 327, 331-4, 337, 340
趙白鴿　　357, 401, 406, 410
趙炳礼　　405
チワン族　　284, 318, 321-2, 324-5, 327, 337
チンプオ族　　318, 322, 324-5, 327

鄭暁瑛　　364, 382
低死亡国家　　321
伝宗接代　　287-9

ドアン族　　318-9, 322, 324-7, 332-4, 336
登記失業率　　87, 91
投資水準　　66
トゥ族　　313, 322, 324-5, 327, 338
トゥチャ族　　273, 284, 317, 321-2, 324-5, 327
トーロン族　　319, 322, 324-5, 327, 334, 337
都市増容費　　173, 215
土地信託管理センター　　209
トレードオフ　　225
トンシャン族　　317, 322, 324-5, 327-8, 331-4, 337-8, 340-1
トン族　　272-3, 284, 322, 324-5, 327

な 行

ナーシー族　　321, 324-5, 327, 336
ナッチュ（那曲）　　345-6
南・南協力機構（South-South Cooperation）　　408

二元戸籍制度　　191
『人間開発報告書』　　359

ヌー族　　318, 322, 324-5, 327, 331, 334, 336

寧夏回族自治区　　149, 182, 315, 346
「寧夏西海固的人口与生態問題」　　347

年少従属人口指数　　112, 133-5
年少人口　　16, 111, 117, 123-4, 130, 133, 153, 220, 227, 229-32, 235, 243, 257, 355
年齢構造係数　　323

農家経営承包制　　96, 186
農家生産請負制（承包制）　　456, 464
農業人口センサス　　346
農村衛生費　　80
農村教育支出　　82
農村土地承包制　　203
農村貧困人口　　92
農民労働者（農民工）　　29, 33, 82, 198, 201, 204-6, 209-12

は 行

パオアン族　　317, 322, 324-5, 327-8, 331-2, 334, 337-8, 340
はさみ状価格差　　77
"八七"貧困救済計画　　73, 95
ハニ族　　273, 284, 318-9, 322, 324-5, 327, 331, 334

費改税　　81, 96, 264, 473
比較可能価格　　72, 95, 460
比較優位性　　81, 248, 474
非関税障壁　　151
非国有経済　　160
非農業人口比率　　59
非農業値割合　　66, 69
ヒューイット・アソシエイツ・コンサルティング　　244
標準化死亡率　　104
費用徴収方式　　253
ピラミッド型　　49, 436, 467

プイ族　　319, 322, 324-5, 327, 331, 333, 338,
プーラン族　　318-9, 322, 324-7, 332-4
フォード基金　　408
プミ族　　319, 322, 324-7, 331, 333-4, 338
扶養人口　　57, 86, 252, 472
PROFILES モデル　　368
分税制　　79, 95

索　引　　497

分類指導　173

ペー族　284, 321-2, 324-5, 327
北京大学人口研究所　382
『北京晩報』　366, 409
ホーチョ族　322, 324-5, 327, 331-4, 340
母子衛生観察　369
ホルドレン　416

ま 行

マイクロ・ファイナンス政策　157
マオナン族　317, 321, 324-5, 327, 351
マクロ政策　258
マクロ分配　226
満州族　273, 284, 318, 321-2, 324-5, 327, 331-2, 340

ミクロ的消費水準　232
ミクロ分配　227
三つの結合　348
三つの効果　449
三つの主柱　348
三つの不変　348
ミャオ族　319, 322, 324-5, 327, 334, 338
民営経済　160

畝（ムー）　4, 343
『穆斯林人口研討会』　347
無秩序な流動　254

面汚染源　426, 432, 455
メンパ族　319, 322, 324-7, 331-4, 340

モーラオ族　321, 324, 325, 327
門戸閉鎖政策　173
モンゴル族　273, 317, 319, 321-5, 327, 340

や 行

ヤオ族　284, 319, 321-2, 324-5, 327, 334, 336, 338

ユイグー族　321, 324-5, 327, 337
湯哲　373, 409

楊雲彦　171-2
楊暁光　367, 410
養児防老　287, 290
楊樹勤　365, 410
養老保険　260

ら 行

羅紱戦堆　346
ラフ族　321, 324-5, 327, 331-4
ランダム・サンプル調査　276

リースー族　322, 324-5, 327, 331-4
リー族　322, 324-5, 327, 334, 338
李善同　203, 214

労働安全衛生権　198
労働集約型産業　138, 160, 239, 244, 254
労働人口論（人手論）　245
労働力資源配置　162
労働力率　140-150
老年型国家　220
老年国家　220
老年従属人口指数　112, 133-5, 252
老四件　466
老老人　223, 225, 264
ローバ族　319, 322-7, 331-4, 340
ローレンツ曲線　67
ロシア族　319, 321, 323-5, 327-8, 331-4, 338, 340
ロプノール湖　344

わ 行

ワー族　322, 324-7, 332-4

欧 文

Brookesmith　398, 409
　——『未来の疫病』　398
Garman　399, 409
Glouberman　382, 409
HCPC　356
IISAS（国際応用システム分析研究所）　358
IUSSP（国際人口科学連盟）　358
Kindig　382
Laver　399, 409

Michael　382, 409
Science　399, 409
UNAIDS（国連合同エイズ計画）　408
UNESCO（国連教育科学文化機関）　41

UNU（国連大学）　358
Waitzman　366, 409
WTO（世界貿易機関）　151, 162, 242, 244, 259

［編者］

田雪原（ティエン・シュエユアン）
　1938年生。中国社会科学院人口問題研究所所長。人口学。64年北京大学経済学部卒業後，中国教育部など国家機関に勤務。79年中国社会科学院経済研究所に移り，人口学の研究に従事，『中国人口年鑑』編集主幹，雑誌『中国人口科学』編集主幹を歴任。96年「中華人口賞」科学賞受賞。98年から中国人口学会副会長。

王国強（ワン・グオチャン）
　1955年生。78年北京中医学院卒業。吉林大学法律学修士。人口学。人口学会常務副会長。83年から国家計画出産委員会。2003年国家人口・計画出産委員会副主任。07年から国家衛生部副部長と国家漢方薬管理局の局長を兼任。

［翻訳スタッフ］

祁景瀅（チー・チンイン）
　東京大学大学院情報学環・学際情報学府博士。
　担当：第10章，第11章

袁媛（ユアン・ユアン）
　法政大学大学院経済学研究科卒業，経済学博士。現職は東京大学技術経営戦略学専攻特任助教。
　担当：第3章，第4章，第5章，第6章，第7章

王雪萍（ワン・シュエピン）
　慶應義塾大学大学院政策・メディア研究科卒業，政策・メディア博士。現職は関西学院大学言語教育研究センター常勤講師。
　担当：第1章，第2章，第8章，第9章

［編集スタッフ］

小椋正立（おぐら・せいりつ）
　ペンシルバニア大学経済学博士。法政大学経済学部教授。法政大学大学院エイジング総合研究所所長。

杜進（ドゥー・ジン）
　拓殖大学国際学部教授。

長谷川啓介（はせがわ・けいすけ）
　一橋大学大学院博士後期課程修了。社会学。江戸川大学非常勤講師。

安村美穂子（やすむら・みほこ）
　法政大学経済学部卒。法政大学大学院エイジング総合研究所勤務。

(50音順)

中国の人的資源　豊かさと持続可能性への挑戦

2008年6月30日　初版第1刷発行

編　者　田雪原・王国強
著　者　中国人口学会
訳　者　法政大学大学院エイジング総合研究所

発行所　財団法人　法政大学出版局
　　　　〒102-0073 東京都千代田区九段北3-2-7
　　　　電話 03 (5214) 5540　振替 00160-6-95814
印刷：平文社　製本：誠製本
© 2008 Hosei University Press

Printed in Japan

ISBN978-4-588-62519-0

法政大学比較経済研究所／尾高煌之助編
近現代アジア比較数量経済分析　　4200円
［比較経済研究所研究シリーズ 19］

法政大学比較経済研究所／田淵洋・松波淳也編
東南アジアの環境変化　　3000円
［比較経済研究所研究シリーズ 17］

法政大学比較経済研究所／粕谷信次編
東アジア工業化ダイナミズム　21世紀への挑戦　　3800円
［比較経済研究所研究シリーズ 12］

趙全勝／真水康樹・黒田俊郎訳
中国外交政策の研究　毛沢東、鄧小平から胡錦濤へ　　6300円

李暁東
近代中国の立憲構想　厳復・楊度・梁啓超と明治啓蒙思想　　4500円

栃木利夫・坂野良吉
中国国民革命　戦間期東アジアの地殻変動　　4700円

R. P. ホムメル／国分直一訳
中国手工業誌　　14500円

趙淳／深川博史監訳・藤川昇悟訳
韓国経済発展のダイナミズム　　4000円
［韓国の学術と文化 19］

韓培浩／木宮正史・磯崎典世訳
韓国政治のダイナミズム　　5700円
［韓国の学術と文化 17］

法政大学出版局　　（表示は本体価格）